新教师
TEACHERS TODAY

《新教师》书系

春生万物，给了我们新生的感动。于时，在"新时代需要新教师"的呼唤下，《新教师》于2012年的春天，在众人的翘首企盼中诞生了。它深研基础教育发展状况，关注小学教师专业成长……如今它已长成一棵"培育新一代教师"的大树，且日益茁壮，繁花似锦。

不一般的经历给了我们不一样的眼界，但《新教师》不忘初心："倾心为教育服务。"

"《新教师》书系"便应运而出。

在这书系里，您可以看到，我们对独立学术标杆和专业标准的坚持，对引领教师专业成长的追求，对推广教育新理念的执着。在这书系里，您可以领略到，我们为您准备的深刻的教育理论探索、扎实的教育实践总结、贴心的学科教学归纳、前瞻的学校管理梳理，等等。

以梦为马，不负韶华。在您成为新时代教育者的征途上，"《新教师》书系"将与您走过千山，越过万水，倾心相伴。

新教师《新教师》书系

陈丽云
编著

发现
统编版
习作的奥秘

海峡出版发行集团 | 福建教育出版社

图书在版编目（CIP）数据

发现统编版习作的奥秘/陈丽云编著. —福州：福建教育出版社，2022.3
ISBN 978-7-5334-9233-5

Ⅰ.①发… Ⅱ.①陈… Ⅲ.①作文课－小学－教学参考资料 Ⅳ.①G624.243

中国版本图书馆 CIP 数据核字（2021）第 251409 号

Faxian Tongbianban Xizuo De Aomi

发现统编版习作的奥秘

陈丽云　编著

出版发行	福建教育出版社
	（福州市梦山路 27 号　邮编：350025　网址：www.fep.com.cn）
	编辑部电话　0591-83789077　83786691
	发行部电话　0591-83721876　87115073　010-62024258）
出 版 人	江金辉
印　　刷	福州报业鸿升印刷有限责任公司
	（福州市仓山区建新镇建新北路 151 号　邮编：350082）
开　　本	787 毫米×1092 毫米　1/16
印　　张	24.5
字　　数	475 千字
插　　页	2
版　　次	2022 年 3 月第 1 版　2022 年 3 月第 1 次印刷
书　　号	ISBN 978-7-5334-9233-5
定　　价	50.00 元

如发现本书印装质量问题，请向本社出版科（电话：0591-83726019）调换。

序

美好始于相遇

有人说：世间所有的相遇，都是久别重逢。邢台与台湾相隔万水千山，丽云老师与我们却因相遇而结缘，共同开启了一段美好的教育之旅！

第一次相遇在 2014 年，我受邀赴台湾参加海峡两岸教师教育高端论坛，其间偶遇陈丽云老师，至今仍清楚地记得当时她的音容笑貌，特别是她对教学的热爱颇具感染力。我们就像久违的老朋友一样亲切攀谈起来，谈及语文教学更是话匣子一打开就收不住。临别仍觉意犹未尽，我忍不住真诚相邀，想请丽云老师来河北邢台给老师们上示范课。

转眼到了年底，没想到陈丽云老师真的如约而至，来到了邢台。用她自己的话来说，在地图上都不好找的城市，她就这样义无反顾地来了，这是我们的第二次相遇。她为全区的语文老师上了一节绘本课。她的教育思想、授课方式为语文教学打开了新视窗，注入了新活力；她的独特的教学理念和富于个性的教学风格，一下子就吸引了大家。尤其是对于语用训练，丽云老师有她独创而实用的方法——花瓣识字法、联想心智图、写作小妙招……她还自己设计很多有趣好玩的教具、学具。她就像一个语文教学的大宝库，妙招层出不穷，教学妙趣横生，仿佛语文教学没有什么难的，反而很有趣。

在老师们的期许中，等到第三次与丽云老师相遇邢台之时，我就提出了请她在邢台开设语文学科驻邢台工作站的想法。出乎意料，她很痛快地答应了。我们的初衷是想通过设立全国名师工作站，把大家仰慕的全国名师请到邢台，并聘为导师，来激发区域优秀教师高层次发展的内原动力，带领他们突破职业高原期。就这样，丽云老师在大陆设立了首个教学工作站。虽说亦师亦友的时光并不长，面对面相处的机会也有限，可是老师们的信念在滋长、行为在内化、精神在超越。我们欣喜地看到"在动态中生成教师发展和自我超越的路径，使教师获得诗意的生存和发展"正在成为现实。丽云老师点燃他们蕴藏的热情、唤醒他们潜在的追求，不断引发他们对于改变教师生存状态和实现教育人生价值的思考与追求。

更难能可贵的是，丽云老师带着工作站成员做出前所未有的挑战——著书立说，完成对部编教材写作专题的系统建构。说实在的，一开始老师们对这个任务感觉有点"高不可攀"，个体写作已经很难了，更何况要面对这样全新的集体创作方式。虽说工作站的老师们都是我们当地的佼佼者，在语文教学实践方面都有各自的独到之处，然而，把课堂实践转化为研究成果、落实到书面文章，于他们而言确实是一个难度相当大的挑战。其间，有的老师打退堂鼓，打算知难而退；有的老师频频抱怨，表示无能为力；但更多的老师选择了坚守。丽云老师纵使再繁忙，也会在"周三有约"线上集中研讨的时间准时守候。每周三晚大家都如约而至，倾心交流。丽云老师不厌其烦地对共性问题进行重点讲解，对个别问题进行分类指导。数不清有多少个夜晚大家研讨到忘记时间，而丽云老师总是最后说"晚安"的那个人，末了还不忘勉励大家"你不需要很厉害才能开始，但你需要开始才会很厉害""曾经走过的每一步，曾经付出过的点滴，都会有其意义""每个人的生命都可以为别人的生命带来美好的影响，唯有怀抱梦想与对事物的热情，才能将最真实的自我生命的特质表现出来"……"周三有约"成为大家共同期待的日子。丽云老师拥有强大的人格魅力，在她的身上，老师们读懂了什么是热爱、什么是教育，他们开始对教育有了更深层次的理解，对自己的课堂教学进行富有个性的建构。这个过程可能稍显漫长但弥足珍贵，因为每个人都在不断地刷新自己、寻求突破。他们在实践中反思、在交流中升华，渐渐找到自己教学与创作的"深水区"的突围之路。

在她的不懈努力下，老师们从最初的自我否定到最终的渐入佳境，其创作过程可谓一波三折、山重水复、几易其稿。我见证了他们从茫然到笃定、从困顿到通达、从抱怨到感恩的心路历程和行动轨迹。可以说，这本《发现统编版习作的奥秘》是丽云老师和工作站学员们的心血之作，凝结着他们的集体智慧、探索发现和实践创新，如今能够正式面世，实属不易。特别值得称道的是这本书以全新的写作视角，以实用的编排体例，完成了对统编小学语文教材多版块、多层级的习作教学新体系的建构，内容贴近学生的语文生活，紧扣教师教学需求，体现新课改理念，传递新写作方法。这本书有两个突出的亮点：一个是从教师视角出发，设计了"教材连结"，把单元主题和单元习作要求进行了分析与指导，让老师们有章可循、便捷实用，适时提醒老师们需要重点关注的点；另一个是从学生视角出发，设计了"作文基本功练习"和"思路引导"，既着眼于每单元作文训练的侧重点，又体现各年段作文教学的渐进性，思路引导的每一步都非常细致，学生很容易掌握，很"接地气"，让写作文变得轻松易行。简而言之，这本书就是"老师的好帮手、学生的好助手"，让困扰我们多年的习作难题迎刃而解，为广大一线教师提供了可操作、可复制、可推广的应用范式。作为研究小学语文部编教材的先行者，丽云老师带领她的学员们为基层教师和学生贡献了宝贵的实践经验。作为这个高端研修项目的发起人，我也由衷地为他们感到欣喜和自豪。如果说送给孩子最好的礼物是陪伴，送给自己最好的礼物是成长，那么这本书便是送给每个人最好的礼物，因为它见证了这样一群人的成长。

顾泠沅教授指出："教师职业生涯有走向成熟和追求卓越两次跨越。走向成熟不易，成熟期专业遇到瓶颈时再寻求突破进而走向卓越更难。"语文学科驻邢台工作站的建立正是为这些优秀教师搭建了"追求卓越"的阶梯，大大提升了他们的教学效能感与职业幸福感。在这里，我要特别向丽云老师致谢，感谢她为我们锻造了一支有影响力的名师团队，引领大家感悟教育真谛，把多个"不可能"一一变成现实。正如她本人曾说："我想让你们做到的不是文本的分析而已，你们应该做到像我这样享受教育生活。"我也要感谢工作站的所有学员老师们：因为突破舒适区去拓展自我边界一定会"疼"，但终会遇见更好的自己；探索未知去完善自我一定会"难"，但终会让我们看到更大的世界，而你们都是亲历者和收获者。我记得丽云老师很喜欢唱那首歌——《相逢是首歌》，此时此刻它特别能传递我的感受：

相逢是首歌
同行是你和我
心儿是年轻的太阳
真诚也活泼
……

相逢是首歌
歌手是你和我
心儿是永远的琴弦
坚定也执着
……

生命的美好，在于初见平凡，然后慢慢绽放，期待更多的美好，在时光深处遥相呼应……

河北省邢台市信都区教育局　王晨霞
2021 年 5 月 15 日

自序

我们的梦，是没有句点的诗

没有一艘船能像一本书，
也没有一匹马，
能像一页跳跃的诗行那样——
把人带向远方。

它没有桨，
却能载你畅游大海；
它没有翅膀，
却能载你翱翔蓝天；
它没有车轮，
却能带你走遍全球……
静静地打开一本书吧，
让它承载我们的心灵！

——艾米莉·狄金森

身为一个语文人，身为一个出版了42本语文专著的作者，我喜欢阅读，钟爱写作。阅读，是我的养分；写作，是我的信仰。我始终认为，阅读与写作是一体的两面：通过阅读，能有效提升写作表达力；通过写作，更能检视生命走过的足迹。

语文是我们与世界沟通、接轨的重要密码，而写作是语文能力最高的综合表现。拥有写作力的人就如同握有一把开启世界的钥匙，可以开启通往万千世界的大门；拥有写作力的人能恰当运用语文传情达意，可以站在世界正中央。而想要拥有流畅的写作力，当然就先得有丰富的阅读力了！

所以，面对当今的5G时代，阅读力和写作力就是我们的"超能力"。写作力是批判性思考的起点，阅读力是学习力的基础。懂得阅读且乐于写作的人，才能拥有自学力与思考力，才会有竞争力，才能在芸芸众生里找到自我。

我经常在全国各地，以及新加坡等地讲课，也开了好几期中小学生阅读写作直播课。我的学生有来自世界各地的华人学生。他们的作文很让我惊叹：同年级的孩子，写作能力怎么差异这么大？有的孩子，小学二年级就能仿写绝句，五年级就可以写一篇有思想、掷地有声的议论文，创作生动的小说或写出精彩的故事。有的孩子却连语句都写不清楚，语法错误、审题失当、逻辑不清楚……这可能是因为没有完整的学习体系；也可能是阅读、写作的质与量都严重失衡；还可能是老师或家长不知道怎么陪伴孩子"玩"写作。

写作力是我们能送给孩子的最佳礼物。然而，我们却经常听到孩子说："我不想写""我不知道写什么""我不知道怎么写""我辞不达意，表达不够生动，语法错误"。

根据我自己写作与教写作的经验，我认为："写作是可以学的，只要能用对方法，只要愿意开始。"学生可能认为写作是很困难的，其实，可能是因为没有完整的写作教学脉络，没有具体的解题步骤，没有取材构思的能力。所以，写得好是偶然，写不好是必然。

现在，这一本《发现统编版习作的奥秘》可以改变教师写作教学的困境，改变学生对学习写作的看法，让学生能够"敢写""愿写""会写""慧写"。本书分成两大板块：第一个板块是我对写作教学的想法，即各类文本进行教学的基本功和文本特点，让教师在进行写作教学时有基本依据或支持；第二个板块，也是占最多篇幅的部分，是将三至六年级统编教材中的习作题目，逐一设计教学步骤，从读到写，将写作教学结构化，一步步培植学生的写作力。

第二个板块针对统编教材中的每一个习作题目进行教学设计，我们以六大步骤呈现：

1. 写作教学亮点：针对习作题目，突出教学亮点。研究如何才能让学生的作文精彩生动，如何突破教学盲点，并且画龙点睛、精准地找出教学重点。

2. 教材连结：统编教材每一单元的习作题目大都与课文有直接呼应的关系，从课文看写作，教师在进行课堂教学时，可以以阅读为基础，为习作教学作准备。

3. 写作素养基本功：针对习作题目，一个主题训练一次写作基本功，一次一练笔，像蹲马步一样，逐步培养学生的写作素养。

4. 思路引导：以课堂教学语言设计教学的具体步骤，从审题立意到结构组织，结合写作素养和基本功，进行制定写作大纲的训练，一步一步带着学生深入写作教学"腹地"。通过图像思考、提问与示范，就能引导学生轻松、具体地完成习作。

5. 写作小提醒或小秘方：针对习作题目可延伸学习或是提供可参考的写作小宝库，此部分进行有选择的呈现。

6. 写作大观园——佳作欣赏：经过课堂教学的实践后，学生所写的作品，供师生赏析。

　　这样的设计奠基于语文教材，读中学写；结合了写作基本功，以写促读。配合多元图表进行脑力激荡思考，是不是让写作更具步骤化，教学更加具体、清晰、简单呢？

　　这是第一本集结了两岸语文教师写作教学设计的书籍，是我带着河北省邢台市桥西区语文工作站里的优秀骨干教师们精心打造的写作教学宝典。这些优秀的语文教师都是在职语文名师，有的教师在我的名师工作站学习了3年，也与我经营了多期在线写作课，是对教导写作具有专长且颇有研究心得的专家。这一本书，是我们耗时两年、呕心沥血才完成的结晶，每一节的设计都经过很多次讨论、对话、思考、逐字逐句修改后形成的精心之作。最后由四位优秀的作家老师经过多次字斟句酌才确认完稿。所有的辛苦与努力，都是希望我们的教师在课堂上轻松教、学生容易学，可以拥有写作力，增强竞争力。

　　关于这本书的创作，我要深深感谢河北邢台桥西区教育局和进修学校，有他们认真的教研、用心的耕耘，以及不断给予我们的支持与鼓励，我们才能完成书稿，让梦想真的开出花朵来。大家搜集资料和写作过程都很艰辛，比教书更困难百倍，但我们还是咬着牙完成了，见证了"一个人的努力是加法，一个团队的努力是乘法"这种说法。

　　最后，要感谢自己，以及辛苦的编写者，他们分别是王海霞、南晓丽、郭慧娟、朱卫娟、崔建光、武帅、王双越、魏延波、张琼、高庆贤，还有来自台湾地区、获得阅读推手奖的邱怡雯老师。感谢大家在繁忙的教学之余，还愿意承担起重任。尤其是负责最终审稿的四位伙伴：王海霞、崔建光、郭慧娟、南晓丽，他们必须纵向、横向再把稿子方方面面的细节确认一次，那是非常艰辛的过程。

　　数不清多少个夜晚挑灯夜战，与文稿"拔河"，为这本书奉献了多少青春，熬出了白发，才终于让这本有写作螺旋体系的书与大家见面，为统编习作的教学设计开出更美丽的花！感谢这么努力的自己，感谢与我同行的伙伴，感谢福建教育出版社的支持……

　　亲爱的，只有读，才会读；只有写，才会写。想要拥有写作素养吗？想要拥有未来竞争力吗？想要系统地建构写作教学体系吗？那就跟着我们，一起张开飞翔的翅膀，享受写作教学的乐趣，把我们的梦谱写成没有句点的诗……

陈丽云

前言

写作力——送给孩子最好的礼物

  这是由台湾名师陈丽云牵头组织大陆语文教师精心编写的一本写作教学指导书，凝聚了两岸小学语文教师的智慧和习作教学经验。培养小学生写作能力一直是小学语文教学的重点，也是教师教语文和学生学语文的难点。陈老师用自己长期从事小学写作教学以及自身大量写作的经验证明：写作是可以学的，只要能用对方法，只要有一套完整的学习写作的脉络体系，孩子的作文就能有明显提高。这本习作指导书就是陈老师和邢台名师根据教育部统编教材三到六年级的"习作训练"，研究梳理出的指导小学生学习写作的脉络体系，可以对语文教师教学生写好作文起到直接指导作用，是一部很接地气的写作教学宝典。

  陈丽云老师在本书的第一章里比较系统地阐述了自己在长期研究中形成的习作教学思想，并且将这些思想渗透在习作教学设计中。她的写作教学观符合小学生的认识规律，也非常切合小学习作教学的规律，对指导学生写好作文能够发挥有效的作用。使用这本书前，我们应该细细研读第一章"丽云老师的写作教学观"，这对用好这本书有很大的帮助。作为这本书的第一个读者，我发现其中以下一些特点对一线教师提高习作教学水平很有帮助。

一、重视策略与方法

  丽云老师说："核心素养时代，重视策略与方法。只有教导策略方法才能学习迁移，打造自学力。"本书按照小学生习作训练中记事、写人、写景、状物以及说明文、想象作文等文体，精心梳理出各种文体的写作方法。比如第一章里的"记叙文之身边人物篇"，这是小学生习作中最经常写的一种对象。写人看起来很简单，但要写出人物的特点，表现出自己独特的情感，还真不是一件容易的事。所以丽云老师认为："最艰难的写作题目，也是写身边的人。因为文章除了要言之有物、言之有理、言之有序外，最高阶是言之有情。"怎样写好一个人，并且恰如其分地表达自己的情感呢？丽云老师简要概括几条小妙招。初阶：可以写人物的外貌、个性、兴趣以及对其感受，优秀者可以进行细节描写；进阶：通过人物的语言描写、动作描写、神态描写突出人物特点与心情，使人物形象鲜活起来。在这几条小妙招之后，书中还详细介绍了"成功的人物写作"的具体方法以及描写人物通常的方向：外形、神情、穿着；个性、兴趣；动作、说话；"我"感觉。

这些方法其实并不"高大上"，语文教师都熟悉，学生也一看就懂。那么这些写作方法为何有价值？我觉得一是分类有特点，涵盖了小学生习作的方方面面：童诗篇，记叙文之身边人物篇，名人传记篇，写景篇，写物篇，叙事篇，说明文篇，故事篇，想象作文篇，等等。特别是在童诗篇、名人传记篇、故事篇中介绍如何写作。大陆语文教师在这方面研究不多，所以读起来很有新鲜感。二是对写作方法介绍非常具体，特别是书中列举了运用写作方法的典型样例，使学生更容易读得懂。读了样例，学生对人物作文中怎样写自己对人物的感觉就会有非常具体的认识；知道如何更好地把对人物的想法和感觉写出来，才能让文章充满生命力。

二、提供比较具体的习作指导思路

对一线教师而言，如何把握每次习作的重点难点，特别是如何将每次习作应该指导的方法策略渗透到整个指导过程中，形成有效的教学设计，一定是大家特别关心的。本书中每一篇的第四部分"思路引导"，给出的就是这一篇习作的课堂教学步骤：从审题立意到结构组织，结合基本素养，以及写作大纲的训练，一步一步引导学生步入写作"腹地"。通过教师设计的思考、提问与示范，学生就能轻松具体地完成作文。我们看三年级上册第三单元"我来编童话"。怎样编童话才能吸引人呢？编者总结了编童话的三个要领：1. 要有一个奇妙的幻想世界，2. 要有一个有特点的主人公，3. 要有一个完美的结局。然后围绕这三个要领设计编童话的指导过程。第一步：塑造一个特别的主角；第二步：遇到一个奇特的麻烦；第三步：设计一个完美的结局；第四步：完成写作大纲。

每个环节教师如何指导呢？编者又给出了具体的指导方案。比如编好童话的关键是第二步：遇到一个奇特的麻烦，怎样指导学生设计出生动、具体、有吸引力的情节呢？请看以下编者的设计。

小朋友在下笔前可以多问自己几个为什么，那么你写的童话故事情节就会更生动。我们可以这样问自己：(1) 这个麻烦给主角带来哪些困扰？(2) 解决这个麻烦有什么方法？(3) 解决这个困难需要得到谁的帮助？问题解决了吗？(4) 问题最终解决还需要谁的帮助？(5) 解决问题的人有什么魔力或法力？魔力或法力在解决问题的过程中有效果吗？结果如何？

每个问题后面都给出了一些提示和范例。这些提示和范例可以帮助学生打开思路、引发思考，当然学生还可以根据情节的需要自己设计出更好的问题。这样既指导了编童话的方法，又不会束缚学生的想象，能够让学生把童话写得更加具体、生动、吸引人。当然"思路引导"只是编者根据自己的认识理解和教学经验设计的指导步骤。教师可以在此基础上根据自己的认识和经验设计出更符合学生实际情况的教学步骤。

三、总结写作指导的小窍门

教师都知道，指导学生写好作文，除了要掌握一些习作方法策略，还有诸多写作的小窍门。这些窍门是一些教师和学生在写作实践中发现并总结出来的，零零碎碎，不一定成系统，往往编不进教材，但对写好一篇作文有时却很管用。这样的小窍门怎么传授给学生呢？本书每一节都有"写作素养基本功练习"，这个栏目编写得很有特色，是本书的一个亮点。

我们读读三年级上册第一节"猜猜他是谁"的"写作素养基本功练习"对写作格式的三点提示：

1. 第一行题目居中书写。
2. 每一段开头空两格。
3. 标点符号在稿纸中占格：①句号、逗号、顿号约占四分之一方格，居左偏下；②问号、感叹号约占二分之一方格，占左半格；③逗号、句号、感叹号、顿号在稿纸中单独占一格，但如果恰逢在一行最后字写满情况下，不可另起一行写在行首，而是写在一行末格后……

这些都是大家熟知的写作格式，看似简单，但在学生的作文中却经常出错。而且有些人直到成年写作时还会经常犯这类低级错误。学生如果在小学阶段牢固掌握这些格式，就会终生受用。

本书提供的这类小窍门非常有用，都是编者在长期习作教学中发现并认真总结出来的，堪称学生写作和教师指导写作的小宝库。

四、教、学、评三位一体

这是本书的一个重要特点和亮点，反映丽云老师对习作教学理论的深刻认识。她说："我在设计写作教学课程时，是'以终为始'的，先确认每一个写作题目的'评点'（要学会什么能力），再进行课程设计，最后才实施课堂教学。"

知道这堂课要学什么，明确教学的目标是课程设计的第一步；指导这个目标怎么评价，需要从哪几个方面去评价学生是否达成目标，达成到什么程度，教师才会自觉地按照评价指标去设计教学过程。她认为："当教、学、评三位一体的时候，所有的教学才会鲜明、活化、高效起来。教师能轻松教，学生能具体学，写作力就能真正建置起来。"

本书每一篇习作设计的最后，都根据每篇习作的教学目的编制了习作自评表。比如三年级下册第七单元习作"国宝大熊猫"的评价表：

评价项目	自评完成打√
1. 分成几个方面介绍国宝大熊猫。	
2. 写出大熊猫的特点。	
3. 表达对大熊猫的喜爱之情。	
4. 描写大熊猫，句段条理清晰。	
5. 标点使用、占格正确。	
6. 书写正确工整、语句通顺。	

千万别小瞧了这份习作评价表！有了它，教师设计教学就不至于盲人摸象，就会自觉地按照这些评价指标去设计指导环节，学生写作时就会对照着这些指标去动笔，修改习作或同桌互改也就会有明确的方向，避免胡子眉毛一把抓。

五、写作需要行动

丽云老师说，写作需要行动，只有去写才会写，只有会写才能写好。这是学生写好作文最简单的道理，也是最有效的途径。语言心理学将儿童语言学习的方法分为两大类：一是强调多实践，在语言实践中习得语言，主张通过语言实践发展学生的语言；二是强调语言规律的学习，其核心思想是"要运用语言技能，必须首先认识和理解它"。我国现代语文教学比较强调的是语言规律的学习，这当然不错。只是我们对如何学习语言规律产生了误解，以为学生"理解了就自然会运用"。其实"理解"与"运用"不是一回事，就如理解房子样式并不等于就会造房子一样。从理解习作方法到会运用写作方法，必须经过反复多次的亲身实践。按照语言心理学研究，理解习作方法只要用四分之一的时间，以教师讲授为主；学会运用写作方法，需要用四分之三的时间，而且必须要学生亲身实践。当下不少习作指导课，教师把大量时间放在习作方法指导上，舍不得让学生花时间动笔去写，这就违反了学生的学习规律，严重降低了教学的效率。

本书配合每次习作提供的许多单项小练笔，对学生写好作文很有帮助。如果教师再结合每个单元课文后面提供的小练笔，努力增加学生动笔实践的机会，对学生写好作文的帮助会更大。课程标准指出，语文是一门实践性课程。小学生在阅读中学会阅读，在习作中学会习作，只有通过大量读写实践，才能真正习得读写的方法规律。没有自己动脑、动口、动笔的实践机会，没有大量的读写经验积累，所有的方法规律指导都是无源之水、无本之木。这是儿童语文学习的规律。

正如作者在序言中所说："一个人的努力是加法，一个团队的努力是乘法。"丽云老师和河北邢台桥西区语文工作站成员耗时两年，呕心沥血完成的《发现统编版习作的奥秘》，为语文教师走出写作教学的困境，改变学生学习写作的困难，提供了一种可能。如果说让学生有更强的写作力是小学教师送给孩子最好的礼物，那么这本书，也是丽云老师和她的团队送给全国小学语文教师一份最好的礼物。

上海师范大学　吴忠豪

2021.1.26

目 录

第一章　丽云老师的写作教学观/1
第一节　倾听写作的心路 …………………………………………… 1
第二节　童诗篇 …………………………………………………… 5
第三节　记叙文篇 ………………………………………………… 8
第四节　说明文篇 ………………………………………………… 19
第五节　故事篇 …………………………………………………… 21
第六节　想象作文篇 ……………………………………………… 22

第二章　三年级上册习作教学设计/26
第一单元　猜猜他是谁 …………………………………… 崔建光/26
第二单元　写日记 ………………………………………… 张　琼/33
第三单元　我来编童话 …………………………………… 王海霞/41
第四单元　续写故事 ……………………………………… 南晓丽/48
第五单元　我们眼中的缤纷世界 ………………………… 南晓丽/52
第六单元　这儿真美 ……………………………………… 王双越/58
第七单元　我有一个想法 ………………………………… 张　琼/63
第八单元　那次玩得真高兴 ……………………………… 魏延波/68

第三章　三年级下册习作教学设计/76
第一单元　我的植物朋友 ………………………………… 高庆贤/76
第二单元　看图画　写一写 ……………………………… 邱怡雯/80

第三单元　中华传统节日 ………………………………………… 魏延波/85

　　第四单元　我做了一项小实验 …………………………………… 郭慧娟/91

　　第五单元　奇妙的想象 …………………………………………… 王双越/95

　　第六单元　身边那些有特点的人 ………………………………… 武　帅/101

　　第七单元　国宝大熊猫 …………………………………………… 朱卫娟/107

　　第八单元　这样想象真有趣 ……………………………………… 王海霞/111

第四章　四年级上册习作教学设计/117

　　第一单元　推荐一个好地方 ……………………………………… 崔建光/117

　　第二单元　小小"动物园" ……………………………………… 邱怡雯/123

　　第三单元　写观察日记 …………………………………………… 张　琼/129

　　第四单元　我和＿＿＿＿过一天 ………………………………… 崔建光/135

　　第五单元　生活万花筒 …………………………………………… 郭慧娟/142

　　第六单元　记一次游戏 …………………………………………… 武　帅/148

　　第七单元　写信 …………………………………………………… 邱怡雯/152

　　第八单元　我的心儿怦怦跳 ……………………………………… 魏延波/158

第五章　四年级下册习作教学设计/165

　　第一单元　我的乐园 ……………………………………………… 朱卫娟/165

　　第二单元　我的奇思妙想 ………………………………………… 南晓丽/169

　　第三单元　轻叩诗歌的大门 ……………………………………… 王海霞/174

　　第四单元　我的动物朋友 ………………………………………… 高庆贤/182

　　第五单元　游＿＿＿＿ …………………………………………… 朱卫娟/188

　　第六单元　我学会了＿＿＿＿ …………………………………… 王双越/192

　　第七单元　我的"自画像" ……………………………………… 高庆贤/198

　　第八单元　故事新编 ……………………………………………… 郭慧娟/202

第六章　五年级上册习作教学设计/208

　　第一单元　我的心爱之物 ………………………………………… 武　帅/208

　　第二单元　"漫画"老师 ………………………………………… 武　帅/214

　　第三单元　缩写故事 ……………………………………………… 张　琼/219

　　第四单元　二十年后的家乡 ……………………………………… 王双越/225

目录

第五单元　介绍一种事物 …………………………………… 邱怡雯/230

第六单元　我想对您说 ……………………………………… 南晓丽/235

第七单元　_____即景 ……………………………………… 魏延波/242

第八单元　推荐一本书 ……………………………………… 王双越/247

第七章　五年级下册习作教学设计/255

第一单元　那一刻，我长大了 ……………………………… 王海霞/255

第二单元　写读后感 ………………………………………… 崔建光/261

第四单元　他_____了 ……………………………………… 高庆贤/269

第五单元　形形色色的人 …………………………………… 武　帅/272

第六单元　神奇的探险之旅 ………………………………… 魏延波/278

第七单元　中国的世界文化遗产 …………………………… 崔建光/284

第八单元　漫画的启示 ……………………………………… 王海霞/290

第八章　六年级上册习作教学设计/296

第一单元　变形记 …………………………………………… 郭慧娟/296

第二单元　多彩的活动 ……………………………………… 朱卫娟/302

第三单元　_____让生活更美好 …………………………… 郭慧娟/306

第四单元　笔尖流出的故事 ………………………………… 张　琼/312

第五单元　围绕中心意思写 ………………………………… 南晓丽/320

第六单元　学写倡议书 ……………………………………… 邱怡雯/326

第七单元　我的拿手好戏 …………………………………… 高庆贤/332

第八单元　有你，真好 ……………………………………… 朱卫娟/335

第九章　六年级下册习作教学设计/341

第一单元　家乡的风俗 ……………………………………… 崔建光/341

第二单元　写作品梗概 ……………………………………… 魏延波/347

第三单元　让真情自然流露 ………………………………… 高庆贤/353

第四单元　心愿 ……………………………………………… 郭慧娟/357

第五单元　插上科学的翅膀飞 ……………………………… 武　帅/361

后记/368

第一章 丽云老师的写作教学观

第一节 倾听写作的心路

阅读，仰望未来；写作，记录曾经。

阅读、写作是人的一生重要的能力。阅读力是学习力的基础，写作力是批判性思考的起点。身处人工智能时代，苹果公司执行长提姆·库克（Tim Cook）曾说："我不担心人工智能会取代人类……我担心的是人类变得越来越像机器，失去了价值与热情。而唯有提升读写素养，才能让我们的孩子活得'更像人'。"

写作力就是思考力，是未来竞争力，这也是我们能送给孩子最好的礼物，见图1-1。阅读是一种思考训练：在阅读时，推敲作者写了什么、为什么这样写，以及表达了作者怎样的感情。写作是一种技能，任何技能都需要不断练习，磨练自己的笔锋，学习如组织成篇、取材结构以及用适当的文句表达等技巧，如图1-2所示。会读，才会写；会写，才"慧"写。所以，从读到写，读写结合，是提升语文素养底蕴的最佳方式。

图 1-1　　　　　　　　图 1-2

"写作"这个概念已经从"作文"变成"写作"或是"习作"。这个"写"字，是动词，需要行动，只有去写才会写，只有会写才能写好；这个"习"字，是练习，练习的过程就需要遵循步骤和教师的引导，见图1-3。在写作教学中，重要的是思路引导的过程，让孩子像盖大楼般，一点一点学习扎实的基本功，通过教导学生审题立意、组织结构、遣词造句的过程，最后还要修改错误，让写作慢慢科学、具象起来，见图1-4。

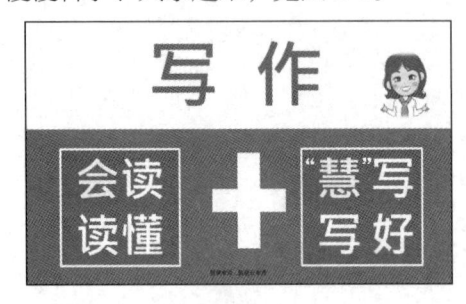

图 1-3

图 1-4

教学设计除了需要理论的支持，更需要考虑结合课堂实务操作，符合实际教学现场的需求。当这二者相互辉映时，教学就能高效。因此，核心素养时代需要重视策略与方法。只有教导策略方法才能实现学习迁移，打造自学能力。所以，我进行教学时，会这样思考，如表1-1。

表 1-1

WHY	WHAT	HOW
教学的目的与教材的地位	应达成的教学目标	教学设计

当理解了课程价值与学习策略，教师才能设计出符合师生共同进步的习作课堂。

一、教师与教材

阅读的肌肉，需要锻炼；写作的序列，需要建构。阅读写作不是本能，需要不断练习，才能看到文本之间的关联性，才能构建思维逻辑的整体性，才能看到生活更深层的涵义。两岸的语文学习课标虽有不同，但都关注写作练习。各学段的习作教学课标见表1-2。

表 1-2

学段	大陆	台湾地区
第一学段 （1～2年级）	1. 对写话有兴趣，留心周围事物，写自己想说的话，写想象中的事物。 2. 在写话中乐于运用阅读和生活中学到的词语。 3. 根据表达的需要，学习使用逗号、句号、问号、感叹号。	1. 根据表达需要，使用常用标点符号。 2. 透过阅读及观察，积累写作材料。 3. 写出语意完整的句子、主题明确的段落。 4. 使用仿写、接写等技巧写作。 5. 修改文句的错误。 6. 培养写作的兴趣。
第二学段 （3～4年级）	1. 乐于书面表达，增强习作的自信心。愿意与他人分享习作的快乐。 2. 观察周围世界，能不拘形式地写下自己的见闻、感受和想象，注意把自己觉得新奇有趣或印象最深、最受感动的内容写清楚。 3. 能用简短的书信、便条进行交流。 4. 尝试在习作中运用自己平时积累的语言材料，特别是有新鲜感的词句。 5. 学习修改习作中有明显错误的词句。根据表达的需要，正确使用冒号、引号等标点符号。 6. 课内习作每学年16次左右。	1. 根据表达需要，使用各种标点符号。 2. 培养感受力、想象力等写作基本能力。 3. 学习审题、立意、选材、组织等写作步骤。 4. 书写记叙、应用、说明事物的作品。 5. 仿写童诗。 6. 运用改写、缩写、扩写等技巧写作。 7. 找出作品的错误，并加以修改。 8. 养成写作习惯。
第三学段 （5～6年级）	1. 懂得写作是为了自我表达和与人交流。 2. 养成留心观察周围事物的习惯，有意识地丰富自己的见闻，珍视个人的独特感受，积累习作素材。 3. 能写简单的纪实作文和想象作文，内容具体、情感真实。能根据内容表达的需要，分段表述。学写读书笔记和常见应用文。	1. 根据表达需要，使用恰当的标点符号。 2. 培养思考力、联想力等写作基本能力。 3. 掌握写作步骤，写出表达清晰、段落分明、符合主题的作品。 4. 创作童诗及故事。 5. 书写说明事理、议论的作品。 6. 练习各种写作技巧。

续表

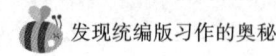

学段	大陆	台湾地区
	4. 学会修改自己的习作，并主动与他人交换修改，做到语句通顺，格式正确、书写规范、整洁。根据表达需要，正确使用常用的标点符号。 5. 习作要注意时间。课内习作每学年16次左右。	7. 修改、润饰作品内容。 8. 建立良好的写作态度。

身为教师，我们是用教材教导阅读和写作，换言之，教材是学生学习阅读写作能力的重要来源，教材是师生一起进行学习的文本，它和一般课外阅读的书籍不同。夏丏尊先生说："教科书专为学习而编，所记载的只是各种学科大纲，原不是什么了不得的著作，但是对学习还是有价值的工具。"教材只是例子，我们需从"教教材"到"学语文"。目前统编版的教材，就是实现了这样的思维，将人文性和语用性有机地结合。同一组教材的文本，都有一个写作主题相互呼应，都布置一个习作题目供学生练习，这个练习是有次第的、螺旋式的发展，让学生有序列地、循序渐进地学习写作。

身为台湾地区教材的编写者，写了十多年的语文教材，深深觉得大陆统编版语文教材的设计是很符合语文学习内涵的，让教师好教，学生好学。教材教什么（读什么）→学生学什么→评价评什么（写什么）。当教、学、评三位一体的时候，所有的教学才会鲜明、活化、高效起来，教师能轻松教，学生能具体学，写作力就能真正建立起来。

二、教师与写作课堂

统编版语文教材从三年级开始，每一学期设置 8 篇习作题目，兼具各类文本，顾及学生的学习起点。但是，教师只要布置作文题目就可以了吗？教师不是知识的传声筒，我们必须思考、还原、发现，用适当的方法鲜活知识，让学生真正习得。教育改革思潮的脚步不停歇，身为教师也需要与时俱进，不能让学习成为静态的名词，而应该是不断滚动的动词。

核心素养时代重视方法与策略，重视学生实践的学习。于是，许多课堂里充满了创意，我们也看到教师们辛苦地构建了许许多多的活动。但是，我却想大声疾呼：活动≠课程。一旦课程活动化，用新鲜、有趣、好玩引导课堂，为活动而活动，师生疲累辛苦却没有效益，虽有新奇的感受却如同烟花灿烂，稍纵即逝。

只有活动课程化，那么苦心安排的活动才会彰显意义，课程才会真正被很好地构建起来。

任何技能都需从正确到熟练、精通，头脑中的知识储备才会有变化，才能多元。但从认识概念到运用概念，除了需要不断练习，还需要一座桥梁，让读与写接轨。教师就是这座读写的桥梁，是学生发现写作技能这块新大陆的启蒙者，能够带着学生不断探索各种可能。写作教学必须"有想法、有方法、有办法"，所以，我在设计写作教学课程时，是"以终为始"的，先确认每一个写作题目的"评点"（要学会什么能力），再进行课程设计，最后才实施课堂教学，如图1-5所示。

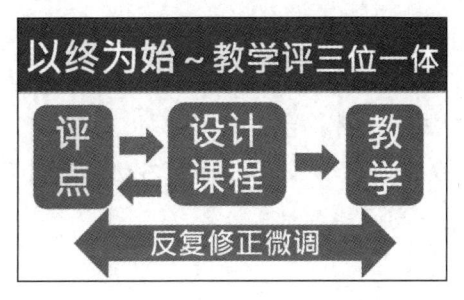

图 1-5

确认"评点"时，每一个文本的特性与要求需要鲜明具体，教师才能切实地指导学生。例如：诗歌言"情"，记叙文必有"感"，说明文强调"知"，故事重"想象"，议论文主讲"理"。当掌握每一种文体的写作特性时，教学就能有一个梗概大纲，不至于盲人摸象、无所适从。

第二节　童诗篇

◆丽云老师说

诗歌，是文学中的一个重要文体，有人把它称为"文学中的文学""文学皇冠上的明珠"。诗是美的化身，诗是情的产物。古人说："诗者，志之所之也。在心为志，发言为诗。"心中感动越强，写出来的文章越有诗的味道。诗是一种内心化、体验化、主观化、情感化的表现，需要观察、想象、创作。童诗是心灵的沃土，是智慧的甘泉。有人说，每个孩子都是天生的诗人，因为在孩子的世界里，能咀嚼到阳光的味道，还能听见花开的声音。

小妙招

1. 童诗的特点是充满想象和画面感，具有音乐性、绘画性、意义性。
2. 物象＋心象＝诗。看到外在的物象有所感动产生心象，便可成为诗。
3. 善用比喻、拟人、反复、设问、排比、映衬等技巧，使诗歌结构清晰、语言生动、富有趣味性。

童诗特色

1. 分行恰当。

亲爱的，你看看，哪一组才符合诗的格式呢？

[例1] 红苹果，橙橙子，黄香蕉，绿番石榴，蓝蓝莓，靛茄子，紫葡萄，哇！我的餐桌上，也有一道七彩的虹！

[例2] 红苹果，
　　　橙橙子，
　　　黄香蕉，
　　　绿番石榴，
　　　蓝蓝莓，
　　　靛茄子，
　　　紫葡萄，
　　　哇！
　　　我的餐桌上，
　　　也有一道，
　　　七彩的虹！

可知例2符合诗的格式，所以，写诗要适当分行。分行虽然没有标准原则，但词语一般不要被间隔断句分行，所以我们写诗时，可以一边大声读一读，看看我们断词、断句是否适当。

2. 简洁精要。

读一读，以上两个例子哪一个才符合诗的节奏，具有音乐性呢？

[例1]

蜗　牛

我走路应该不算慢吧！不然，请你拿尺来量量看。瞧！才经过短短的一个小时而已，我就已经走了五寸半了呀！

[例2]

蜗　牛

林　良

我走路，

不算慢。

请拿尺量量看，

短短的一小时，

我已经走了

——五寸半。

例2读起来有节奏感，文字简洁，符合诗歌的要求。所以，除非写句型诗，不然相关连接词、叹词、代名词都可以删除。

3. 充满想象。

肚子饿

妈妈呀——

到底什么时候才可以吃饭？

我的肚子好饿好饿，

一直咕噜咕噜响着。

⇨

时　钟

詹　冰

妈——

厨房的时钟饿了，

您看——

他的长针指着电饭锅，

他的短针指着电冰箱。

所以，童诗和一般散文是不一样的，我们在表1-3中用形象的事物来比较它们之间的不同。

表1-3

散文	诗	差异的理由
甘蔗	糖	诗要浓缩的精华。
校园	花园	诗是美丽的东西。
普通电击	高压电	诗的情感更强烈。

续表

散文	诗	差异的理由
散步	舞步	诗要有律动感、音乐性。
四散的光芒	激光	诗要集中在某点来表现。
演说家	寓言作家	诗需要含蓄掩藏。

第三节 记叙文篇

在写作的课程设计里,需要由具体再到抽象。也就是说,要从具体可见、可观察的记叙文先教先学,再慢慢过渡到客观知识的说明文,最后进阶到需要抽象思考的议论类文章。

记叙文,重在"感"!记叙文是描写人、事、物、景的所见所闻,文章一定要有所思所感。

一、记叙文之身边人物篇

◆ 丽云老师说

在记叙文的写作里,最简单的写作题目是写身边熟悉的人(《我的××》),因为具体可观察,而且就在我们身边,彼此互动多,所以感觉描写人物似乎不难。但根据我个人的切身经验,最艰难的写作题目,却是写身边的人。因为文章除了言之有物、言之有理、言之有序,最高阶的是言之有情。要对在日常生活中与我们频繁相处的人,表现出独特的情感,说实话,还真的不是一件容易的事。

小妙招

1. 初阶:可以写人物的外貌、个性、兴趣、感受,能力稍强的学生可以进行细节描写。

2. 进阶:通过人物的语言描写、动作描写、神态描写突出人物的特点与心情,能使人物形象鲜活起来。

人物写法

生活中，我们遇到最多的就是人了。如果所有人都被描写成"大大的眼睛""圆圆的脸""不高也不矮，不胖也不瘦"……似乎全世界的人都长得差不多了。每个人都是独立的个体，不管是外貌或动作都会有自己的招牌特色，这是描写人物必须掌握的重点。

在描写人物的时候，要善用细腻的观察和使用不同的词语，将人物的特色显现出来。让眼睛就像照相机或摄影机一样，让人物惟妙惟肖地出现在眼前。图1-6中概括了描写人物通常有的几个方向，详见下文描述。

图1-6

（一）外貌、神情、穿着

[示例] 叶奶奶又矮又瘦，头发都白了，但是行动很敏捷。她很亲切，很爱笑，笑的时候两颊会出现小小的酒窝。尽管她的年纪不小了，但她说起话手舞足蹈的，就像小孩一样可爱！她最喜欢戴着斗笠，套上花布外套，穿着雨鞋到菜园里照顾蔬菜。

将叶老奶奶的外貌、神情和穿着，清楚地描写出来，让人容易想象出叶奶奶的模样。

教师导语：现在，请你选定一个人物，仔细想一下他的外貌特征、表情与穿着打扮，并把人物的这些方面写下来。

老师身材高高瘦瘦的，有着圆圆的脸蛋，细长的眉毛下面衬着一双水汪汪的大眼睛，高高的鼻梁下，还有一张小巧的嘴巴。她留着一头乌黑亮丽的长发，卷卷的像波浪，很美丽！她喜欢穿着紫色洋装来上班，看起来很有朝气和活力！

（二）个性、兴趣

[示例] 李老师的个性很热情、很幽默，他经常在下课时跟同学聊天，有时

还会讲笑话，逗得全班哈哈大笑。李老师最喜欢打球。他常说："要活就要动。每次在球场上运动完后，身心就会变得很舒畅，一些不愉快的事好像随着汗水流出来就消失了。"

点出李老师的个性和兴趣，并举出老师做的事、说的话来证明。

教师导语：想一想，你描写的主角个性是怎样的呢？是活泼还是内向？他的兴趣是什么？他是如何培养出这个兴趣的呢？他为这个兴趣如何付出呢？

瘦小的老师很喜爱运动，她常说："能在阳光下流汗是件幸福的事呢！"老师一向很温柔，每当我们没有交作业或上课不懂时，老师都会问我们原因，不懂的地方再慢慢讲解到我们学会为止。我觉得老师对我们很好、很亲切，就像天使一样。

(三) 动作、说话

[例1] 我的妹妹今年一岁，她很活泼，也很可爱。每次，人家问她眼睛在哪里，她就把眼睛眯得很小；问她鼻子在哪里，她就把鼻子皱一皱；问她嘴巴在哪里，她就把舌头伸出来，非常可爱！

用"眯""皱""伸"的动作把妹妹天真无邪的样子表现出来。

[例2] 神射手听了很不服气，手插着腰，红着脸，大声说："我的箭术这么好，大家都说我是神射手。你怎么敢看不起我？"

从神射手的动作和表情，与他所说的话，表现他的不服气与生气的心情。

教师导语：像这样善用动作和语言，让读者感受到人物的样貌。现在就写下你的主角的招牌动作或让他说说话吧！

老师脸上总是带着让人着迷的笑容，说话口齿清晰，声音也很温柔，像是美妙动听的音乐在耳朵里回荡。讲课时，也有着一种魔力，可以让我专心听讲，获取许多有关作文的知识，内容有趣使我想继续听下去。老师很爱笑，而且笑声具有感染力，远远的只要听见她的笑声，就让人的嘴角忍不住跟着上扬。她认为笑声是世界上最美丽的声音，"你笑，全世界都跟着你笑了"。

(四) "我"对主角的感受

[例1] 小云每天主动帮忙关窗户，做资源回收，我觉得他是一个有爱心又热情的人。我在他身上学习到：原来付出也是一种快乐！以后我也要像他一样，做个"手心向下"的人。

[例2] 我要谢谢爷爷，是他的陪伴使我学会勇敢，是他的鼓励使我不怕困难，是他的教导使我懂得感恩。爷爷，我要大声地对您说："谢谢您！"

把对人物的想法和感觉写出来，这才是让这篇文章有生命的地方。

教师导语：想一想你跟他是否曾经历过特别的事件或故事呢？将你对他的想法写出来，这才是让文章有生命的地方。

我佩服老师的坚持，欣赏她的写作能力，我会向她学习，把自己的人生活得更精彩、更美好！谢谢老师给我的动力，我要接受挑战、迎向未来！

二、记叙文之名人传记篇

◆丽云老师说

写人的文章，一般分为身边的人和名人。当然，有些题目既可以写身边的人，也可以偶像名人为主题的，这依赖于你的选材。写名人传记的文章和写身边的人有些近似，但名人传记最重要的是写这个人所作出的特殊贡献，见图1-7所示。

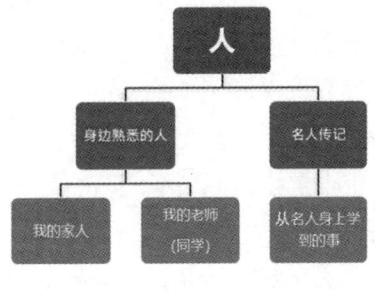

图 1-7

小妙招

1. 突出这位名人的形象或特质。
2. 写出名人的主要特点或事迹和值得学习的地方。

名人传记写法

每个时代都有值得学习的人物，他们有的推动了世界文明的进步，有的叱咤风云影响历史，有的在专业领域中拥有过人成就。这些都是值得我们学习的典范。写名人要围绕以下几个方面（如图1-8）：

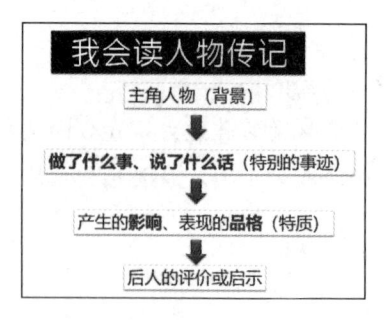

图 1-8

1. 介绍事实（背景、遇到的困境与突破困境后的功绩）。

每个人物代表着其背景，不同时代有不同的文化、不同的背景，面对的挑战就不同。

华克夫人本名莎拉，出生于美国南部的一个黑人家庭，父母亲是林肯释放的第一批黑奴。

在种族隔离和不平等的时代，黑人女性要出头，这是多么不容易啊！

人物之所以值得学习，一定是他们历经艰苦奋斗或坚持不懈才能完成梦想，所以要把他们的困境描写出来。

莎拉只能白天努力帮人洗衣服以养活自己和女儿，晚上开始到学校读书。单调、无穷尽的捣衣声是她所处的环境，艰辛奔波的生活让她的身体出现了警讯，她的头发干燥易断裂，还一直大量掉发，让她非常忧心又自卑。她难过地想："如果上帝不喜欢丑八怪，为何要创造我？"不愿意屈服固有限制的她开始寻找各种解除困境的方法，虽然多方尝试还是无效。但她不放弃，为自己，也为所有的黑人努力。

华克夫人遇到的困境是贫困又掉发，霍金是罹患渐冻症，海伦·凯勒是失明又失聪……这些人物克服所面临的困境，突破泥泞后所取得的功绩，也是让他们的生命拥有与众不同之处。

2. 突出人物形象。

写名人传记除了写他人熟悉的那些方面，更重要的是突出这位名人的形象或特质。所以，我们可以通过人物所说的话、所做的事，突出他的个性和形象。

林书豪是美国职业男篮中少见的东方脸孔。他从小就热爱篮球，妈妈要求他一定得把功课做完才能去打球。妈妈的坚持和鼓励，为林书豪的学习立下良好的基础，所以他取得了优异的成绩，是哈佛大学毕业生。在篮球队中，个子小的他总是最早到球场练球，基本动作练了又练，从来不说苦。他知道在美国有太多和他一样出色的球员，他一定要比别人更努力才行。在球场上，只要比赛还没终了，他就会把握每一球。就算只能坐在场边，林书豪也认真地观看，并且坚持体能训练，保持随时可以上场的状态，等待机会到来。

在2012年2月的一场比赛中，林书豪得到机会代替先发球员上场，一次又一次的漂亮助攻，一次又一次的切入得分，让原本落后的球队反败为胜。全场为他的优异表现起立鼓掌，也让林书豪受到全世界篮球迷的瞩目，成为世界瞩目的"豪小子"。

从文章对林书豪打球训练的描写，就知道他是一个非常认真努力的人，所以，他正印证了"机会是留给准备好的人"这句话。

3. 影响或是评价。

写名人传记是让人家知道他是一个什么样的人，所以主角做了什么事造成特别的影响，产生什么评价，更是写作的重点。

华克夫人是美国首位白手起家的女性百万富翁，被美国《商业周刊》誉为史上最伟大的企业家之一。她说："我希望有一天成为百万富翁，不是为了钱，而是当我有钱时，我可以更好地帮助黑人。"一个洗衣妇以坚毅的个性改写了自己的人生，开创了黑人美发护发的先河，更能向弱势群体付出关爱，成为民权运动的支持者，并成为了家喻户晓的政治活动家和慈善的代言人，影响了许多人。

通过上面的事例和提示，我们可以总结出写名人传记的方法，概括如图1-9所示。

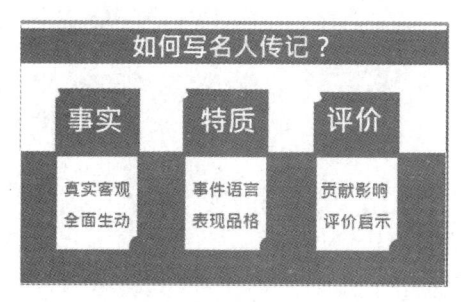

图1-9

三、记叙文之写景篇

◆丽云老师说

旅行，是一件愉快的事情，徜徉在青山绿水间，听风、观云、赏星、看月，多么幸福啊！其实人生就像是一次充满未知的旅行，在乎的是沿途的风景，在乎的是看风景的心情。写景的文章，最担心写成流水账，当成一般叙事类文章。写景物的文章要思考："我写了什么？为什么要写？"一般写景有三个目的。

1. 单纯介绍景物：文章对景物如实描摹，保持客观性，此时"景语"即"物语"。一般会采用移步换景（按照旅游或观察顺序）的方法进行写作。

2. 分享观景感受：对景物直抒情感，了无隔阂，情景交融，此时"景语"即"情语"。语句的表达更重视观景时所产生的"情"，情动辞发、触景生情。

3. 旅游推荐：以推荐为目的，通过描写让读者了解并做出选择，此时"景语"即"荐言"。作者在文章中呈现景观中的新、奇、特，希望引发共鸣，产生"我也想去"的冲动。当然，这类文章其实不多，作家大都是以温和含蓄的方式夹杂在字里行间，并做到点到为止。

小妙招

1. 游记的结构：原因、景点、感受（如图1-10所示）。
2. 描写景物要展现景物独特的方面，发现它与众不同之处。
3. 善用颜色的形容词，结合比喻、拟人和排比等技巧。

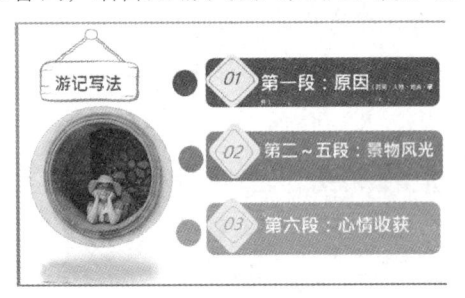

图1-10

观景文的写法

记景就是带着大家到景点旅游，比如游记。游记是以写景为主的记叙文，即出去玩之后，所写的一份文字记录。游记的主角就是"风景"和"人"，是记录"人"在这一段"风景"中旅行的过程。所以，写游记必须要点明空间和时间。在旅游的过程中，灵魂之窗——眼睛，和心灵雷达——耳朵，可是很重要的。要仔细观察景物，将它装入脑海中。当然，最重要的是心灵的感受，要敞开心胸去爱风景，风景才能将它最美丽的一面显露出来。

1. 以景点为主。

写景的文章，为避免"流水账"，中间可以景点为主，一段一景点，这样就可以避免写成流水账。

观景类的文章，若能符合有序介绍事件、树立典型景物、画面生动、情景交融这几个元素，就能生动形象。

2. 锻词炼句：善用颜色、形容词和想象。

写景的文章要描写生动，情景交融，让读者仿佛跟作者到景点进行了一场深度旅游。那么，为景物加上形容词，结合比喻和排比的技巧，加上感受和想象，让如诗如画的美景表现出来，创造出令人陶醉的意境，见以下例文。

［例1］花园四周有一簇簇黄色的小菊花，开得非常热闹，好像开心地跳着热情的舞蹈，真是太美丽了！

［例2］夕阳的金光让云朵上流动着不同的光彩，艳丽的红、生动的橘、尊贵的黄、亮眼的银……向阳面的山峰，鲜亮的绿，耀眼灼目；被阴影遮住的地方，深邃的黑，像有人肆意泼洒的墨色。

四、记叙文之写物篇

◆ 丽云老师说

我们生活周遭不是人，就是物，所谓"人物"，即是如此。状物的文章，基本上和写人很像，但是，人与物毕竟还是有差别，所以学会写人的技巧后，只要再掌握人与物之间些微的不同就可以写好状物类文章了。状物类文章，一般有：动物、植物、非生物、建筑物等（如图1-11）。

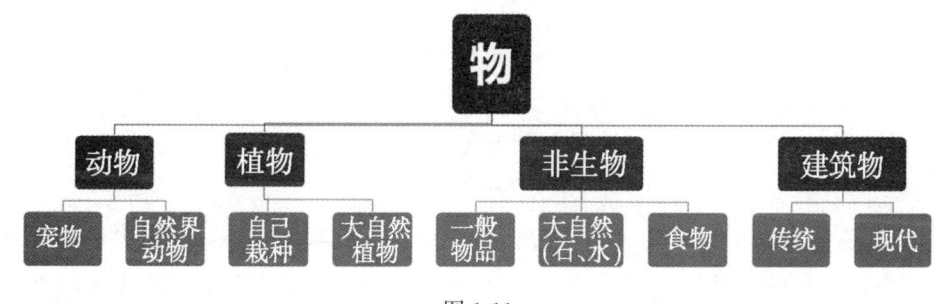

图1-11

小妙招

1. 状物：外形（大小、颜色、形状、材质）、功用、环境、来历、特性（声音、动作、构造、历史……）、我的感受。

2. 要有顺序：从整体到细部、从头到尾……

3. 结构：直接针对物品本身的各个方向进行写作，可用"并列叙事式"或"时间推进式"；以叙事的方式来写物，通常会运用到"叙事式"或"因果式"来设计文章结构。

4. 掌握动态（精准动词的使用）和物的特性。

状物写法

生活中，有许多事物与我们相伴，让我们生活便利，多彩多姿。不管是动物、植物、建筑物、大自然里的景物或是我们日常生活里用到的一些物品……都是我们生活中非常重要或亲密的伙伴。想一想，状物时，可以从哪些方面描写呢？

状物类文章，我们可以通过外形、声音、动作、特殊习性、居住地、繁殖方式、面临的威胁等方面进行描写，突出事物鲜活的形象。

1. 掌握外形特色。

事物都有其独特的外貌。仔细观察，写出它们的外形特色。

[示例] 大熊猫腰圆背厚，四肢粗壮，尾巴短秃，毛色奇特，头和身躯是乳白色，而四肢和肩部是黑色，头上有一对黑耳朵，还有两个黑眼眶，很像戴着一副墨镜。大熊猫长相可爱，性情温驯，给人谐趣、活泼的印象。

2. 观察要有顺序。

状物时，要仔细观察，然后有顺序地写出来，可以从头到尾，从整体到细节，从盛开到含苞……例如写一只小猫。

[示例] 这只小猫咪有长长的胡子，浑身上下长着白白的毛，圆圆的眼睛乌黑发亮，弯弯的小尾巴一翘一翘的，红红的小嘴，雪白的牙齿，像是在对着人笑。在阳光的照耀下，小猫咪的眼睛眯成了一条缝，身上闪着银光。

3. 凸显姿态与个性。

状物要成功，要把握这个事物的特性，写出它的特征。像松鼠是"玲珑的小面孔"和"帽缨形的尾巴"。为何不写它的身子呢？因为松鼠玲珑生动的面孔和它那硕大的尾巴，是最具标志性的特征。所以，描写事物要掌握它独特的姿态，呈现特性或个性。当然，也可以写出这事物代表的意义，尤其很多植物，都有其独特的"代表性"。

[示例] 花生的好处很多，有一样最可贵：它的果实埋在地里，不像桃子、石榴、苹果那样，把鲜红嫩绿的果实高高地挂在枝头上，使人一见就生爱慕之心。你们看它矮矮地长在地上，等到成熟了，也不能立刻分辨出来它有没有果实，必须挖起来才知道。(摘自《落花生》)

五、记叙文之叙事篇

◆丽云老师说

生活是由许多大大小小的事件组合而成，所以把一件事情写清楚的能力很重要。包括我们写人物时，也会通过一件真实而具体的事例呈现人物的特质或与我们的互动，所以叙事是最重要的写作能力。

我们生活中遇过的事情很多，可以写的话题和内容自然很多。但是，要如何把一件事具体清楚地说出来，而不成为流水账呢？叙事的文章，是以事件为核心，将它的来龙去脉交代清楚，所以，掌握叙述六要素的重点，叙事就不难了。

小妙招

1. 叙述六要素：时间、人物、地点、原因、经过、结果。
2. 理清叙事的顺序。
3. 分清主从：掌握详写、略写内容。

那么如何生动、有情感地叙述一件事呢？具体概括可见图1-12。

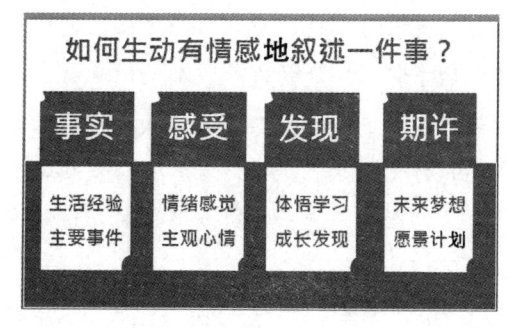

如何生动有情感地叙述一件事？			
事实	感受	发现	期许
生活经验 主要事件	情绪感觉 主观心情	体悟学习 成长发现	未来梦想 愿景计划

图1-12

叙事文章的写法

1. 叙事的结构。

叙事首先要理清事件的顺序和过程，在开头段落交代事情的起因或感受，在结尾段落交代事情的结果，在过程中详写事情的经过，对于具体的事例更要细写，这样才能表现出文章的主题。一般叙事类文章使用"事件式""因果式"或是"方位式"来进行结构设计，以叙事为例的段落划分见图1-13。

◆ 一般叙事类文章使用"事件式""因果式"或是"方位式"来进行结构设计

段落	事件式（我的一天）	因果式（学骑脚踏车）	方位式（参观绘本馆）	说明
一	起床后，陪妈妈上菜市场	学骑脚踏车的原因	全家出游到绘本馆参观	真人真事
二	返家后，帮忙清扫房间	学车初期，频频摔倒	参观展示场	
三	下午，和哥哥出去打球	反复练习后，进入佳境	参观典藏区和阅读教室	
四	充实有意义的一天	皇天不负苦心人，终于学会	参观后的收获	思想感情

图1-13

2. 详写与略写：分清主次。

事件发生一定有很多过程，重要的部分运用具有精雕细琢的笔调来详写，次要的部分以概括或简要方式三言两语轻轻带过即可。至于哪些该详写，哪些该略写，取决于作者想表达的重点。

[示例]……第一个弯道过去了，我稳居第一。第二个弯道又过去了，我的腿开始发软，稍微放慢了速度。突然，一阵激情的呐喊声传进我的耳朵，我看见旁边的同学都站了起来，我的心快跳了出来，为了班上的荣誉，我要夺第一！我要尽快压线！我使劲摆动手臂，拼命向前冲。加油的呐喊声，越来越急，我已经听不清运动场上谁在替谁加油了。还差二十米，我听见后面的选手正咄咄逼人地喘着气，我想用尽吃奶的力气甩开他，可是双脚不听使唤，我咬紧牙关，恨不得一步跑到终点！突然，紧追在后的选手像风一般飞驰而过……比赛结束，我只得了第二名……（《我输了》）

主题是"我输了"，所以"跑第二名的我"成为详写的对象；跑"第一名"的选手反而轻描淡写，这样文章的主次关系就很清楚了。

第四节 说明文篇

◆ 丽云老师说

记叙文重在以情动人，说明文重在讲清事理。我们学习任何文体的目的不是为了考试，而是为了运用，是为了能恰当地传情达意，精准地表达自己想传达的心情或看法。想要表达什么心情，想要说明什么道理，都有比较适当得体的表达方式。学习各种基本功，等到要抒发时，就能得心应手、游刃有余了！

小妙招

1. 说明文：事物说明文、事理说明文。
2. 善用数字、比较、举例、下定义、分类等说明方法。
3. 说明文特点：介绍客观、用词准确、结构严谨。

说明文写作方法

读说明文第一个目标是要读懂文本说了什么；第二个目标是要知道文本是怎么说的，用了哪些说明的方法。换言之，说明文的最高境界是读懂为什么要说，掌握主旨。

（一）认识说明文

说明文是客观介绍事物或事实的一种文体：只要是解说事物特点，或是介绍某方面知识的文字，就是"说明文"。也就是说，说明文是以说明的方式来表达内容的，要将说明对象的特征、功能、发展等说清楚、讲明白。所以，但凡使用说明、操作手册、食谱、旅游指南、字典、实验报告都属于说明文。说明文分为事物说明文和事理说明文两种。

1. 事物说明文。

这种类型的说明文指说明的事物是具有形体的东西，可以是详细叙述物品的外貌、功能、特征、重要性，以达到明确说明事物的目的。如下文《台湾山椒鱼》：

山椒鱼可不是鱼，它们是两栖类的动物，因为身上有着特别的山椒味，所以大家叫它"山椒鱼"。山椒鱼小时候很像鱼，是用鳃呼吸，长大以后才改用肺呼吸。别看山椒鱼小小的，它们身上的黏液有毒，可以保护自己。遇到敌人的时候，它们会抬起尾巴，让对方不敢接近。（台湾康轩版三年级下册第10课）

2. 事理说明文。

该类型的说明文主要回答"为什么"的问题，说明抽象的概念，或介绍事物的本质属性，或陈述事情的原因等。一般按照事实真相解释，可以从事理的正面和反面作比较或是举例说明，让人更容易理解你要叙述的道理。如下文《飞向蓝天的恐龙》：

说到恐龙，人们往往想到凶猛的霸王龙或者笨重、迟钝的马门溪龙；谈起鸟类，我们头脑中自然会浮现轻灵的鸽子或者五彩斑斓的孔雀。二者似乎毫不相干，但近年来发现的大量化石显示：在中生代时期，恐龙的某一支经过漫长的演化，最终变成了凌空翱翔的鸟儿。

(二) 说明事物常用的方法

1. 列数据：利用数字说明事物的特点，能加强说服力，让人觉得真实可信。

[例1] 台湾常见的鲸种类约有三十二种，其中有二十四种是齿鲸。

[例2] 鲸是胎生的，幼鲸靠吃母鲸的奶，每天能长三十公斤到五十公斤，两三年就可以长成大鲸。鲸的寿命很长，一般可以活几十年到一百年。

2. 下定义：用简洁而精确的语言，说明事物的本质，让人对事物有明确的概念。

[例1] 鲸生活在海洋里，因为体形像鱼，许多人管它叫鲸鱼。其实它不属于鱼类，而是哺乳动物。

[例2] 看到海豚在海中的矫捷身影，很难想象大约六千五百万年前，它们原本是陆地上的哺乳动物。

3. 作比较：拿熟悉的事物作比较，令事物的特点具体、清楚。

[例1] 海豚妈妈不仅要哺育小海豚，还要照顾好长的一段时间，小海豚才能独立生活。

[例2] 世界上有一种比象还要大得多的动物，那就是鲸。

4. 分类别：把事物进行分类，让说明更有条理。

[示例] 鲸的种类很多，总的来说可以分为两大类：一类是须鲸，没有牙齿；一类是齿鲸，有锋利的牙齿。

5. 举例子：用事例说明事物的特点，使说明更加具体、清晰。

［例1］不同的海豚会发出不同的叫声，这些声音也有不同的作用，例如：侦测海底地形或船只、合作捕猎鱼群、警告有敌人出现或为了求偶。

［例2］虽然台湾地区有野生动物保育法，但是海豚的生存仍面临许多威胁：渔民捕鱼用的流刺网、和船只撞击的意外死亡、海洋污染导致食物锐减、填海造地让它们的栖息地消失……这些都威胁着它们的生命。

6. 运用比喻：把一件不易看到或较抽象的事物，比作另一件常见或较具体的事物，令事物的特点更形象。

［例1］在长相上，海豚拥有流线型的身躯，像是鱼雷一样，可以减少水中阻力。

［例2］鲸的鼻孔长在头顶上，吸气的时候浮上海面，从鼻孔喷出的气形成一股水柱，就像公园里的喷泉一样。

第五节　故事篇

◆ 丽云老师说

从小我们就喜欢读故事，总是幻想自己是童话故事里受难的公主，等待白马王子来救援。因为在想象的世界里，什么都是可能的，那些现实生活中不可能发生的事，都可以依照幻想的逻辑，变成神奇曲折的故事。

小妙招

1. 塑造人物：物性＋人性。
2. 故事结构：三个起伏。
3. 发挥想象和幻想。

故事的写法

我们都喜欢听故事，尤其是那些天马行空、充满想象的故事，常常带给我们全然不同的生活体验。在故事的世界里可以穿越时空，没有过去与未来，是一个虚拟的世界。幻想让这个虚拟世界充满自由自在与浪漫新奇，呈现似真似幻、神奇迷人的情境。尤其是童话故事，它是以故事为主要叙述内容。曹文轩先生曾说："故事先于文字而产生。"写故事可以把握下列几点：

1. 塑造人物形象。

故事离不开人物，例如白雪公主纯洁善良，小红帽天真可爱，小飞侠彼得·潘顽皮，卖火柴的小女孩让人感到内心柔软而慈悲……所以，写故事第一步，就是塑造人物形象。如下文《小松树和大松树》节选：

小松树的话被风伯伯听到了。风伯伯摸着小松树的头说："孩子，山下的松树比你高多了。你能看得远，那是大山爷爷把你托起来的呀！"

所以，故事中的人物＝物性＋人性。物性：动物和植物的外形、生活习性；人性：人的性格特点、喜怒哀乐和语言。

2. 故事结构。

故事怎样才有意思？当然要有"一波三折"（故事三个起伏），故事才会生动曲折。如果一下子就解决困难或问题，这样的故事就不好看了。故事要有好几个波折：冲突→解决→冲突→解决，只有这样故事才会好看。故事结构可以用三段式（见图1-14）：

童话故事结构：三段式

前段：	中段：	最后：
童话人物的外形、性格特点、遭遇、遇到的困难……	发生了什么样的事情，如何历尽波折、克服困难……	成为了理想中的自己，过上了幸福快乐的生活。

图 1-14

我们可以善用故事梯进行故事情节（冲突→解决）的设计。

3. 发挥想象力。

故事充满幻想和想象，在《一只想飞的猫》《想飞的蚂蚁》两篇童话中，动物被幻想能飞上天。在故事的世界里，一切都能被想象成人的行为，例如：猫骂老鼠，老太婆请棍子帮她赶猪过桥，孩子可以跟树叶说话……这些把一切都当作人。

第六节　想象作文篇

◆丽云老师说

如果有一双翅膀可以飞翔，上天下地、穿梭古今。你，想去哪里呢？未来的世界，你觉得会是什么样子呢？你想过自己 20 年后会是什么模样吗？乘着想象的翅膀飞翔，就可以创造无限可能。

小妙招

1. "想象作文"和"想象"不一样，它不是指文章中细节想象或局部情节想象等，而是指那些完全凭借想象写出来的文章。这些文章的内容全是想象出来的，不是已经发生或看到的现实生活，如：寓言、童话、科幻以及诸如写梦、假想等题材的文章。

2. 想象作文：理想类想象作文、科幻类想象作文、畅想类想象作文。

想象作文的写法

世界变得太快，李开复教授说过，未来人工智能（AI）将会取代人类做许多事。英国《金融时报》也报道："本世纪末，我们熟悉的职业，70%会被自动化技术取代，以后剩下你的同事和你与机器人一起工作。"你能想象未来的你以及你周围的世界的模样吗？如果可以有超能力，你会希望做什么呢？发挥想象力，才能写好想象作文。

（一）想象作文的分类

1. 理想类想象作文。

写自己的某种理想，如《如果我是一片云》《假如我是××》《我想当亿万富翁》……描绘的是笔者对未来理想的追求、向往与憧憬。

假设性的想象文章，可分为下列六种：

（1）成为某种人物：如果我是老师、如果我是大富翁……

（2）成为某种动物：如果我是狮子、如果我是飞鸟……

（3）成为某种植物：如果我是行道树、如果我是稻子……

（4）成为某种非生物：如果我是铅笔、如果我是电灯……

（5）具有某种能力：如果我是发明家、如果我是超人……

（6）发生某种事情：如果不必月考、如果太阳不见了……

[示例] 如果我是一片云，

我会放弃高高在上，

我选择化作一滴滴小雨飘落人间。

你要问我为什么，
请看看那些郁郁葱葱的生命，
那，就是我的答案。
如果我是一条河流，
我会放弃奔流到海，
我选择化为甘泉流入麦田。
你要问我为什么，
请听听农民伯伯喜悦的笑声，
那，就是我的答案。

2. 科幻类想象作文。

对未来的某种科学产品的特点、功能和作用等方面作具体的描述与介绍，如《未来的车子》《未来的衣服》《未来的房屋》《神奇的书包》……侧重介绍未来某种产品的神奇功效，像成龙的电影《神奇燕尾服》中演的一样充满神奇力量。科幻类想象作文还把许多不可能变成可能。如下文《未来的可心衣》中的片段：

现在的衣服，要么穿一段时间就变旧了，要么就是过时了，跟不上潮流。所以，我设计了一种"可心"服装，顾名思义，它就是一种让所有人都称心如意的衣服。这种衣服在制作材料里植入了智能芯片，衣领上设计了很多美丽的纽扣。你可别小看了它们，它们的用处可大着呢！红色纽扣可以让你任意调节衣服的色彩；黄色纽扣的功能是改变衣服的制作材料；蓝色纽扣帮助你调试服装的款式。

3. 畅想类想象作文。

对未来某种变化的描写，如《写给二十年后的自己》、2018年高考作文题目《写给2035年的那个他》……这类作文需要发挥大胆的想象，畅谈未来某一时段或某一地域的所见、所闻、所思，把自己置于未来的某个情境中而进行的一种写作训练。

无论写哪类想象作文，我们都必须做到：以现实生活为基础，想象要合理、丰富，表达要真实、具体。

(二) 写好想象作文的方法

既然是想象作文，想象是十分重要的。"一个会回忆，会联想，会想象的人，才是会构思的人。"可见想象的重要。想象一定要做到奇，即奇特、富有个性，是属于你自己的大胆而奇特的想象。写想象作文的关键就是要开动脑筋，大胆设想，想象出新颖奇妙而又意味深长的故事来。

想象就是在头脑中勾画新事物。《西游记》就是作者吴承恩依据唐朝玄奘取经的故事想象出来的。他在书中塑造了孙悟空、猪八戒、沙僧、唐僧这四个人物形象,还有惊险、怪异的"八十一难"。那么,怎样写好想象作文呢?

1. 由现在联想到过去,按现代生活的模式构思故事情节。

很多引人入胜的剧本就是把今天的活动搬到了古代,例如把足球搬到宋朝去踢。所以,对于已经发生的、不曾见过的事情,或者没有生命的东西,例如一块石头、一个玩具,都可以通过想象,让今天的故事在过去的环境里"表演",让"死"的东西"活"起来。随着这些故事的"表演","死"物的复"活",作者想象的双翅也就展开了。

2. 由现在联想到未来,把假设的内容写成真实的情节。

假设的内容固然是假的,但它在生活中还是有可能出现的,不过是还没有发生罢了。人类翱翔天空在一百多年前还是根本不可能的事儿,但今天谁都可以买张飞机票上天一游。所以,根据自己平时观察所累积的生活经验,合情合理地展开想象,把假设的内容写成日常生活中遇到的或者正在发生的故事,也是写好想象作文的有效途径。

3. 由甲联想到乙,让成语典故、俚语、俗语为我们旧瓶装新酒。

将成语典故或者俚语、俗语加以适当地改编扩充,让它们成为作文中的故事情节,或者把目前的热门话题灵活地转移到文中人物身上来,以取得异曲同工的效果。

所以,大致掌握文体特性后,拿到写作题目,先思考是几年级的孩子,习作要求的程度,再进行教学设计,那么写作教学的质量就可以有一定的把握,学生的写作力也能慢慢建立起来。

第二章　三年级上册习作教学设计

第一单元　猜猜他是谁

一、写作教学亮点

本次习作主题是"猜猜他是谁",要求学生选择一位身边熟悉的同学,用几句话写写他(她),关键点是不能在文中出现他(她)的名字,要让大家"猜一猜他(她)是谁"。

一个班里有很多同学,怎样描写这位同学,才能让别人一读就能猜出他(她)是谁呢?可以指导学生选择这位同学的外貌、性格、品质、爱好等给人留下深刻印象的方面进行生动准确的描写,这样才能让别人一下子猜出来他(她)是谁。

只要仔细观察,便可发现每一个人都有各自与众不同之处。可以引导学生多角度思考,多方面发现,写出观察所得,写出与别人不一样的内容,这篇文章才会有亮点。

观察时,一次只观察一两个方面,不必面面俱到。例如,有的人是外形独具特色,头发五官、高矮胖瘦特别突出,那就针对外形仔细观察,有序地写出一段话。有的人是动作特别显眼或是说话带有口头禅,那就可以针对这方面加以观察、描绘。

"猜猜他是谁"这篇文章要写得好,最重要的是要有一双会观察的眼睛,把观察到的部分,有序地描写出来,那进行"猜猜他是谁"的活动时,就可以有趣又聚焦了。

二、教材连结

本单元习作的第一部分，以轻松的口吻介绍了本次习作的内容。先提出做一个游戏的活动建议，调动学生的兴趣，激发他们的参与感；然后提出选择一个同学来写一写的要求。

本单元习作的第二部分，用图示的方式分别从外貌、性格、品质、爱好四个角度提供了介绍同学的范例，帮助学生打开思路。教学时一定要利用好这些范例。

此习作安排在三年级上册第一单元，本单元的单元主题为"学校生活"，习作要求是"体会习作的乐趣"。这是本套教材第一次正式的习作练习。教材以游戏的形式编排了"猜猜他是谁"的活动，要求学生用一段话介绍自己的同学，旨在激发学生的习作兴趣，让学生在二年级写话的基础上以比较轻松的状态进入习作学习。从写话过渡到习作，不宜刻意强调习作与写话的不同，应注意避免学生对习作产生畏难情绪，教学要从激趣入手，通过多种方式让学生产生习作的愿望，树立习作的信心，逐步养成大胆习作的习惯。

本单元习作中要求"选择一个同学，用几句话或一段话写写他"贴合了学生的校园生活，与单元主题"学校生活"紧密联系，通过对本单元课文的教学，引导学生从课文中受到启发：

《大青树下的小学》描写了一所边疆小学欢乐祥和的校园生活，作者抓住边疆小学的特别之处：学生因来自不同民族而穿戴不同；校园环境不同——开着绒球花和太阳花的校园小路；上课时有猴子等各种可爱动物相伴；古老的铜钟以及凤尾竹的影子等写出了边疆小学的独特风貌……这篇课文让学生感受到抓住事物与众不同之处才能写好事物。

《不懂就要问》通过孙中山向私塾先生提问的故事，描写了孙中山"不懂就要问"的优秀品质。本篇课文通过事例描写人物的品质特点，为我们这次习作"猜猜他是谁"做了很好的范例，可引导学生借鉴。

三、作文基本功练习：格式

1. 第一行题目居中书写。

题目居中方法：（一行总格数－题目字数）÷2，得出的数取整就是题目开头要空出来的格数。例如：本子一行是20格，题目"猜猜他是谁"5个字，20－5

=15，15÷2=7……1，开头空 7 格即可，如图 2-1 所示。

| | | | | | | | 猜 | 猜 | 他 | 是 | 谁 | | | | | |

图 2-1

2. 每一段开头空两格，如图 2-2 所示。

		他	是	达	活	泉	小	学	三	年	级	（	3	）	班	的	小	学	生，
他	长	得	瘦	瘦	高	高	的，		弯	弯	的	眉	毛	下	有	一	双	大	大
的	眼	睛，		嘴	巴	吃	完	一	个	大	饺	子	还	可	以	说	话。		
		他	是	一	个	很	聪	明	的	小	孩，		就	是	上	课	光	走	神
儿，		但	是	每	次	考	试	成	绩	都	名	列	前	茅。		他	的	缺	点
就	是	爱	哭，		一	不	顺	他	的	心，		他	就	大	哭	大	闹。		

图 2-2

3. 标点符号在稿纸中占格。

(1) 逗号、句号、顿号约占四分之一方格，居左偏下，如图 2-3 所示。

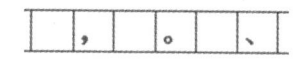

| ， | 。 | 、 |

图 2-3

(2) 问号、感叹号约占二分之一方格，占左半格，如图 2-4 所示。

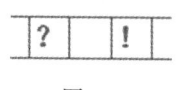

| ？ | ！ |

图 2-4

(3) 标点符号在方格纸中单独占一格，但如果恰逢在行末字写满情况下，不可另起一行写在行首，应写在一行末格后，如图 2-5 所示。

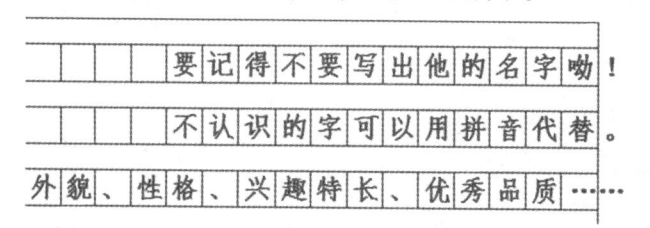

			要	记	得	不	要	写	出	他	的	名	字	呦！
			不	认	识	的	字	可	以	用	拼	音	代	替。
	外	貌、	性	格、	兴	趣	特	长、	优	秀	品	质	……

图 2-5

(4)""（）和《》号都是分为前后两个部分，分别标在文字的前后，并各占一格。""（）和《》的前一半不出现在一行之末，后一半不出现在一行之首。

(5)省略号的六个圆点、破折号的一条横线都占两个方格，上下位置居中，中间不能断开，如图2-6所示。

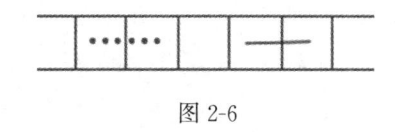

图2-6

四、思路引导

我们身边有许多熟悉的同学，每位同学都不太一样。世界上没有两片完全相同的树叶，也没有两个完全相同的人。这次习作，我们学习用文字描写一位同学，让他（她）活灵活现地呈现在大家面前，让大家一下子就猜出来"他（她）"是谁！

1. 写作第一步：确定写"谁"。

亲爱的同学们，开学了，你是否发现有的同学长高、长壮了呢？你可以仔细观察身边的同学们，哪位同学给你留下的印象最深刻？你对谁最熟悉？你最想向别人介绍谁？想让你的朋友们猜哪位同学呢？选一位身边熟悉的同学作为这篇文章的主角吧！

2. 写作第二步：确定从哪些方面介绍这位同学。

我们已经选好了让大家猜的那个"他（她）"，我们应该怎样描写，才能让同学们把这位同学从一群同学中区分出来呢？我们先来仔细看看书上给了我们什么启示，如图2-7。

> 他的头发又黑又硬，一根根向上竖着……

图2-7

思考1：这位同学的头发真是与众不同，看一眼就给别人留下了深刻的印象！所有同学的头发都是这样的吗？别的同学头发是怎样的？给你留下了怎样深刻的印象？

思考2：除了头发，还可以写什么？

提示：还可以写眉毛、眼睛、耳朵、嘴巴……当然一定要抓住给人留下印象深刻的地方进行描写。那么，怎么写才能让他（她）的外貌与众不同呢？

[例1] 她是一个可爱的女孩，总喜欢扎着马尾辫。她有一双大眼睛，鼻子小小的，鼻子下面是一张小嘴巴。我们都喜欢她。

[例2] 她是一个可爱的小女孩，马尾辫上总是扎着她喜欢的蝴蝶结。她那水汪汪的大眼睛炯炯有神，上课时她总是认真地盯着老师所讲的知识，而且她那樱桃小嘴面对老师的问题，总能对答如流！我们都喜欢和她交朋友。

思考3：你觉得上面两个片段，哪一段写得好？为什么？

例2写得好，抓住细节——"马尾辫上总是扎着她喜欢的蝴蝶结"，突出了她的与众不同，让别人一下子就把她从众多扎马尾辫的同学中找出来。

写法指导1：一个人，首先给人留下深刻印象的就是他（她）的外貌长相。人的外貌初看都差不多：都长着头发、眉毛、眼睛、耳朵、鼻子、嘴，可仔细观察就会发现每个人的外貌又各不相同。有的人头发又黑又硬，根根竖立；有的人头发又软又黄，紧紧贴在头上；有的人眼睛又大又圆，像两颗黑葡萄；有的人眼睛天生就小，一笑起来眼睛眯成一条缝，几乎看不到了……

我们让大家猜"他（她）"是谁，可以先写人物外貌，要仔细观察，并抓住他（她）最与众不同之处进行介绍。

小试身手：你要让别人猜的同学外貌上有什么让人印象深刻的地方？试着写一写吧！

除了外貌，我们还可以写"他（她）"的哪些地方呢？一个人，还有哪些方面会给别人留下深刻印象，让人一下子就知道是谁？

> 他特别爱笑，一个小笑话就能让他笑个不停……

图 2-8

爱笑，这是一个人的性格特点，如图 2-8 中，具体体现在——一个小笑话就能让他笑个不停。

思考4：你要描写的他（她）有怎样的性格特点？这些性格体现在哪里呢？或者说，你从哪里判断出他有这样的性格呢？

提示：有爱笑的，有爱哭的；有的同学活泼、特别爱说话，有的同学文静、不爱说话；有的同学急脾气，做事快，有的同学慢性子，做事慢吞吞；有的同学做事认真，有的同学做事马虎……

> 他关心班里的每个人。有一次我数学没考好，他主动来安慰我，还送给我一盒酸奶……

图 2-9

关心别人是一个人的思想品质，是值得我们学习的地方，他怎么关心别人呢？见图 2-9，"我数学没考好，他主动来安慰我，还送给我一盒酸奶……"

思考 5：你要描写的他（她）有哪些优秀品质？有什么地方特别优秀，是我们学习的榜样？这些品质体现在哪里呢？或者说，你从哪里判断出他有这样的品质呢？

提示：优秀品质还有爱劳动、讲卫生、有礼貌、诚实、拾金不昧、尊老爱幼……

> 他酷爱踢足球，也喜欢跑步，经常能在操场上看到他奔跑的身影……

图 2-10

思考 6：见图 2-10 中，爱踢球、爱跑步，这是一个人的爱好。每个人都有自己的爱好。你要描写的他（她）有哪些爱好？表现在哪里？

提示：爱画画、爱唱歌、爱弹琴、爱跳舞、爱小制作……这些爱好体现在哪里呢？或者说，你从哪里知道他有这样的爱好呢？

写法指导 2：描写鲜活的人物形象，除了可以抓住人物外貌的独特之处，我们还可以抓住人物独有的性格特点、兴趣特长，以及人物突出的优秀品质来生动描写。当然描写时，一定要通过具体的事例突出特点。

小试身手：你要让别人猜的同学有什么独有的性格特点、兴趣特长，或者值得我们学习的优秀品质？让我们通过具体的事例突出这些特点吧！

总结：我们要介绍一个人，让大家一下子就猜出他（她）是谁，可以从他（她）的外貌、独有性格、兴趣特长、优秀品质等方面抓住其与众不同之处来写。

3. 写作第三步：选择一位同学给人印象最深刻的一两个地方，完成习作。

根据上述材料的提示，请你选择一位同学，写出他（她）让你印象最深刻的地方，完成习作。

五、写作小提醒

（一）写给老师：习作要求不拔高

特别提醒：这是小学统编版教材的第一次正式习作。老师批改上一定不要拔高要求，一定要以表扬为主，让孩子第一次习作就感到习作不难，且很有趣。不要把孩子的第一次习作的内容批得一无是处。

（二）写给学生：习作简单有方法

1. 写人物的外貌，要有顺序。

不管是从身材到五官（由整体到局部），或是从五官到身材（由局部到整体），一般写人的外貌，应该从头发到眉毛、眼睛、鼻子、嘴巴，这样从上到下的顺序，不可以乱跳。如果一会儿写头，一会儿写脚，会使文章显得杂乱。

2. 写人物外貌，要抓住特点，不要面面俱到。

写人不用头发、眉毛、眼睛、耳朵、鼻子、嘴巴等都写到，我们只要抓住给人印象深刻的一两个方面描写，就能让这个人的生动形象一下子呈现在大家的脑海里，并一下子猜出他（她）是谁。

六、写作大观园——佳作欣赏

猜猜她是谁？

邢台市达活泉小学　袁煜涵

我的好朋友里有一位很聪明、很漂亮的同学。她有一头长长的乌黑的头发和一双明亮的眼睛。

她平常喜欢帮助同学。有一次我的铅笔盒掉到了地上，还没等我弯腰去捡，她已经帮我捡起来，把里面的文具帮我整理整齐后轻轻地放到我的课桌上。

她是一个爱笑的小姑娘，每天都是笑呵呵地，在学校从没见她哭过。她是一个非常开朗的同学，平常也喜欢跟别人开玩笑，总把大家逗得哈哈大笑。

她还非常喜欢画画。做完作业，她喜欢安安静静地坐在那里画画，那么安静，一句话也不说，一声也不吭。和平常开朗爱笑的她一点也不一样，好像变了一个人似的。

这就是我的好朋友，你猜出来她是谁了吗？对了，她还戴了一副眼镜，镜框的颜色是粉色的。

习作自评表：

评价项目	自评完成打√
1. 注意作文格式（每段开头空两格、题目居中）。	
2. 正确使用标点及占位。	
3. 能准确写出人物特点，并让人猜出。	
4. 书写认真，语句通顺。	
5. 本次习作总评。	

（邢台市达活泉小学　崔建光）

第二单元　写日记

一、写作教学亮点

日记是一种比较主观的写作，主要记录了自己一天的所见所闻、所思所感。对于三年级的学生来说，初次接触日记，心中难免会有很多困惑。

日记可以说是一个人的成长史，通过记录下自己每天的生活，把自己的成长历程串联成一个精彩的故事，而自己就是这个故事的主角。假如不及时记录下来，很可能就如天上的云朵那般容易被风吹散。而日记及时记录的特点，可以有效地解决我们长期记忆中的偏差或遗忘。

日记的内容和形式是写日记的重点。要写好本单元习作，需要确认日记的格式。日记的格式有别于一般作文，日记的首行要写上具体的年、月、日，星期几和天气，正文部分从第二行开始。

写日记最需要突破的难点就是"要写什么内容"，最担心写成流水账。我们可以把日记分为三类。第一类：生活日记。思考一天中发生了什么难忘的事情，这些事带来了怎样的心情。生活日记要写得好，"如何叙事"是最重要的。第二类：观察日记。全方位调动自己的感官，记录对周围环境的观察。第三类：读书日记。如果一天中没有发生任何或有趣或难忘的事，也没有走出家门，教师可以指导学生写读书日记、学习日记以及思考日记等。

二、教材连结

教材中的习作例文讲的是一颗松动的牙齿如何被"我"晃掉的事。掉牙是一件日常生活中的平凡小事，但作者把牙齿松动时的不舒服以及一整天摇晃牙齿的过程都真实地表达了出来。

秋天来了，"一夜秋风，一夜秋雨"。《铺满金色巴掌的水泥道》让我们看到秋雨过后梧桐树叶落在湿漉漉的水泥道上，"像一个个金色的小巴掌"。多美的发现啊！

《秋天的雨》带我们去看看秋的颜色，红色的枫树叶，金黄的稻田，橙红的橘子，这是秋的画。闻闻秋的味道，梨香，菠萝甜，这是秋的果实。

在《听听，秋的声音》这篇课文中，我们听到了秋天的哪些声音呢？大树"唰唰"抖抖手臂，蟋蟀振动翅膀，秋风掠过田野……

我们的生活中不乏这样平凡而有趣的小事，我们周围的风景、建筑、小动物……都是大自然给我们的神秘礼物。只有用心观察的人，才会收到这份美丽的包裹。去发现生活中微小的感触，就能写出走心的日记，我们所书写的内容就是我们忠实于生活的见证。

三、写作素养基本功练习：日记的选材

日记与其他命题或半命题作文的不同之处在于，日记的选材范围更加宽泛，没有具体的限制，可以写人、记事、写景，还可以写自己的哲思等。这样的写作看似自由，但更考验了我们的选材能力。就好像将一筐不同种类的水果放在这里，我们会犹豫不知道选择吃哪一种。如果是一筐苹果，就不需要犹豫选择问题了。这就是为什么许多人一写日记大脑就一片空白，无从下笔，没有灵感。

（一）解决写日记没有灵感的问题

在这里，我们首先把日记大体上分为生活日记、观察日记和读书日记。

1. 生活日记：生活日记最为常见，是指从当天所发生的事情中选取一件印象最深刻的事记录到日记本上。写生活日记可以这样做：先问问自己今天的心情怎样，顺着这种心情去追溯是什么事让人产生了这样的心情？然后我们把自己在这一天中到过的地方、遇到的人、经历的事在脑海中进行回忆，选择那件印象最深刻的人或事。最后，让我们安静地思考和总结这件事带来的影响或感触，再在日记里呈现。

2. 观察日记：观察日记重在观察，可以观察动物、植物或者天气等。观察时可以通过"五感六觉"来对观察对象进行细腻的认识和感知。观察完成后，再把所观察到的进行具体形象地描绘。这样，一篇观察日记就完成了。

3. 读书日记：读书日记重在写今日阅读的内容和感受，读到了什么故事，

了解到哪些知识，带来了哪些感受，与自己有着怎样的联结。阅读很奇妙，通过阅读别人的故事，我们能够思考自己的人生。阅读犹如品尝美食，遇到浸润内心的文字，只一口，就会爱上那种语言的味道。如果能一边读，一边发挥想象力，那书读起来就更有趣了。

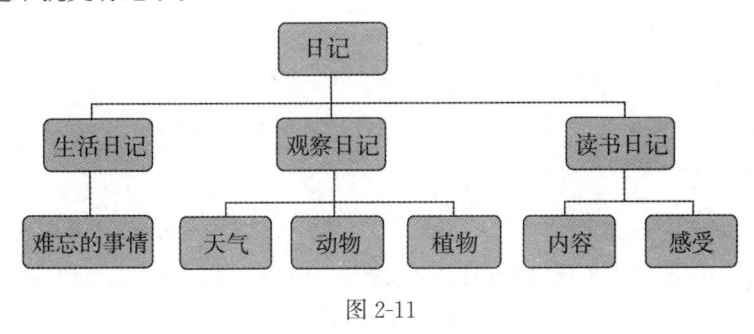

图 2-11

四、思路引导

亲爱的同学们，你还记得自己掉牙的过程吗？你和小伙伴闹过别扭吗？你有没有参加过各种比赛呢？你观察过大自然吗？你喜欢读哪些书呢？那春天绽放的花朵，夏天飞过的蜻蜓，秋天纷纷的落叶，冬天飘落的雪花会给你带来宁静和喜悦吗？当你读到《哈利·波特》时，你是否也想从九又四分之三站台出发去霍格沃兹上魔法课呢？你把这些生活中经历的事、观察的景物、踏过的路、读过的书写成日记，就是写下最美丽的回忆呢！

（一）生活日记

日记中最常见的是记录当天生活中发生的难忘的事，有时是一件不平凡的事带来的独特生命体验。你可以思考今天发生了什么难忘的事情。例如第一次竞选班长，和小猫说再见等，通常第一次或最后一次做的事会让自己印象深刻。有时是一件平凡的小事带来不一样的感受，例如刷牙幻想曲、给妹妹读睡前故事、逛商场等，这些事都很普通，但如果它们带来的感受是真实的、独特的，也可以是一件难忘的事。

1. 写作第一步：确定写什么。

你可以按照表 2-1 的方式将你今天的心情列出来，最后，再选择其中感触最深的事情，作为这篇日记的主题。

35

表 2-1

生活日记	
心情	事情
开心	午饭吃了最爱的炸鸡腿。
难过	数学考了 90 分,同桌考了满分呢!
惊吓	放学回家的路上,在草丛里看到一条蛇。
平静	每次写作业之前,我都会长舒一口气把心情放平静。

2. 写作第二步:取材与构思。

生活日记就从你今天有什么心情出发,想一想发生了哪些事情让你有这样的心情?这件事是你跟谁一起做的?你可以依次回答下列问题,完成一张"心情便利贴",最后再将它组织成一篇完整的文章。

(1) 你今天心情怎样?

(2) 什么事让你有这样的心情?

(3) 你和谁一起做的这件事?(朋友、家人、宠物……)

(4) 你们在哪里做的这件事?

(5) 事情的起因、经过、结果是怎样的?

3. 写作第三步:完成写作大纲。

参照上方的材料,选取你最有把握、最有想法的内容,拟定写作大纲,并照自己的写作大纲完成今天的日记,如图 2-12 所示。

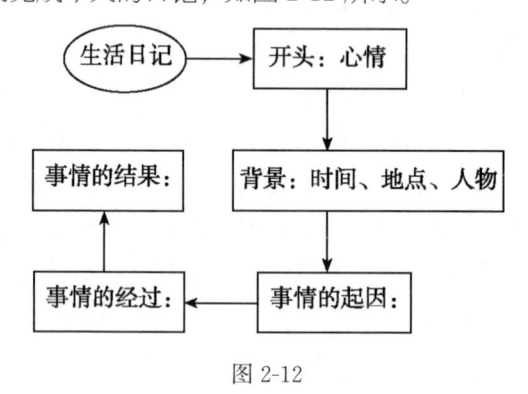

图 2-12

(二) 观察日记

选取日记的写作内容时,也可以充分调动自己的感官,记录下自己对周围环境的观察。

1. 写作第一步：确定写什么。

你也可以把今天的观察选出比较有意义、有内容的一个，成为你今天日记的主角（例如：天气、植物、动物）。

2. 写作第二步：取材与构思。

如果你想写观察日记，那就从下表 2-2 出发进行写作吧！

表 2-2

观察日记	
看起来什么样？	
发出什么样的声音？	
闻起来有什么味道？	
摸起来有什么样的感觉？	
（如果可以吃）尝一尝，有什么味道？	
它让你联想到什么？	
给你什么样的心情/感受？	

3. 写作第三步：完成写作大纲。

你可以通过自己的写作大纲完成今天的观察日记，写作大纲可根据图 2-13 拟制。

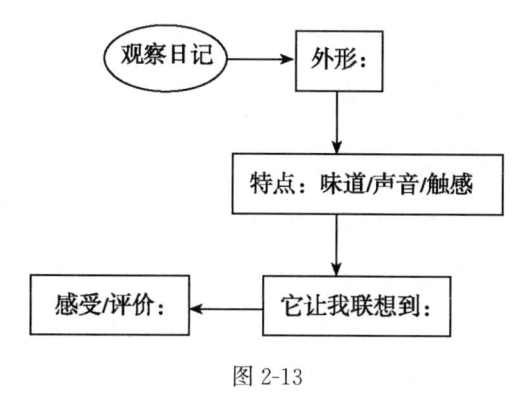

图 2-13

(三) 读书日记

如果一天中没有发生任何或有趣或难忘的事，甚至你都没有走出家门，那么，你可以写一写今天读过的书，画过的画。

1. 写作第一步：确定写什么。

我们日常接触的图书通常有以下几种，见图 2-14。喜欢读书的你可以在日记中写一写你今天读过的书，以及你读该书的感受。

图 2-14

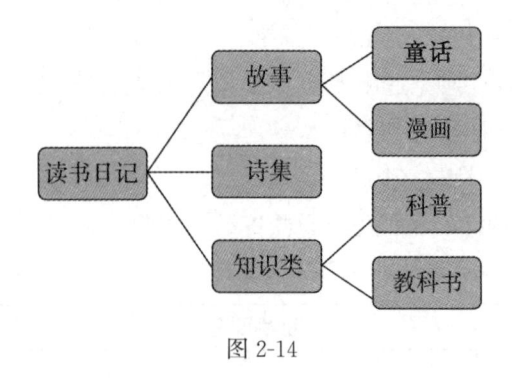

2. 写作第二步：取材与构思。

你可以尝试完成下面的题目：

(1) 这本书叫什么名字？

例：《小王子》。

(2) 这是一本什么书？故事（跳到 3、4），科普（跳到 5），诗集（跳到 6）？

例：这是一本故事书。

(3) 这本书里的人物都有谁？故事发生在哪里？

例：这本书里有小王子、飞行员、玫瑰花、狐狸和蛇。故事发生在地球。

(4) 这本书讲了一件什么事？

例：小王子从 B-612 星球来到地球，在荒漠里遇到了飞机出故障的飞行员。小王子给飞行员讲了他和玫瑰的故事，以及在抵达地球之前，他在六个星球的历险——他遇见了国王、爱虚荣的人、酒鬼、商人、点灯人、地理学家、蛇、三枚花瓣的沙漠花、玫瑰花、扳道工、商贩、狐狸以及飞行员。飞行员和小王子在沙漠中共同拥有了一段珍贵的友谊。当小王子离开地球时，飞行员非常悲伤。他一直非常怀念他们共度的时光。

(5) 这本书让你懂得了哪些新知识？请你用自己的话说说这些新知识。

_____

_____

(6) 这本诗集中有哪些你喜欢的诗句，请摘抄让你印象深刻的诗句。

_____

_____

(7) 这本书让你联想到什么？（其他书、故事、自己身边的事）

_____

_____

(8) 阅读这本书给你什么样的启发或是感受？

例：我很喜欢小王子和狐狸之间的友谊，狐狸告诉了小王子"驯服"就是建立关系。在"爱"中建立美好的关系，这就是给我们温暖的友谊吧！

3. 写作第三步：完成写作大纲。

按图 2-15 中的提示，拟定日记大纲。

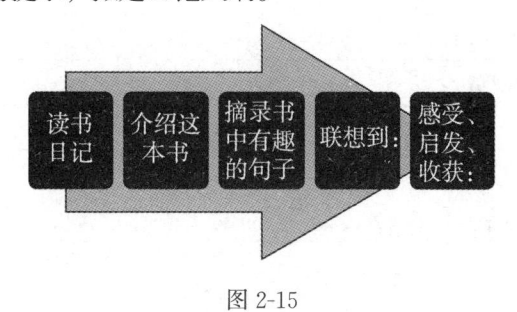

读书日记 → 介绍这本书 → 摘录书中有趣的句子 → 联想到： → 感受、启发、收获：

图 2-15

五、写作大观园——佳作欣赏

2020 年 3 月 23 日　　星期一　　晴

长　寿　面

新兴路小学　李同轩

今天是妈妈的生日，我内心既兴奋又紧张，我想要给妈妈一个惊喜，可我要送什么礼物呢？左思右想了半天，我决定还是来贡献我的厨艺，给老妈做一碗好吃的长寿面。

事先我是准备让奶奶辅助我来做这一碗长寿面的。可是还没有开始，有一个稚嫩的声音哭起来，越来越急促，就像电话铃声一样，那是我还不到两个月的小弟弟。听到哭声，奶奶就着急地奔向了弟弟。现在奶奶不在，只能我自己硬着头皮上了。

我先切了四片胡萝卜，放入汤中象征着四季平安，又把青菜、面条和鸡蛋一次性放了进去，接着放了几勺盐。哦，不！盐放多了！我只好又往锅里添了几勺水。终于我把长寿面做好了，不过它的样子好像有点儿"与众不同"，不知道妈妈会不会喜欢我的长寿面呢？

习作自评表 1：

评价项目——生活日记	自评完成打√
1. 写出日期、星期几、天气。	
2. 写出自己的心情。	
3. 写出事件的起因、经过、结果。	
4. 题目、分段、格式正确。	
5. 标点使用、占格正确。	
6. 书写正确工整、语句通顺。	

2020 年 3 月 23 日　　星期一　　晴

自由的孔雀鱼

新兴路小学　宋羿龙

今天阳光明媚，蓝天白云。记得曾经鱼缸里只有那一条孔雀鱼，它是多么孤单寂寞呀！但现在它多了很多的伙伴，从此它开始在鱼缸里自由自在地游来游去。

鱼鳞在阳光下闪烁着，显得十分耀眼。它的颜色好似绿中带蓝，十分美丽。一条红嘟嘟扇形尾巴四处摆动着。因为这条小鱼的尾巴长得像孔雀的尾巴，所以叫孔雀鱼。

它们过着无忧无虑、自由自在的生活。有时在洞里钻来钻去；有时你追我、我追你，好像在玩游戏一样；有时它们几个凑在一块儿，好像在说什么悄悄话。

如果我也能像它们一样就好了，可惜现在是疫情期间，我什么也做不了。但我认为总有一天病毒会离我们而去的。我们一起为武汉加油！一起为中国加油！

习作自评表 2：

评价项目——观察日记	自评完成打√
1. 写出日期、星期几、天气。	
2. 写出所观察事物的样子。	
3. 观察日记重听、闻、触。	
4. 题目、分段、格式正确。	
5. 标点使用、占格正确。	
6. 书写正确工整、语句通顺。	

习作自评表 3：

评价项目——读书日记	自评完成打√
1. 写出日期、星期几、天气。	
2. 介绍这本书。	
3. 通过这本书联想到自己的生活或者其他的书。	
4. 这本书带来的收获、启发或感受。	
5. 标点使用、占格正确。	
6. 书写正确工整、语句通顺。	

（邢台市新兴路小学　张琼）

第三单元　我来编童话

一、写作教学亮点

编童话故事是每个孩子的特权，因为儿童是天生的幻想家，他们是伴随着童话故事长大的。

童话故事要想编得吸引人，就要有它的特别之处——一个奇妙的幻想世界：灰姑娘穿着水晶鞋坐上南瓜车去参加王子的舞会；海底的小美人鱼公主爱上了英俊的王子；癞蛤蟆变成王子，和公主过上了幸福的生活……那些在现实世界里不可能发生的事情，在童话的世界里均可以奇迹般地存在。在童话的世界里，花儿在跳着舞，星星在唱着歌，一切都可以发生，一切都妙不可言……

童话故事要想编得吸引人，还要有它的第二个特别之处——一个有特点的主人公。童话故事就是一个神秘世界，走进去你会发现这里的植物、动物和人一样会说话、有喜怒哀乐。这里的每一个角色都有着自己独特的地方：像拇指一般大小的姑娘、能变成天鹅的丑小鸭、会讲话的猫、在牛肚里旅行的蟋蟀……在童话的世界里，一切都那么神奇，一切都那么有趣！

童话故事要想编得吸引人，还要注意第三个特别之处——一个完美的结局。童话的结局往往表达了作者美好的愿望或者告诉大家一个道理。童话完美的结局是对孩子们纯真、善良品质的熏陶和启迪，以及对他们美好心灵的抚慰。

二、教材连结

本单元选的这几篇童话都很有趣，主角、时间、地点、事件都有特别之处，如下表 2-3 所示。

表 2-3

课文	《那一定会很好》	《在牛肚子里旅行》	《一块奶酪》
特别之处	所有愿望都实现（事件）	在牛肚子里（地点）	蚂蚁队长以身作则（事件）

《那一定会很好》中一粒种子的愿望不断变化，最后居然都实现了；《在牛肚子里旅行》中蟋蟀红头在牛肚子里经历了一次惊险的"旅行"，最后竟然被一个大喷嚏喷了出来；《一块奶酪》中蚂蚁队长战胜了自己的私心和贪欲，他像一位大哥哥照顾小弟弟一样，让年龄最小的蚂蚁吃掉了奶酪渣。这些童话故事让孩子们爱不释手、读了又读，原因就在于故事中有一个个性鲜明的主人公，在一个很特别的时间，一个不可思议的地方，完成一件让大家都认为不可能完成的事情。而这些，正是孩子们学习和模仿编写童话最重要的地方。

三、写作素养基本功练习：构成故事的四要素

童话故事是故事的一种，所以它首先要具备构成故事的四个要素：时间、地点、人物、事件。教材中为我们提供了前三个，第四个"事件"是要小朋友想象的。我们可以引导学生如图 2-16 所示。

- **主角**：他（她或它）有什么特点？
- **时间**：故事为什么发生在这个时间？
- **地点**：为什么发生在这个地点？
- **事件**：他们在那里做什么？

图 2-16

通过这样的自问自答，为接下来编写童话故事做好铺垫。比如选定国王、玫瑰花、黄昏、小河边这四个词语，可能会有这样的思路：国王是一个贪婪的人，玫瑰花的花心里住着一位小精灵，黄昏时国王感到孤单，小河边是玫瑰花生长的地方，也是国王与小精灵相遇的地方。

四、思路引导

亲爱的同学们,童话王国是一个神奇美丽的地方,在这里一切都可以发生,一切都神奇有趣。我们也可以编一个有趣的童话故事,把自己想象成童话中的主人公,和故事中的人物一起欢笑、一起悲伤。

1. 写作第一步:塑造一个特别的主角。

童话故事中的角色不管是人还是物,都具有鲜明的特点,它们都具有"人"的特征,就像我们身边的一个朋友。所以写童话,第一步就是塑造一个有"特点"的主角,如果主角是"物",也得让它像人一样也具有人的"特点"。我们可以试着如图 2-17 中所示的范例来思考,并确定你的故事中的主角。

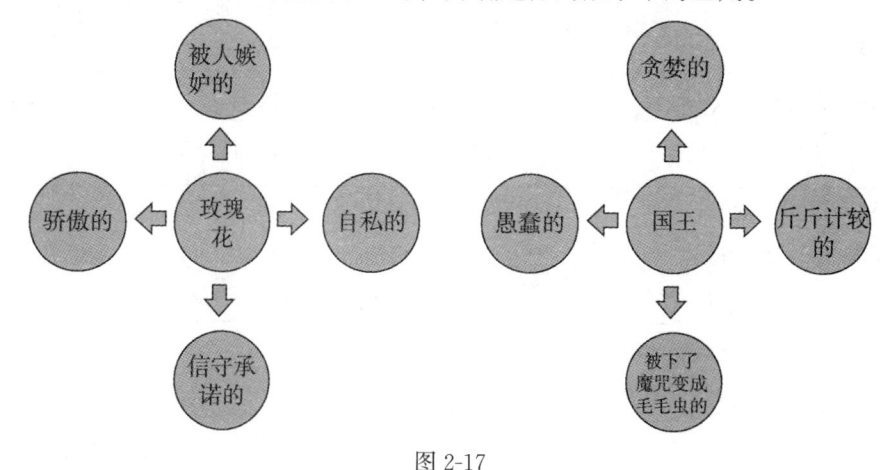

图 2-17

2. 写作第二步:遇到一个奇特的麻烦。

当主角确定下来之后,我们就要大胆地用故事的四要素(主角、时间、地点、事件)想一件事。也就是什么时间、主角在什么地方、发生了什么事(遇到什么麻烦)。比如《在牛肚子里旅行》中,两只蟋蟀分别叫青头和红头,它们玩捉迷藏的时候,意外发生了:

正在这时,一头大黄牛从红头后面慢慢走过来。红头做梦也没有想到,大黄牛突然低下头来吃草。可怜的红头还没有来得及跳开,就和草一起被大黄牛卷到嘴里了。

"救命啊!救命啊!"红头拼命地叫起来。

"你在哪儿?"青头急忙问。

"我被牛吃了……正在它的嘴里……救命啊!救命啊!"

蟋蟀红头竟然被牛吃到肚子里去了,好可怕呀!可仔细想一想,红头在牛肚子里进行了一次惊险的"旅行",多有趣呀!遇到的"麻烦"新奇和有趣之处是童话故事最吸引人的地方，所以，我们编的童话故事中的主角遇到的"麻烦"一定要让人充满好奇和幻想。蟋蟀在草丛里捉迷藏不稀奇，但是蟋蟀捉迷藏时被吃到牛肚子里就会特别吸引人；小公主遇到青蛙不稀奇，但是青蛙要和小公主一起用漂亮的餐具吃饭、跳上公主的床和她一起睡觉才有趣。因此，我们要大胆想象，在主角身上发生的"麻烦"一定要让大家感到"意想不到""新奇有趣"！这"麻烦"越难解决掉，故事就越有趣！

我们可以用表格来帮助我们整理思路，如表2-4。

表2-4

题目	时间	主角	地点	遇到的麻烦
《在牛肚子里旅行》	一天	蟋蟀红头和青头	牛肚子里	玩捉迷藏时，红头不小心被大黄牛卷进嘴里，吞进肚子里。

以主角"骄傲的玫瑰"为例，如表2-5。

表2-5

题目	时间	主角	地点	遇到的麻烦
骄傲的玫瑰花	很久很久以前	一株玫瑰花	小河边草地上	蜜蜂、蝴蝶、大黄蜂都说玫瑰不是最漂亮的花。

丑小鸭经历了三次磨难才变成了白天鹅；鸟儿寻找了三个地方才找到好朋友大树……如果你想让故事有趣，那么就让主角去一次又一次地解决麻烦（麻烦→解决→麻烦→解决……），在这过程中，他的善良、守诺、勇敢或贪婪、骄傲、自私等特点才会凸显出来。

三年级的学生可以从设计一个麻烦，解决一个麻烦开始。比如《一块奶酪》中蚂蚁队长战胜自己内心偷嘴的念头，命令年龄最小的蚂蚁吃掉了奶酪渣就是只有一个波折。当然，如果有余力，可以再设计第二个、第三个，让故事更有趣。如果小朋友在下笔前可以多问自己几个为什么，那么你写的童话故事的情节就会更生动。下面是多元的问题帮助思考，目的是帮助小朋友把文章写得具体、生动，当然小朋友还可以根据情节的需要自己设计出更好的问题来问自己。

（1）这个麻烦给主角带来哪些困扰？

例：玫瑰花认为自己是"最漂亮"的花，可蜜蜂却不这么认为，玫瑰花很不高兴。

（2）解决这个麻烦有什么方法？

例：把蜜蜂踢出花心。

（3）解决这个困难需要得到谁的帮助？问题解决了吗？

例：蝴蝶、大黄蜂，问题没有解决。

（4）问题最终解决还需要谁的帮助？

例：还需要花的精灵来帮助。

（5）解决问题的人有什么魔力或法力？

例：她有魔棒。她懂得每个昆虫不认为玫瑰花是"最漂亮"的花的原因。

（6）魔力在使用的过程中有效果吗？结果如何？

例：魔力有效果。花的精灵帮助玫瑰花修复好了花瓣，让她认识到了"在每个昆虫的心目中，都有一棵最美的花，因为不同的花为不同的昆虫提供了不同的花蜜。只要被昆虫喜欢，就是它心中最美的花"的道理，结果玫瑰花认识到了自己的错误。

3. 写作第三步：设计完美结局。

童话故事中主角解决所遇到的麻烦是最有趣的！被吃到牛肚子里去的红头最终被一个大喷嚏喷了出来；被大家嘲笑欺凌的小鸭子会变成美丽的白天鹅；一只丑陋不堪的长着肥嘟嘟大脑袋的青蛙被摔到墙上后变成了一位英俊的王子……每一个童话故事都有一个出人意料的、圆满的结尾，让读者感到快乐和幸福。

我们想通过这个故事告诉大家一个什么愿望或什么道理呢？

例：通过这个故事告诉大家因为不同的花为不同的昆虫提供了不同的花蜜，所以在每个昆虫的心目中都有一棵它们认为的最美的花。美不美不在于外表，在于为大家做了多少事情。

4. 写作第四步：完成写作大纲。

同学们，早已按捺不住了吧？快快拿起笔来，开始我们快乐的写作之旅吧！首先，我们先拟定这个故事的题目。接着我们可以用三段式（分为前段、中段、最后）的方法来制定这个故事的大纲，如图2-18。

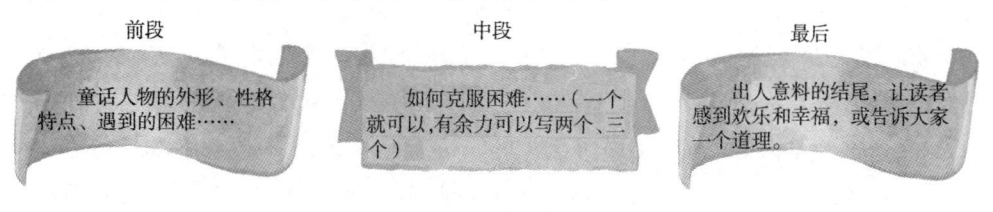

前段	中段	最后
童话人物的外形、性格特点、遇到的困难……	如何克服困难……（一个就可以，有余力可以写两个、三个）	出人意料的结尾，让读者感到欢乐和幸福，或告诉大家一个道理。

图 2-18

五、写作小提醒

人物的言语中透露着性格，通过课本范例对学生加以引导，引导学生合理地

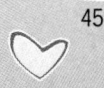

运用人物的对话，突显他们的个性。

课文《在牛肚子里旅行》中，红头被吃进牛肚子后，青头对红头所说的话让我们感受到了它的勇敢、机智和乐于助人的个性。

蚂蚁队长集合好队伍，向大家宣布："今天搬运粮食，只许出力，不许偷嘴。谁偷了嘴，就要受到处罚。"

一只小蚂蚁在队列里嘀咕："要是偷嘴的是您呢？"蚂蚁队长说："照样要受处罚。"

蚂蚁队长的高声喊话让我们知道了它是一个严格要求自己的人。

六、写作大观园——佳作欣赏

骄傲的玫瑰花

很久很久以前，在一条清清的小河边，有一片碧绿的草地，草地上住着一株漂亮的玫瑰花。

春天来了，温暖的阳光照耀着大地，过了些日子，玫瑰长出了花苞，渐渐的花苞越来越大，终于在一天早晨，花苞开放了！草地上飘荡着香气，小草们欢呼起来："好美的花呀！""多漂亮的花呀！"玫瑰花听了心里美极了，她迎着轻柔的风，轻轻地哼起了歌："我是一朵漂亮的玫瑰花，太阳见我笑嘻嘻。我是一朵漂亮的玫瑰花，小河为我来唱歌，叮咚、叮咚、叮叮咚……"

嗡嗡嗡，嗡嗡嗡，一只蜜蜂飞过来，它闻到了花蜜的香味，"啊——好香啊！"小蜜蜂赞叹道，"没想到在这片草地上还有一株玫瑰花，好漂亮！"玫瑰花听了心里美滋滋的，她骄傲地迎着风跳起舞来，边跳边对小蜜蜂说"当然！我是世界上最美丽的花！"小蜜蜂认真地说："亲爱的玫瑰花，我飞过很多地方，高山、峡谷、森林、平原，我觉得最美丽的花是槐花，因为它的蜜最香甜……""住嘴！没见识的东西！我才是世界上最美丽的花！"玫瑰花生气了，她收拢了花瓣，把小蜜蜂踢出了花心，"你到别处去采蜜吧！"小蜜蜂只好嗡嗡嗡地飞走了。

午后，阳光依旧温暖，玫瑰花依旧迎着轻柔的风，轻轻地哼着歌："我是一朵漂亮的玫瑰花，太阳见我笑嘻嘻。我是一朵漂亮的玫瑰花，小河为我来唱歌，叮咚、叮咚、叮叮咚……"一只蝴蝶飞过来，"啊——好美啊！"小蝴蝶赞叹道，他围着玫瑰花跳起了欢快的舞蹈，"没想到在这片草地上还有这么漂亮的玫瑰花，真开心！"玫瑰花听了心里美滋滋的，她骄傲地舒展着自己的枝条，又绽开出两大朵花，她骄傲地对小蜜蜂说"当然！我是世界上最美丽的花！"小蝴蝶笑着说：

"亲爱的玫瑰花，我到过很多地方，田野、花园、丘陵、盆地，最美丽的花是油菜花，因为春天它最先开放！""住嘴！无知的家伙！我才是世界上最美丽的花！油菜花，他怎么能和我相比！"玫瑰花生气了，她立刻收拢了花瓣，把身上的刺竖了起来，"你到别处去采蜜吧！"小蝴蝶只好飞走了，他害怕玫瑰花的刺划破自己美丽的翅膀。

黄昏，太阳渐渐地向山的那一边落去，玫瑰花的花瓣被染成了金色，草地上的小虫子们纷纷惊呼："天哪，多么高贵的花！"玫瑰花望着周围的一切，她越发高兴了，又唱起了那首歌："我是漂亮的玫瑰花，太阳见我笑嘻嘻。我是漂亮的玫瑰花，小河为我来唱歌，叮咚、叮咚、叮叮咚……"一只大黄蜂飞过来，"啊——好美啊！"大黄蜂赞叹道，他围着玫瑰花跳起了圆圈舞，"没想到在这片草地上还有这么漂亮的玫瑰花，真美呀！"玫瑰花听了心里美滋滋的，她又骄傲地迎着风又跳起舞来，边跳边对大黄蜂说"当然！我是世界上最美丽的花！"大黄蜂笑着说："亲爱的玫瑰花，我飞过很多地方，菜园、果园、花园甚至是皇宫的后花园，最美丽的花是牡丹花，因为我的妻子——母黄蜂最喜欢它！""住嘴！可怜的家伙，你知道什么！我才是世界上最美丽的花！"玫瑰花这次气极了，她立刻合拢了花瓣，把大黄蜂关在花心里，"如果你不认为我是世界上最美的花，我就不让你出来！"大黄蜂被困在花心里，浑身沾满黏黏的花粉，非常不舒服，他用大大的牙齿把花瓣咬了一个洞，钻出去飞走了。玫瑰花变成一朵残破的花，伤心地哭了起来。太阳落山了，草地一片漆黑，小草睡了、小河睡了，就连外出觅食的小蚂蚁也钻回洞里睡觉去了，只有玫瑰花还在伤心的哭泣。

"美丽的玫瑰花，你为什么这么伤心呢?"一个温柔的声音传来，玫瑰花停止了哭声，它抬起头来，看到一位非常美丽的小仙女，她穿着一身洁白的纱衣，散发着迷人的香气。"你是谁呀？"玫瑰花吃惊地问。"我是花仙子。""那么你能不能告诉我，我是不是世界上最美的花？"玫瑰花问花仙子。"每一朵花都是世界上最美的花。""嗯？""最美的不是只有一个吗？""可怜的孩子，在每个昆虫的心目中，都有一棵最美的花，因为不同的花为不同的昆虫提供了不同的花蜜。只要你被昆虫喜欢，你就是他心中最美的花。""嗯，我明白了，我要让我的花粉最香甜，做小蜜蜂、小蝴蝶、大黄蜂心中最美的花。""真好！"花仙子用魔棒在玫瑰花上一挥，花瓣上的小洞不见了，玫瑰花高兴极啦，她刚想对花仙子说谢谢，可一转身花仙子不见了。

第二天早晨，温暖的光洒满了草地，小河依旧叮叮咚咚地流淌着，草地上的玫瑰每一个枝条上都盛开着许多花，小蜜蜂、小蝴蝶、大黄蜂围着花朵上下翻飞，跳着欢快的舞蹈、唱着欢乐的歌……

习作自评表：

评价项目	自评完成打√
1. 故事有四要素（人物、时间、地点、事件）。	
2. 主人公遇到了一个意想不到的麻烦。	
3. 一个奇特、完美的解决方式。	
4. 故事有题目，题目居中。	
5. 开头空两格。	
6. 书写认真，错别字少于3个。	

（邢台市第二十四中学　王海霞）

第四单元　续写故事

一、写作教学亮点

"续写故事"这个习作题目，重点要引导学生明白两点：（1）什么是续写；（2）续写时应注意什么。

何谓续写？续写，也叫补写，在原来未写完的片段或者已经完成的故事的基础上继续编写。续写不是创编，不能天马行空地创造人物，也不能随心所欲地表达主题。续写故事中人物的语言、动作和表情要符合原著中人物的性格特点；续写故事中的结局应当与原文的主题契合，不能改变原文的主题。因此在续写前，应引导学生做到熟读原文，故事情节烂熟于心，人物性格准确把握，全文旨意理解透彻。

本次习作的内容是看图发挥想象、续写故事，意在引导学生依据插图和泡泡语提示的线索，结合自己的生活经验，对故事的发展进行合理、多元的推想，从而把故事写完。

要写好这篇文章，我们需要引导学生仔细观察前三幅图，用插图和泡泡语提示的线索，看懂图意，了解图画内容之间的内在联系，这是续写故事的基础。文章要写得突出有亮点，就必须指导学生对人物的身份、外貌、穿着、动作、表情等进行观察想象；还需要对叙事进行一定的指导，例如事件的开头，重点描述的过程和细节，以及最后的结果或感受。

二、教材连结

《总也倒不了的老屋》这篇课文是一篇童话，讲述了老屋与小猫、老母鸡、小蜘蛛之间的故事。读课文的题目可预测老屋到底会不会倒下、老屋倒不了的原因是什么、老屋的样子，等等。观察课文的插图，根据老屋的黑窟窿、门板上的破洞等信息，结合生活经验感受老屋的古老和破旧，体会老屋的孤独和寂寞。根据老屋慈祥的表情，预测老屋会不会答应小动物们的请求。课文的文字和结构具有重复性的特点，据此可以预测老屋在遇到第四只小动物的时候可能会有什么样的表情，说什么样的话。

在阅读中结合题目、插图、文字等信息不断预测，便于深刻把握人物的性格特点，理解故事的主题，同时也让阅读充满趣味性。如果给《总也倒不了的老屋》进行续写，那么以上预测是续写的基础。

三、写作素养基本功练习：预测

给故事进行续编是建立在正确预测的基础上。如何在阅读图文时大胆、合理地预测呢？可以从以下几个方面入手：

1. 读题目预测故事主要内容。

看到《胡萝卜先生的长胡子》这篇课文的题目，我们可以预测这篇文章讲的主要内容是胡萝卜先生为什么有一根长胡子，他的这根长胡子有什么作用。看到《我不是胆小鬼》这本书的题目，我们可以预测这本书的大概内容是一个胆小鬼经过一些磨练，克服胆小变成了一个勇敢的人。

2. 仔细观察插图预测人物性格、心理。

仔细观察插图中人物的相貌、表情来预测人物的性格和心里的真实想法。

3. 通过文章反复性的结构预测故事的发展。

如果文章的结构具有反复性、重复性，我们就可以利用这种结构特点来推测故事的发展。在《蜘蛛开店》这篇童话故事中，蜘蛛三次开店卖东西，都遇到了让他觉得意外的动物。根据这样的结构特点，就可以预测出蜘蛛第四次将会卖什么、遇到谁、发生什么样的故事。

4. 通过具有特点的文字预测人物的语言。

具有特点的、重复性的文字，可以帮助我们预测人物的性格和语言。在《总也倒不了的老屋》这篇文章中，老屋在遇到每一种小动物之前总是会说一句话：

"好了，我到了倒下的时候了！"通过这句重复性的文字，我们可以预测接下来故事中老屋的语言。

5. 联系生活经验进行预测。

以上所有的预测方法都要基于我们的阅读或生活经验进行运用。丰富多彩的现实生活是进行预测的基础。在生活中要引导小朋友们做一个善于观察、爱思考的孩子。

四、思路引导

在《总也倒不了的老屋》这篇童话故事中，我们通过题目预测故事的内容；通过插图预测老屋的性格和心理；通过文字内容预测故事的发展。在不断的预测中，阅读充满了乐趣。细心的观察、合理的预测还能够帮助我们在观察图片的基础上续写出新的故事。

1. 写作第一步：预测人物身份与语言。

仔细观察习作中的前三幅图，阅读文字，想一想下面几个问题，把问题连成一段话。

（1）仔细观察三幅图，想想故事发生的时间是什么？地点在哪里？他们在讨论什么事情？完成故事的开头。

例：大课间，同学们做完操回到了教室里，大家聚在一起讨论起过生日的情景。

（2）图中的人物是谁？李晓明又是谁？仔细观察图片，通过人物的表情，推测他们说话的语气和心情。将观察到的写成一段通顺的话。

例：小红自豪地说："我上个星期过九岁生日，妈妈给我买了一个很大的生日蛋糕。"小明也兴奋地说："我也刚刚过了九岁生日，生日那天是我们全家人一起过的。"同学们你一言、我一语，纷纷说起自己是怎样过生日的。只有李晓明皱起了眉头，一句话也不说，闷闷不乐。

（3）仔细观察图中人物的动作与表情，预测第二幅图和第三幅图中的泡泡语中省略了什么话？

例：李晓明想："我也快过生日了，但是爸爸妈妈都在外地工作，他们平时工作那么忙，我过生日又不是周末，他们肯定是赶不回来和我一起过生日了。"小明看到李晓明的样子后，猜到了原因，他对小红说："李晓明的爸爸妈妈在外地工作，我们可以跟老师说一下他的情况，我们一起给他过一个难忘的生日怎么样？"小红非常赞同小明的想法。

2. 写作第三步：多角度推演故事。

(1) 联系生活经验，预测李晓明的爸爸妈妈有没有可能回来？理由是什么？你能想到几种可能呢？记录下来。

例：第一种可能：李晓明的父母接到了同学的电话，抽出时间赶回来陪李晓明过生日。

第二种可能：李晓明的父母请不了假，不能回家，但是给李晓明邮寄来了他最爱的玩具。

第三种可能：同学们陪李晓明度过了一个难忘的生日。

(2) 和伙伴交流你想到的这几种可能，你觉得哪一种最有可能发生？几种情况会不会同时发生？画一画第四幅图，并将自己想象的画面用文字写下来。

例：同学们精心为李晓明准备了生日礼物和蛋糕，放学后一起来到李晓明家里，把礼物送给他，陪他度过了一个难忘的生日。

3. 写作第三步：确定题目，完成习作。

(1) 根据题目可以预测故事的内容，反过来我们也可以根据故事内容来给文章加题目，你要写的故事题目是什么？

例：特别的生日、难忘的生日、与众不同的生日……

(2) 完成习作：按照顺序把前三幅图中的内容连起来写清楚，再把自己和小伙伴讨论的最有可能的结果写下来。写的时候要把自己想到的写具体，并写清楚他们的动作、语言、心情。如果能够详细写一写他们过生日时候的场景会更棒！

五、写作大观园——佳作欣赏

难忘的生日

大课间，同学们做完操回到了教室，大家聚在一起聊起过生日的情景。小红自豪地说："我上个星期过九岁生日，妈妈给我买了一个很大的生日蛋糕。"小明也兴奋地说："我也刚刚过了九岁生日，生日那天是我们全家人一起过的。"同学们你一言、我一语，纷纷说起自己是怎样过生日的。只有李晓明皱起了眉头，不但一句话也不说，还闷闷不乐。

李晓明回到自己的座位，伤心地想："我也快过生日了，但是爸爸妈妈都在外地工作，他们平时工作那么忙，我过生日又不是周末，他们肯定是赶不回来和我一起过生日了。"他越想越伤心，眼泪在眼眶里直打转。

小明看到李晓明难过的样子，猜到了原因，他对小红说："李晓明的爸爸妈妈在外地工作，我们可以跟老师说一下他的情况，我们一起给他过一个特殊的生日怎么样？"小红非常赞同小明的想法。

　　小红和小明找到了班主任，对老师说了李晓明的情况。老师不仅夸他们是有爱心的好孩子，还指导他们分工准备。小红、小明还有几位同学，有的买气球，有的准备贺卡，还有的准备生日礼物……

　　李晓明的生日终于到了。下午放学后，同学们一起来到了李晓明的家里对他说："生日快乐！"接着，大家动起手来帮助李晓明布置他的家。李晓明的爷爷早就买好了生日蛋糕，大家一起高高兴兴地吃蛋糕、唱歌、跳舞。李晓明开心极了，他激动地说："这真是一个难忘的生日啊！"

习作自评表：

评价项目	自评完成打√
1. 能仔细观察三幅图片，预测人物的身份、故事发生的地点。	
2. 能根据图片中人物的表情推测人物的语言。	
3. 能联系生活实际预测故事的结局。	
4. 写好后，小声朗读一遍，将有错误的地方，用修改符号改正过来。	
5. 把自己写的故事读给同学听一听，请他评价自己的习作。	

（邢台市金华实验小学　　南晓丽）

第五单元　我们眼中的缤纷世界

一、写作教学亮点

　　在缤纷的世界中，总会有一种事物能够吸引我们的注意力；总会有一处风景令我们流连忘返。指导学生写《我们眼中的缤纷世界》这篇习作，打开学生的思路，选择感兴趣的观察对象是很重要的一步。

　　1. 不同的事物或场景，有不同的观察方法。引导学生观察一种植物或动物，不仅要看它的外形、颜色，还要闻它的味道，触摸它的表面，甚至联想它的动作具有某种含义，在观察中体会到发现的乐趣。观察一处风景，不仅要有顺序，还要在不同的时间里进入，看到它的晨昏之美、晴雨之妙、四季之变。

2. 细致的观察是基础，选材是写好这篇文章的关键。一股脑地将所有观察到的写下来，这可以达标，但不是优秀的文章。要想写好这篇文章，就需要使学生明白：写事物要选择最能够凸显事物特性之处，如淘气的小狗、温顺的小兔、胆小的蜗牛，等等。写风景，要写出心中觉得这处风景的最美的时刻和最奇妙的变化。这些都是观察后获得的独有的感受和发现。学生在习作时如果能够围绕这种感受与发现来写，文章就能够写出真情实感，写得与众不同。

二、教材连结

《搭船的鸟》记录了"我"在旅途中的观察所得，既在旅途中听到了雨声，也观察了翠鸟的外貌和捕鱼时的动作，让读者感受到翠鸟的美丽和敏捷。《我家的小狗》中的"我"经过细致观察，发现了小狗"王子"淘气又可爱的特点。这两篇文章提示我们在观察事物的时候，要细致，还要调动多种感官。

《金色的草地》中写"我"对草地的喜爱，以及"我"在长时间的观察中，发现了草地的变化情况和变化的原因。这种发现令"我"在平凡的大自然中，感受到了无穷的趣味。《我爱故乡的杨梅》写作者对杨梅的喜爱，以及对杨梅的外形、颜色、味道等特点的描写。这几点无一不吊足了读者的胃口，使他们忍不住想去品尝杨梅。

三、写作素养基本功练习：多感官留心观察

俗话说："眼观六路，耳听八方。"即要调动多种感官去观察才能正确分析事物。写作文也是一样，从观察中获取写作素材，使"巧妇有米可炊"。在二年级时教导学生观察要有一定的顺序，在三年级就要训练学生调动多种感官观察事物或场景的能力。

1. 用眼睛看。

用慧眼观察人物、事物、景物，就要观察出它的与众不同之处。如观察雪花，三年级的一位同学就观察得很细致："雪花的样子就像一朵美丽的花，由六瓣花瓣组成。花瓣是细长的，上面有许多细小的分枝，就像细小的刺。真是神奇极了，美丽极了。"

2. 用耳朵听。

竖起耳朵，用心聆听各种声音的合奏。例如写踩在雪上的声音："走在厚厚的雪上面，软软的，咯吱咯吱的，就像听一曲优美的音乐。真想一直走下去……"

3. 用鼻子闻。

每一种事物都有自己独特的气味，有的浓郁，有的清淡，还有的富有变化。静下心来，用心品味方能发现它独有的气味。如"妈妈给我冲了一杯茉莉花茶。在氤氲的热气中，我闻到了清淡的茉莉香与清幽的绿茶香融为一体，令我心旷神怡"。

4. 用舌头品尝。

酸甜苦辣，各有滋味，需要我们细细品尝，亲自体验。如"没有熟透的杨梅又酸又甜，熟透了就甜津津的，叫人越吃越爱吃"。若不是亲自品尝，怎能发现杨梅味道的变化？

5. 用手触摸。

用手摸一摸，用触觉感受事物的性状。比如写雪的触感："雪越下越大，我的手上越堆越多，好像戴上了白色的手套，有一点凉，但是我一点都不感觉冷，你说奇怪不奇怪。"将雪落在手上的感觉和心里的感受一起写出来，写出了笔者对雪的喜爱。

6. 用口问。

在观察事物的时候，要边观察边问，有时要追本溯源，打破砂锅问到底，才能获取知识，积累写作素材。

7. 用脑子想。

勤思善想，善于将观察到的事物进行分析、推测、联想，才能把事物写得生动、逼真。比如这样写雪："雪花大片大片从空中飘落下来，它们就像跳芭蕾舞的姑娘，在空中飞快地旋转着；又像听到召唤的战士一样，急匆匆地奔跑着；又像千军万马一样，奔腾而去。一会儿工夫，地上、房子上、树上，都堆积了厚厚的积雪，整个世界变成了冰雪的世界。"在善于联想的学生眼中，雪中世界竟是这么丰富、有趣！

四、思路引导

雕塑家罗丹说："生活中不缺少美，只是缺少发现美的眼睛。"学会观察风景，你就能够亲近大自然，体会到世界之美。学会观察事物，你就能够体会到发现的乐趣。世界五彩缤纷，我们一起学习如何观察事物，体会在生活中发现美的乐趣。

1. 写作第一步：确定观察的对象。

（1）学生自由分享观察的事物。

这段时间，大家观察了不少身边喜欢的事物或场景，你一定有很多发现想和同学们分享，谁愿意给同学们说一说你观察了什么？有什么观察心得？

例1：我观察了雨后的小蜗牛，我发现蜗牛爬过的地方有一条淡淡的水印儿。原来，蜗牛的腹足会分泌出一种黏液，使黏液留在路面上并留下痕迹。我还发现蜗牛的触角一碰到东西就会很快地缩回去。我查阅了一些资料了解到：蜗牛的触角好像盲人的拐杖，是用来触摸着行路的。蜗牛在走路的时候，如果触角接触到障碍物，就会立即转变前进的方向。

我的收获：观察要结合查阅资料，才能够有所收获。

例2：我观察了我家楼后面的小河，晴天阳光明媚的时候，水面清澈见底，能看到河底的鱼虾在水草中嬉戏，河里的石头、水草清晰可见。尤其是黄昏的时候河水一半是红色的，一半是绿色的，真是"半江瑟瑟半江红"。

我的观察心得：某种景物要在不同的时间或天气里观察，这样才能够发现它的变化之美。

（2）观察教材图片，拓展思路。

生活中还有可以观察的事物或场景吗？请你仔细观察书上的三幅插图，上面画了什么？用一句话简单说说。

例3：图一中描绘了郊外秋天的景色，秋高气爽，树木的叶子落了，勤劳的鸟儿开始修建鸟巢。图二中画了上下学路上的场景，有书报亭，还有在旁边打扫卫生的环卫工人。图三画了教室里课间的场景，有的同学在擦黑板，有的在问老师问题，有的在读书，还有的聚在一起聊天。

郊外的一处风景、每天路过的街道、学习的教室、一只小动物、一棵树、一条河……生活中到处都有可以观察的事物和场景。只要用心观察，就能够有所发现和感悟。

2. 写作第二步：阅读例文，学习方法。

观察事物还有什么方法？怎样将观察到的事物或景物写得具体、生动呢？我们通过两篇习作例文来寻找方法。

（1）请你们阅读习作例文《我家的小狗》，想一想作者是怎么观察小狗的？哪些内容表现了小狗淘气可爱的性格特点？

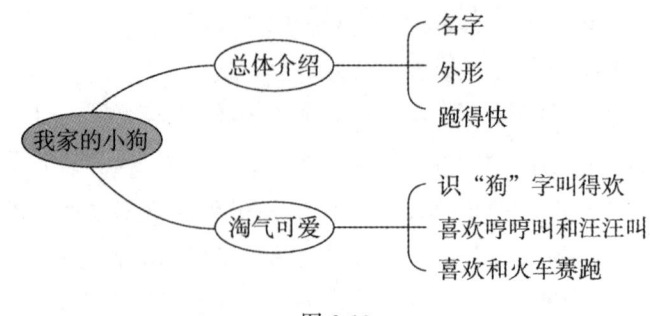

```
                        ┌─ 名字
            ┌─ 总体介绍 ─┼─ 外形
            │           └─ 跑得快
  我家的小狗 ┤
            │           ┌─ 识"狗"字叫得欢
            └─ 淘气可爱 ─┼─ 喜欢哼哼叫和汪汪叫
                        └─ 喜欢和火车赛跑
```

图 2-19

如图 2-19，这篇文章的作者通过用眼睛看小狗的外形，用耳朵仔细听小狗的叫声，用脑子联想小狗的想法，对小狗进行细致的观察。通过小狗学识字，叫声的不同，以及和火车赛跑三件小事，突出了小狗淘气可爱的性格特点。

因此，观察事物要调动多种感官细致观察，还要能够观察出事物最与众不同的地方，这样才能够给读者留下深刻的印象。方法用八个字可以概括：调动感官，突出特点。

（2）小练笔：请你再次观察书上给出的图片，发挥想象力，调动感官描述图片中的事物或场景。

例：周末，我和父母来到郊外游玩，天空那么高那么蓝，几只大雁划过天空，往南飞去。时而变化成"一"字，时而又变化成"人"字。一棵高大的树木挺立在田野里，一阵风吹过，树叶哗啦啦掉下了几片，像是在向大雁挥手告别，又像是在脱帽迎接冬的来临。远处一座座白色的小房子仿佛恬静的妇人，静静地欣赏着这一切，感受着秋季的美。

（3）请阅读例文《我爱故乡的杨梅》，想一想杨梅的外形、颜色、味道各有什么特点？作者运用什么观察方法将杨梅写得全面、具体？文章概括如图 2-20 所示。

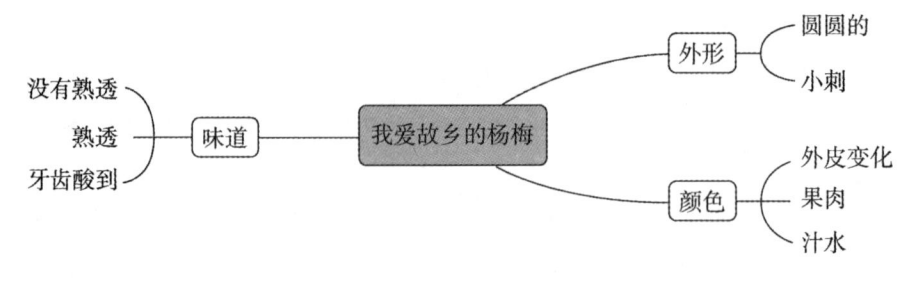

```
                                              ┌─ 圆圆的
                                    ┌─ 外形 ──┤
    没有熟透 ┐                       │         └─ 小刺
    熟透    ├─ 味道 ── 我爱故乡的杨梅 ┤
    牙齿酸到 ┘                       │         ┌─ 外皮变化
                                    └─ 颜色 ──┼─ 果肉
                                              └─ 汁水
```

图 2-20

56

作者之所以能将杨梅写得这么全面、具体，源于作者在观察的时候不仅运用多种感官，如用眼睛看、用手摸、亲自尝一尝，还注意到了杨梅味道、外形、颜色的变化！方法用八个字概括：关注变化，全面具体。

3. 写作第三步：根据提示，完成习作。

回想生活中，自己对什么事物或场景最为熟悉？这种事物或场景最为突出的特点是什么？调动多种感官，关注事物的变化，将它写具体，见表2-6。

表 2-6

要写的事物或场景	
它最为突出的特点	
开头	总体介绍
中间	（1）运用多感官观察，写出事物的独特之处。 （2）关注到场景的变化。
结尾	表达对这种事物或场景的情感。

五、写作大观园——佳作欣赏

雪

翟鑫艺

盼呀盼呀，终于下雪了。早晨起床，哇，但见地面蒙上了一层薄薄的"白纱"，我情不自禁欢呼着："下雪了。"

走在路上，雪花大片大片从空中飘落下来，它们就像跳芭蕾舞的姑娘，在空中飞快地旋转着；像听到召唤的战士一样，急匆匆地奔跑着；又像千军万马一样，奔腾而去。一会儿功夫，地上、房子上、树上，都堆积了厚厚的积雪，整个世界变成了冰雪的世界，这是大自然给予我们最好的礼物。

校园已经沸腾了，同学们尽情地享受着雪带给我们的快乐：有的在雪地上画画；有的摆着姿势用脚在地上滑动着；有的三个人一组，中间那个人蹲着抓住其他两个人的手滑雪；还有的仰着头在雪中奔跑，那欢呼声，要把树上的积雪震下来。老师们也按捺不住兴奋的心情，加入到同学们中间去，和我们一起堆雪人、欢呼、跳跃、拍照。

风呼呼地刮着，雪纷纷扬扬地下着。我们的脸、手冻得红红的，但是我们热情高涨，丝毫没有感觉到一丝寒冷，我们畅快淋漓地玩呀、跳呀、喊呀……快乐

57

的时光总是短暂的，上课的音乐响起，我们依依不舍地走进教室。

教室里书声琅琅，教室外雪花飞扬。雪还在下着、下着……

习作自评表：

评价项目	自评完成打√
1. 选择一种自己喜欢的事物或场景。	
2. 运用三种以上的感官观察事物或景物。	
3. 观察细致，能写出事物的独特之处或景物的变化。	
4. 写好后，小声朗读一遍，将有错误的地方，用修改符号改正过来。	
5. 把自己写的文章读给同学听一听，请他评价自己的习作。	

（邢台市金华实验小学　南晓丽）

第六单元　这儿真美

一、写作教学亮点

美丽的风景并不一定都在远方，校园、公园、田野、街道等学生熟悉的地方，都有美景。教师在指导学生写作时，要让学生先明确"这儿"是身边熟悉的、美丽的地方。

这篇文章要写得好，首先必须审好题。题目可以分成"这儿"（地方）和"真美"（写作要求）。所以要先选定一个地方，而且只能写出这地方的"美"！应特别注意：不是热闹，不是有趣，题眼是"美"，所以要写出美丽的画面，美好的理由。

要想把这个地方的美丽介绍给大家，首要的就是仔细观察这个地方美在哪里。教师这时要指导学生运用本册第五单元习得的观察方法：调动五官（视觉、听觉、味觉、触觉和感受），按照一定的顺序（由远及近、从高到低等）去细致观察，并发现美景，对其进行多方面的描绘，从而突出"美"；如果能突出这地方的典型景物，那就更具有亮点了。例如，杭州西湖的美景就和武汉东湖的美景不一样。

越熟悉的地方，我们越容易忽略它的美。当学生能把景物看作是可以和自己进行交流的活物，用心地去观察，发现景物的特点，这样才会写出自己独特的感受，文章也才会有亮点。

二、教材连结

课文《富饶的西沙群岛》的第一段点明西沙群岛的特点：风景优美、物产丰富。第二段到第五段按照"海水—海底—海岛"方位变化的顺序，围绕西沙群岛的美丽与富饶展开描述。最后一段，呼应开头，再次赞美西沙群岛的富饶。其中第五段紧紧围绕"西沙群岛也是鸟的天下"这一关键句展开描述。

课文《海滨小城》的第四段围绕"小城里每一个庭院都栽了很多树"，写了树的种类多、桉树叶香味浓和凤凰树的花开得热闹。第五段围绕"小城的公园更美"，写了桉树的数量、样子以及在树下休息的人们。第六段围绕"小城的街道也美"，写了走在路上的感觉和干净的路面。

这两篇课文中的这些段落的第一句概括了整段的重要内容，这样的句子叫关键句，也叫中心句。那么我们在写身边的美景的时候，也可以运用这种写作方法。

另外，以习作要求中给出的三个例句作为中心句，按课文中学到的先总述、后分述的方法进行写作。教师指导时，要有效利用本单元的教学资源，引导学生在写作文时围绕一个中心意思有重点地表达。

三、写作素养基本功练习：围绕中心句叙述

中心句（总起句）一般在文章的第一段或者在某一段的首句，它可以概括这篇文章或者这段话的主要内容。围绕一个中心意思写清楚，就要写好文章的中心句或者某段的中心句。

段落的中心句是全段的核心，其他句子都要围绕着它，从不同方面、不同角度进行具体、详尽的表述。中心句必须是作者要表达的核心意思，一要言之有物，二要有效而准确地表达。

[示例] 雨下得真大。豆大的雨点打在窗前、瓦上、地上，天地顷刻间挂起了一片珠帘。街上的行人匆匆忙忙往家里赶。街边的小贩一边收拾着自己的货物，一边嘴里含糊不清地说着什么。风、闪电和雷也来凑热闹。风呼呼地咆哮着，路旁的小树弯着纤细的腰肢，就快要被它刮断了。闪电在天边跳着舞，雷声大作，"轰，轰"！把摇篮里的宝宝给吓哭了。雨点毫不留情地把窗户打得噼叭作响，似乎要把它打碎。屋里的小狗吓得汪汪乱叫，想找个地方把自己藏起来。雨

水汇成了一条小溪，不停地冲刷着柏油路。

这段话的中心句就是第一句："雨下得真大。"后面就从雨点、行人、风、闪电、雷、小狗和雨水不同方面去写雨下得大。

在习作中，运用上这种写作方法，有利于把内容写得具体而集中，并突出事物的特点，也会给读者带来特别深刻的印象。

四、思路引导

同学们，美丽的景色并不都在远方，我们身边就有很多风景优美的地方，例如：景色宜人的校园，鲜花盛开的公园，快乐流淌的清澈小河，洋溢着丰收喜悦的果园……

当你身在美景中，一定感到特别的开心和幸福。那么快快把这个美景和我们一起分享吧！

1. 写作第一步：确定美景、写好开篇。

我们可以在第一段就把这个美丽的地方直接告诉大家。当然，开头的方式也有很多，见以下例子。

[示例]（1）我家附近的园博园真是美丽啊！（直接点明）

（2）秋天的田野美得像一幅画！（运用修辞手法）

（3）一走进荷花池，我就被眼前的美景吸引了。（个人感受）

现在就请你用自己喜欢的形式来写下第一段吧。

2. 写作第二步：聚焦景物、描绘美景。

风景之所以迷人，是因为我们身在其中，能够感受到美。同学们，现在请你观察或回想，这个地方美在哪里：是水美、山美，还是树美？

这时的观察要用眼睛去看，要远"观"近"察"，还要调动"感觉器官"（耳听、鼻闻、手摸、脚踩、舌尝等），去观察它的位置、大小、形状、色彩、轮廓、动态和静态等特点，还要注意事物的变化。

那么，要把你看到的景物都写下来吗？不用的，我们要把最养眼、印象最深、最与众不同、最能凸显美的景物写出来，其他的就略写或不写。

这些美丽的景色，要想更美地呈现在读者面前，让读者有身临其境的感觉，就要靠我们绘声绘色的描绘了。那么该怎么写呢？先来对两组示例的句子进行对比吧。

[例1]（1）太阳出来了，照射在工人宿舍门前的草地上。

（2）太阳出来了，千万缕像剑一样的金光，穿过树梢，照射在工人宿舍门前的草地上。

很明显，第二句话运用了比喻的修辞手法，把阳光比作利剑，生动地写出了夏天阳光的耀眼和阳光穿过树梢驱散浓雾照在草地上的样子，既具体又形象。

[例2]（1）公园里的花五颜六色，真是美丽呢。

（2）公园里的花，就像一群精灵一样，你一身红衣服，我一身粉衣服，你一身白衣服，我一身黄衣服，争着展开美丽给大家看。

第二段话运用了拟人的修辞手法，不仅写出了花的颜色之多，而且把花比拟成一个个身穿漂亮衣服的小精灵，把花竞相开放的画面感也写出来了，字字都透着作者对花的喜爱。

你看，用上修辞后的句子更好地展示了景物的美丽。除此以外，我们还可以运用形容词去描绘景物的颜色，让景色更加鲜活明亮。

[例3]夕阳的金光让云朵上流动着不同的光彩，瑰丽的红、生动的橘、尊贵的黄、亮眼的银……向阳面的山峰，鲜亮的绿，耀眼灼目；被阴影遮住的地方，深邃的黑，像有人肆意泼洒的墨色。

这段话描绘了"瑰丽的红""生动的橘""尊贵的黄""亮眼的银""鲜亮的绿""深邃的黑"，这些颜色一下就把色彩饱满的画面展现在读者面前，让读者身临其境地感受到了景色的美。

所以同学们在具体描写景物的时候，要把景物看作是可以和自己交流的活物，走近它，发现它多方位的美，运用恰当的修辞手法，写出自己对美景的独特感受。但修辞的使用不宜过多，应把自己的真情实感多融入其中。

3. 写作第三步：有序介绍、条理清晰。

当然了，这些景物如果能按照一定的顺序（由远及近、由高到低、由上到下、从早到晚等）写下来，那么文章的条理就会更清晰了。

4. 写作第四步：赞美美景、表达喜爱。

结尾处我们可以直接抒情，与开头呼应，也可以加上恰当的诗句、歌词等，表达对这个地方的喜爱与赞美之情。

5. 写作第五步：根据大纲、完成习作。

根据上述材料，按图2-21的提示完成写作大纲。

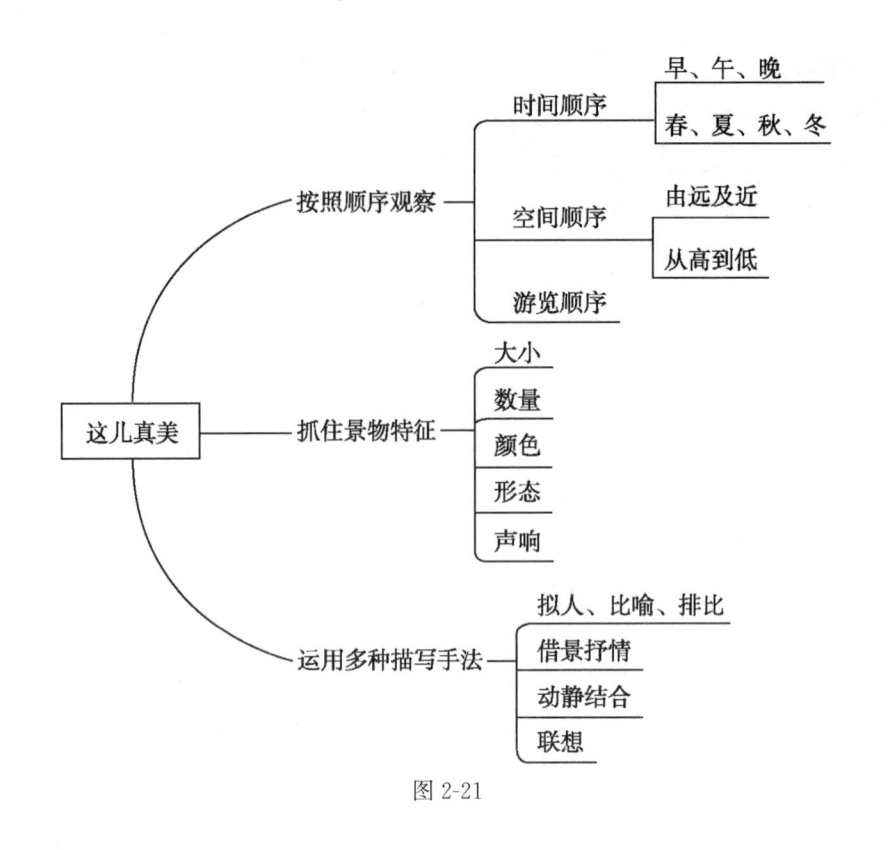

```
                                    ┌── 早、午、晚
                        ┌─ 时间顺序 ─┤
                        │           └── 春、夏、秋、冬
                        │
              ┌─ 按照顺序观察 ─┤           ┌── 由远及近
              │         ├─ 空间顺序 ─┤
              │         │           └── 从高到低
              │         │
              │         └─ 游览顺序
              │
              │                     ┌── 大小
              │                     ├── 数量
  这儿真美 ──┼─ 抓住景物特征 ──┼── 颜色
              │                     ├── 形态
              │                     └── 声响
              │
              │                         ┌── 拟人、比喻、排比
              │                         ├── 借景抒情
              └─ 运用多种描写手法 ──┤
                                        ├── 动静结合
                                        └── 联想
```

图 2-21

五、写作大观园——佳作欣赏

家乡的小河真美

在我的家乡，有一条美丽、迷人的小河。

春天的小河，美在多彩。小河旁的树，挥动着嫩绿的枝条，守护着宁静的小河。那一簇一簇的花，你一片红，我一片紫；你一片黄，我一片粉，争着送来阵阵清香。小河里的鱼，也不甘示弱，每只鱼的外衣也不一样。

夏天的小河，美在快乐。河水唱着歌，一路向西。下游的荷花开了，青蛙开始了朗诵。一不留神，金鱼还在荷叶底下玩起了捉迷藏。

秋天的小河，美在宁静。河水宛如镜子一般，清晰地印出蓝的天、白的云、红的花、绿的树。静静地，只能听到小河的轻轻流淌声，落叶的慢慢飞舞声，花儿的窃窃私语。

冬天的小河，美在动听。当河水开始慢慢冰冻的时候，那声音像在诉说着小河的秘密。我们拿起石头往冰面上扔，扔得近，声音就短；扔得远，声音就长。

一声长一声短，就像钢琴家一样为美丽的冬天弹奏开心的音乐。

我爱家乡的河，她是一幅美丽的画，是一首抒情的诗，更是一曲迷人的歌。

习作评价表：

评价项目	自评完成打√
1. 围绕景色"美"的特点展开描写。	
2. 观察、描述有顺序。	
3. 抓住了景物的特点，修辞恰当。	
4. 恰当地运用了这学期新学的词语。	
5. 书写正确工整、语句通顺。	
6. 题目、分段、格式正确。	

（邢台市信都区三环逸夫小学　王双越）

第七单元　我有一个想法

一、写作教学亮点

"我有一个想法"是三年级学生学习议论文的启蒙之题。我们在日常生活中，是离不开议论的。议论，是提出自己的主张和看法，是言之有物、言之有序、言之有理的表达，它需要有条有理地说出自己的想法，这是未来与人沟通交流时很重要的一项能力。

"我有一个想法"题目的重点是"想法"，这个想法是"我"的想法，不是别人的想法。因此，要讲明自己的想法，而且限制只能是"一个"想法，不是多个想法。

在写这篇文章之前，教师要引导学生理清想法，从天马行空的思绪中选取一个有意义和价值的想法。这一想法来源于对生活的观察和思考，可以是观点，也可以是疑惑和问题。例如，学生玩电子产品要有节制，学校应定期组织外出活动，以上都是针对一些问题的观点。

这篇文章要写得出色，就必须要有强有力的事例作为支撑。提出想法并不算难，难的是用什么样的事例来充分论证想法的合理性，因此，事例的选择和叙述就显得尤为关键。事例的选取要足够典型，能恰如其分地突出观点。同时，这些例子必须是真实发生的，或者是来源于科学和史实，不能虚构和杜撰，因为真实的例子才更能说服人。如果提出了疑惑、问题，不仅要举例说出这个问题的重要性，还需要给出改进的办法和建议。

只有举出有效的例子，才能增加想法的强度与可信度。总之，把事例选好、写好是这篇文章成败的关键。

二、教材连结

本单元启发我们要留心生活，可以把自己的想法记录下来。生活中许多景物、事件都在教导我们，只要留心观察，就可以产生很多的想法。

大自然有许多美妙的声音。风是大自然的音乐家，水也是大自然的音乐家，动物是大自然的歌手。风的声音是翻动树叶，是微风拂过，是狂风吹起。小雨滴答、小溪淙淙、河流潺潺、大海哗哗，这是水的声音。树上叽叽喳喳的鸟叫，树下唧哩哩唧哩哩的虫鸣，水塘边青蛙的歌唱，这是动物的声音。《大自然的声音》这一篇令我们陶醉在大自然的声音中。认真细致地观察和倾听，是产生想法的好途径。

《父亲、树林和鸟》中的父亲就是个善于观察、用心生活的人。父亲一生最喜欢树林和歌唱的鸟，经常带着"我"在树林中观察树和鸟。父亲能闻出鸟的气味，预测鸟什么时候唱歌，什么时候容易被猎人打中。这些看似并不重要的小事，却给我的生活带来了不一样的想法和感受。

留心生活、用心观察就能迸发出思考的火花，用思考的火花来点燃智慧的火炬，就能让思想生根发芽。

三、写作素养基本功练习：举例印证

用举例来印证自己的想法，能增强想法的可信度。这个例子可以是自己生活中的真人真事，也可以是历史故事，或者名言佳句、哲学思想、谚语等。

对于三年级的学生来说，学习举例时先从故事入手会相对容易一些。当学生发现了一个现象，提出了自己的想法或问题后，需要想一想，为了说明这个观点，能想到什么故事或现实生活中的事例？怎样用它来阐明自己的观点？要保留其中的哪些部分，删掉哪些部分？要想做到简洁明了，只需要复述与观点相符的细节，删去与之无关的细节即可，要确保所写的内容能够支持自己的想法。

[例1] 有一次，妈妈已经做好了晚饭，可是我的家庭作业还没有写完。我在书房里写作业，听到全家人在外面开心地吃着晚饭，我的心情很糟糕，我多希

望能跟他们一起吃晚饭呀！还有一次，我看到新闻里说，有一个小朋友因为家庭作业没有完成而离家出走。太多的家庭作业不但起不到应有的效果，还可能造成学业上的压力和负担，与此同时，也没有时间与家庭成员进行良好的情感沟通。因此，家庭作业不宜留得过多。

[例2]班里有一个男生，最近上课总是睡觉，究竟是什么原因呢？经过他妈妈的长期观察，发现他总是在夜里偷偷地玩手机里的电子游戏，与此同时，他的成绩也在不断地下降。长时间玩电子游戏，容易造成精神上的亢奋和依赖，一方面不利于睡眠和身体健康；另一方面，会导致白天注意力不集中，学习成绩下降。因此，玩电子产品应该有节制，不应该沉迷于电子游戏。

在阐明观点时，我们可以用一个小故事来支持自己的想法，让想法更有说服力。同时总结出这样做有什么样的好处或者坏处，让我们的想法更合乎逻辑。

表 2-7

用小故事支持自己的想法	
想法	我们应该多做家务
小故事	有一天晚上，我和妹妹等着妈妈下班回家，但是妈妈加班，饿得我俩饥肠辘辘。妈妈一回到家，就开始为我俩做晚饭。我看到妈妈疲惫的身躯，赶忙走过去帮妈妈择菜，洗菜……有了我这个小帮手，妈妈做菜比原来快多了，我们很快就吃上了热气腾腾的晚饭。没过多久我就学会了做简单的饭菜，再遇到妈妈加班的情况，我就可以给妹妹做饭啦！
好处/坏处	1. 做家务可以减轻妈妈的负担。 2. 增强自己的动手能力，能让自己变得更加独立。 3. 加强沟通，提升全家的幸福感。

四、思路引导

亲爱的同学们，日常生活中，你是不是有很多想法？让我们经过思考或判断，说出自己的想法与意见，举出适当的事例来证明自己的想法，这就是一篇很有说服力的文章呢！

1. 写作第一步：我的想法选一选。

你可以利用图 2-22 进行思考，例如，秋冬季节雾霾严重，我们应该怎样保护大自然？校园内的公共设施总是遭到破坏该怎么办？你怎样看待校园霸凌问题？选择你最有感触的部分来写一写吧！

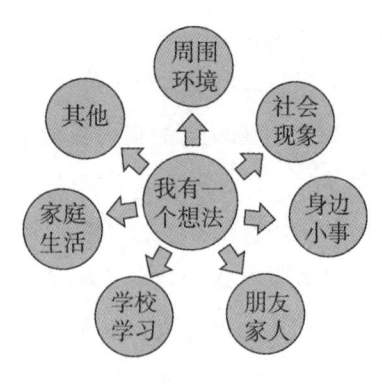

图 2-22

2. 写作第二步：锁定想法填一填。

亲爱的同学们，选择好了自己的写作主题之后，我们就一起来看看这两个"蛋糕图"。它们看起来好美味呀，一起来"尝一尝"吧！

图 2-23 中第一个"蛋糕"是先提出想法，再说事例，接着给出建议，最后再总结。第二个"蛋糕"是先说想法，再给理由，接着给出建议，最后重申想法。

你喜欢"吃"哪种"蛋糕"呢？由"爱护学校公共设施"为例，画"蛋糕"进行大纲罗列，如图 2-24 所示。

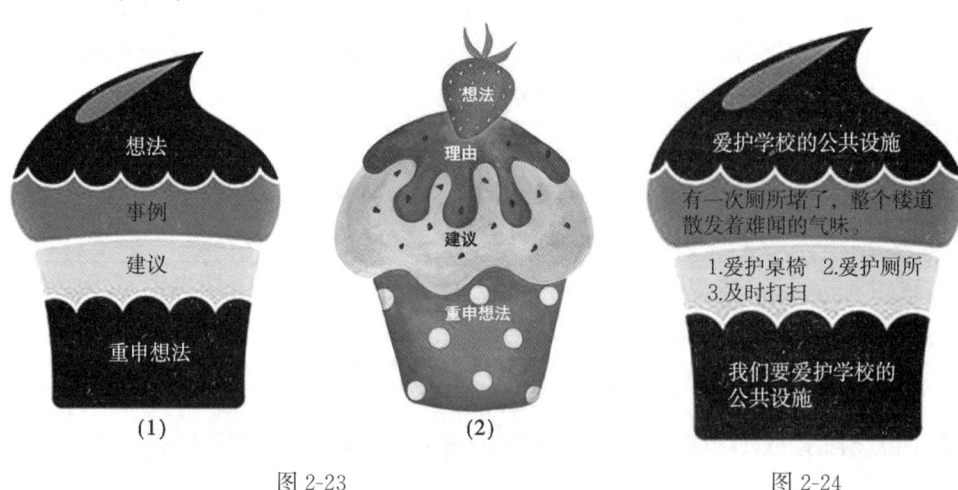

图 2-23　　　　　　　　　　　　　　　　图 2-24

3. 写作第三步：深入思考想一想。

当你有了一个表达想法的基本思路之后，就需要深入思考要怎样把你的想法表达清楚。同时，还要找到支持自己想法的事例或者理由，让你的想法更容易被人接受。可用如表 2-8 的方式罗列思路。

表 2-8

我有一个想法			
问题/现象	想法	事例/理由	建议
玩手机的人特别多	沉迷手机，影响与别人交往。	上个月给爷爷祝寿，大家都在玩手机，很少有人聊天。	不应该总玩手机，应该多关心身边的人。
^^	^^	爸爸下班回家后，一直玩手机，我叫他，他都不理我。	^^
现代化进程阻碍了我们了解大自然	我们班能不能开辟一个植物角呢？	同学们可以了解各种植物的特点。	种植：花草、豆子，根据不同季节更换植物。
^^	^^	亲近大自然，为教室增添大自然的气息。	轮流照看，浇水施肥。

五、写作大观园——佳作欣赏

爱护学校公共设施

新兴路小学　徐子琛

学校是我们成长的地方，也是我们学习知识的地方，所以爱护学校的公共设施更是我们的义务。爱护公共设施不能只是学校宣传栏上的一句标语，更是每个人的责任。

还记得一年前，教学楼三楼的厕所堵了，厕所里"黄河"泛滥，整整两天，楼道里都弥漫着难闻的气味。直到管道修理工从厕所的坑位中捞出了饮料瓶、碳素笔等垃圾之后，厕所才恢复了畅通。

爱护学校的公共设施是多么重要啊！我想我们应该从进入校园就要努力做到以下几点：

1. 桌椅板凳都怕疼，不要轻易伤害它们。学校的桌椅不是我们的玩具，我们不可以在它们身上乱画破坏。

2. 厕所是个大胃王，吞了异物会抓狂。我们上完厕所要及时冲水，不能向坑位或小便池中投掷垃圾，以免造成堵塞。上完厕所要轻轻关门，小心地保护门窗。

3. 垃圾桶干着最脏最累的工作，装着大家制造产生的垃圾。我们要经常擦洗它。

学校是美丽的，她把我们送入知识的殿堂，送入人生的新阶段。让我们一起来保护公共设施，让校园里充满祥和的气氛和欢歌笑语吧！

习作评价表：

评价项目	自评完成打√
1. 描述现象或问题。	
2. 提出观点。	
3. 用一个小故事当作例子来说明自己的观点。	
4. 提出做法，进行总结。	
5. 标点使用、占格正确。	
6. 书写正确工整、语句通顺。	

（邢台市新兴路小学　张琼）

第八单元　那次玩得真高兴

一、写作教学亮点

爱玩是孩子的天性，提起玩，小孩子大概都有说不完的快乐。本次习作主题"那次玩得真高兴"，应该是一个学生乐于分享、热爱写作的话题。老师在指导写作时要帮助学生审题："那次玩得真高兴"，写作内容是一次玩的经历，显然要写清楚玩的过程；"高兴"是要求写出玩时快乐的心情；题目中"那次"没有限定的时间、地点和人物，范围比较宽泛。可以把"玩"写得不受束缚，可以是一人玩，可以是多人玩；地点可以是游乐场，也可以是动物园，也可以是一次游戏、一场比赛、一趟旅游、一次集体活动等。

这是本套教材第一次要求学写一件简单的事。文章要想写得精彩，就要认真回忆，并仔细琢磨、反复思考，把玩的过程、步骤写清楚，尤其是最快乐、最开心的那一部分，挖掘事件中含有的趣味点，写下真实的经历和感受。在叙事的过程中，还可以适当穿插心情的描写，用上表示心情的感叹句，更能感染读者、引起共鸣。

二、教材连结

本单元课文在完整的叙事中彰显了人物的美好品质。《掌声》一文写的是因身患残疾而忧郁自卑的英子在上台演讲时得到了同学们热烈的掌声，在这掌声的激励下，她鼓起生活的勇气变得乐观开朗的故事。文章开篇交代故事发生的时间是"小学时候"，地点是在学校课堂上，人物有英子、同学们，还有作为线索人物的"我"。事情缘于老师让同学们轮流上台讲故事（起因），英子因为身体残疾而忧郁自卑不愿上台，在大家两次掌声的鼓励和肯定中，英子流泪了（经过）。掌声给了英子温暖、勇气和信心，英子变得开朗，微笑面对生活。"我"摘录英子的来信，明白了掌声可以传递关爱、传递尊重、给人积极向上的力量（结果）。

全文结构分明，记叙要素清晰，把事件分成掌声前、两次掌声中、掌声后三个部分，使读者对整个故事的了解清晰明了。

另外两篇文章也是值得学习的范例，记叙六要素清晰明了，如表2-9。

表 2-9

记叙六要素	《灰雀》	《手术台就是阵地》
时间	有一年冬天	1939年春
地点	公园	齐会战斗、齐会镇
人物	列宁、小男孩	白求恩、部长
起因	灰雀不见了	战斗激烈，伤员抬下来
经过	找灰雀并交谈	把手术台当阵地，不撤退
结果	男孩放回灰雀	战斗胜利，连续工作69小时

学会叙述事情，是学生口语交际和习作表达必须掌握的基本技能。从阅读学表达，课文架起了我们学习叙事的"立交桥"。

三、写作素养基本功练习：叙述六要素

我们的生活中，每天会发生许多事情。每件事无论大小，都发生在一定的时间，一定的环境（地点）里，还有一定的人物参加，并且有起因、经过、结果，见图2-25。时间、地点、人物，事件的起因、经过和结果，就被称为叙事的六要素。学写一件简单的事，就是要把事情的来龙去脉有条不紊地讲清楚。只有把六要素写清楚，才能很好地把中心意思表达出来，才能使读者对事情有一个全面的了解。

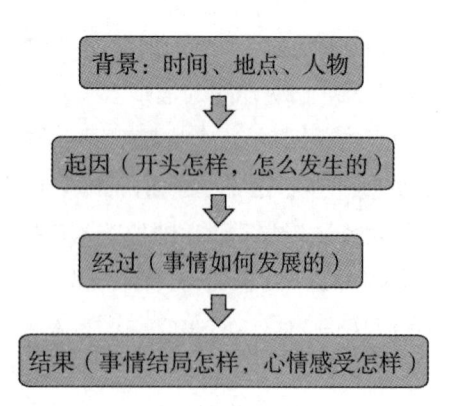

```
背景：时间、地点、人物
        ↓
起因（开头怎样，怎么发生的）
        ↓
经过（事情如何发展的）
        ↓
结果（事情结局怎样，心情感受怎样）
```

图 2-25

另外，在写作中，时间、地点不一定非要点明，有时候可以通过描述自然景物的特征及其变化表现出来。如"东方露出了鱼肚白""太阳快要落山了"。

除了把六要素交代清楚，还要按照一定的顺序叙述，一般按照事情发展的先后顺序写，否则顺序混乱会使人理不清头绪。

四、思路引领

亲爱的同学们，认真观察图片，这些小朋友快乐的经历，一定也勾起了你的美好回忆吧。想一想你平时喜欢玩什么，你最开心、印象最深刻的经历又是哪一次呢？请你打开心扉，释放心中的快乐，一起来写一写你玩得最开心的一次吧！

（一）写作第一步：确定"玩"什么

哪次玩得最高兴呢？哦，太多了一时想不起来，下面的表格可以帮到你，见表 2-10。

表 2-10

时间	上课时、课间、放学后、周末、假期……
地点	家里、路边、教室、图书室、动物园、菜园、公园……
人物	好朋友、老师、家长、陌生人……
事件	休闲活动类：钓鱼、下棋、踏青、放风筝、游泳、堆雪人、表演…… 游戏比赛类：捉迷藏、丢沙包、丢手绢、猜谜语、两人三足、歌咏比赛、掰手腕、拔河比赛、踢毽子比赛、赛跑…… 旅行游玩类：动物园、植物园、海洋馆、游乐场、草原……

上表中的这些时间、地点、人物以及事件可以随意组合，从中选择一件你亲身经历过、感触最深、最快乐的事作为你习作的主要内容。

（二）写作第二步：取材与构思

同学们，动手写之前要回忆一下这件事的经过和细节，什么地方最有意思，还可以拿出玩耍时的照片帮助自己回忆当时快乐的感觉。起因、经过、结果是事情的主要环节，而经过部分又是记叙的核心，是记事文章成败的关键。一定要把玩的经过写清楚。把可以作为习作的有意思的事情进行分类，那么，怎么把各类活动的经过写清楚呢？

1. 休闲活动类、游戏比赛类。

琴棋书画等休闲活动让我们的生活丰富而富有诗意；游戏比赛使我们的精神振奋且愉悦。一项活动的主要经过一般是最能反映活动意义的，这部分内容要详细写。如掰手腕就要重点写同学们较量的过程，参赛者的动作、神态、情绪怎样，以及周围人的反应如何等，这也是最能表现"玩得真高兴"的地方。

我们可以把休闲活动、游戏、比赛分为一类，因为在写作时，这类事情的经过都可以分为三个阶段，比赛前（游戏前、活动前）、比赛时（游戏时、活动时）、比赛后（游戏后、活动后），可以抓住各阶段的特征和重点来写，要尤其突出"有意思""玩得高兴"。请你开动脑筋，认真回想每个阶段都做了什么，一步一步来写。如果活动的人物多，就抓住突出的人物写，突出的人物可以是自己，也可以是他人。

以写游戏为例，一般按游戏的先后顺序写。这是一个什么游戏？有哪些人参加？你的心情如何？同学们可以依次回答下面的问题，完成构思和布局，最后再试着组织成一篇完整的文章。（活动、比赛与此相同。）

(1) 你要写的是什么游戏？游戏是在哪里玩的？谁参加了游戏？

例：我要写的是丢手绢。我和默默等八个小朋友课间在操场玩的。

(2) 游戏规则是怎样？

例：小朋友们围成一圈蹲下，其中一个小朋友拿着手绢，绕圈走。蹲着的小朋友们唱歌，绕圈走的小朋友把手绢放在某个小朋友的身后，然后快速回到自己原本的位置。被选中的小朋友发现手绢在他后面，拿起手绢追上丢手绢的小朋友算是胜利，追不上就是失败。这个失败的小朋友再绕圈走，把手绢丢在某个小朋友的身后……

(3) 游戏是怎样开始的？

例：默默有一块手绢，她提议人多可以玩这个游戏。

(4) 游戏将要开始时场面如何？

例：大家叽叽喳喳，兴高采烈，很快手拉手围成了一圈。

(5) 游戏的过程分为几步？游戏过程中大家怎么做的？有什么样的语言、动作、神态？

例：我们蹲下后，开始唱名为"丢手绢"的歌，萱萱作为丢手绢的人，她太狡猾了，绕着圈转来转去，把我们都转晕了。她双手紧握手绢，突然在月月身后弯了下腰。我们都以为她要丢了，谁知她又转起来，搞得我们好紧张。最后手绢还是丢在月月身后。她"呀"地叫了一声，抓起手绢就追，边追边喊"我要抓住你"！大家笑得前仰后合，有的捂着肚子，有的笑瘫在地上。

(6) 游戏时，谁给你留下深刻印象，他有哪些神态、动作、语言？

例：萱萱，她握着手绢，左转，右转，走走停停，还弯腰骗我们，嘴里嘀咕"放在谁后面呢"。

(7) 你自己又是怎么做的？

例：我不时回头看看自己身后，眼睛不敢离开萱萱半步。后来看到月月边追边喊，我捂着嘴笑得肚子疼。

(8) 你有什么感想？

例：和大家一起玩，真的好开心！

通过上述针对"丢手绢"游戏的提问，结合材料，选择你感受最深、最有话题的内容，拟定写作提纲（见表 2-11），并依照提纲完成整篇的写作。若是比赛，也可以参考表 2-11 的形式拟定提纲。

表 2-11

开头	背景：时间、地点、人物
第二段	游戏前：起因以及游戏的场面描写，突出气氛。
第三段	游戏时：参加游戏的同学的动作、表情，周围人的语言及表现，抓住一两个典型人物，可以用上"先……接着……然后……最后……"
第四段	游戏后：双方表现，可用上"有的……有的……"
第五段	抒发感受、表达快乐，可用上"懂得了、明白了、收获了……"

2. 旅行游玩类。

旅行游玩类的文章写清背景之后，可以按你游玩的路线来写，先到哪里，再到哪里，最后到哪里，把地点交代清楚，把最有意思、最好玩的景物写详细。比如写动物园的习作如图 2-26 所示。

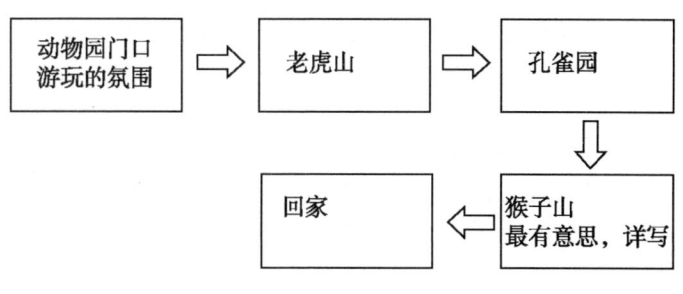

```
动物园门口      老虎山          孔雀园
游玩的氛围  →              →
                                ↓
回家        ←   猴子山
                最有意思，详写
```

图 2-26

如果是写到游乐场游玩，可以按你游玩项目的顺序来写。不管是写哪里，都要把自己每到一处的所见、所闻、所感写出来，这样才能使文章显得具体。我们可以把印象最深刻的游玩项目作为重点来写，而有的则一笔带过。这样有详有略，文章的重点突出，读起来才更有味道。

下面用多元问题帮助思考本篇作文的写作方法，目的是能够把文章写得具体、生动。当然还可以引导学生根据情节的需要自己设计出更好的问题来问自己。

(1) 你去哪里游玩了？什么时候去的？和谁一起？

例：动物园；暑假里；和爸爸妈妈一起。

(2) 这里的环境、氛围怎样？

例：刚刚下过一场雨，阳光不再那样热烈。这里小朋友可真多，有的举着棉花糖，有的挎着玩具冲锋枪，有的滑着滑板车。小贩的叫卖声此起彼伏，真热闹。

(3) 你游览了哪些场所？

例：大象的住处，狮子的笼子，猴子山。

(4) 最好玩的是哪一处？为什么？

例：猴子山。猴子们很活泼，窜上窜下，一会儿吊在秋千上，一会儿爬到顶上。一只小猴子在给大猴子挠痒痒。

(5) 你在这里做了什么？说了什么？心情如何？

例：我拿着一根柳树枝，冲着小猴子摇，使劲喊："过来呀，这有吃的。"还给猴子撒了一把爆米花，看到猴子们迅速捡起来送进嘴里，我觉得真好玩，猴子真是机灵有趣。

(6) 哪些词语可以表达你的"高兴"？

例：开心、愉快、兴奋。

通过回忆，我们已经对游玩的过程有了详细的梳理，也对如何完成习作有了完整的构思。那就来拟定写作大纲（见表 2-12），并依据大纲，完成习作吧！

表 2-12

开头	交代时间、地点、人物，点明事件。
事件，按游玩顺序写	第一处：我们来到了……
	第二处：我们来到了……
	最有意思的是：第三处……
结尾	抒发心情，表达感受。

五、写作大观园——佳作欣赏

那次玩得真高兴

邢台市育才小学　杨明轩

暑假的时候，我们一家去森林公园游玩。刚刚下过一场雨，阳光不再那样热烈。公园里小朋友可真多，有的举着棉花糖，有的挎着玩具冲锋枪，有的滑着滑板车。小贩的叫卖声此起彼伏，真热闹。

我们先来到狗熊的住处，这里围了好多人。狗熊正直立着趴在笼子上，它的身子黑乎乎、胖墩墩的，低沉的吼声让人不寒而栗，完全不是动画片里温顺可爱的小熊。

接着我们来到百兽之王狮子的住处。不知是人太多了还是狮子想显示它的威武，只见它在笼子里走来走去，三角眼注视着人们，突然它吼叫了一声。我被吓得直往后退。爸爸摸着我的头笑着说："被吓到了吧。"哼，我才不会被吓住呢。

最后，我们来到了猴子山，这里的人好多呀，爸爸只好让我坐在他的脖子上。猴子们很活泼，窜上窜下，一会儿吊在秋千上荡来荡去，一会儿爬到假山顶上东张西望。看，一只小猴子在给大猴子挠痒痒呢！你看它一会儿趴在大猴子胸前，一会儿又转到大猴子背后，一本正经地挠来挠去。人们被这只小猴子逗得哈哈大笑。我拿着一根柳树枝，冲着小猴子摇，使劲喊："过来呀，这有吃的。"我还偷偷给猴子撒了一把爆米花（当然这是不对的，下次不会了），看到猴子们迅速捡起来送进嘴里，我觉得真好玩，猴子真是机灵有趣！

动物园真好玩，这真是一次难忘又快乐的游玩啊！

习作自评表：

评价项目	自评完成打√
1. 写清楚叙事的六要素。	
2. 详细写事情的经过。	
3. 按照一定的顺序来写。	
4. 有人物语言、动作、神态等描写。	
5. 表达出快乐的心情。	
6. 小声朗读习作，认真检查文中是否有错字、错词和不通顺的语句，并运用修改符号修改。	

（邢台市育才小学　魏延波）

第三章　三年级下册习作教学设计

第一单元　我的植物朋友

一、写作教学亮点

本单元习作主题"我的植物朋友",写作对象是确定的——植物,不管是一棵大树,还是一株野花,都可以作为写作对象。要想指导学生写好这篇文章,我们需要重点指导学生如何"观察",观察植物的颜色、大小、形状和成长变化等。我们可以按照教材的提示,提前布置学生制作观察记录卡,积累写作素材。

在指导学生写作时,我们需要注意到主题中的这个词语——朋友。要想让学生和植物建立"交情",成为朋友,就需要我们去引导学生把植物当人一样看待,通过细致的观察去认识、了解植物,走近植物,与植物互相交流、沟通感情。在此基础上,我们可以进一步指导学生通过拟人化的视角记录植物,完成习作。

只有引导学生去观察,去感受,去和植物真正"交朋友",学生才能写出植物的特点,才能写出自己真实的感受,文章才有亮点。

二、教材连结

本单元课文叶圣陶的《荷花》,写到作者清早去公园,被荷花的清香所吸引,具体描写了荷花、花骨朵、荷叶的形态,记叙了作者的想象与感受。

作者具体描写了荷花的色彩和形状。比如"碧绿的大圆盘""白荷花""嫩黄色的小莲蓬",作者通过丰富而精准的词语把荷花的样子具体鲜活地展现了出来。

除了"观察"，作者还大量描写了自己的感受与想象。运用了动词，如"挨挨挤挤""冒"等，赋予了植物人的特征。文章还富有童话色彩，作者把自己想象成荷花，巧用荷花的视角将一池的荷花在风中摇曳的姿态写得活灵活现。这篇课文中，作者从观察荷花到最后融入荷花、变成荷花，真实地写出了荷花的特点和自己的感受。

我们身边有很多的植物，我们要做的就是像课文中的作者一样，走近它们，观察它们，感受它们。

三、写作素养基本功练习：学会观察

观察是获得写作素材的一种重要方法。我们通过有目的地调动多种感官观察事物，可以获得我们需要的写作素材。例如我们的植物朋友的外形、颜色、气味等都可以通过观察来获得。

观察不仅仅是眼睛"看"，还要学会调动多种感官参与"观察"。习作要求提示我们可以制作观察记录卡，记录植物的颜色、气味、样子等。还提示我们写作之前再观察，可以看一看，摸一摸，闻一闻……这其实就是在提示我们除了视觉，我们的触觉、嗅觉等都可以帮助我们更全面地认识事物。

观察要有一定的顺序，我们可以按照植物生长的顺序观察，例如可以观察植物发芽、长叶、开花等不同时期的特点；也可以根据植物的不同部位进行观察，先观察叶子，再观察花朵，还可以观察果实等。观察的顺序一定程度上决定了我们的写作顺序。

观察要有重点，要善于聚焦事物的特点重点观察。例如《荷花》一课，作者注意到了荷叶的"多"：荷叶"挨挨挤挤"，荷花的不同形态：有的只开了两三片花瓣，有的全开了，有的还是花骨朵。观察一个植物，要针对植物的特点，它的花朵更有特点还是叶子更与众不同，我们要特别地、更加细致地去观察，这样在写作的时候才能把植物的特点写得更清楚明白。

观察绝不仅仅是拍照似地记录，除了观察事物本身，还要学会留意自己的"内心"，同时观察记录自己的感受和想法，为写作积累更多的素材。这些可以是自己观察时的心情，或是得到的感悟，也可以是由观察而展开的想象。

四、思路引导

同学们，生活中有很多植物，你留心观察过它们吗？家里阳台上的一株盆栽，公园里的美丽花卉，校园里的一棵大树……选择一种植物，让我们走近它、

观察它、记录它,和它交朋友,为"我的植物朋友"写一篇文章,让更多的人了解它吧!

1. 写作第一步:确定植物。

"我的植物朋友"——这种植物一定要是我们生活中可以观察到的,这样才能"走近它"。当然,喜欢也是很重要的理由。你可以通过下面的联想图(如图3-1),想一想身边都有哪些植物,选择一种作为观察的对象。

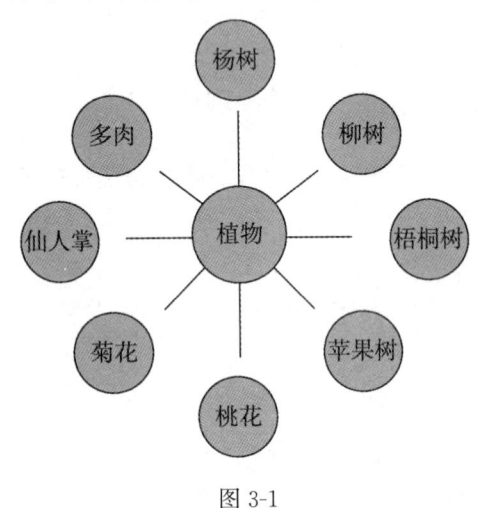

图 3-1

2. 写作第二步:取材与构思。

就像介绍你的一位好朋友一样,要想把你的植物朋友向大家介绍清楚,我们应该介绍哪些方面呢?习作中"桃花"的记录卡给了我们这几种提示:名称、样子、颜色、气味和其他。我们可以制作观察记录表,帮助我们来积累写作素材,见表3-1。在观察时,要学会运用多种感官来"观察"植物的不同方面。习作要求中还有这么一句话,"写的时候,试着把你观察和感受到的写清楚"。所以在我们的记录表中可以加入"感受"一项。你可以制作并完成下面的记录表,并依据该表引导构思关于以"仙人球"为示例的文章。

表 3-1

观察对象 \ 观察方法	视觉			嗅觉	触觉	感受
	形状	大小	颜色			

（1）仙人球是什么样子的？什么颜色？

例：圆圆的，浑身长满刺，通身碧绿。

（2）它有没有特别的气味？

例：它能散发出淡淡的清香。

（3）你有触摸过它吗？是什么感觉？

例：浑身有刺，扎手。

（4）它最突出的特点是什么？你的植物朋友哪些方面最吸引你？

例：不怕干旱，生命力顽强。

（5）哪些方面可能很难介绍得清楚？怎么把这些写得更清楚明白？

例：可以运用比喻的修辞手法介绍外形：圆圆的像一个皮球，身上长满了刺，像是穿了一件插满钢针的外衣。

（6）观察时你心情如何？

例：惊叹、佩服……

3. 写作第三步：拟定写作大纲。

通过观察记录表，我们已经对植物朋友有了详细的了解，也对如何完成本次写作有了完整的构思。拟定写作大纲（如表 3-2），并依据大纲，完成写作吧！

表 3-2

\"我的植物朋友\"写作大纲		
第一段	植物名称、选择理由	
第二段	形状、颜色、气味等	
第三段	植物特点或最喜欢的地方	
第四段	心情、感受	

五、写作大观园——佳作欣赏

我的植物朋友——仙人球

我家有一颗仙人球，虽然不像玫瑰那样娇艳美丽，但我非常喜欢它。

仙人球圆圆的，像一个大皮球，大皮球上面长着尖尖的硬刺，就像是穿了一件插满钢针的外衣。你可别小看这些刺，这可是它用来自卫的武器呢！如果你不小心碰到，会被扎得很疼。

它穿了一件碧绿的外衣，里面蓄满了水分。它是天然的空气清新器，还具有吸附尘土的作用。

仙人球一般在清晨或傍晚开花，花色有白色、红色、黄色等多种颜色，花的样子像是长长的喇叭，花开的时间持续几个小时。

仙人球最让人惊叹的地方是它具有顽强的生命力，它不怕干旱，就算你一连十几天不浇水，它也不会枯萎。它有时还生出小仙人球，可爱极了！

我每天都精心呵护它，看着它慢慢长大，从小皮球变成大皮球，很有成就感。我喜欢我家的仙人球。

习作自评表：

评价项目	自评完成打√
1. 介绍了植物的多个方面。	
2. 写出心情或感受。	
3. 介绍有顺序。	
4. 题目、分段格式正确。	
5. 标点使用、占格正确。	
6. 书写正确工整、语句通顺。	

（邢台市幸福源小学　高庆贤）

第二单元　看图画　写一写

一、写作教学亮点

"看图画，写一写"是以图画作为写作的材料，透过观察、想象和表达来创作，这是写作的起步，也是一种观察力、描写力的训练。

掌握看图写作的第一要诀是指导学生有顺序地观察及叙述，然后运用人物，时间，地点，事件的起因、经过、结果等叙事六要素，轻松完成一篇看图作文。

看图写作是通过图片来观察，要确实指导学生学会"看"图。可以先观察图片里的人物共有多少人？他们的表情是怎样的？他们是什么关系？接着，运用叙述六要素让事件鲜明、有条理，让人很快就清楚明白事情的始末。

此外，看图写作的第二要诀是把事情的"主题意义"写出来。看图时要注意图片中的细节，除了描写人物外貌、动作、表情、语言，还要写出自己的感受或想法，以及这件事传达出的意义，这样文章表达才算成功。

二、教材连结

在三年级上册教材中曾学习过"故事续写"：根据教材中已有的图片，看图发挥想象，依据其中提示的线索，结合孩子自己的生活经验，把故事写完。

三年级下册教材中，好几个单元习作内容都着眼在孩子通过观察，把事物、图画、人物的各个方面写清楚，见图3-2。

观察植物、动物
- 试着把观察到的事物写清楚

观察事物变化
- 把实验过程写清楚

观察图画
- 把图画的内容写清楚

观察人物
- 把人物特点写清楚

图 3-2

本单元以寓言故事为主，教材中有许多图片，学生可以根据图画先观察再想象故事的内容。从观察中先找出主角和主题。接着，想一想事件的发展，以及他们的语言和动作，找出细节内容，试着把图画内容说清楚。

[示例] 有两个罐子，一个是陶的，一个是铁的。骄傲的铁罐看不起陶罐，常常奚落它。

"你敢碰我吗，陶罐子！"铁罐傲慢地问。

"不敢，铁罐兄弟。"陶罐谦虚地回答。

"我就知道你不敢，懦弱的东西！"铁罐说，带着更加轻蔑的神气。

罐子遗落在荒凉的废墟上，上面覆盖了厚厚的尘土。

许多年过去了。有一天，人们来到这里，掘开厚厚的堆积物，发现了那个陶罐。

"哟，这里有一个罐子！"一个人惊讶地说。

"真的，一个陶罐！"其他的人都高兴地叫起来。

教材中不乏许多有趣的画面，通过观察，把从图片中看到的、想到的写清楚，指导孩子学会有顺序、详细地观察，思考事件发生的始末，增加人物的细节描写，以此来成就好的习作。最终让生活与写作结合，让写作成为日常。

三、写作素养基本功练习：叙述六要素

低年级学生应学习通过叙述四要素（人、时、地、事），组成一个完整句。例如：星期天早晨，爸爸带我和妹妹去运动公园放风筝。三年级学生还应该学习把一件事的人物、时间、地点、起因、经过、结果写清楚。

先找出事件发生的时间和地点。接着，有顺序地观察，找出图画中近处到远处、上面到下面、左边到右边分别有几个人？有哪些人？这些人是什么关系？再点明事情的起因：这些人发生了什么事情？然后描述事情的经过：他们分别在做哪些事情？最后思考事情的结果和自己的感受，将所思所想和经历这件事的心得收获写下来。所以只有通过叙述六要素：人物、时间、地点、起因、经过、结果，才能把一件事情有条理地跟同学说清楚，将整件事情的始末以及感受完整呈现。

四、思路引导

亲爱的同学们，想要写好"看图画，写一写"一点都不难。现在请你根据下面提示，从观察图片开始，把从图片中看到的、想到的写下来，学习把其内容清楚、具体、生动地介绍给大家。

（一）写作第一步：确定主题

你可以利用下面的联想图（如图3-3）将所要表达的先列出来，接着选择其中一个主题，再为这篇文章订一个特别的题目。

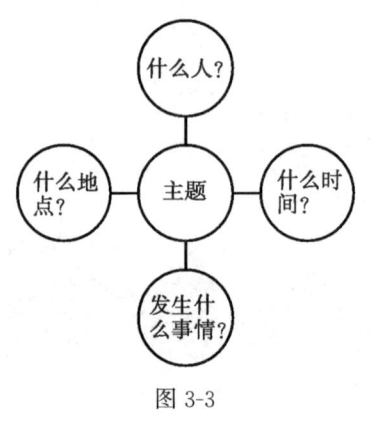

图 3-3

(二)写作第二步：取材与构思

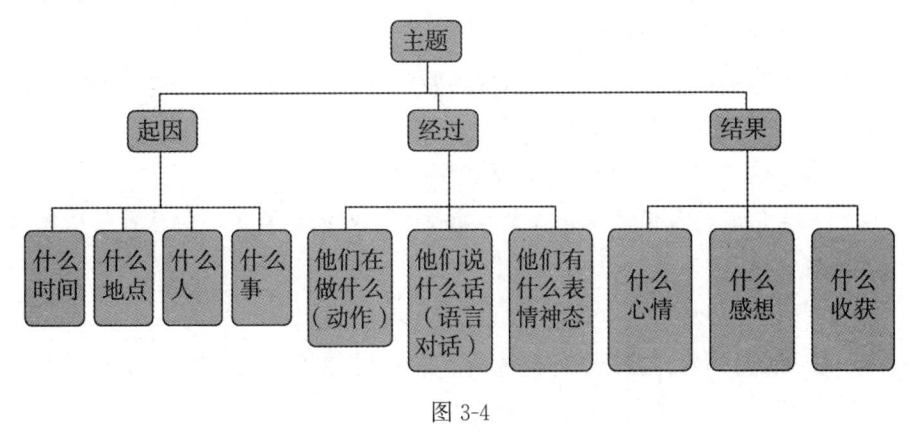

```
                        主题
          ┌──────────────┼──────────────┐
         起因            经过           结果
      ┌──┬──┬──┐    ┌────┬────┬────┐  ┌──┬──┬──┐
     什 什 什 什    他  他  他         什 什 什
     么 么 么 么    们  们  们         么 么 么
     时 地 人 事    在  说  有         心 感 收
     间 点            做  什  什        情 想 获
                     什  么  么
                     么  话  表
                    （动  （语 情
                    作） 言  神
                        对  态
                        话）
```

图 3-4

1. 起因。

(1) 事情发生在什么时间？什么地点？有什么人？什么事情？

例：星期天的早晨，天气相当晴朗，爸爸带着我和妹妹到运动公园的大草坪上放风筝。

2. 经过。

(1) 通过有顺序地观察，你看到了什么事物？

例：天空中飞着各式各样的风筝：有美丽花蝴蝶造型的风筝，有凶猛的老鹰风筝，有像长长的巨龙风筝。

(2) 接下来发生了什么事？他们做了什么事？遇到什么问题？怎么解决？

例：我看到许多风筝在天空飞呀飞，我也想放风筝。爸爸早猜到我会这么想，他已经为我们准备好一个风筝了。

(3) 他们有什么动作？有哪些分解动作和连续动作？看一看，有顺序地写一写。

例：妹妹拿着蝴蝶风筝，我拉着风筝线，爸爸举起燕子风筝。

(4) 他们脸上有什么表情？有什么神态？

例：我双眼全神贯注地紧盯着风筝，随着风的大小放线和收线，风筝在空中飞啊飞。妹妹看到风筝飞起来，眉开眼笑、开心极了！远处的那家人，小孩拉着风筝线放风筝，父母望着风筝，静静地陪着孩子。

(5) 他们说了什么话？主角有什么心理活动？有什么对话？

例：妹妹在一旁等不及了，对我说："换我了！换我了！快点换我了！我也要试试看！"爸爸说："好啦！好啦！快给妹妹放一下风筝吧！"

83

3. 结果。

(1) 这件事让他们有什么感觉？心情如何？有什么感想？

例：微风吹来，我想象自己变成天上的那只鸟儿风筝，在无边无际的天空中自由自在地飞翔，多么轻松惬意啊！

(2) 通过这件事，你得到什么收获？

例：人生何尝不是像风筝一样呢？感觉自己好像很自由，但总有一根线牵着我们要去做什么。

(三) 写作第三步：拟定写作大纲

参考上面的材料，选取你有把握的、能激发你想法的内容，拟定写作大纲（如表 3-3 所示），并依照大纲完成整篇文章。

表 3-3

段落	主要内容	关键语句
起因	何时、何地、何人、事情起因。	
经过	事件发展的过程，解决办法，人物的动作、表情、神态、对话。	
结果	我对这件事的心情、感想、收获。	

五、写作大观园——佳作欣赏

风筝飞呀飞

星期六下午，天气晴朗，微风徐徐，树叶迎风飞舞，一片春意盎然的景象。妹妹、爸爸和我一起来到了运动公园的广场放风筝。

运动公园的广场上长出了嫩绿的小草，绿草如茵，放眼望去就像一片绿色的地毯。广场的上空已经飞满了风筝，有黑白的老鹰风筝，有长长的巨龙风筝，还有小朋友最爱的卡通造型的风筝，天空成了风筝的海洋。各式各样的风筝，在蓝天白云的映衬下，展翅飞翔。我和爸爸迫不及待地摊开我们带来的燕子风筝，爸爸拿起燕子风筝，我负责拉着风筝线。我急急忙忙地对爸爸说："快点、快点，快点把我的风筝放起来。"说完，爸爸毫不犹豫地把风筝举过头顶，而我手拿着风筝线，快速地向前跑。这时，妹妹看着风筝飞起来了，眉开眼笑地又叫又跳。爸爸对我说："快点，趁现在赶快再放高一点，不然等会儿风停了，风筝就会掉下来了。"我立刻把风筝线再放长一些，让风筝可以飞得更高。在蓝天白云的衬托下，我的那只燕子显得格外有精神。接下来，我全神贯注地观察风的改变，随着风的大小放线收线，风筝在天空中有时高，有时低，有时摇摇晃晃的，有时冲向天际，真是有趣极了。妹妹在一旁等不及了，对我说："换我了！换我了！快点换我了！我也要试试看！"爸爸说："好啦！好啦！快给妹妹放一下风筝吧！"

一整个下午，我们拉着风筝线在广场上跑呀跑，多么希望自己也能变成一只风筝，在天空中自由自在地飞翔啊！夜幕低垂，太阳工作累了，换月亮准备上工了。我和爸爸把风筝降下来，收拾完毕后，我们才依依不舍地回家。

习作自评表：

评价项目	自评完成打√
1. 文章结构分为起因、经过、结尾。	
2. 开头能运用叙述要素，写出图画中的人、时、地、事。	
3. 在适当的地方运用修辞，让文章更优美，例如比喻、拟人、排比……	
4. 结尾能用适当的篇幅，表达心情、感受、收获。	
5. 检查文中是否有错字、错词。	
6. 书写正确工整、语句通顺。	

（邱怡雯）

第三单元　中华传统节日

一、写作教学亮点

节日，是个让人感兴趣的话题。过节，对于每一个孩子来说都是一件高兴的事。中华传统节日留存着历史的记忆，传承着悠久的文化，体现了亲情、团圆，代表了伟大的民族精神、良好的民族礼仪等。

本单元的习作"中华传统节日"，关键词是"中华""传统"，那就不可以是儿童节、劳动节等。在写作之前，教师先要指导学生确定写哪一个节日，然后引导学生思考这个节日的起源、传说、习俗、氛围（喜庆的、缅怀的、感恩的、纪念的……），以及其特定的活动有哪些。要重点写清楚过节的过程和让人印象深刻的场面。不要把文章写成说明文，干巴巴地介绍关于节日的知识，也不要把文章写成流水账，平平淡淡讲述过节的过程。

这篇文章要写得出色，就必须要抓住节日的特点，体现节日的氛围，记叙期间发生的印象深刻的故事，写出自己的感受，这样文章才会富有生命力和感染力。

二、教材连结

本单元围绕"传统文化"编排了"古诗三首"《纸的发明》《赵州桥》《一幅名扬中外的画》四篇课文，文章都有一个共同点，就是引领学生感受传统文化，并喜欢上中国传统文化。

"古诗三首"体现了传统节日文化，其中《元日》描述了人们过春节时的情景：燃放爆竹，除旧迎新；饮屠苏酒，驱邪祈福；新桃换旧符，万象更新。《清明》描绘的是上坟祭扫，细雨纷纷，行人愁苦哀伤、失魂落魄，这首诗写出了清明时节的天气特征以及路上行人的心情。《九月九日忆山东兄弟》中，诗人想象着家乡的亲人们重阳节佩戴茱萸、登高望远，思乡之情自然流淌于字里行间。"每逢佳节倍思亲"，诗人们抓住传统节日的特色活动，既凸显了节日特点，又因时因地表露了作者的心情。

作为这套教材的第一次综合性实践活动，它旨在让学生体验传统文化，用文字记录收获。在习作之前，学生已经通过综合实践活动搜集资料、走访调查、交流合作等了解了传统节日，有的还亲自参与了节日活动，像贴春联、包饺子等。让学生抓住在节日里看到的、听到的、想到的以及所做的，写一写自己家过节的过程，写一写节日中发生的有趣的事。

三、写作素养基本功练习：思维导图联想法

拿到一篇作文主题，无话可说、无事可写时，可以借助头脑风暴绘制思维导图来打开视角、挖掘素材、寻找灵感、理清思路。

中华传统节日，要想抓住节日特点，我们可以利用思维导图（联想图）帮助思考，见图3-5。先要确定文章的中心，明确主题"中华传统节日"，然后经过头脑风暴，把所想起的传统节日添加在分支上，再将这个节日的特点、习俗活动、文化资料写在二级分支上，还可以继续发散某项活动中的趣事添加三级分支。这样材料丰富起来，我们记忆的闸门也被打开，一些与之有关的活动、趣事也会随之涌现。

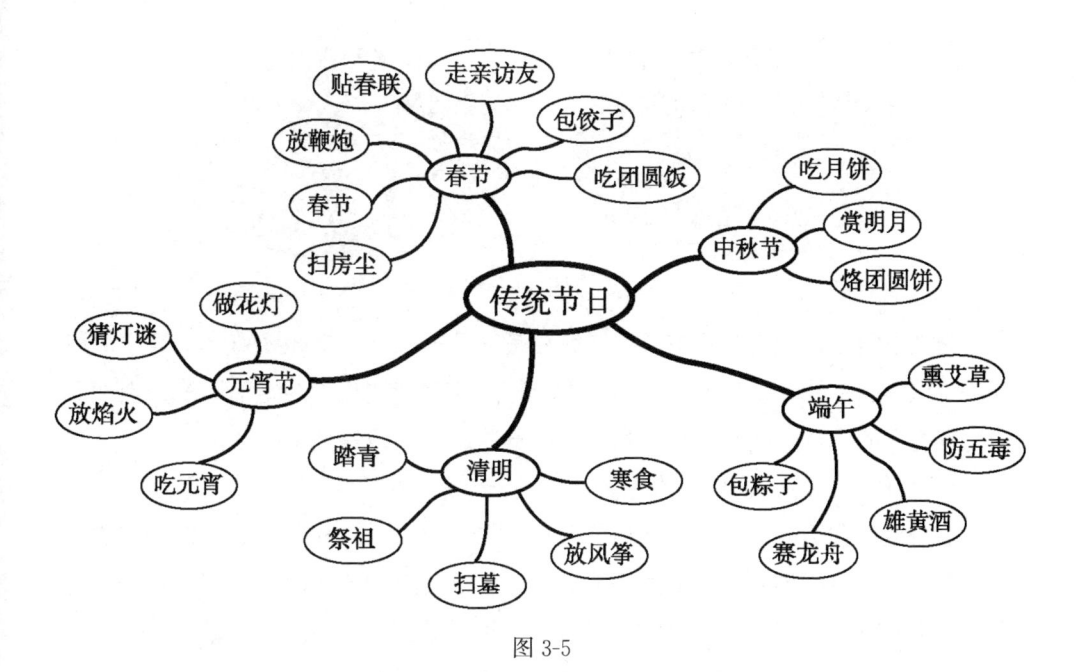

[图：传统节日思维导图，包含春节（贴春联、走亲访友、包饺子、吃团圆饭、放鞭炮、春节、扫房尘）、中秋节（吃月饼、赏明月、烙团圆饼）、元宵节（做花灯、猜灯谜、放焰火、吃元宵）、清明（踏青、祭祖、扫墓、寒食、放风筝）、端午（熏艾草、防五毒、雄黄酒、赛龙舟、包粽子）]

图 3-5

有了思维导图上的诸多材料后，我们可以根据需要加以选择，选择自己最有感触、最熟悉、最了解的来写。例如写春节，从气氛上突出喜庆，可以写贴春联、放鞭炮以及过节的心情；从来历上突出神秘，可以写年兽的传说；从活动上突出热闹，可以写包饺子、吃团圆饭、走亲访友。不同的节日有不同的习俗和特点，抓住节日独特的特点，才能让人感受到传统节日的魅力。

四、思路引导

亲爱的同学们，经过搜集资料和跟小伙伴的交流，你一定对中华传统节日有了更清晰、深刻的认识。多姿多彩的传统节日习俗内涵丰富，具有浓郁的中华文化韵味。你家是怎样过节的？过节时家人在做什么？当时有没有让你印象深刻的故事？请围绕"中华传统节日"自拟题目，写一写你家过节的过程，也可以写节日中发生的令人印象深刻的故事。

1. 写作第一步：确定节日，拟定题目。

我们可以利用图 3-6 中将传统节日和一些修饰词列出来，之后选择最感兴趣的节日作为这篇文章的主角。

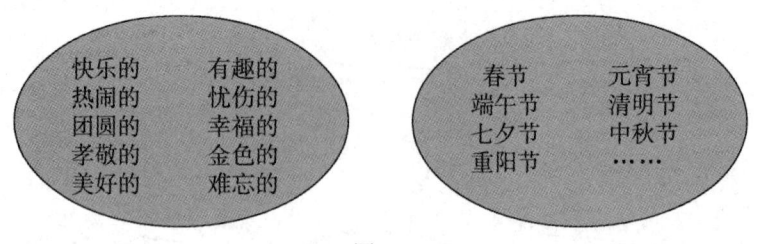

图 3-6

选定主角后，拟定文章的题目。题目是文章的眼睛，拟题要符合文意，简单明了展现主题，如"快乐的中秋节""有趣的元宵节""热闹的春节"等，当然如果你有更好的想法，还可以让题目更美丽一些，文学色彩更浓一些。

2．写作第二步：选材与构思。

每个节日的活动那么多，要抓住节日特点，精选活动材料，你可以利用联想图罗列有关节日的内容，然后选择最有内容、最有感触的来写。在写作时分清主次，着重描写能突出节日意义和氛围的两三种活动，其他可以一笔带过。这样既渲染了节日的盛大、热闹的场面，又突出了重点。

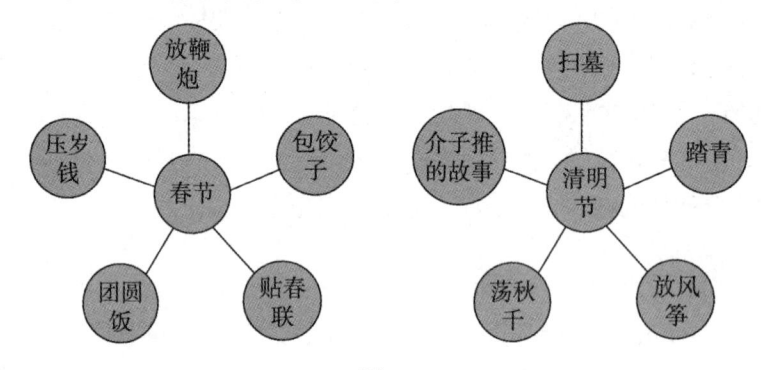

图 3-7

你可以按如图 3-7 的方式进行画图联想。

通过以上方式进行节日的选择，回忆过这个节日的经过，以及这期间发生的趣事。同学们，可以选择回答下列问题，完成构思，最后再整理成一篇完整的文章。

（1）你要写什么节日？节日是什么时间？

例：春节；春节是每年的正月初一，传统意义上从腊月二十三开始。

（2）这个节日的来历是怎样的？有没有美丽的传说？

例：过春节已有大约 4000 年的历史了。春节由虞舜时期兴起，舜即天子位，祭拜天地的这一天称为岁首，后来叫春节。年兽的传说。

（3）节日的活动有哪些，印象最深的是什么活动？活动过程是怎样的？

例：扫尘、贴春联、放鞭炮、压岁钱、舞龙舞狮、游神、祭祖、吃团圆饭等。我印象最深的是贴春联。我和爸爸先抹糨糊、再比对，看两边对联一样高了再贴好，我还要摇头晃脑地念一念。

（4）你家过节时都有哪些人？他们在干什么？人们的表现、心情如何？

例：爸爸妈妈、爷爷奶奶、我和兄弟姐妹们。他们包饺子、看春节联欢晚会、聊天。大家都很开心，笑声阵阵。

（5）你最喜欢在过节时做什么？为什么？

例：我最喜欢去大街上看舞狮子；那狮子威武极了，舞狮子的人配合得非常好。

（6）你参与了什么活动？做了什么？怎么做的？做的结果如何？

例：包饺子；我学习擀皮，我一手拿擀面杖，一手拿面皮，一不小心又粘住了。我还在饺子里包了硬币。

（7）节日带给你的感受是什么？心情如何？

例：春节使我快乐、兴奋，我感到一大家子人热闹又幸福。

我们在节日中做的一些特定的事，不管是纪念、庆祝还是纯粹的玩耍，都是生活中真实的体验。你笔下的节日让你感到快乐还是遗憾？兴奋还是忧思？结尾处一定要大胆地写下你的真实感受，或抒发心情，或发表看法，或表达收获，让文章真实动人。

3. 写作第三步：完成写作提纲。

结合上面的材料，选择你感受最深、最有话说的内容，依据图 3-8 的提示，拟定写作提纲，并依照提纲完成整篇的写作。

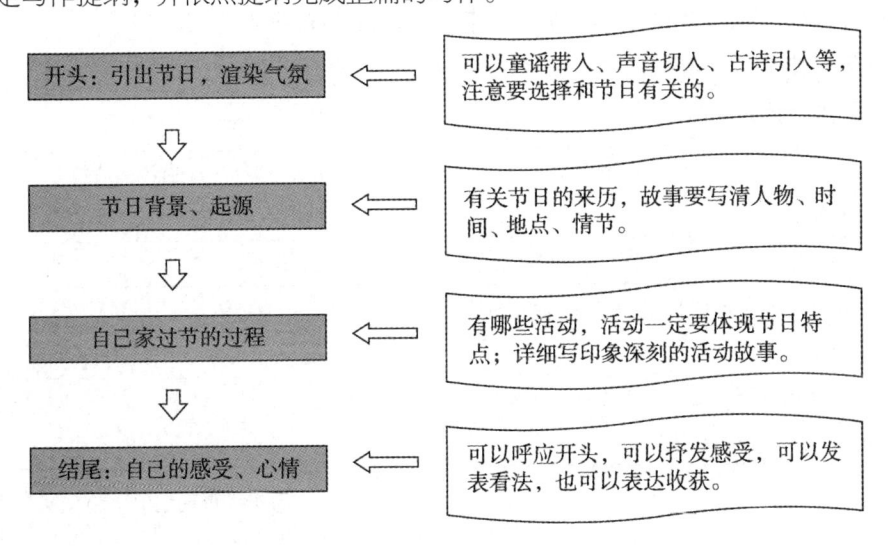

开头：引出节日，渲染气氛 ← 可以童谣带入、声音切入、古诗引入等，注意要选择和节日有关的。

↓

节日背景、起源 ← 有关节日的来历，故事要写清人物、时间、地点、情节。

↓

自己家过节的过程 ← 有哪些活动，活动一定要体现节日特点；详细写印象深刻的活动故事。

↓

结尾：自己的感受、心情 ← 可以呼应开头，可以抒发感受，可以发表看法，也可以表达收获。

图 3-8

五、写作大观园——佳作欣赏

快乐的春节

邢台市育才小学　孙启越

"爆竹声中一岁除，春风送暖入屠苏。"在噼里啪啦的鞭炮声里，我们迎来了最有趣、最热闹的春节！春节习俗可丰富了，有放烟花、包饺子、贴春联、收压岁钱……其中，我印象最深的是——放鞭炮。

妈妈告诉我，放鞭炮是我们的传统习俗。古时候人们认为放鞭炮能驱除"年兽"。放鞭炮是人们驱灾、祈福的美好愿望。"啪啪"开始放鞭炮了。我兴奋地连蹦带跳，奶奶赶紧替我捂住耳朵，嘴里念叨着"别震着了，别震着了……"街上的小朋友们喜气洋洋，边跑边高兴地大声喊："过年啦！过年啦！"鞭炮声此起彼伏，爸爸也赶紧拿出烟花，放在地上，引燃导火索，只听"嘭"的一声，半空中炸开了漫天的"小星星"。家家户户都在放鞭炮、点烟花，天空被烟花照得五彩缤纷。看，那迸开的烟花，有的像满天星星，有的像一树梨花，有的像五颜六色的彩灯，有的像从天而降的流星……天空被打扮得五彩缤纷、璀璨无比。我们在爆竹声中玩耍、嬉笑，可热闹了！爸爸妈妈还拿出手机拍照，为我们留下这幸福的时刻。

吃年夜饭当然也是春节的重头戏。不过那是爸爸妈妈大显身手的时候，我只是剥剥蒜瓣，摘摘大葱，还会被嫌碍事，那我就做乖乖的"吃货"吧。

春节真是又快乐又开心，愿每天都像春节一样快乐！

习作自评表：

评价项目	自评完成打√
1. 题目醒目。	
2. 抓住了节日特色活动，突出了节日气氛。	
3. 写清楚了过节的过程，有动作、语言描写。	
4. 文章结尾能表达心情、感受、收获。	
5. 文章运用修辞，让句子更美丽，例如比喻、拟人、排比。	
6. 语句通顺，没有错别字。	

（邢台市育才小学　魏延波）

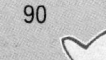

第四单元　我做了一项小实验

一、写作教学亮点

本单元习作主题"我做了一项小实验"的重点是"实验",而且给出了限制,是"我"做的一项实验,因此不能写成多个实验,也不能写成"我"观看别人做的实验。

在指导习作时要注意引导学生先确定准备写哪次实验?也就是实验名称是什么?这个实验可以是科学实验,也可以是生活小实验;可以是在家里完成的,也可以是在学校完成的……接着要回忆参与实验的人都有谁,以及做了哪些准备。可以是自己一个人独立完成,也可以是几个人合作完成。最重要的是实验的过程,不论学生选择哪种实验,过程是否能够清楚地表述是十分重要的。只有指导学生有条理地将实验过程写出来,这篇文章才达到要求。因此,这篇文章的亮点就是实验过程这部分。

一项实验一般会有多个步骤,在进行实验时,第一步是什么、第二步是什么……总是有先有后的,所以教师要引导学生有顺序地表达,例如使用"先……接着……然后……最后……"这样的句型,就可以将实验顺序有条理地呈现。同时,还可以让学生认真回忆实验前后发生了哪些变化,抓住这些微妙的变化,清楚地写出来。

二、教材连结

《花钟》一文介绍了花朵分时开放的奥秘,首先展示了一天之内不同种类的花开放时间是不一样的,接着又说明造成这种现象的原因,最后介绍了植物学家利用这一规律组成花钟。

《蜜蜂》一文则以第一人称叙述了法国昆虫学家法布尔为了验证蜜蜂是否具有辨别方向的能力进行的一次实验。他先将捉到的蜜蜂放在纸袋里,接着走了四公里路给蜜蜂做上记号后放飞,然后记录飞回来的蜜蜂数量,最后惊奇地发现蜜蜂飞回靠的不是超强的记忆力,而是一种本能。从而他得出结论:这种昆虫确实具有辨别方向的能力。

《小虾》一文也是以第一人称叙述了"我"养虾的过程,先交代了养虾的原因，又描写了养虾过程中所见、所闻和所感，流露出对小虾的喜爱之情。

这三篇文章的作者都细致地观察了事物的变化，并有顺序地进行了表达，把过程写得很清楚。而这一能力在写一项实验时显得尤为重要，我们不仅要交代实验的初衷（目的），更要留心观察、有序表达，写清实验的过程，最后再总结一下自己的发现或心情。

三、作文素养基本功练习：按顺序写清过程

本次习作要求学生写自己曾经做过的一次实验，实际是一篇记叙文，那么在写作时就要指导学生将叙述六要素（时间、地点、人物、起因、经过、结果）交代清楚。尤其是经过部分，它是记叙文的核心，要引导学生将实验过程写清楚，可以用下面方式指导。

1. 分步骤，直接写。

在引导学生写实验过程时，也可以让学生直接将实验步骤清楚地表达出来：第一步做了什么，第二步、第三步……不过这种表达更适用于初级阶段，如果想要更高级地将顺序表达清楚，就可以使用一些表示先后顺序的词语。

2. 用句式，巧妙写。

写过程时，可以引导学生像《蜜蜂》一课这样写："先是捉些蜜蜂放进纸袋，让它们与外界隔绝；接着走到4公里外给蜜蜂做上记号后放飞；然后记录飞回的蜜蜂数。"用上一些表示先后的连接词"先……接着……然后……最后……"将实验的步骤表达清楚。

最后要注意，本次习作是写实验，如果每一个细节都具体描述，难免显得啰嗦，所以还要引导学生回忆实验每一步的变化，把重点的内容写具体、写生动，次要的部分就可以简单带过。

四、思路引导

通过《蜜蜂》一文的教学，引导学生对他们生活中和学习中经历过的实验进行回顾，并让他们向大家介绍自己感兴趣的实验。然后进入本单元的习作教学。

1. 写作第一步：确定实验主题。

看到这个主题，首先思考主题透露的重点是什么？按图3-9中的提示进行审题，按顺序思考：这个实验的参与者都有谁？这场实验是写已经进行过的还是未来将要进行的？可以选取多项实验进行描写吗？最后确定实验的主题和名称。

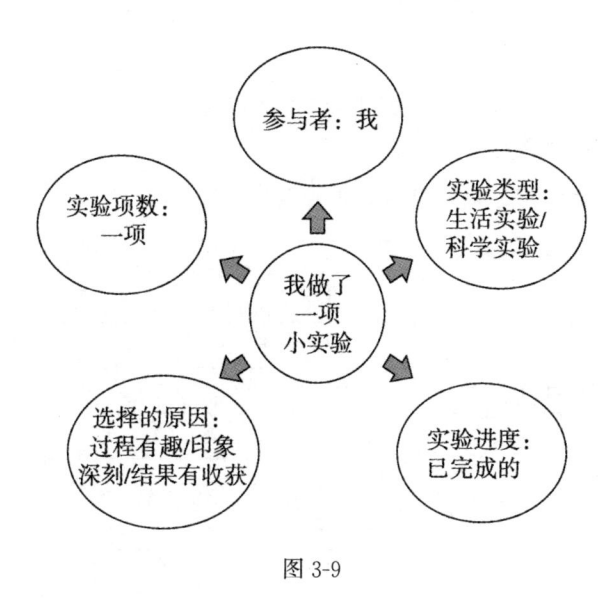

```
           参与者：我
    实验项数：          实验类型：
     一项              生活实验/
                      科学实验
           我做了
           一项
           小实验
    选择的原因：       实验进度：
    过程有趣/印象      已完成的
    深刻/结果有收获
```

图 3-9

2. 写作第二步：取材与构思。

同学们，可以依次回答下面的问题，完成构思和布局，最后再试着组织成一篇完整的文章。

（1）你是在什么情况下决定做这项实验的？

例：想要弄清楚为什么冬天脱衣服时头发会被卷住、衣服会发出噼噼啪啪的声音。

（2）实验的参与者都有谁？

例：我和爸爸。

（3）实验前你都做了哪些准备？

例：一张白纸和一把塑料尺。

（4）实验过程中，重要的步骤是什么？

例：第一步把白纸撕成碎屑，第二步把塑料尺放在头上快速摩擦，第三步把塑料尺慢慢靠近纸屑。

（5）实验过程中有什么变化？

例：细碎的纸被尺子吸住。

（6）实验时自己怎么做的、说了什么话、心里怎么想的？

例：我兴奋地大叫："爸爸，吸住了，吸住了，快看呀！"

（7）实验时有没有其他人参与或观看，他们的反映又如何？

例：爸爸欣慰地笑了。

(8) 实验的结果怎样？

例：经过摩擦的塑料尺带上了静电，成功吸起碎纸屑。

(9) 你的发现或收获有哪些？

例：生活中处处有摩擦，有时候摩擦就会产生静电，非常有趣。

3. 写作第三步：完成写作大纲。

表3-4

写作大纲	
开头（实验目的/背景）	
实验过程	第一步：
	第二步：
	第三步：
	……
实验结果	
心情感受（收获）	

五、写作大观园——佳作欣赏

我做了一项小实验

"啊！我的头发又被卷进毛衣里了，太烦人了！"这已经是我这个礼拜第三次脱毛衣时头发被卷。难道是毛衣上有吸盘？怎么我的头发总被吸住？我的小脑袋里充满了疑问，于是跑去问爸爸。爸爸说："这是静电，是由摩擦产生的，它还可以让纸屑跳舞。"爸爸的说法引起了我的好奇，不过我有些半信半疑，于是我们一起做了一项实验——会跳舞的纸屑。

实验需要准备的材料有一张白纸和一把塑料尺。首先，我们把白纸撕成碎屑，放在桌子上备用；然后把塑料尺放在我的头上快速摩擦，让它发出"嗤嗤"的声音，摩擦不到一分钟就可以了；接着小心翼翼地把塑料尺慢慢靠近纸屑，起初纸屑并没有什么反应，当尺子继续逼近，距离不足一个指甲盖时，奇迹发生了——这些细碎的纸居然摇摇晃晃地站了起来，它们被尺子吸住了，像是在跳舞一般。我兴奋地大叫："爸爸，吸住了，吸住了，快看呀！"爸爸笑了笑，说："其实生活中，有很多物品摩擦后都会产生静电，这些静电会吸附一些细小的东西，比如你的头发、碎纸屑……"

原来是静电让我的头发被吸起来的，这真是一项有趣的小实验！

习作自评表：

评价项目	自评完成打√
1. 审题正确。	
2. 将实验过程写清楚（使用"首先……接着……然后……最后……"等表示先后顺序的连接词）。	
3. 有语言、动作、心理等描写。	
4. 题目、分段、格式正确。	
5. 标点使用、占格正确。	
6. 书写正确工整、语句通顺。	

（邢台市郭守敬小学　郭慧娟）

第五单元　奇妙的想象

一、写作教学亮点

本次习作主题是"奇妙的想象"，习作要求："选一个题目写一个想象故事，也可以写其他的想象故事。"教师要指导学生明确，这次习作就是要写一篇想象故事。

"想象故事"首先要充满想象。这就要指导学生用不同于平时的观察角度去观察生活中的人、事、物，发现事物间的多面联系，大胆地创造出现实生活中不存在的事物和景象，把许多不可能变成可能。我们想象得越新颖，文章就越有亮点。

教师可以提供一些有趣的想象主题，引导学生发挥后续的想象，编写有趣的故事情节。比如：晴天下肉丸，会发生什么有趣的故事呢？书变成可以自由飞翔的天使，她会飞到哪里去、遇到什么事呢？气球可以带动房屋飞到一个奇幻世界，那个世界会发生什么神奇的事情呢……

奇妙的想象让文章读起来妙趣横生、引人入胜。在指导学生设计想象情节的时候，可以让学生思考写这个故事的原因。这样习作便有了一个中心，一条主线。另外，当想象故事充满设想和愿望的时候，便叩开了读者的心门。

想象可以天马行空，但必须要以现实为基础，要合乎情理，毫无节制地空想、乱想，是不可取的。比如：我们可以想象猫和鱼是好朋友，自己和李白是同桌……这都是有创意的想象。但是如果学生写：一出门就捡到了金子，随意挥霍；所有人都听他的话，想干什么就干什么……这些想象就是不合理的，属于"白日梦"。

二、教材连结

本单元以"大胆想象"为主题，编排了四篇课文，从不同的角度、用不同的方式讲述神奇有趣的想象故事，帮助学生发挥想象写故事，创造自己的想象世界。教师可通过课文示例，引导学生学习不同的想象方法，并借此引入习作创作中，见表3-5。

表3-5

写作策略的课文布列		
课文	文本示例	写作要素
《宇宙的另一边》	在宇宙的这一边，雪是在冬天下的；那么，在宇宙的另一边，雪是在夏天下的吗？	假设式想象（假设某种情况，进行想象）
《我变成了一棵树》	我变的树上长满了各种形状的鸟窝：三角形的、正方形的、还有长方形的、圆形的、椭圆形的、菱形的……风一吹，它们就在枝头跳起了舞。	把自己想象成别的事物
《一支铅笔的梦想》	我要在青叶间，长成长长的豆角；或者，伪装成嫩嫩的丝瓜。	想象要联系事物的特点
《尾巴它有一只猫》	猫可以有一条尾巴，为什么尾巴就不能有一只猫？	逆向思维展开想象

发散的思维，让故事充满想象。那怎么写清楚呢？可以参考课文《一支铅笔的梦想》的段落结构，见表3-6。

表3-6

一支铅笔的梦想	要做的事情及感受
溜出教室	我要到山坡上，萌出嫩嫩的芽儿；还在头顶上，开出一朵漂亮的花儿。蝴蝶啊蜜蜂啊，就猜不出我是谁了。哈，多么好玩！多么开心！
跳进荷塘里	我要为小鱼虾，撑起阴凉的伞；伞上，还趴着大眼睛青蛙。有的在伞上歌唱，有的在伞下玩耍。哈，多么好玩！多么开心！

续表

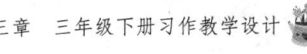

一支铅笔的梦想	要做的事情及感受
躲到菜园里	我要在青叶间，长成长长的豆角；或者，伪装成嫩嫩的丝瓜。菜园里的派对马上开始！哈，多么好玩！多么开心！
来到小溪边	我要为玩水的鸟当船篙，为过河的蚂蚁当竹筏。船上的、岸边的一齐喝彩。哈，多么好玩！多么开心！
跑到运动场	我要当一会儿小松鼠的撑杆，当一阵儿小猴子的标枪。挂在脖子上的奖牌亮闪闪的。哈，多么好玩！多么开心！

这几篇课文，在内容上、形式上都很好地指导着学生如何展开想象，创造自己的想象世界。教师在教学习作时，可以适当引用课文中的方式和方法，引导学生更好地写作。

三、写作素养基本功练习：展开想象的方法

想象是人在头脑里对已有的形象进行加工改造形成新形象的心理过程。改造后的形象，是现实中不存在的形象，所以让人感到新奇。我们可以这样展开想象：

1. 变身术想象。

想象自己变身成另外一种模样，在生动有趣的故事中，展开奇异的经历，表达美好的愿望或告诉读者一个道理。例如：《乌鸦面包店》《要减肥的卷心菜》《小树的心思》。

2. 设想式想象。

通过写自己的设想、追求、愿望、梦境，表达心之所向。例如：《假如人类可以冬眠》《假如月球可以生存》。

3. 反方向想象。

想象某个人或物获得了某种违反常理的能力和习惯，或者从事物特点的反方向去思考，在对比中呈现意想不到的情节，增加看点。例如：《极速蜗牛》《大力士蚂蚁》《手罢工了》。

四、思路引导

躺在学校的操场上，应该是每一位同学都特别想做的事。你可以和好朋友谈古论今；你可以闭上眼睛，听风为你讲述它的故事；当然你也可以天马行空地想象。那么现在，我们就开启奇妙的想象之旅吧。

1. 写作第一步：确定题目。

同学们，习作要求给出的题目都很有趣，我们先来分析一下吧，见表 3-7。

表 3-7

题目	写作对象	题眼	如何展开想象
《最好玩的国王》	国王	好玩	用具体事件凸显国王好玩的特点。
《一本有魔法的书》	书	魔法	魔法是什么？这种魔法能改变什么？
《小树的心思》	小树	心思	心思是什么？
《躲在草丛里的星星》	星星	躲	躲什么？怎么解决呢？
《滚来滚去的土豆》	土豆	滚来滚去	为什么滚来滚去？滚到了哪里？遇到了什么事情？结局是什么？
《手罢工啦》	手	罢工	反方向思考：没有手之后，人类遇到的各种麻烦。
《假如人类可以冬眠》	人类	冬眠	反方向思考：人类冬眠后，世界发生的巨大变化。

这些题目中出现的书、土豆、小树、手都是你身边的事物。可以多多观察你的周围，一只蚯蚓、一片落叶、时钟的指针都可以成为你的写作对象。

比如《小树的心思》，你可以借小树来表达你的心思；你也可以化身小树，走进它的心里，听听它有什么悄悄话。现在，就对你感兴趣、并能够引发你想象的事物，确定一个题目吧。

2. 写作第二步：取材与构思。

将想象落到实处，就要通过具体的情节、内容为想象提供可能实现的空间。具体的想象内容实现了，才能真正取信于读者，从而吸引读者的阅读兴趣。

表 3-8

多少梦想	怎样实现梦想	梦想是什么
第一个梦想	溜出教室	萌芽、开花
第二个梦想	跳进荷塘	撑伞
第三个梦想	躲到菜园	长成豆角、伪装成丝瓜
第四个梦想	来到小溪边	当船篙、当木筏
第五个梦想	跑到运动场	当撑杆、当标枪

同学们，在《一支铅笔的梦想》中，五个具体的场景和有趣的梦想（见表 3-8），

让这篇文章内容充实、想象奇妙。

现在，假如你想写《一本有魔法的书》，那么可以选择回答下面的问题，完成构思和布局，然后再试着组织成一篇完整的文章。

(1) 这本书的第一个魔法是什么？

例：可以把你带进书里的世界。

(2) 你为什么想让这本书拥有这样一个魔法？

例：读书的时候，读到美丽的风景，总想身临其境；读到有趣的故事情节，总想去感受一下；读到美妙的食物，总想马上就可以品尝到……

(3) 如何实现第一个魔法？

例：每一页书的中心都有一个透明的手印区域。如果这一页的内容，你想亲身体会一下，就把手张开，放到书的中间，闭上眼睛，等待3秒钟。当你再睁开眼睛的时候，你就出现在书里的世界了。

(4) 这本书的第二个魔法是什么？

例：书写工整才能显现出文字。

(5) 这本书拥有第二个魔法的原因是什么？

例：每次检查小组成员书上的笔记时，总发现有的同学的笔记，书写得很潦草。

(6) 如何实现第二个魔法？

例：这本书的每一页都有超薄的芯片夹层，它对写到上面的每一个字都有"是否工整"识别功能，书写工整才能显现出文字，书写潦草的就不会显现出来。而且，这本书的芯片磁场，会让周围10米以内的书都拥有这个功能。

(7) 这本书的第三个魔法是什么？

例：既可以看又可以听。

(8) 这本书拥有第三个魔法的原因是什么？

例：有时看得入迷了，想一直看下去，可是眼睛不舒服，不能继续看下去。

(9) 如何实现第三个魔法？

例：书的每一页右上角都有"收听触摸点"，想听的时候，就轻轻触摸一下。这样，想看书的时候，就看书；想听书的时候，就轻轻触摸那个点，然后闭上眼睛，聆听就行了。

有了具体内容的支撑，这本有魔法的书着实让我们爱不释手啊！

但是这里请注意：情节安排上不要太过复杂，一定要根据事物的特点，展开联想，创设奇妙的情节，让故事更加丰富、有趣。

3. 写作第三步：完成写作大纲。

参考上述资料，选取你最感兴趣、想象最奇妙的内容，拟定写作大纲，完成习作吧，见表 3-9、表 3-10。

表 3-9

写作大纲一：《一本有魔法的书》			
多少魔法	魔法是什么	拥有魔法的原因	怎么实现魔法
第一个魔法			
第二个魔法			
第三个魔法			
……			

表 3-10

写作大纲二：《小树的心思》			
多少心思	心思是什么	怎么实现的	有什么收获
第一个心思			
第二个心思			
第三个心思			
……			

五、写作大观园——佳作欣赏

蚯蚓的快乐

我是一只蚯蚓，一只有着很伟大且令人自豪名字的蚯蚓——"earthworm"。知道为什么叫这个名字吗？因为我的家就住在土地里，我每天的重要工作就是翻翻土壤。

因为大地很潮湿，所以我时常会爬出来呼吸新鲜的空气。有一次，我爬出来晒太阳，正好有一个小朋友路过，看见我，他吓得尖叫起来："啊，啊……"快速地跑开了。那喊声把我都喊懵了——是该我喊的吧，我还怕你把我踩扁呢！你喊什么？我又踩不到你。

我不用叠被子，不用打扫房间，羡慕我吧。虽然我全身黑黝黝的，从来不洗脸，不刷牙，但是觉得自己美美哒！

我还很听话。妈妈说，遇见人要打招呼。所以，有一天的上午，我什么都没干,一直点着我的小脑袋,露着我的小白牙。"早上好,蚂蚁!"你知道吗?那天,蚂蚁家族搬家,所以,回家后,我的脖子都快废了。

我唯一的爱好就是"吃"。有一次我饿极了,就把刚完成的作业吃掉了。结果被老师发现,被罚再写了几遍作业。唉,我写作业了,只不过作业被自己吃了而已,人家也不想的,就是有点太饿了而已嘛!

回家的路上,我拱着小石头。"嗯,不开心,又挨批评了……咦,这个粉色的纸是什么?不管了,很好吃的样子,先吃为快。"三下五除二,我就高高兴兴地把那张粉色纸,吃得干干净净。

一路哼着歌回到家,妈妈也给了我一张一模一样的粉色纸,说:"越宝,这是一百元,你快去交给爸爸,让他带你去买玩具。"什么?这张粉色的纸是钱,是一百块?我吃了一百块?我吃了可以给我买玩具的一百块?我伤心到大哭。

妈妈一边轻轻地给我擦眼泪,一边说:"越宝,该起床上学了。"

幸亏这只是一场梦,我以后一定不再把一百块吃掉啦!

我是一只小蚯蚓,天天快乐无比。

习作评价表:

评价项目	自评完成打√
1. 想象合理且富有创意。	
2. 描写具体、内容丰富。	
3. 想象美好、感情真挚。	
4. 运用了动作、语言、心理描写。	
5. 书写正确工整、语句通顺。	
6. 题目、分段、格式正确。	

(邢台市信都区三环逸夫小学　王双越)

第六单元　身边那些有特点的人

一、写作教学亮点

本单元习作"身边那些有特点的人",重点是"人"。指导时要把握两个写作要点:一是限制为"身边"的人,不要写成陌生人,更不要写成历史人物、名人等；二是有"特点"的人，所以必须写出这个人与众不同的地方。例如，奶奶和妈妈是身边的人，都是女生，奶奶和妈妈不同的点在哪里，就必须写清楚，才合乎"特点"这个要求。如果所有的人都是"柳叶眉、瓜子脸""爱读书""热心肠"……似乎就失去了个体存在的意义。所以，一定要先把握住这两个要点，否则很容易就离题或是写得千人一面了。

在本单元的习作主题中，"身边"锁定写作对象的范围，"特点"提示了写作的方向。每个人都不太一样，正如世界上没有两片完全相同的树叶。每个人都是独立的个体，不管是外形或动作，兴趣或品质，都会有自己的特点，这是指导学生进行人物描写时必须掌握的重点。引导学生选取典型事例，或人物的一系列行为，编织一面语言的镜子，惟妙惟肖地展现出这个人所具有的独特的地方，以完成"身边"那些有"特点"的人。

这篇文章在写作之前，要先指导学生确定要写的"人"是谁？"身边的人"可以是亲人、朋友、同学、老师、邻居……接着，要指导学生思考观察这个"人"在哪方面有特点？是外貌，还是性格、品质、爱好、特长等具有特点？然后，可以引导学生用适当的词语来表达人物的特点，例如："热心肠""小书虫""书痴""运动达人"……

这篇文章的难点，是要指导学生思考选取怎样的素材，这对小学三年级的孩子是有一定难度的。但一旦选材得当，这篇文章就成功一半。另外，无论从哪个角度选材，一定要提醒学生关注到人物的突出特点，这样，这篇文章才会有亮点。

二、教材连结

统编小学语文教材习作内容的编写呈现出序列化的特点。以"写人"为主题的习作训练为例，在本次习作之前，教材已安排了两次与"写人"有关的写话和习作，见表3-11。

表3-11

教材位置	内容	要求
二年级下册 语文园地二	《我的好朋友》	用几句话写清楚好朋友的样子，以及与好朋友经常做的事。
三年级上册 第一单元	《猜猜他是谁》	选择一两点印象深刻的地方，写几句话或一段话介绍自己的同学。注意开头空两格。

续表

教材位置	内容	要求
三年级下册 第六单元	《身边那些有特点的人》	写一个身边的人，通过事例尝试写出他的特点。用上表示人物特点的词语取一个题目。

通过比较不难发现，统编教材对"写人"的习作要求是渐进螺旋式上升的，本次习作的训练重点是通过事例写出人物的特点。

习作"身边那些有特点的人"的教材文本由两个部分组成。

第一部分，用"图片＋问题"的方式，引发话题。让学生从体现人物特点的词语想到某一个身边的人，并说说为什么会想到他。这种方式目的是帮助学生打开思路，知道可以写谁、他有什么特点。图片中的两个"学习泡泡"的语言和三年级学生的表达特点相符，可以启发学生顺着"学习泡泡"中的范例选择不同的方式，通过具体事例把人物的特点说清楚。

第二部分，提出了习作的具体任务和要求。基于和身边的人的日常交往情况，选一个人写一写。写完后，用上表示人物特点的词语取个题目。这是拟题指导，让学生知道题目与习作内容是有紧密联系的。"写完后，给你写的那个人看看，听听他的评价"，这是鼓励学生分享习作，让学生在这个过程中，学会交流，学会听取建议。

教材文本通过这两个部分，依次呈现了本次习作"写什么""怎么写""怎么取题""怎么评改"的学与教的内容和路径。这样的呈现顺序符合写作过程的基本特点，且要点简明、要求清晰，便于教师设计教学流程，把握与落实教学要点。

有特点的人，可以是人物性格特点，可以是人物品质特点，也可以是人物兴趣爱好特点等。教师可以通过课文的事例描写突出人物品质，来引导学生把此方法运用于习作中。例如，本单元第21课《我不能失信》讲述的是宋庆龄小时候诚实守信的故事。一天早晨，宋庆龄全家准备到爸爸的一个朋友家去，临出门小庆龄想起要在当天教朋友小珍叠花篮，虽然爸爸和妈妈都劝她改天再教，可是小庆龄还是决定留下来，履行自己的诺言。课文抓住了这一典型事例，赞美了小庆龄诚实守信的品质特点。

三、写作素养基本功练习：选材

选材在写作过程中占有举足轻重的地位，如果说写作犹如做一道名菜，那选材就等同于选择烹调的材料。"选材"就是拣选写作的素材。素材是写作的支柱，同时也是传达主旨的关键。在写作时，要先有足够的材料作为基础，才能由此挑拣适合的素材表现主题意旨，烹调出一盘美味的习作佳肴；相反，若没有足够的材料，挑拣不出好的素材，则文章内容空泛、平淡无味。

文章的选材，就是旨在针对题目仔细审题（辨析题目意思、写作范围和文体），确立中心思想，构思全文纲要之后，选取、运用适当的材料，来表达想法的过程。取材的最大作用在于让想要表达的主旨观点或抽象的道理有具体的衬托辅助作用。材料如同文章的血肉。成功的取材，让立意的文旨精神、构思的骨架来构建结实饱满的躯体，使之完整呈现；反之，不当的取材，将使文章失去血色而形容枯槁。

在进行思考时，我们可以运用联想图来进行选材的构思，一开始联想越多越好，然后再针对习作的主旨进行筛选。以"身边那些有特点的人"为例，我们可以用下图的方法来进行联想，如图3-10。

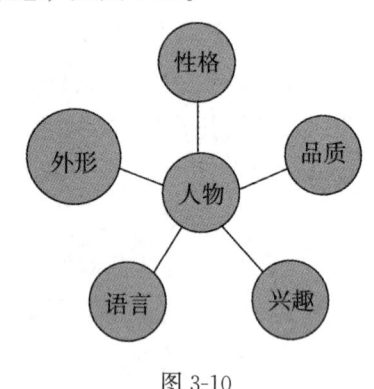

图 3-10

这时，学生会发现，可以从多个角度入手，观察身边人的"特点"，在解决抽象概念的同时，丰富了选材内容。选材时注意材料的正确性、适宜性及独特性，再加上一些巧思，就会令人眼前一亮。

四、思路引导

生活中，我们会遇到很多人，有的人皮肤白皙，樱桃小口；有的人黝黑健康，笑口常开；有的人热心助人，爱管"闲事"；有的人天真顽皮，活泼可爱；有的人倔强；有的人温柔体贴，善解人意；有的人勇敢正直；有的人勤劳简朴；还有的人幽默风趣……每个人都是不一样的，正如世界上没有两片完全相同的树叶。今天，我们来聊聊如何把自己身边那些有特点的人写进习作。

1. 写作第一步：聚焦人物特点，在游戏中打开习作思维。

咱们先来玩一个猜人游戏。看谁能根据词语猜出我们身边的人物形象。

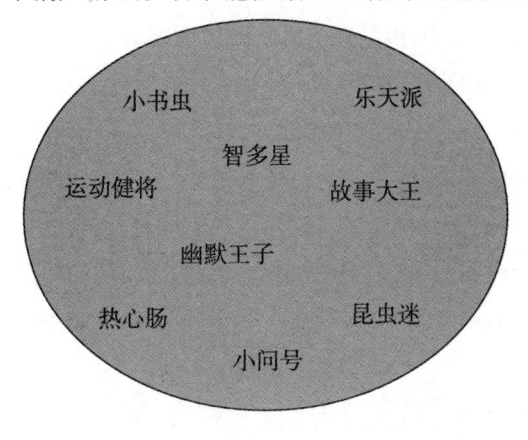

小书虫　乐天派　智多星　运动健将　故事大王　幽默王子　热心肠　昆虫迷　小问号

图 3-11

(1) 根据图 3-11 中的词语，让你想到了哪些人？为什么会想到他们？

_____

(2) 你还想到了哪些这样的词语？这些词语可以用来形容哪些人？

_____

身边那些有特点的人，可以是看得见的外貌特点，可以是听得见的语言特点，也可以是感受到的品质特点。你可以利用下面的联想图，想一想都可以从哪些方面寻找身边人的特点。如图 3-12，以"昆虫迷"为例：

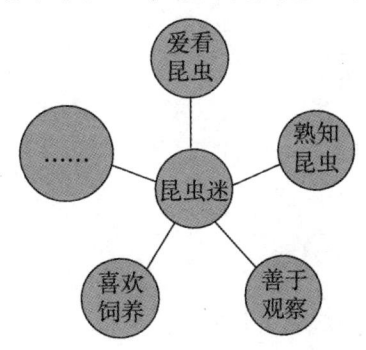

昆虫迷：爱看昆虫、熟知昆虫、善于观察、喜欢饲养、……

图 3-12

2. 写作第二步：对比例文片段，在评析中围绕特点叙述。

片段一：有一次，表哥来我家做客。他一直在看书，连零食也不吃，玩具也不玩。一直到吃饭时间，他还是在看。

片段一中的人物有什么特点？从哪里看出来的？（"小书虫"。不吃零食，不玩玩具，直到吃饭时间还在看书。）

片段二：有一次，表哥来我家做客。刚进门坐下，他就捧起一本厚厚的《西顿动物小说》看起来。妈妈准备了一桌子他爱吃的零食，我也搬出了最心爱的玩具想与他一起分享，可他窝在沙发上专心致志地看着，连头都不抬一下。中午，厨房里飘来的香味早已让我流下了口水，肚子"咕咕"叫个不停。但看看表哥，保持着一动不动的姿势，连叫他吃饭都没反应。真是个废寝忘食的"小书虫"啊！

对比片段一和片段二，你有什么发现？

例："片段二"与"片段一"相比，作者通过一件事情，把人物的特点写得更清楚了。

对于三年级的我们，这篇文章我们不仅要写出特点，还要选择合适的素材把特点写清楚。

3. 写作第三步：完成写作大纲。

（1）同学们找到身边有特点的人，把他（她）的名字和凸显他（她）的特点的词语写在写作导图框里，如图3-13。

图 3-13

（2）在以上导图中写一写说明他（她）具有这个特点的理由，一点或者两点均可。

（3）组成四人小组，分享写作导图，互评理由是否合理，能不能体现出人物特点。

（4）依照大纲完成整篇写作。

五、写作大观园——佳作欣赏

我的"花迷"爷爷

有人迷棋，有人迷戏，还有人迷球，而我爷爷迷的是花，他是一个地地道道、不折不扣的花迷。（开篇即点明爷爷是"花迷"。）

爷爷爱花，可真爱到"顶"了。为了得到奇花名花，他四处买花种，每次去书店也总不忘买几本有关养花的书。(爷爷对花的执着可见一斑。)

记得有一天,天还没有亮,我正甜甜地睡着,突然耳边传来爷爷的声音:"伊可,快起来,昙花开了。"我迷迷糊糊来到桌前,果然一朵美丽的昙花正徐徐开放着,那粉白的花真令人喜爱。再看看爷爷,他一边满脸兴奋地欣赏,一边不住地说:"昙花一现,难得一见啊!"过了一会儿,他的神情变得严肃起来,拿起放大镜专注地盯着昙花,仿佛要看清每根叶脉的颤动,每片花瓣的舒展。后来我才知道,爷爷为了观察昙花开放的过程,一整夜没睡。奇怪的是,爷爷第二天还是那么有精神。(列举观赏昙花的事例,突出爷爷迷花之深。)

我问爷爷为什么能把花养得那么好,爷爷对我说:"做一件事,一定要全身心地投入。人要有所成就,就必须专心,必须付出代价。"(爷爷的话意味深长。)

听了爷爷的话,我受到了很大的启发。"人要有所成就,就必须专心,必须付出代价"这句话在我的人生道路上留下了深深的痕迹。(结尾深化了主题,有画龙点睛之妙。)

教师点评:小作者重点抓住爷爷为了观察"昙花一现"而整夜不眠的典型事例,从中领悟到人生的哲理,使人深受启迪。全文叙议结合,结尾使主题得到升华。

习作评价表:

评价项目	自评完成打√
1. 点明要写的人是谁。	
2. 用准确的词语表现人物特点。	
3. 抓住典型事例突出人物特点。	
4. 运用恰当的描写方法。	
5. 标点使用、占格正确。	
6. 书写正确工整、语句通顺。	

(邢台市育才小学　武帅)

第七单元　国宝大熊猫

一、写作教学亮点

这次的习作是写一写"国宝大熊猫"。大熊猫人见人爱,是我国的国宝。许多同学在电视上或书本上看见过，也有的同学在动物园里见过，通过各种媒体或实际观察大熊猫，了解它的外观和生活习性。

那么，应该怎样指导学生在习作中介绍国宝大熊猫呢？

从教导审题开始。看到题目，先思考：大熊猫为什么被视为中国的国宝？大熊猫是猫吗？大熊猫长什么样子？它的身上有黑有白，哪些地方是黑色的，哪些地方是白色的？大熊猫吃什么？大熊猫生活在什么地方？它有什么特点吸引这么多人呢？

这篇文章要想写得亮眼出色，就一定得写出大熊猫的特质，还有被称为"国宝"的价值。大熊猫和一般动物哪里不一样？宝贵的原因是什么？我们可以指导学生认真观察，根据问题搜集资料，从外形、食物、门类、习性、数量、分布、价值等方面分类别查找资料，然后进行归纳，仔细分析，整合信息，列出提纲后完成作文。

二、教材连结

本单元围绕探索自然奥秘，编排了《我们奇妙的世界》《海底世界》《火烧云》三篇精读课文。习作的目的是让学生学会整合信息，用以介绍国宝大熊猫。本组课文以设问的形式带领学生了解更加奇妙的世界，让学生了解大自然的美，在普通的事物中发现美，并带着问题在天地间遨游。《我们奇妙的世界》采用"总—分—总"的结构方式，从颜色、形状、尺寸等方面介绍了存在于天空和地球的宝藏；《海底世界》围绕景色各异、物产丰富两个方面介绍了海底世界。从海底的光线、声音、动物、植物、矿产资源五个方面来介绍。

本单元的一个教学重点是教导学生学会通过初步整合信息，介绍一种事物。在《我们奇妙的世界》和《海底世界》教学过程中，引导学生明白如何围绕中心句介绍事物的特点。比如《海底世界》中，第三自然段围绕声音，作者写了哪些声音，怎样描写这些声音，明白方法以后进行说话练习，并在习作中根据查找资料的方法介绍大熊猫，学以致用。

三、作文基本功练习：巧用设问

通过本单元的学习，我们知道巧妙地运用设问作为开头，能为文章增色不少。就像《海底世界》这篇文章，开头用设问的修辞方式引出下文：你可知道，大海深处是怎样的吗？接下来，文章围绕海底世界的特点，分别从景色奇异、物产丰富两方面进行介绍，让我们感受到海底世界的奇妙。

修辞是语言运用中不可缺少的部分，巧妙而又贴切的修辞手法的运用常能使文章增添许多风采。作文开头巧用修辞方法，围绕主题进行设问，有问有答，往往能引人深思，突出主题。

看看下面的文章开头，围绕"我走过的桥比你走过的路还多"这一主题，通过"问"和"答"，开启了思绪，突出了主题。

[示例] 常听老人说："我走过的桥比你走过的路还多！"那时，我就在想，桥究竟是什么呢？难道只是村西头的那两块老槐树叠加起来的、我们上学必须经过的"桥"吗？

……

上文采用设问方式，先设下疑问，再展开故事，具有很强的吸引力，易引发读者的阅读兴趣。开头不平凡，自然会给读者一个良好的印象。

四、思路引导

亲爱的同学们，动物世界是一个非常奇妙的世界：鹦鹉会说话，大象会用鼻子搬东西，萤火虫会引路，蚯蚓会松土……这些生活中奇妙的动物现象，相信你们也一定观察到了不少吧！今天我们要用设问的方式为文章开头，描写大熊猫。

1. 写作第一步：明确任务。

同学们，大熊猫是我国的国宝，属于国家一级保护动物。在写作之前，可以先问问自己：我为什么要写大熊猫？我对它有什么感觉？它对我有什么影响？描写动物一定要抓住动物的特质来写。不是每种动物都是珍稀动物，所以在描写国宝大熊猫时要抓住它区别于其他动物的某些特质来凸显大熊猫的特性，这样会使人读过之后印象更加深刻。如果能够在描写大熊猫的同时将自己对它的一些想法写出来，就会使文章更加富有生命力。所以在观察时，就应该想象它们的情绪，适当地运用想象，这样会使大熊猫的形象更加逼真。

首先，我们要明确写作要求：

(1) 查找资料、整合信息，确定从几个不同的方面进行介绍。

(2) 信息要准确，根据信息列出写作提纲。

(3) 文章语句要通顺，内容要清楚，结构要完整。

2. 写作第二步：查找资料、整合信息。

我们要在习作中写大熊猫，就要对其有更深入的了解，因此需要寻找以下问题的答案，并整理信息，有条理地记录下来。

（1）大熊猫是猫吗？

例：大熊猫属于哺乳类，大熊猫科。

（2）大熊猫吃什么？

例：大熊猫爱吃翠竹、竹笋，有时也吃玉米秆、幼杉树皮。

（3）大熊猫生活在什么地方？

例：大熊猫大部分生活在我国四川北部、陕西南部和甘肃南部的山区。

（4）大熊猫哪些地方是白的，哪些地方是黑的？

例：大熊猫的耳朵、眼睛四周、四肢及颈部为黑色，其余部位为白色。

（5）大熊猫为什么被视为中国国宝？

例：大熊猫是中国的国宝，大约在800万年前，大熊猫就已经存在，后来自然环境经过长期变化，许多物种都逐渐消失，大熊猫却克服种种困境生存下来，从800万年前到现在，绝对称得上是"活化石"。

在外交史上，中国把这种非常珍贵的动物作为一份礼物赠送给外国，传达的是一种和平友好的信号，毫无疑问，在这中间，大熊猫一直扮演着非常重要的角色。

3. 写作第三步：完成写作大纲，并进行写作。

参考上述材料，拟定写作大纲，并依照大纲完成整篇的写作，如表3-12。

表3-12

国宝大熊猫	
外形	样子、颜色等
生活习性	食物、门类、分布、数量等
价值	被视为国宝的原因

五、写作大观园——佳作欣赏

国宝大熊猫

你见过大熊猫吗？它是什么样子的呢？它喜欢做什么呢？

今天，我和爸爸还有许多老师和小朋友，一起乘车去安吉竹博园参观我国的国宝大熊猫。

大熊猫主要分布在我国的四川、甘肃、陕西地区。大熊猫主要吃些嫩竹、竹笋、玉米秆等。

沿着园内弯弯曲曲的小路，我们终于走到熊猫馆。首先，映入眼帘的是一只憨态可掬的熊猫，它躺在一个人工搭建的园景里。我站在围栏外，一眼望去，只见熊猫的身子胖胖的，尾巴很短，皮毛光滑得像黑色的绸缎。头和身体是白色的，头上长着一对毛茸茸的黑耳朵。两个圆圆的黑眼眶就像戴了一副大墨镜。

我听爸爸说熊猫小时候特别活泼好动，整天爬上爬下，可是长大后就特别懒。常常用爪子抱着头呼呼大睡，饿的时候才摆动着胖乎乎的身体找东西吃。

熊猫是我国一级保护动物，只有我们中国才有，且数量很少。我希望它们在人类的保护下繁殖得越来越多，让全世界的小朋友都能和我一样，近距离地看大熊猫嬉戏玩耍，看它可爱的样子。

习作自评表：

评价项目	自评完成打√
1. 分成几个方面介绍国宝大熊猫。	
2. 写出大熊猫的特点。	
3. 表达对大熊猫的喜爱之情。	
4. 描写大熊猫，句段条理清晰。	
5. 标点使用、占格正确。	
6. 书写正确工整、语句通顺。	

（邢台市育红小学泉北校区　朱卫娟）

第八单元　这样想象真有趣

一、写作教学亮点

"这样想象真有趣"关键词是"真有趣"，什么样的想象才能让读者感到"真"有趣而不是"一般"的有趣呢？那些让读者读过之后觉得"太好玩了、太好笑了，我怎么没想到呢"的这种感觉，才是吸引读者的亮点，也是本次习作的重点。

本次习作是以动物作为主角，让学生大胆想象编一个童话故事。"这样想象真有趣"并不是任意天马行空的想象，在本次习作中是有限制的，"这样"是让动物失去原来的主要特征，或是变得与原来完全相反，想象它们的生活会有怎样的变化，发生哪些奇异的事情。

"这样想象真有趣"并不是习作题目，习作题目需要学生自行拟定。有趣的题目能引起读者的阅读兴趣，每个学生想象的故事主角不同、内容不同、情节各异，如何据此确定合适的题目需要老师加以指导。可以指导学生在编写故事前，以故事主人公和它的新特征来拟定题目，也可以是主角经历的奇异事件，这样学生写作时就可以紧紧围绕题目展开。也可以先动笔，待故事写下来之后再给故事配上一个合适的题目。总之，要提醒学生为习作取一个有吸引力的"题目"是不可忽视或遗漏的。

二、教材连结

本单元学生精读了好几篇有趣的、富有想象力的课文。在《慢性子裁缝和急性子顾客》中性格相反的人相遇，一个急于求成，一个慢条斯理。急性子顾客迫不及待要穿上新衣服，四天内不断地变换要求。慢性子裁缝却没有一点儿不耐烦，始终不慌不忙地回应，而实际上他把布放在柜子里搁着，还没开始裁料呢！让人读起来忍俊不禁，文章从相反方向的思考及描写让我们阅读时产生有趣的感受。同理，课文《方帽子店》也从生活中事物相反的方向去想象。我们戴惯了"圆"帽子，从没想过头上戴上"方"帽子是什么感觉，居然有人会开一家"方帽子店"，专卖"从不改变的方的好帽子"，最后"那些不舒服的方帽子，慢慢地成为古董"。课文《漏》中，"漏"厉害到竟然把老虎和贼吓得屁滚尿流、玩命奔逃，本课中"做贼心虚"才是一系列"有趣"事件的根源。在课文《枣核》中，像"枣核"一般大小的孩子居然做出了"大"事情，他用自己的智慧帮助村民夺回牲口，巧妙地惩治了县官，这是被压迫的村民美好而有趣的想象……太多的意想不到、太多的惊奇让孩子们将这些故事读了一遍又一遍。这些"有趣的想象"为孩子们打开了想象的大门，也为本单元的习作作了最好的铺垫。

三、写作素养基本功练习：结构一波三折

在三年级上册第三单元安排过习作"我来编童话"，要求学生编写一个故事要素齐全的童话故事，写清楚时间、地点、人物、事情；三年级下册第五单元又安排了"奇妙的想象"，鼓励学生大胆想象；在此基础上，本单元继续鼓励学生打开思路、大胆想象，编写出一个"内容完整，情节有趣"的故事。

故事之所以能够吸引人，是因为它有自己独特的性质——一波三折。主角遇到的问题如果一下子就解决了，这样的故事就不好看，也不吸引人。一个故事三个起伏（或三个以上）才会生动曲折：美丽的灰姑娘参加了三次王宫的舞会，漂

亮的白雪公主被坏王后害了一次又一次，美人鱼为了和王子在一起经历了一次又一次的磨难，孙悟空和唐僧历经了九九八十一难才取得真经……"一波三折"就是故事吸引读者的秘密所在！

四、思路引导

亲爱的小朋友，如果有一天，你发现天空中翱翔着一只母鸡，你会怎样想呢？当你看到一只比大树还高的蚂蚁向你走来时，你第一时间要做的事是什么呢？动物如果失去了原有的特征，或者变得完全相反，那将会发生哪些神奇、有趣的事情呢？可以引导学生用下列步骤来编写一个有趣的童话故事。

1. 写作第一步：有趣的变变变。

选择一种动物作为主角，让它的主要特征发生变化，或者设置与原特征相反的特征，比如蚂蚁的主要特征是"小"，变化之后就是"大"，蜗牛的主要特征是"爬得慢"，变化之后就是"健步如飞"。也可以某项特征突变，比如母鸡会飞但飞不高，我们可以想象有一天当它扇动翅膀时，一下子飞上了蓝天……变化才会带来神奇，你的主角在你的笔下将会有怎样的变化呢？我们可以选书上的例子作为主角，也可以自己选定主角。

表 3-13

动物名称	原本的特征	变化后的特征
蚂蚁	小	比大树还高
蜗牛	爬得慢	跑起来像飞一样
老鹰	天空翱翔	不会飞
兔子	跑得快	跑起来比乌龟还慢
乌鸦	叫声难听	歌声比百灵鸟还动听

2. 写作第二步：有趣的故事梯。

有趣的故事往往一波三折，例如《慢性子裁缝和急性子顾客》中，"急性子"顾客的衣服改了三次以上；《漏》中的"漏"出现了三次（遇到"漏"—甩掉"漏"—"漏"又来了）；枣核为大家做了三件大事情（智赶牲口—勇担责任—智惩县官）；孙悟空三打白骨精；蜘蛛开店遇到三个不好对付的顾客……"一波三折"就是让故事好听好玩的秘密所在！如果你想让故事好玩、有趣，那么就让主角去一次又一次地解决麻烦，图 3-14 是以题目《巨无霸蚂蚁》为例设计的一个故事梯，教师可引导学生按该图的方法为自己的文章设计故事梯。

图 3-14

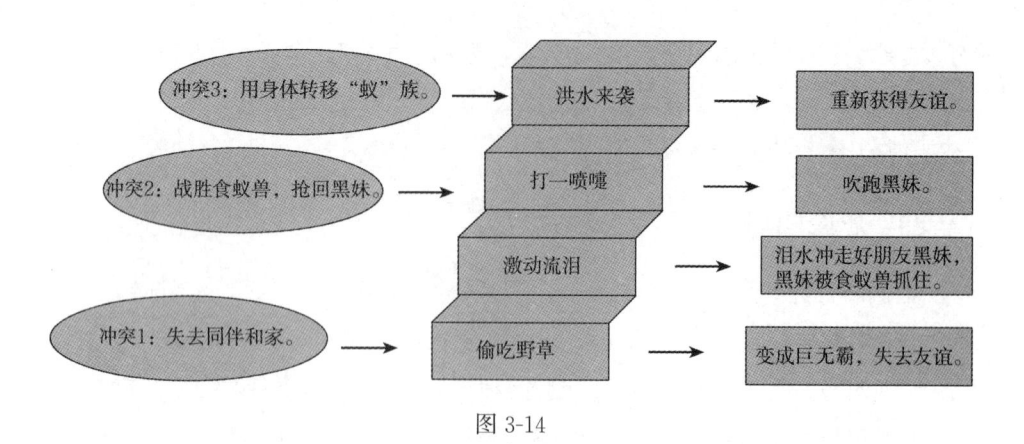

3. 写作第三步：拟定故事大纲。

依照故事主人公以及主人公新特征，来为习作拟个题目，例如《巨无霸蚂蚁》《飞起来的小公鸡》《一只不会叫的狗》《不会变色的变色龙》。

参考上述故事梯，选取你感觉最有趣的主题编故事，按 3-15 的方式拟定写作大纲，并依照大纲完成整篇的写作。

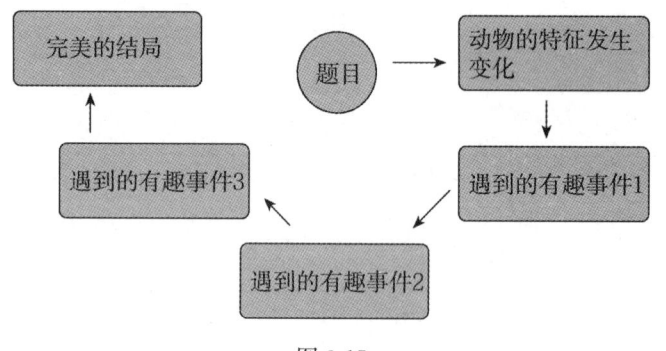

图 3-15

4. 写作第四步：写完修改更完美。

亲爱的小朋友，要想使自己的故事更吸引人，写完后一定不要忘记修改。你还记得我们之前使用过的修改符号吗？我们可以这样来进行：

（1）将初稿从头到尾默读一遍，使用修改符号修改错别字。

（2）对照要求，找出不符合要求的地方。比如本次习作是以一种动物为主角，如果两种动物都成了故事的主人公，就要重新设计并改正。

（3）出声读，看看文章前后是否通顺连贯，如果发现问题，就用修改符号在原文上修改。

写完读一读、改一改会使你的习作更完美，更吸引人。修改好后，把你的习作在班级的"趣味故事会"上和小朋友们一起分享吧。

五、写作大观园——佳作欣赏

蜗牛闪电奇遇记

河北省邢台市第二十四中学　程梓恩

　　从前，有只小蜗牛叫闪电，可是他爬起来却很慢，大家给他起了个外号叫"慢慢"。渐渐地，"慢慢"成了他的名字，"闪电"却被大家忘到了九霄云外。每当他出门找食物爬累了，就会趴在叶子下想：如果我跑起来能够像闪电一样快那该多好！有一天清晨，慢慢从梦中醒来，想挪到床边去穿鞋，可是他刚一挪步，"嗖"的一下，就已经到了家门口。慢慢被吓坏了，揉了揉眼睛，发现这是真的，原来他的梦想成真了！

　　慢慢想：我跑得这么快，要干点什么呢？对了！我最想吃葡萄沟的甜葡萄了，可是去年妈妈让我春天出发，等我到达葡萄沟的时候已经是秋天了，葡萄早被黄鹂、杜鹃和小狐狸吃光了。说去就去，现在正好是春天，我一定能赶在葡萄成熟的时候到达的。于是，慢慢立刻出发了。

　　路上他看见一只小兔子在悠闲地吃着青草，慢慢举起小手刚想给他打声招呼，对小兔子说声"早上好"，可是"嗖"的一声，他就已经飞奔出去三里地了。小兔子感觉耳边一阵疾风，只见一道白色的光从眼前闪过，还没看清是什么呢，自己就被撞了个大跟头。等小兔子从草地上坐起来，揉着红红的眼睛疑惑地说："刚才是什么东西过去了啊？难道是一道闪电？"小兔子向四周看了看，发现身边的青草被踩出来一道长长的脚印，像一条小河。

　　慢慢跑累了，躺在一棵树下休息，这时候突然听见"咕咕咕咕"的声音，原来是他的天敌咕咕鸡来啦！他可是最怕咕咕鸡的，慢慢的好朋友牛牛就是被他吃掉的。慢慢吓坏了，他立刻把身体缩进壳里，藏了起来。可是，他转念一想：我现在跑起来像闪电一样快，嗯！我是名副其实的"闪电"，咕咕鸡追不上我的，我根本就不用怕他！咦？我为什么不捉弄他一下呢？于是，他拿起小石子狠狠地扔向咕咕鸡。咕咕鸡被石头砸得生疼，咕咕咕地跳起来，立刻向慢慢这边跑过来。慢慢脚下一溜，早已划出二三百米。咕咕鸡在原地歪着脑袋东瞅瞅、西瞅瞅，再用爪子使劲地刨刨脚下的土，什么也没发现，咕咕咕地大叫起来："这是怎么回事啊？"

　　慢慢跑累了，停下来休息。"呜呜呜……"忽然，他耳边传来一阵哭声。

"咦？谁在这里哭？"慢慢奇怪地问。"是我，我是小刺猬，我三天前出来觅食，走得太远了，再也回不到自己的家了，呜呜呜……"从一个小刺球里探出了一张哭红了的脸。"我跑得可快了，我来帮你回家吧。"慢慢热情地说。"嘻嘻！"小刺猬破涕为笑，"你？哈哈哈……"没等小刺猬笑完，他早已被慢慢拉上了"背壳快车"，一眨眼就回到家里了。"谢谢你！你真是一列闪电背壳车啊！"小刺猬感叹道。"慢慢，啊，不！应该叫你闪电！闪电，你要去哪里？"刺猬妈妈问。"我要去葡萄沟吃葡萄，去年我爬到葡萄沟时已是秋天了，今年我要早点去。""我们和你一起去葡萄沟吧！"刺猬妈妈说。"好呀，好呀！还有谁想去，我们一起组成一个旅行团，我来当司机，大家坐我的特快背壳车一起去。"慢慢好高兴！于是，"闪电背壳车"上坐了小蝴蝶、小蜜蜂、小蚯蚓、小蚂蚁，大家高高兴兴地出发了。

"闪电背壳车"一眨眼就来到了葡萄沟。慢慢以迅雷不及掩耳之势爬到了葡萄架上。可是他找了半天，也没看见梦想中的一串串的紫葡萄、绿葡萄。原来，慢慢来得太早了，葡萄树刚刚开花。大家哈哈大笑起来！看来不是所有的事情都是越快越好啊！

习作自评表：

评价项目	自评完成打√
1. 读完自己修改。	
2. 开头介绍主人公的特点。	
3. 故事有两个或三个起伏。	
4. 奇特的解决问题的方法。	
5. 故事有题目，题目居中。	
6. 书写认真，错别字少于3个。	

（邢台市第二十四中学　王海霞）

第四章　四年级上册习作教学设计

第一单元　推荐一个好地方

一、写作教学亮点

本次习作的主题是"推荐一个好地方"。这个好地方可以是曾经去过的印象最深的旅游景点，也可以是一个经常光顾的书店，抑或是一个无意间发现的"秘密基地"……只要是学生自己喜欢的地方，都可以推荐。但要特别注意的是，本篇限制"一个好地方"，所以通篇只能写一个场所，不能写多个。

我们身边的"好地方"数不胜数，怎样描写这个地方，才能让别人一读就能喜欢上这个地方，产生也想去领略一番的愿望呢？指导学生要在文章中呈现这个地方的"新""奇""特"等给人留下深刻印象的方面进行生动准确地描写。

要特别注意，本次习作不是一般的游记写景文，指导学生写作时，要引导学生注意"推荐"两字。习作的开头、结尾要点出"推荐"这一主题，中间内容要紧扣"推荐"，引导学生写清楚要推荐的是什么地方、在哪里、它有什么特别之处。这篇习作的重点与亮点，是写清楚"推荐"的理由，细细描绘"好"在哪里。推荐的理由可以从不同的方面来写：景色角度、风俗角度、美食角度……通过描写这个好地方，有条理地写出推荐理由，让读者了解这个地方，喜欢这个地方，引发读者共鸣，产生"我也想去"的冲动，这样这篇习作才是成功的。

二、教材连结

本单元以"自然之美"为主题，编排了《观潮》《走月亮》"现代诗二首"《繁星》四篇写景类课文。《观潮》写钱塘潮这一"天下奇观"，作者抓住钱塘江大潮的声、色、形等特点，描写了钱塘江大潮由远而近、奔腾西去的全过程，写出了大潮的雄伟壮观；《走月亮》写"我"和阿妈在秋夜月光下散步的所见、所闻、所想，展现出一幅幅乡村静谧、清幽的夜景图；现代诗《秋晚的江上》生动描绘了倦鸟归巢和红霞满天的美景，《花牛歌》描绘了草地里悠然自得的花牛；《繁星》描绘了作者眼中三个不同时期、不同地方的满天繁星。

四篇课文，为学生习作做了很好的范例：描写景物要用生动的语言、丰富的想象、细腻的笔触，调动多种感官，生动描写景观，不仅要"看"到样子，还要"听"到声音，"闻"到味道。这四篇写景类文章都仔细描写景色的美好之处，呈现出"好地方"吸引人的魅力。

本单元的习作要求是"推荐一个好地方，写清楚推荐理由"。教材以分享和推荐的方式，让学生介绍自己喜欢的好地方，旨在激发学生的习作兴趣，让他们从本单元"自然之美"的学习走向生活实际，用习作来表达对美好生活的真切感受。这个话题既与本单元的阅读内容密切关联，又能勾连学生已有的生活经验，激发学生的表达兴趣。

三、作文基本功练习：学习用第二人称写作

我们的作文一般都是以第一人称——我来展开，我看到了什么，我听到了什么么，我想到了什么，我做了什么……其实习作也可以用第二人称——"你"来展开。

[示例] 坝上草原适合一年四季游玩。但我强烈推荐你夏秋季节去。

夏季正是"风吹草低现牛羊"的季节，此时来到坝上，你会感受到草很绿，风很柔，白天阳光充足，但又不太热。晚上，你可以在草原上撒欢、追逐、奔跑，也可以玩草地摩托车和骑马射箭。

秋季，景色依然很美，天高气爽，草原上奔腾的骏马、散落的羊群，给辽阔的草原增加了美丽的色彩。你可以品尝到美味的烤全羊，还可以体验一下住蒙古包的感觉。

我们向别人推荐一个好地方，非常适合用第二人称，可以设想听你推荐的对方——"你"仿佛站在自己的面前，我们可以面对面地和"你"交流心曲，直接

抒发自己的情感，这样写出来的文章就会更具有亲切感。这就是第二人称作文最大的优势。用第二人称作文更有利于抒发自己的真情实感，以情打动读者。

用第二人称写作其实很简单，只要我们想象自己当面向一个人推荐一个好地方，我们就是在和这个人面对面交流。然后，文中用上"你会看到……你将听到……你会想到……你禁不住会……"等连接语，使习作更完整连贯。

四、思路引导

水乡小镇让我们赏心悦目，游乐场让我们兴奋不已，书店让我们流连忘返，家附近的小树林是我们的快乐天堂……每个人都有自己喜欢的地方，选一处你心目中的好地方，抓住它的特点，推荐给大家。写清楚推荐的原因，让小伙伴看完你的推荐后想去，你就成功啦！

1. 写作第一步：确定一个"好地方"。

我们可以向别人推荐哪一个好地方呢？"好地方"可以有很多选择，可以是某个景点，可以是某个娱乐场所，可以是某个学习场所，甚至可以是某个带给你无限欢乐的小角落。但要确认的是，只能选"一个"喔！

（1）观景之选。

读万卷书，行万里路。每年的寒暑假，家长都会带我们出去走一走，游览大好河山。其中哪处旅游景点让你印象深刻、流连忘返呢？

（2）游乐之选。

除了欣赏美景，让小孩子欢乐无比的还有各种游乐项目。周末假日，去游乐场游玩带给我们无限快乐。

（3）美味之选。

对于"吃货"们来说，有一样东西比所有的美景、游乐都重要，是什么呢？美食！什么地方的美食让你垂涎三尺，吃过后还是念念不忘呢？

（4）品位之选。

有人不喜欢动，而喜欢静，浏览一排排书架，寻到一本自己心仪的图书，对他来说就是最大的享受。此时书店就是他心中最好的地方。你还喜欢去哪些充满文化气息，既陶冶身心，又增长见识的地方呢？

（5）小小角落。

每个孩子都有一个自己或者和小伙伴常去的"快乐天堂"，也许是自家的小阁楼，也许是家附近的一片小树林，抑或是一片不起眼的小沙滩……在那里，没有家人的唠叨，可以自由自在做自己想做的事，玩许多自己独创的游戏……

2. 写作第二步：确定推荐理由。

所谓不同的地方有不同的特色，对人们有不同的吸引力。我们推荐一个好地方，就要抓住它独特之处和人们的兴趣点来介绍，这样才能吸引别人。

(1) 观景之选重在写景之"美"。

旅游景点，最大的特色在风景。怎么向人推荐风景呢？我们来看看老舍先生笔下的这片草原：

那里的天比别处的天更可爱，空气是那么清新，天空是那么明朗，使我总想高歌一曲，表示我满心的愉快。在天底下，一碧千里，而并不茫茫。四面都有小丘，平地是绿的，小丘也是绿的，羊群一会儿上了小丘，一会儿又下来，走在哪里都像给无边的绿毯绣上了白色的大花。那些小丘的线条是那么柔美，就像只用绿色渲染，不用墨线勾勒的中国画那样，到处翠色欲流，轻轻流入云际。这种境界，既使人惊叹，又叫人舒服；既愿久立四望，又想坐下低吟一首奇丽的小诗。在这种境界里，连骏马和大牛都有时候静立不动，好像回味着草原的无限乐趣。

这段美景吸引你的是什么？天空、小丘都是草原上代表性的景物，老舍先生从上到下按顺序进行具体的描写。他还注意到了颜色的对比、动静的结合，所以他笔下的草原吸引了无数游人。

我们这单元学习的《观潮》《走月亮》等课文都是介绍美景的名篇，我们可以通过这几篇课文学到很多写景方法。其中最有效的美景推荐方法可归纳为：景物选择有代表，景色描写有顺序，颜色动静巧结合，抒发感情要真切。

你所推荐的地方，有着怎样迷人的美景？

①这里代表性景物：＿＿＿＿＿＿＿＿＿＿＿＿＿＿＿＿＿＿＿

②介绍顺序：＿＿＿＿＿＿＿＿＿＿＿＿＿＿＿＿＿＿＿＿＿＿

③景物的颜色：＿＿＿＿＿＿＿＿＿＿＿＿＿＿＿＿＿＿＿＿＿

(2) 游乐之选重在游玩之"乐"。

以下是一位小朋友写到的"北京欢乐谷之蚂蚁王国"：

"蚂蚁王国"是北京欢乐谷最有趣的区域，绝对会让你流连忘返的。"蚂蚁王国"以超大尺度形象为特点，这里有夸张的蚁穴、深凹的车痕，高达十米的"小草"……来到这里，你会变成一只小小的蚂蚁，让你从蚂蚁的视角感受这个新奇的世界。这里不仅好玩，还可以了解到关于生态、物种、群落这些听起来有些复杂的知识。

这样在游乐场游玩的欢乐场景你一定经历过不少。你最难忘的游乐场是哪里？这里有什么让你难忘的游乐项目？与其他地方有什么不同？为什么要推荐给大家？推荐时注意一定要抓住特色，抓住人们的兴趣点，让人有身临其境的感觉，感到欢乐又有趣。

（3）美味之选重在味蕾之"感"。

对于"吃货"们来说，怎样的描写可以让他们的口水"飞流直下三千尺"？迫不及待地大喊："快告诉我，在哪里？我要去吃！"

推荐美食，卖相是很重要的。卖相好的要对其进行侧重描写。如果有的特色美食卖相不够好，那么，我们可以通过描写食物的香、味、吃的人多、制作过程很特别、吃法特别、服务特别、餐具与众不同等来提升吸引力。

美食推荐由此可归纳为：美食推荐精心选，制作吃法找亮点，色香味形来诱人，环境服务写一写。

（4）品位之选抓住文化延伸。

有人说，当旅行遇上文化，你将会发现不一样的旅行。我们如何推荐图书馆、博物馆、陶艺馆这类充满文化气息的地方呢？这类地方不能重点写景，也不能侧重描绘游玩时的欢声笑语，而应该要重点写自己在这里的所见及带给自己的收获。描写时巧妙地加入一些与它有关的诗词名言，历史故事和传说，以及工艺介绍，这样立马就让我们推荐的地方充满了神奇的韵味，且品味变得更加高尚，我们的推荐自然就更受欢迎啦！

3. 写作第三步：精心设计，紧扣推荐。

向别人推荐一个好地方，除了重点写出推荐理由，还有什么是读者关心的呢？这个地方的地名、地点，到达的方法，以及游玩的注意事项……这些都要在推荐中介绍清楚。

最简单的布局：开头——开门见山，直接介绍推荐的好地方的名字、地址、特色；中间——具体生动、有序介绍推荐理由；结尾——总结全文，欢迎大家前往。

为了吊读者的胃口，可以变换写作顺序：开头——点明向大家推荐一个好地方，但故意卖关子，不告诉大家名字、地址；中间——具体生动、有序介绍推荐理由；结尾——点出这个好地方的名字、地址，欢迎大家前往。

五、写作大观园——佳作欣赏

最美南京
邢台市达活泉小学　吕泽政

"朱雀桥边野草花,乌衣巷口夕阳斜。旧时王谢堂前燕,飞入寻常百姓家。"你知道这首诗写的是哪里吗?对了,就是南京!

说到南京的美景,大家应该都会想到夫子庙、秦淮河、乌衣巷吧,但我觉得最美的是梅花山。南京种植梅花的历史始于六朝,至今已有一千多年的历史。

每年初春,你来到南京,找上一个阳光明媚的艳阳天,去梅花山游玩,看各种颜色的梅花渐变成一片绚烂的彩霞,云蒸霞蔚,在整个梅花山上空摇曳。

南京梅花山最为珍贵的品种就是"别角晚水",花瓣层层叠叠,最多可达到45瓣。凑过去闻一下,浓郁的香气扑鼻而来。因为这种梅花开放时,花瓣边缘常有凹陷,所以又称为"蹩脚",谐音就是别角,而它的花期又比较晚,花的颜色是水红色,所以取名"别角晚水"。这种美丽又特别的梅花,是梅花山的"镇山之宝"。

梅花山上另外一种特色梅花,叫做"双碧垂枝"。这个名字听上去就透着一股小家碧玉的温婉。它的花苞、花蕾和枝条都为绿色,所以称为"双碧",远望像一个绿藤编织而成的球,开满了洁白的梅花花瓣。

南京不仅景美,更是吃货们的福地。

南京的美食很多,有金陵盐水鸭、民国美龄粥、什锦豆腐捞,当然还有最好吃的鸭血粉丝汤了。鸭血粉丝汤色香味俱全,吃一口之后让人欲罢不能,吃了这一口,还想再来一口。这么多的美味,你是否也想赶紧来一口呢?

听了我的介绍,你是否迫不及待地想去南京转一转呢?哈哈,那就快来吧!

漂流圣地——仙界山
邢台市达活泉小学　路子诚

今年的夏天热得有点过分了,连续几天都在35℃以上。怎么才能度过炎炎夏日呢?当然是玩水啦!我给大家推荐一个玩水的好地方!

我觉得嘛,玩水最好的地方就是我的家乡河北省邢台市的仙界山了,因为那里有漂流,很刺激!

漂流需要先买票,每人60元,然后爬到半山腰,穿上救生衣、雨披、戴上头盔，这些装备主要是为了预防溺水、保障安全。一切准备就绪后，在工作人员的帮助下坐到气垫船上。一条气垫船可以坐2~4个人。漂流主要靠重力和水的冲力，不大需要用人划，只有到了水流较平缓处才偶尔需要划几下。气垫船从高处飞快滑下，一会儿遇到急转弯，一会儿遇到小的凸起，你的身体时而左右摇晃，时而又高高腾起，伴随着惊恐、尖叫，最终又平稳地落在小船里，看着溅起的水花，真是太刺激了！虽然衣服被打湿，感到一丝丝凉意，但是真是太开心了！

对了，仙界山还有一个音乐喷泉。你对着话筒喊的声音越高，喷泉喷得就越高，除了欣赏喷泉，还可以锻炼肺活量，真是一举两得，非常好玩！

如果你们有时间一定来仙界山玩哦！

习作自评表：

评价项目	自评完成打√
1. 写清楚了"好地方"的名字、地址等基本信息。	
2. 结构合理，并点明"推荐"这个主题。	
3. 抓住所推荐地方的特点，写清楚其特色。	
4. 读给别人听，让别人感兴趣，并且想去。	
5. 习作完成后，认真读一读，做到格式正确、语句通顺。	
6. 习作书写认真工整，无错别字。	

（邢台市达活泉小学　崔建光）

第二单元　小小"动物园"

一、写作教学亮点

本单元的主题小小"动物园"特别着重于写家人，通过仔细观察，针对人物详细描写，再抓住人物特点，善用比喻，把家人比喻成一种动物，使描写对象惟妙惟肖，让人想一睹他（她）的风采。

要把本单元的主题写得好，最重要的是掌握人物特点，通过比喻，发挥想象力。例如：我的爸爸长得又高又瘦，像长颈鹿一样；温柔的妈妈像绵羊，每天为我和妹妹读好听的故事；爱笑的弟弟像小白兔，有着两颗大大的门牙。这些例子都是把家人比喻为一种动物，先找出家人的特点，抓住每位家人最突出、最能体现人物的一个特点，接着找出一种动物和这个特点相像，最后把人物活灵活现地展现出来，创造出鲜活传神的人物形象。

世界上没有两个完全相同的人，每个人都是独立的个体，不管是外形或动作都有自己的特色，这就是描写人物必须掌握的重点。描写人物时不要什么都写，重要的是需要精挑细选，善用细腻的观察和精准的词语，运用语言、表情、神态、动作等细节描写，将人物的特点显现出来。

二、教材连结

本单元课文中，我们可以发现不同动物都有其特点。例如：在《夜间飞行的秘密》这篇课文中，科学家发现蝙蝠最大的特点是：它们之所以可以在漆黑的夜里飞行，其实是运用超声波来探路。因此飞机装上雷达在夜晚安全飞行，就像蝙蝠运用超声波在夜里探路一样。在《蝴蝶的家》这篇课文中，把蝴蝶柔弱的特点形容成"像树叶一样无力"。教材中通过比喻的方法将动物的特点凸显出来，也可以指导孩子运用动物的特性突出人物特点。

本单元习作主题小小"动物园"，把家人都比成了小动物，就是将家人的特点与动物的特点连结。例如：我的爸爸胖胖的，很憨厚，像一只熊；我的爷爷很威严，就像一只大老虎。这样把家人比成动物，借助想象，让人物写作更有创意。

最后，最重要的是要写出对家人浓厚的情感，写出你对这个不一样的"动物园"的感受。

生活中，我们每天都会接触不同的人，指导孩子学习描写人物特点，善于观察，展开想象，流露情感，才能成功写出鲜活传神的人物。通过文字，将印象深刻的家人的特点描绘出来，让大家一起目睹他（她）的风采。

三、写作素养基本功练习：比喻

比喻可以让人发挥想象力，想出各种可能。例如：以"妈妈像什么"为题。妈妈像一只色彩斑斓的花蝴蝶；妈妈像一只勤劳的蚂蚁；妈妈像一只温柔的小绵羊。

通过比喻还可以让句子更生动活泼。例如："我的妈妈很漂亮，穿着美丽的衣裳"和"我的妈妈每天都穿着美丽的衣裳去上班，美得像一只色彩斑斓的花蝴蝶"两个句子的意思都是妈妈很美丽，后面的句子把妈妈比喻成美得像只色彩斑斓的花蝴蝶，句子更生动，充满想象力，使人脑海中马上浮现出画面。

通过比喻来说明陌生的事物，可以使别人容易了解。例如：太阳会发光、会发热，是个大火球。把太阳比喻为大火球，形象化地写出太阳的形状和发光、发热的特征。又例如：海豚拥有流线型的身躯，像是鱼雷一样，可以减少在水中的阻力。以鱼雷来打比方，让我们可以知道流线型的身躯是什么样的。

那么，我们应该如何对所描写的人物进行恰当的比喻呢？以下是设置合理比喻的小妙招：

1. 两者要有相似点。

比喻就是"借彼喻此"，我们经常会运用"A 像 B"或"A 是 B"的句子。例如："我的爸爸胖胖的，很憨厚，像一只熊。"从这句话我们可以知道，爸爸像一只熊，是因为爸爸跟熊一样，都长得"胖胖的""很憨厚"。通过联想，找出两者相同或相似的地方，将一个人或物用另一个事物来说明。

2. 同类不比。

比喻和被比喻的东西除了要有极相似的地方，还要在性质上是两种完全不同的事物。例如："刚才的铃声好像谁也没听见。""她的相貌好像她妈妈。""我的老师像智慧老师一样。"这三个句子都只是叙述句，不是比喻，因为相像的两者都属于同性质的。

通过比喻不仅能让我们更快了解事物，还能使句子充满丰富的想象画面，这就是比喻的魔力。比喻是一枝神奇的魔法棒，可以使陌生抽象的事物变得熟悉清楚。不论是描写人物或景色，我们都可以先仔细观察，再运用比喻修饰。

四、思路引导

亲爱的同学们，在我们成长的过程中，有家人的陪伴与照顾是多么美好的一件事啊！在你的心中，家人什么模样？他们有哪些特点？有什么让人印象深刻的地方呢？让我们观察家人的特点，把家想象成一个"动物园"，把每位家人比作一种动物（千万不可以是其他物品），书写一篇小小"动物园"，把动物园里的"动物们"介绍给大家认识吧！

1. 写作第一步：确定人物。

写家人最重要的是要观察家人，我们可以先思考，我们要写的是家中哪些人呢？让我们先锁定观察对象。例如：爸爸、妈妈、爷爷、奶奶等。

2. 写作第二步：取材与构思。

选定好要写的家人后，要在习作中把这些家人介绍给大家认识，那么应该介绍哪些方面呢？我们可以通过写人的方法，从人物的外貌、个性、专长、习惯、与人互动等方面挑一个突出的特点来介绍。

接着，我们必须观察他（她）的外貌、动作、神态、语言、表情等具体细节，并记录下来。通过这些细节观察，你觉得他（她）像什么动物呢？最后再说一说你对他（她）的感觉，以及你想对他（她）说的心里话。具体观察记录如表4-1所示，按照表中的格式和方法，完成你的观察记录。

表 4-1

引导问题	爷爷	爸爸	奶奶	我
外貌、衣着，像什么动物？	我的爷爷有着一个大嘴巴，打哈欠的时候，都可以清楚看见他的大黑牙。	头发蓬松乱翘，像狮子的鬃毛。		
动作、表情、神态、语言，像什么动物？	他有着一个大大的肚子，可以装下一大堆的食物，也能把一大碗的饭菜吃得一干二净。最拿手的绝活是一直拿着毛巾在身上擦呀擦，拿刷子在身上刷呀刷，这导致他的皮肤又厚又粗糙。	他平常说话轻声细语，但当你不小心误踩他的雷区时，他就会立刻大声地对你叫，甚至指着你大骂，就像只狮子一样发出怒吼。	两只手可以拿着很重的农具去菜园里施肥、浇水。我的奶奶像一只大猩猩，她个子瘦小，但她力大无穷。	上知天文，下知地理，是家中的小博士。像猫头鹰一样聪明乖巧，夜晚才活动。
你对他（她）的感觉	很有趣。	我很爱他。	让我非常佩服。	让家人头痛。

3. 写作第三步：拟定写作大纲。

参考上面的材料，选取你有把握的、有想法的内容，拟定写作大纲，并依照大纲完成整篇文章。写作大纲依照表4-2的方式拟定。

表 4-2

段落	段落主体	主要内容
一	导入语	对家里情况进行总体介绍。
二、三、四……	（　）	介绍人物，特点，细节描写（语言、动作、表情、神态），所想象的动物、感受
末段	总结	欢迎来小小"动物园"，并表达对家人的感受与喜爱。

最后，与同学分享交流自己所写的作文，看看有没有句子不通顺或其他需要修改的地方。修改完后，可以回家与家人分享，请他们看看你写得是否恰当，像不像他们自己。

五、写作大观园——佳作欣赏

小小"动物园"

我的家里热闹无比，有像河马的爷爷、像狮子的爸爸、像猩猩的奶奶、像浣熊的妈妈和像猫头鹰的我。我们家就像一座小小动物园，欢乐程度一点都不输给木栅动物园。

我的爷爷有着一个大嘴巴，打哈欠的时候，都可以清楚看见他的大黑牙。他有着一个大大的肚子，可以装下一大堆的食物，也能把一大碗的饭菜吃得一干二净。爷爷经常说："三餐都要吃，一餐也不能少。"除此之外，他也很喜欢凉爽的环境，但不是躺在水里消暑，而是喜欢整天都在冷气房里，静静地听着音乐或看着报纸。爷爷最拿手的绝活是一直拿着毛巾在身上擦呀擦，拿刷子在身上刷呀刷。但他一点都不会感到痛，因为他的皮肤不是细皮嫩肉的，而是又厚又粗糙。我的爷爷就像一只大河马一样有趣。

我的爸爸像一头狮子，他平常都心平气和，说话也常常轻声细语，但当你不小心误踩他的雷区时，他就会立刻对你大叫，甚至指着你大骂，就像只狮子一样发出怒吼，让所有人绷紧神经，一天之内都不敢再惹他生气。因为爸爸是我们的一家之主，所以做每一件事和吃东西时都要让他优先，否则又要挨一顿骂了。他每天起床，头发都蓬松乱翘，像狮子的鬃毛，犹如烫发失败的样子。他最喜欢滑手机了，整天都在滑啊滑，由此他可以知道最实时的新闻或数据。有时，他让人觉得很讨厌；有时，他让人觉得非常可靠。无论如何，他就是我的狮子爸爸，我很爱他。

我的奶奶像一只大猩猩，别看她个子瘦小，其实她力大无穷，两只手可以拿着很重的农具去菜园里施肥、浇水。但她回到家，却一副脸不红、气不喘的样子，马上接着去厨房里煮一顿色香味俱全的菜肴，让我非常佩服。她的拿手绝活是做好吃的点心，不管是生日蛋糕、中秋月饼、美味凤梨酥或是布朗尼等，都可以在她的巧手下，成为一道道美味的甜点。

　　我的妈妈像一只浣熊，喜欢清洁家中的物品，把家里打扫得一尘不染。每到假日，她一定会命令我们全家动起来，把整栋房子打扫一番，直到她满意为止。她最厉害的绝活是将用餐后的餐具快速地全都收拾干净，洗得洁白无瑕，让我们随时都有干干净净的餐具可以使用。

　　我呢？我就像一只猫头鹰，上知天文、下知地理，是家中的小博士。每到晚上，我总是精神亢奋，不想睡觉，但一到隔天早上要起床的时候，我总会说："拜托！再让我睡五分钟。"因此，我被家人称为夜猫子，晚上不睡，早上却叫也叫不起来。晚上不睡觉，我可以做什么呢？那就是我的拿手绝活——写作。我喜欢写作，老师要求写三百字，我就会自动加倍，写了六百字的文章给老师。我说过我可是上知天文、下知地理的猫头鹰，所以我饱读诗书，写作有内容，获得不少老师的肯定，也在作文比赛中获得佳绩。我就像猫头鹰一样聪明乖巧，夜晚才活动，但是个爱调皮的小女孩，让家人头痛。

　　欢迎你来我家这个小小动物园，在这里，有时欢乐、有时惊喜、有时幸福。即使我们每个人的身份不同、特点不同，但我们都能和平相处，互相照应与包容。无论如何，我喜欢我们家这个小小动物园，我想一直住在这里快乐生活着。

习作自评表：

评价项目	自评完成打√
1. 能抓住人物特点介绍。	
2. 能运用人物动作、表情、语言、神态的细节描写。	
3. 能将人物特点比作一种动物。	
4. 能表达自己的心情、感受、收获。	
5. 检查文中是否有错字、错词。	
6. 书写正确工整、语句通顺。	

（邱怡雯）

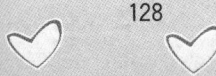

第三单元　写观察日记

一、写作教学亮点

观察日记属于日记的一种，它有别于常见的生活日记。生活日记主要记录自己每天的见闻、行事和感受，而观察日记是对观察对象进行细致可感的观察后进行的记录。要写好观察日记，首先需要聚焦一个观察对象；其次要明确观察内容以及观察时间，确认观察方法；最后可以用图文并茂的形式将观察的过程呈现出来。

教师可以引导学生回忆在三年级下册的教材中已经学习过的观察内容、顺序和方法。这次习作的不同之处在于要记录下观察对象在整个观察过程中发生的变化，要把连续的观察结果用多篇日记的形式记录下来。

写连续观察日记，最需要突破的难点，就是"如何将连续观察的过程写得准确生动"。马克·吐温曾经说过："用词准确"与"用词大致准确"，这两者之间的区别如同闪电与萤火虫。教师可以通过本单元教材中的课文，指导学生选择使用精准的动词，让语言更加准确，同时注意加入适当的修辞手法让文章更加生动。

二、教材连结

本单元的阅读素养目标：体会文章准确生动的表达，感受作者连续细致的观察；写作素养目标：进行连续观察，学写观察日记。

《爬山虎的脚》这篇课文是对植物爬山虎的观察，作者在不同时间里观察了爬山虎的叶子和爬山虎的脚。通过它们在"颜色""形状"上的对比，写出了爬山虎生长变化的过程。同时，课文中的动词使用精准，如：铺、巴、贴等。动静结合的描写以及比喻的运用让人感受到语言的生动形象，如："一阵风拂过，一墙的叶子就漾起波纹，好看得很""……这些细丝很像蜗牛的触角"。

表 4-3

植物观察表《爬山虎的脚》				
观察对象	时间	颜色	形状	动作
爬山虎的叶子	刚长出	嫩红	不大引人注意	
	不几天	嫩绿（绿得新鲜）	叶尖一顺儿朝下	铺
爬山虎的脚	原先	嫩红	细丝（像蜗牛的触角）	伸
	现在	灰色	小圆片（蛟龙的爪子）	巴、拉、贴

《蟋蟀的住宅》是对蟋蟀住宅的观察。为了突出蟋蟀住宅选址的慎重，作者把蟋蟀与其他昆虫的选址作对比。作者观察了蟋蟀住宅的外部环境、内部布置以及修建过程。全篇把蟋蟀比作人，把蟋蟀的住宅比作人的住宅，拟人化的描写使文章亲切、生动有趣。其中，对蟋蟀住宅的修建过程的描写所使用的名词具体、动词准确。

《爬山虎的脚》观察了爬山虎向上爬的过程；《蟋蟀的住宅》观察了蟋蟀筑巢的全过程；《燕子窝》观察、记录了燕子筑巢以及孵蛋的过程。我们也可以试着运用课文中的方法，进行连续的观察，再用观察日记的方式记录下自己的所观、所感。

三、写作素养基本功练习：对比手法

连续的观察日记重在写出事物的变化。如何巧用对比手法写出观察对象的变化或者特征呢？

对比手法一般可以分为两类：

1. 把两个事物放在一起进行对比。

康拉德·劳伦兹的《动物笑谈》：刚刚从人工孵卵器孵出的小雁鹅，总是把第一个碰到的生物认作自己的母亲，并且一心一意地跟随着她；但是水鸭子就不同了，凡是由人工孵卵器养出来的小凫，总是极其羞怯，难以接近，每次一出壳，就赶紧逃开，躲到附近暗角里不肯出来。刚出生的小雁鹅和水鸭子有着截然不同的行为，为什么会这样呢？通过把这两个事物放在一起进行对比，我们更能发现事物的生活习性，引起大家的思考，从而把事物说得更透彻、更全面。

2. 把同一事物的两个方面放在一起进行比较。

欧阳修的《生查子》：去年元月时，花市灯如昼。月上柳梢头，人约黄昏后。今年元月时，月与灯依旧。不见去年人，泪湿春衫袖。同样是元月时，同样的主人公，今昔对比，人的心情却截然不同。这一对比手法能让人一目了然地清楚事物产生的变化。

用对比手法写作时，需要思考两点：（1）最想强调的内容是什么；（2）与所强调部分相对的内容是什么。可以把观察对象前后的变化进行对比，如爬山虎生长过程中的前后变化。也可以选择另一件事物与观察对象进行对比，如将蟋蟀与其他昆虫的选址进行对比。可参考表 4-4 进行对比手法的学习。

表 4-4

对比手法			
观察对象	强调的内容	对应的内容	句子
爬山虎 （同一事物对比）	爬山虎怎么爬	颜色、形状的变化	细丝原先是直的，现在弯曲了，把爬山虎的嫩茎拉一把，使它紧贴在墙上。
燕子窝 （同一事物对比）	建筑工程估算周到	燕子窝的材料、形状的变化	燕子已经不衔泥了，它们往窝里衔干草和绒毛，铺垫子……这么着燕子窝就成了一个有缺口的泥圆球，右上角留了一个洞口。
蟋蟀的住宅选址 （两个事物对比）	蟋蟀不肯随遇而安	其他昆虫选址随意	别的昆虫大多在临时的隐蔽所藏身。它们的隐蔽所得来不费工夫，弃去毫不可惜。蟋蟀和它们不同，不肯随遇而安。

四、思路引导

亲爱的同学们，你观察过家里刚出生的小猫咪吗，它们是怎么长大的呢？你种下过一粒花种吗，它是怎样发芽长高的？你欣赏过天空中变幻的云彩吗？你感受过月亮的阴晴圆缺吗？

持续不断地观察能让你发现大自然的秘密，坚持观察和记录，说不定你就是下一个达尔文或者法布尔。

1. 写作第一步：确定主角。

亲爱的同学们，"大脑超市"为你准备了许多"食材"——观察对象，请你根据图 4-1 中所示的素材选择你的观察对象。

图 4-1

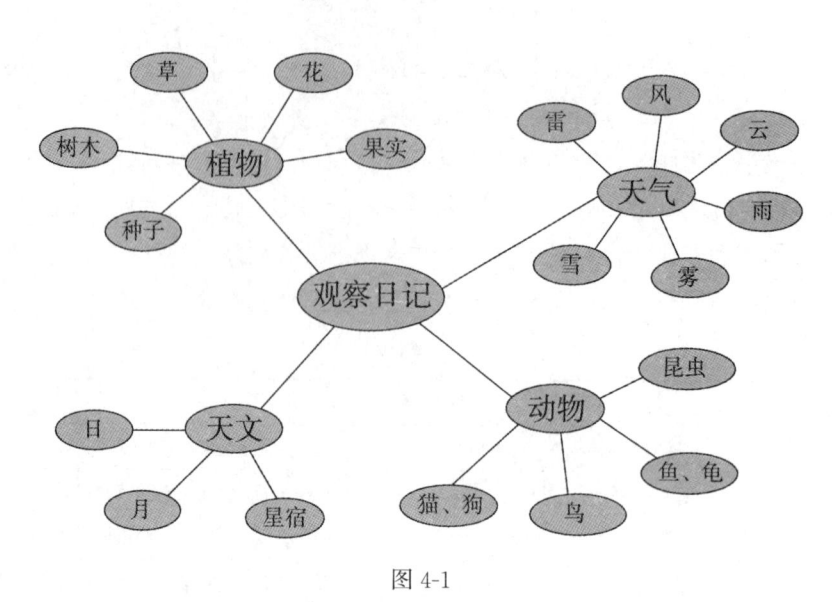

2. 写作第二步：观察和记录。

表 4-5 以种子、秋天的树叶、月亮、小猫为例制作的观察记录表，你可从表中选用一个进行观察，也可选择你喜欢的观察对象，制作类似的观察记录表。

表 4-5

		观察记录表		
观察对象	观察内容	观察顺序	观察时间	观察心情
种子	种子发芽长大的过程	从上到下	每天中午	期待
秋天的树叶	颜色的变化	从整体到局部	下午	欣喜
月亮	形状、颜色	时间顺序	夜晚	惊奇
小猫	样子、性格	从外到内	早、中、晚	有趣

表 4-6 以月亮为例，运用对比手法制作观察记录表，你也可以使用对比手法制作类似表格，让观察对象的特征更加突出。

表 4-6

		对比手法——写变化	
观察对象	强调的内容	对应的内容	句子
月亮	月亮形状的变化	月亮弯弯	清冷的夜空中，星星常常躲在家里不出门，而月亮哥哥，每晚都会出来散步，他瘦瘦的、高高的，有一点驼背。
		月亮变胖、变圆	月亮最近伙食应该不错，吃胖了不少，之前清瘦的模样早就没有了，变成了一位胖哥哥。

3. 写作第三步：拟定写作大纲。

你可以通过自己的写作大纲完成今天的观察日记，在日记中，用上准确的名词和动词可以使文章更准确，用上修辞手法文章会更生动。这些都是决定你这道观察日记的"大餐"是否美味的调味料，没有味道的菜谁都不爱吃，所以，给你的菜加点"味道"吧！

如果你愿意，还可以给自己的日记配上插画或者照片，把观察的全过程记录下来。最后，按照图 4-2 的顺序理清写作大纲。

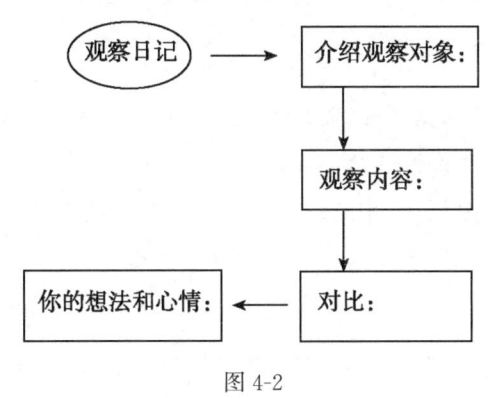

图 4-2

五、写作小秘方

观察的方式有很多种，观察的内容也很多样。

训练观察能力可以从日常生活中常见的事物、景物入手，例如：雨后的梧桐树、早晨的牵牛花、家里养的小猫、天空中的云彩等。

选定了观察对象后就需要对其进行细致的观察，观察时要抓住事物的特点，调动多感官来进行观察。例如：老舍在《猫》中就透过观察猫的嬉戏打闹和种种行为，写出了猫的性格古怪、淘气。根据观察事物的不同来选择观察的侧重点。

表 4-7 根据不同的观察事物，给出符合该事物的观察内容，可参考该表，抓住观察对象中最有特点的内容进行详细的描述。

表 4-7

观察对象	观察内容					
植物	颜色	形状	气味	数量	组成部分	特点
动物	吃	住	行	嬉戏	捕捉	繁殖
天气	温度	湿度	风向	云	形状	颜色

续表

观察对象	观察内容					
天文	形状	颜色	大小	温度	规律	高度

六、写作大观园——佳作欣赏

2020年10月15日　星期四（阴）

抓到一只小蜗牛

邢台市第二十四中　任芳泽

淅淅沥沥下雨了，小蜗牛都从花丛里爬出来了。爸爸帮我捉了几只小蜗牛，我把它们放在一个大口的瓶子里。

小蜗牛的样子可爱极了，头上长着一对触角，触角顶端是一个黑黑的小点点，那是它的小眼睛。在它的眼睛下面长着一个小鼻子，上面还有两根胡须呢。它的身上背着一个带有花纹的圆房子，在遇到危险时可以迅速地缩进去避难。

我把蔬菜放在装着蜗牛的瓶子里面，心里想：小蜗牛啊，小蜗牛，快快长大吧！

我太喜欢这只小蜗牛了！

2020年10月20日　星期二（晴）

有趣的小蜗牛

邢台市第二十四中　任芳泽

今天我又来看小蜗牛了。它似乎长大了一点，样子没有太大的变化，只是身上的花纹更漂亮了，像是换了一件崭新的衣服，比之前的更亮了。

我又给它喂了嫩嫩的菜叶，它吃得津津有味，它先用鼻子闻一闻，然后就大口大口地咬，上一口下一口，一下子一个洞洞就出现了。过了一会儿，小蜗牛躲在自己的圆房子里睡着了。我轻轻地碰了它一下，一点儿动静也没有，看来小蜗牛睡得很香甜了。

过了好长一段时间，小蜗牛起床了，和我玩起了捉迷藏。它躲在叶子的背面，看见我来了就慢吞吞地爬出来，尾巴后面有一条白白的痕迹，真有趣呀！

快乐的时光结束了，小动物也需要自由。我把它轻轻地放回到花丛里，小蜗牛，下个雨天再见吧！

习作自评表：

评价项目	自评完成打√
1. 写出日期、星期几、天气。	
2. 写出所观察事物的特征。	
3. 运用对比手法进行描写。	
4. 运用准确的动词、名词。	
5. 标点使用、占格正确。	
6. 书写正确工整、语句通顺。	

（邢台市新兴路小学 张琼）

第四单元 我和_____过一天

一、写作教学亮点

本次习作的话题是"我和_____过一天"，属于半命题作文，先对题目进行补充，题目的要求：身份——神话或童话人物；人物数量——只能选一位；时间——过一天。

本次习作成功的关键点是选好人物。这个人物，一定是自己喜欢和向往的，自己对他了如指掌。可以让学生联系本单元学过的神话和自己的阅读经验，充分调动学生的阅读积累，选择自己将要与之共度一天的人物。

本次习作成功的另一个关键点是精彩想象——想象一天的精彩经历。

指导学生要结合所选人物的脾气秉性、能力、习惯等特点突破原有故事，展开大胆、丰富和有趣的想象。想象一定要新、奇、妙，即故事要新颖奇异，不落俗套，出乎人们的意料，但又在情理之中；情节安排要巧妙，这就要指导学生充分挖掘所选人物的神奇能力，又要结合配角——"我"的奇思妙想。

故事可发生在所选人物所处的故事世界，也可发生在"我"所处的现实世界，也可以在两个世界来回穿梭。让故事世界和现实世界碰撞出新的精彩，让故事世界的神仙法术和现实世界的科学技术擦出奇妙的火花。这样的故事让人读来精彩绝伦、拍案叫绝！

三、教材连结

本次习作所在单元以神话故事组织单元，编排了《盘古开天地》《精卫填海》《普罗米修斯》《女娲补天》四篇中外经典神话故事。学生可以从中体会鲜明的人物形象：勇于献身的盘古、坚韧执着的精卫、勇敢不屈的普罗米修斯和甘于奉献的女娲。

"我和_____过一天"，重要的是塑造人物形象，突出人物特点。教材上安排的这几篇课文在塑造人物形象，突出人物特点方面为学生提供了很好的范例：《盘古开天地》通过生动描绘盘古"开天辟地""顶天立地""身化万物"的过程，塑造了盘古伟岸挺拔、勇于开创、无私奉献的人物形象；《普罗米修斯》主要通过普罗米修斯的行动，与火神的对话以及被锁在高加索山上所承受的磨难，来塑造他为民造福、不畏强权、意志坚定的形象特点。学生可学习通过人物语言、行为表现来塑造人物形象，突出人物特点；《女娲补天》主要通过女娲补天时的具体行动来表现她勇敢顽强、智慧能干、甘于奉献的美好品质。

这几篇课文情节生动、充满了神奇的想象：盘古的身体化成世间万物、女娲死后变成一只小鸟、女娲斩下大乌龟的四条腿能撑起天空，让人读后觉得无比神奇。本单元的习作"我和_____过一天"也可以借鉴这几篇课文的写法，抓住人物特点展开大胆神奇的想象，让故事更吸引人。

三、写作素养基本功练习：塑造人物形象

一个精彩的故事，离不开生动的人物形象。本单元我们阅读了多篇经典神话故事，认识了好几位神话人物。伟岸挺拔、勇于开创、无私奉献的盘古，为民造福、不畏强权、意志坚定的普罗米修斯，勇敢顽强、智慧能干、甘于奉献的女娲，都给我们留下了深刻的印象。

如何塑造人物，突出人物特点？仔细阅读本单元的课文，我们不难发现：生动的人物形象的塑造离不开人物的语言、动作、行为。

在课文《普罗米修斯》中，"普罗米修斯摇摇头，坚定地回答：'为人类造福，有什么错？我可以忍受各种痛苦，但决不承认错误，更不会归还火种！'"普罗米修斯的语言，使他不畏强权、意志坚定的形象跃然纸上。比如，一听到"俺老孙来也"，不用看，我们就知道这一定是孙悟空来了。面对小偷，孙悟空一定是大喝一声："大胆蟊贼，吃你孙爷爷一棒！"肯定不会说"多一事不如少一事，咱赶快走吧，小心小偷报复咱"，否则的话就不是天不怕地不怕、嫉恶如仇

的孙悟空了。

描写人物语言要具有个性，使读者能从特定的语言内容、说话腔调、惯用词汇、表达方式中，塑造人物形象，突出人物特点，产生闻其声如见其人。

在课文《女娲补天》中，女娲先从各地拣来赤、青、黄、白、黑五种颜色的石头，燃起神火熔炼。随着神火渐渐熄灭，五种颜色的石头被炼成了黏稠的石浆。女娲用这些石浆把天上的大窟窿修补好。从此，天上便有了五色的云霞。女娲担心补好的天再塌下来，于是又杀了一只大乌龟，斩下它的四条腿，竖立在大地的四方，把人类头顶上的天空撑起来，这样天就再也没有了坍塌的危险。这段话主要通过女娲的补天时的具体行动来表现她勇敢顽强、智慧能干、甘于奉献的美好品质。

我们在写作时，一定要善于观察人物的言行举止，揣摩人物的个性和品质，用生动具体的行动来突出人物的品质特点，这样才能把人物描写得活灵活现。

四、思路引导

我们看过很多神话和童话，里面的人物有的本领高强、爱憎分明，如哪吒、葫芦娃；有的机智聪明、惩恶扬善，如神笔马良；有的美丽纯洁、温柔善良，如白雪公主。如果有机会和他们中的某一位过上一天，你会选择谁？你们会一起去哪里？会做些什么？会发生什么故事呢？

（一）写作第一步：阅读话题，明确要求

请同学们认真阅读本次习作材料，这次习作提出了什么要求呢？请同学们认真审题，题目：我和_____过一天，明确题目的横线上是要求补充的内容，并理解题目的限制和要求。

（二）写作第二步：确定人物，补全题目

同学们，本次习作成功的关键点就是选择好与自己过一天的人物，并填在题目的横线上。一篇精彩故事的主角至关重要，选好了人物，这篇习作就成功了一半。我们读过看过很多神话童话故事，认识数不胜数的人物，我们该选择哪位人物呢？这个人物，不能随便选，一定是自己熟悉的，并对他了如指掌，知道他的脾气秉性、能力、习惯……这些都会影响这一天相处的精彩经历。表4-8以孙悟空为例列出了他的基本信息，你也可以制作类似的表格，把你想写的人物的信息列出。也可以依据人物特点对表格进行删减。

表 4-8

孙悟空个人简历						
姓名	孙悟空	性别	男	父母	一块石头，女娲补天所剩。	
别名	美猴王、弼马温（孙悟空最恼火的称呼）、齐天大圣（孙悟空最喜欢的名字）、猴哥、泼猴、孙行者、斗战胜佛。				家庭住址	东胜神洲 花果山水帘洞	
口头禅	"俺老孙来也！""你孙爷爷在此，妖怪哪里走！"					
招牌动作	抓耳挠腮					
技能特长	会七十二变，腾云驾雾，一个筋斗能翻十万八千里；一双火眼金睛，能看穿妖魔鬼怪伪装的伎俩。					
兵器	如意金箍棒，能大能小，随心变化，小到绣花针，大到顶天立地。					
最怕的事	念紧箍咒					
性格品质	优点：不畏艰险、百折不挠、尽心尽职、勇敢执着。 缺点：脾气急躁，爱面子，喜奉承。					
主要经历	（1）在花果山当过猴王。 （2）在天宫负责过养马。 （3）偷吃仙桃、大闹天宫，被如来佛祖压在五行山下 500 年。 （4）后来被唐僧救出，当了和尚，做了唐僧的大徒弟。 （5）保护唐僧西天取经，经历九九八十一难，一路上降妖除怪。 （6）西天取经后，一度销声匿迹，只在《宝莲灯》中出现过一次。					

（三）写作第三步：想象故事，大胆合理

和自己梦寐以求的人物在一起，你一定有很多想法要实现吧，但要提醒你，你只能和你喜欢的人物一起过一天。一天的时间可是很短的，要挑你最想做的事情，要珍惜这难得的一天，一定要过得有意义、有收获！你打算怎样度过这一天的时间呢？有什么计划？

另外，我们的故事不能只是单纯的好玩，这一天一定要过得有意义，如：我们的现代科学技术和孙悟空的法术比拼一下，赞扬我们科学技术的飞速发展。在描述时，我们的故事要符合人物的特点，突出人物形象。表 4-9 以"和孙悟空在一起的一天"为例，对这一天所发生的事进行归纳制表。你也可以另外选择一位童话或神话人物，按照表 4-9 的模式归纳出一天所发生的事情。

表 4-9

"和孙悟空过一天"计划表					
时间	地点	活动安排	发生的事	人物特点	意义
早晨	上学路上	初遇孙悟空	上学快迟到了，孙悟空带我一个筋斗云飞到学校。	能腾云驾雾	
第一节课	教室	考试让孙悟空帮自己	孙悟空不肯帮我作弊，用学七十二变的经历教育我学本领要勤奋，不能投机取巧。	为人正直	
放学后	我家	我利用现代科技产品和孙悟空比本领	赞叹手机是千里眼、顺风耳；微波炉比太上老君的八卦炉还厉害；笔记本电脑比天书还神奇，无所不知。	争强好胜	突出我们现在是呼风唤雨的时代。
晚上		我和孙悟空分别	孙悟空要去学习现代科技技术，带回花果山，把花果山变得更美好。		

（四）写作第四步：精心设计，完成习作

精心设计文章开头结尾，交代清楚事情起因、经过、结果，可以让故事更完整。详细生动描写故事情节，加上人物对话、动作、神态……让文章更生动。

1. 开头示例。

（1）开门见山开头法。

［示例］早上，我急匆匆地走在上学的路上。昨天晚上看《西游记》看得太晚了，结果早晨起晚了，眼看就要迟到了。我心想要是我的偶像——孙悟空，他在就好了，一个筋斗云，我就到学校了。正在我胡思乱想的时候，随着一声"别急别急，俺老孙来也！"一个尖嘴猴腮、身穿虎皮裙、双手不断在身上东抓西挠的人出现在我眼前，把我吓了一跳，我定睛一看，这不是我的偶像——孙悟空吗？

（2）环境渲染开头法。

［示例］早晨，天阴沉沉的，妈妈送我去上学。天空中的乌云越来越厚，不一会儿，雷声大作，电闪雷鸣。忽然一阵狂风，吹得我睁不开眼睛，只觉得身体

逐渐飘起。不知过了多久，等我睁开眼睛，发现我到了一个宽敞明亮的山洞里。山洞口一道瀑布形成水帘。我脱口说道："这不会是水帘洞吧？"

"没错！没错！这正是俺老孙的水帘洞。"

（3）倒叙回忆开头法。

[示例] 写完作业，我拿起书包中的一枚漂亮的羽毛毽，来到楼下的小花园踢毽子，里踢外拐，再来一个后踢，我的动作帅极了。能不帅吗？这些可是我的好朋友——小哪吒教我的，怎么，你不信？那让我给你讲讲我和小哪吒的奇妙经历吧！

按照你所写文章的内容，选择一种合适的开头方式，写写你的开头。

2. 抓住语言、动作塑造人物形象。

一段具体、生动的故事，要尽量交待清楚"人物"的表现和"我的感受"，把人物特点鲜明地表现出来。

[示例] 猪八戒一闻到香味，就"哼哼哼"地叫个不停，不停地吞咽着口水，不住地说："快给俺老猪，让俺老猪解解馋，快给俺老猪吧！"显然他已经急不可耐。我赶忙把一个巨无霸鸡腿堡递到猪八戒的手里，猪八戒一把抢过汉堡，就朝嘴里塞去。我的汉堡才咬了一口，猪八戒的汉堡已经整个被他塞进嘴里，甚至连包汉堡的吸油纸都被他吃进了嘴里。我在心中感叹道：猪八戒真的太有"食力"了。

3. 写好故事的结尾。

结尾要交待清楚你喜欢的故事人物以怎样的方式与你分开的，你们是如何道别的。

五、写作大观园——佳作欣赏

我和哆啦Ａ梦过一天

邢台市达活泉小学　崔靖慧

星期天，写完作业，我就打开电视看我最喜欢的动画片——《哆啦Ａ梦》，看着看着，突然，我家电视柜下面的抽屉，吱嘎一声，慢慢打开了，一个蓝色的大圆脑袋探了出来。我仔细一看，这不是我最喜欢的哆啦Ａ梦吗？

哆啦Ａ梦，从抽屉里跳了出来，上下打量着我家，对我叽里呱啦说了一大堆日语。我一句也没听懂，疑惑不解地盯着哆啦Ａ梦。哆啦Ａ梦赶忙从它胸前的百宝袋中东翻西找，拿出一块饼干一样的东西。他自己掰下一块扔进嘴里，又掰下一块递给我并比划了一个吃的动作。我看过电视，知道这是"翻译魔芋"，吃下它，他就能听懂我的汉语，我也能听懂他的日文了。

吃了翻译魔芋，我们的交流不再是难题。原来哆啦Ａ梦的时光机出现了故障，所以才会出现在我家里。他需要我帮助他寻找一些零件维修时光机。经过一番努力，哆啦Ａ梦拆了我家一台电脑，两部手机，一台冰箱，才找到了时光机损坏零件的替代品，终于将时光机修好了。为了感谢我，哆啦Ａ梦决定留下来陪我一天，并且答应我可以使用道具实现我的愿望，我太高兴了！

我的第一个愿望是想去未来，看看30年以后的我。哆啦Ａ梦说："这个太简单了，我们坐时光机就可以啦！"我们跳进刚修好的时光机来到未来。从时光机里出来，我发现我们正处于一个新闻发布会的现场。原来30年后的我，已经成为了一名著名的医生，专攻疑难杂症，研究出好多药物，治好了很多病人。这次经过"我"——30年后的我不懈努力，带领科研团队终于研制出一种癌症特效药，任何癌症只要吃上一周，都能迅速恢复健康！快瞧，他们正手捧鲜花，围在未来的我身边表示祝贺呢！

未来的我那么优秀，现在的我要赶紧学习。我拿出书包准备写作业，可怎么也找不到语文书了。唉！我又把书忘学校了！"你怎么和大雄君一样呢？真不让人省心。我来帮你吧！"说完，哆啦Ａ梦从百宝袋里拿出任意门。推开门，我就到了我们教室，顺利拿回了书！有哆啦Ａ梦在身边真是太好了！

正当我开心大笑的时候，却听到妈妈在喊："宝宝，快醒醒，你咋开着电视睡觉啊？"我一惊，醒了。电视里还在播放《哆啦Ａ梦》呢！

习作自评表：

评价项目	自评完成打√
1. 围绕人物特点选择材料展开故事。	
2. 能用生动的语言描写和行为塑造人物特点。	
3. 人物表现与人物原型的特点基本一致。	
4. 情节有波折，故事有新意。	
5. 语句通顺，没有错别字。	

（邢台市达活泉小学　崔建光）

第五单元 生活万花筒

一、写作教学亮点

这次习作主题是"生活万花筒",它不是命题作文。所以在指导学生写作的时候要注意审题,题目可以自己选择,从文体来看要写成记叙文,内容是生活中一件令自己印象深刻的事。

相信生活中每个人都看到、听说或经历过许许多多的事,要想写好一件事,首先要引导学生思考,哪一件是令人印象最深刻的?这件事是什么时候发生的?主人公是谁?故事是如何一步步铺陈开来的?想要把事情讲清楚,就要按照一定的顺序进行阐述:有时候会根据时间顺序来写,有时候会根据空间变化顺序来写,有时候也会根据事情的发展顺序来写。总之要言而有序,不能"东一榔头西一棒子"。

其次,这篇文章最大的亮点在于把事情发展的过程写清楚,这就要引导学生抓住事件的特点和细节大做文章。例如有的小朋友会选择写《家庭风波》,教师指导时就要明确这是要写一件事情,涉及人物是家庭成员,不是同学或其他人员。而且要抓住"风波"来做文章,这件事可不是一件普通的事,一般也不会是什么好事,一说起"风波"通常是指纠纷或乱子,所以对选材有一定的限制,不是想写什么就写什么。另外,究竟在这件事中看到了什么、听到了什么、想到了什么才会让人觉得这真是一场风波呢?这些在习作中都要阐述清楚。

二、教材连结

《麻雀》一文讲述了一只老麻雀面对猎狗的攻击,奋不顾身保护小麻雀的故事。清楚地交代了事情的起因(猎狗发现并攻击小麻雀)→经过(老麻雀拯救幼儿)→结果(猎狗被吓退了)。

《爬天都峰》一文按爬山前、爬山中、爬上峰顶后的顺序写了假日里"我"和爸爸爬天都峰的事。课文抓住"我"的想法、语言、行动,清楚地交代了自己从开始的不敢爬到最后爬上峰顶的过程。

习作例文中《我家的杏熟了》回忆了小时候我家院子里的杏成熟后,奶奶给小伙伴们分杏的故事,交代了分杏的原因、经过、结果。《小木船》则讲了"我和好朋友陈明因一只小木船友谊破裂又和好的故事,并把这一过程写得很清楚。

本单元的这四篇文章都出自作者的亲身经历或是其在生活中遇到的事,作者按照事情的发展顺序来写,把事情交代得十分清楚,透露出浓浓的生活气息。其实,生活就像一个万花筒,每天都会发生各种各样的事情,这些事情,也许是我们看到的,也许是我们听到的,也许就是我们自己经历的。所以在指导学生写这些事情时,要从众多事件中挑选那些印象深刻的、最有感触的事情去写,因为这类事件才会让人记忆犹新,在表达时才能把事情写清楚、讲明白。还要引导学生交代清楚时间、地点、人物和事情的起因、经过、结果,并按照一定的顺序表达。

三、作文素养基本功练习:把事情写清楚

小学阶段,写好一件事是一项非常重要的习作能力,大部分的文章都要依托事件来表达,或彰显人物特质,或表达情绪和感受,或展示生活境况……之前我们已经学习了一些叙事习作的写法,例如三年级学写一些简单的叙事作文,本册书的上一单元又按照事情的起因、经过、结果向我们介绍了中国的许多神话故事。在此基础上,学生已经有了一定的写作经验,那么本次习作的重点就是指导学生"把事情写清楚"。

1. 按发展顺序把事情写清楚。

想要写清楚一件事,首先要有顺序,要指导学生有条理地进行表达。鉴于三年级习作有了一定的基础,所以在指导将事情写清楚时,教师不仅可以指导学生继续使用"首先……接着……然后……最后"等这样表示顺序的连接词语,还可以引导学生按照事情发展顺序来进行创作和构思,见以下例文:

突然,我的猎狗放慢脚步,悄悄地向前走,好像嗅到了前面有什么野物……猎狗慢慢地走近小麻雀,嗅了嗅,张开大嘴,露出锋利的牙齿……老麻雀用自己的身躯掩护着小麻雀,想拯救自己的幼儿……猎狗愣住了,它可能没料到老麻雀会有这么大的勇气,慢慢地,慢慢地向后退。

引导学生按照事情发展顺序来写时,就可以像《麻雀》这篇课文这样,先交代起因:猎狗发现了从巢里掉下来的小麻雀并开始攻击它;接着说清经过:老麻雀奋不顾身地保护自己的幼儿;最后说结果:猎狗被吓住,慢慢后退。

2. 用看到、听到、想到的把事情写清楚。

《麻雀》一文中作者就十分善于将自己看到的、听到的和想到的写出来,这样就使整个事件清楚生动地展现在读者眼前。他写出了自己看到的小麻雀:我顺

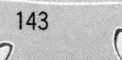

着林阴路望去,看见一只小麻雀呆呆地站在地上,无可奈何地拍打着小翅膀。它嘴角嫩黄,头上长着绒毛,分明是刚出生不久,从巢里掉下来的。看到猎狗是这样攻击小麻雀的:猎狗慢慢地走近小麻雀,嗅了嗅,张开大嘴,露出锋利的牙齿。看到老麻雀从天而降保护自己的孩子:突然,一只老麻雀从一棵树上扑下来,像一块石头似的落在猎狗面前。它扎煞起全身的羽毛。同样他也把自己听到的写了出来:(老麻雀)绝望地尖叫着……它浑身发抖了,发出嘶哑的声音。当然他也把自己想到的写了出来:老麻雀用自己的身躯掩护着小麻雀,想拯救自己的幼儿。在指导学生将一件事情表达清楚时,也可以运用这样的方法。

3. 巧用动作、语言把事情写清楚。

我奋力向峰顶爬去,一会儿攀着铁链上,一会儿手脚并用向上爬,像小猴子一样……老爷爷拉拉我的小辫子,笑呵呵地说:"谢谢你啦,小妹妹。要不是你的勇气鼓舞我,我还下不了决心哩!现在居然爬上来了!"

"不,老爷爷,我是看您也要爬天都峰,才有勇气向上爬的!我应该谢谢您!"

爸爸听了,笑着说:"你们这一老一小真有意思,都会从别人身上汲取力量!"

《爬天都峰》中作者使用了攀、手脚并用向上爬等动作,把爬山的过程写清楚。同时又通过老爷爷、爸爸和"我"的对话将登上山顶的喜悦以及这件事的启示表达出来。教师在指导学生时,也要让学生试着加入一些语言、动作、神态、心理等描写。例如写制作美食的作文时,就可以加入"洗、切、炒、摆、放"等动词来写清事情的过程,在写《家庭风波》时也可以通过人物的动作、语言等方面推动事件的发展,把事件的过程交代清楚。

四、思路引导

亲爱的同学们,你玩过万花筒吗?它是由一个个平面镜碎片组成,通过光的反射而产生影像,在万花筒里我们可以看到缤纷绚丽、千变万化的世界。其实生活就像一个巨大的万花筒,发生的事情就像一面面小镜子,帮我们折射出更精彩的人生经历。

1. 写作第一步:确定主题。

首先要进行审题。"生活万花筒"就是让我们写一件印象深刻的事,可以是自己亲身经历的,也可以是看到的,所以可供我们选择的写作素材是非常丰富的,见图4-3,可从中选择适合自己的素材。而且本次习作不是命题作文,同学们想好写什么事之后，可以自己给作文起名字。

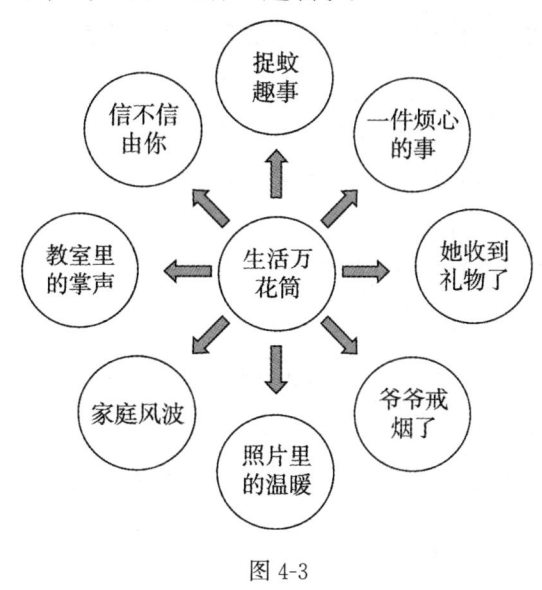

```
        捉蚊
        趣事
  信不信          一件烦心
  由你             的事

  教室里   生活万   她收到
  的掌声   花筒    礼物了

  家庭风波          爷爷戒
                  烟了
        照片里
        的温暖
```

图 4-3

2. 写作第二步：取材与构思。

生活中哪一件事让你印象深刻？为什么？事情的经过如何？同学们，可以选择回答下面的问题，完成构思和布局，最后再试着组织成一篇完整的文章。

（1）让你印象深刻的事是什么？

例：一次家庭风波，妈妈因为爸爸醉酒吵架。

（2）事情发生的时间、地点、人物是什么？

例：一天晚上，妈妈在家等久久不回的爸爸。

（3）为什么会发生这件事？（起因）

例：爸爸喝了酒，晚回家。

（4）事件是怎么发展的？记得运用连接词"首先……接着……然后……最后……"；把看到、听到、想到的写清楚；并注意动作、语言、神态、心理的描写。

例：我急急忙忙地去开门，看见了醉醺醺的爸爸，他身上的烟酒味道很难闻。我心想爸爸你真不争气，被妈妈说中了，并很不情愿地把拖鞋递给了爸爸。这时妈妈来了说："歆迪，我们走，别管他。"爸爸回来后，妈妈极力把我发展成她的帮手。爸爸换好鞋来到了客厅，他们互相对视着，空气冷得吓人。妈妈看看表又看看爸爸，准备向他发起攻击。"几点了？你自己说几点了？"妈妈非常生气地质问着。

(5) 事件的结果如何？

例：就这样，在我的劝说下，这场家庭风波终于过去了，爸爸和妈妈又和好如初。

(6) 我的感受怎样？

例：看来这家里可不能少了我这个粘合剂。

3. 写作第三步：完成写作大纲。

按照表 4-10 的结构方式拟定写作大纲，并完成习作。

表 **4-10**

写作大纲	
开头	用排比式、引用名人名言、对比式等不同方式开头。
起因	将时间、地点、人物交代清楚，说明为什么会发生这件事。
经过	写经过的时候试着用上这样有顺序的连接词：首先……接着……然后……最后……；还可以把看到、听到、想到的写一写。
结果	这件事情的结果怎样？
感受	写下通过这场风波你的收获和感受。

五、写作大观园——佳作欣赏

家庭风波

邢台市郭守敬小学　歆迪

家是一个温暖的地方，是一个充满欢声笑语的地方，也是一个能让我遮风挡雨的地方，但偶尔也会有一些小风波。

下午放学一回到家我就看到妈妈冷着一张脸坐在沙发上看电视，房间里充斥着恐怖的空气。我的心不由得咯噔一下，难道今天老师向妈妈告状了？仔细想想我最近也没犯错误呀。要不就是前天我说要往家弄一只小猫，她不同意，还在生我的气？再不然，是今天她被领导批评了？我小心翼翼地问道："妈妈，你怎么了？"妈妈瞥了我一眼说："你爸爸又出去喝酒了。"哦，天啊，爸爸居然又去喝酒了，每次他喝酒，我都会被妈妈"厌屋及乌"。就这样，一整晚我都胆战心惊，祈求爸爸能早点回家，千万不要喝醉，否则一场家庭大战在所难免。已经快到睡觉时间了，爸爸还没回来，我忍不住问妈妈："爸爸什么时候回来呀？"妈妈忽然冲着我大声说道："他该回来的时候自然就回来了！别问了！"

这时门铃响了，妈妈让我去开门，我急急忙忙地跑去开门。一开门就看见了醉醺醺的爸爸，他身上满是烟酒味儿，超难闻。我心想爸爸你可真不争气，又喝了这么多酒，妈妈等下肯定会大发雷霆。于是，我极不情愿地把拖鞋递给了他。"你还知道回来呀？"妈妈阴阳怪气地说着。每次家庭大战都是这样开始的。这时，妈妈跟我说："歆迪，我们走，别管他。"妈妈极力把我发展成她的帮手。

　　爸爸换好鞋来到了客厅，他们互相对视着，空气冷得吓人。妈妈看看表又看看爸爸，准备向他发起攻击。"几点了？你自己说几点了？"妈妈非常生气地质问着。爸爸居然嬉皮笑脸地坐下喝了口水，这可把妈妈气坏了："你还知道回家呀，你还知道我和女儿在家等你呀？每天就知道喝酒，这酒就这么好喝，让你都舍不得回家？天天喝喝喝，孩子也不管……"通常这种数落一开始，总不会那么快结束，往往会像打游戏那样不断升级。看着爸爸今天实在是喝了太多酒，妈妈再生气可能就要离家出走了。我赶紧劝解道："妈妈，你别生气了，这个臭爸爸以后要是再出去喝酒咱们就不给他开门，不让他回家了。你看他喝这么多酒，肯定也不舒服，可能爸爸也是迫不得已，人都是好面子的，别人让他喝他也不能拒绝，那别人多没面子呀。您说对吧？"妈妈听了我的话态度有些好转，我赶紧假装生气地对爸爸说："我们就饶了你这次，可不能再有下一次了，否则就不用回家了。"爸爸赶紧低头认错，爽快地答应了。

　　就这样，在我的劝说下，这场家庭风波终于过去了，爸爸和妈妈又和好如初。看来这家里可不能少了我这个粘合剂。

习作自评表：

评价项目	自评完成打√
1. 审题正确（一件印象深刻的事）。	
2. 有记叙六要素（时间、地点、人物、起因、经过、结果）。	
3. 按照一定顺序叙事。	
4. 把事情中的重要内容写清楚（语言、动作、神态……）。	
5. 标点使用、占格正确。	
6. 书写正确工整、语句通顺。	

（邢台市郭守敬小学　　郭慧娟）

第六单元　记一次游戏

一、写作教学亮点

本单元习作的写作内容为"游戏",而且限制为"一次"。但文题对进行什么游戏、参加游戏的时间、地点、人物等没做任何限制。因此,指导学生写作时还要具体拟个题目。另外,作文的素材来源于生活,这个"游戏"可以是个传统游戏,也可以是个新游戏;可以是室内的,也可以是室外的;可以写现在玩的游戏,也可以写以前和其他人一起玩过的游戏。

这篇文章要写得出色有亮点,就得把游戏过程写清楚。写作之前,要先引导学生确定要写的"游戏"是什么?例如:丢沙包、抢椅子、跳长绳、两人三足跑、一二三木头人等。游戏前,做了哪些准备?例如:寻找场地、人员分组、制作道具、明确规则、小组练习等。引导学生回忆,在游戏中做了些什么?印象比较深的是什么?游戏结束后有什么想法和感受?如,应遵守规则,伙伴间要团结协作,遇事要勇敢果断、坚持到底……也可以引导学生写写自己当时的心情。

本次习作的主题是"记一次游戏",内容贴近学生生活,易激发学生的表达欲望。但这篇文章要想写得亮眼出色,要注意两个要素:一是题目要求"今天就让我们来做一做、写一写有趣的游戏","有趣"点明了"游戏"的主情调;二是聚焦"印象深刻",表达想法和感受。

二、教材连结

本次习作与三年级上册第八单元习作、三年级下册第四单元习作一脉相承,体现了统编版教材习作教学螺旋上升的编排设计意图。具体表现如表 4-11 所示。

表 4-11

教材位置	内容	要求
三年级上册 第八单元	《那次玩得真高兴》	回忆并分享玩得特别开心、印象特别深刻的一次游戏,并且要"表达出当时快乐的心情"。

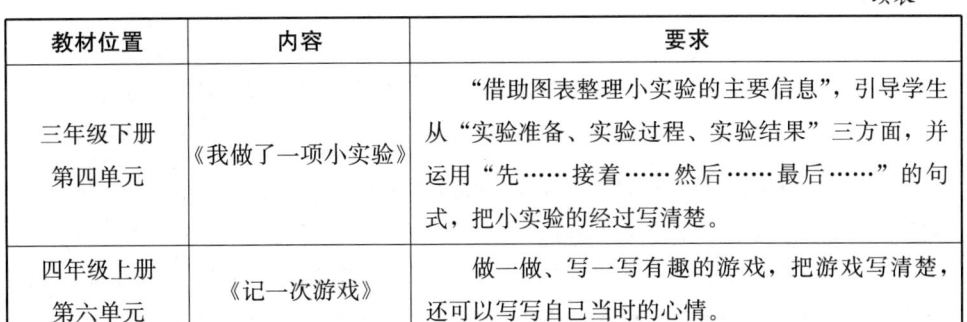

续表

教材位置	内容	要求
三年级下册 第四单元	《我做了一项小实验》	"借助图表整理小实验的主要信息",引导学生从"实验准备、实验过程、实验结果"三方面,并运用"先……接着……然后……最后……"的句式,把小实验的经过写清楚。
四年级上册 第六单元	《记一次游戏》	做一做、写一写有趣的游戏,把游戏写清楚,还可以写写自己当时的心情。

在上一个单元,我们刚刚练习了按一定顺序把事情的经过写清楚,本次习作明确是记一次游戏,教学时注意前后联系,帮助学生调动已有的写作经验,在把握同为记事的一致性的基础上,引导学生关注差异性,抓住本次习作的任务要求。

本单元《陀螺》这篇文章是儿童文学作家高洪波老师的一篇回忆性散文,此文以陀螺为线索,通过介绍陀螺的玩法、做陀螺的懊恼、得到陀螺的开心等内容,为写斗陀螺获得成功时无比欢乐和自豪的心情作铺垫。全文以"小陀螺战胜大陀螺"为核心,并从中获得启示——人不可貌相,海水不可斗量。

三、写作素养基本功练习:写清过程

记一次游戏,游戏过程部分是记叙的核心,是文章成败的关键,必须写清楚、具体。这就需要指导学生依据游戏经过的先后顺序和发展变化的过程,认真地想一想:这件事的经过大体可以分为哪几个阶段,每个阶段主要都做了什么。然后,再按照这几个阶段的先后顺序,一步一步、一层一层地写。这样,既做到了有条理,又为把经过写具体打下了基础。

记叙文是以叙述和描写作为主要表现手法的,但学生写作往往重叙述而轻描写,只能笼统地叙述事件的大概情节,不能把游戏中丰富多彩的场景详尽地描写出来。针对课标第二学段的习作教学目标:留心周围事物,乐于书面表达,增强习作的自信心。能不拘形式地写下见闻、感受和想象,注意表达自己觉得新奇有趣的或印象最深、最让人感动的内容,以此来指导学生。

其次,学生写人物的动作往往过于简单、缺少细节,只写最后一个表示结果的动作。所以要指导学生把一个动作分解为一组动作,可按下面的三部曲完成:

1. 放映。

对所描写的细节要反复思考这个细节共有几个动作?每一个动作应怎样描

写？如同看电影一样在大脑中放映一遍。

2. 分解。

把每一个动作分解开来，在描写时应注意用词恰当、情感真实。对每一个动作的描写要细致。例如，每一个动作都需要哪些身体部位参与，这些身体部位的位置、动作、变化等各是什么，可以由哪些动词来构造，然后一一写出这些身体部位的情况。可参照公式：动作描写＝动作行动＋动作对象＋动作环境＋动作感受，如：他半蹲在起跑线上，左脚尖顶住起跑线，右膝跪在跑道上，两手就像两根钉子插在地上，整个身体微微前倾，抬着头，目不转睛地盯向前方，那样子，就像一只展翅待飞的雄鹰。

3. 连接。

即将上面分解的每一个动作细节连接起来，就形成一个人物参与活动时的细节描写。当然，不能胡乱扩充，要选准重点部分，做到有的放矢地详写。

四、思路引导

孩子们，游戏是童年时光的重要组成部分，它能给我们带来无穷的乐趣，使我们的生活多姿多彩，为童年留下美好的回忆；同时，游戏也可以锻炼我们各方面的能力，可以让我们进入自由自在的快乐天地。今天就让我们来做一做、写一写有趣的游戏吧！

1. 写作第一步：确定游戏。

大家可以将日常生活中自己熟悉的或经常做的游戏先列出来，这个游戏可以是传统游戏，也可以是个新游戏；可以是室内的，也可以是室外的。然后，再挑选一次印象最深刻的、有意义的游戏作为写作对象，同时拟出文章的标题。如果自己发明一个游戏，就更好了。

2. 写作第二步：取材与构思。

同学们可以依序回答下列问题，完成构思和布局，最后再将它组织成一篇完整的文章。

（1）这次游戏前，你做过哪些准备？

（2）在游戏中，你做了些什么？（动作写清楚）

（3）这个游戏要怎么玩？谁跟你一起玩？（动作写清楚）

（4）在这次游戏中让人印象比较深刻的是什么？

（5）游戏结束后，你有什么想法和感受？（将有趣的情节说清楚、讲明白、补完整。）

（6）这次活动给你的最大收获是什么？

3. 写作第三步：完成写作大纲。

参考上方的材料，选取你最有把握、最有想法的内容，拟定写作大纲，并依照大纲完成整篇习作，写作大纲的拟定如图 4-4。

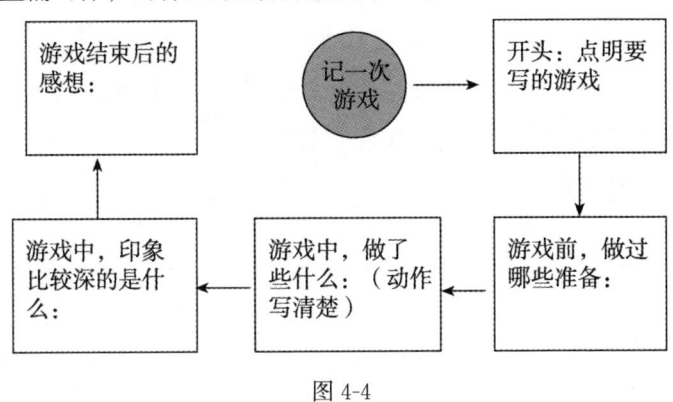

```
游戏结束后的感想：  ←  记一次游戏  →  开头：点明要写的游戏
                        ↓
游戏中，印象比较深的是什么：  ←  游戏中，做了些什么：（动作写清楚）  ←  游戏前，做过哪些准备：
```

图 4-4

五、写作大观园——佳作欣赏

记一次游戏

"同学们，今天我们来做一个游戏，叫做'假如没有双臂'。当然这个游戏的规则也不简单，你和你的同桌为一组轮流来当不同的角色，老师为大家分配任务，每人五分钟，只有一次求助机会。"听到这里我心中一阵怀疑，我真的能做好吗？

游戏开始，先由我的同桌胡嫣芯来扮演失去双臂的人："好的，同学们先从你们的书包里拿出语文课本。"

只见同桌把头扭过去，小心翼翼地咬住拉链往另一边拉去，可没拉两秒她的牙齿可能就因为遇到了铁锈，而酸得直接脱离了拉链，苦苦地倒在了课桌上。

"同桌快帮帮我！"什么！她怎么这么快就用掉仅有的一次求助机会？算了，我只好拉开拉链帮助她取出了语文课本。

"同学们，接着把书翻到 63 页。"但我没料到，这对她是如此容易，不过还是要花时间，只见她预判了一下用牙咬住一个位置，再慢慢叼开，竟直接翻开了 69 页，哇！好厉害！她再慢慢地用鼻子一页一页地翻回去。希望就在眼前！不过还是输给了时间，一声"时间到"，大家没能完成任务，很沮丧。

接下来轮到了我，但老师只给了一个任务：同桌把书扔到远一些的位置，让我去成功运回到桌上。

因为我失去了双臂,只好用脚蹬地,一步一步地往前爬,眼看就要用牙触到课本,可舌头先出动,把它顶得更远了。我非常无奈,只好继续前行。

不久后,我又来到了课本前面,因为包了书皮,所以会多出来一节。"加油,加油!"同桌也在鼓励我。我兴奋地咬住书皮,把它拖到了桌上。

游戏结束后我再次抬头,发现脑袋上已经有了不少汗水。

这次游戏令我难以忘怀,它让我明白了那些残疾人非常不容易,我们应该更加关心他们、爱护他们。

习作自评表:

评价项目	自评完成打√
1. 点明要写的游戏。	
2. 写明游戏前做的准备。	
3. 交代清楚游戏的经过。	
4. 描述印象比较深刻的环节,并说明游戏结束后的感想。	
5. 标点使用、占格正确。	
6. 书写正确工整、语句通顺。	

(邢台市育才小学　武帅)

第七单元　写信

一、写作教学亮点

书信是人们和亲人朋友互通消息、交流情感的主要方式。通过书信,许多在面对面时不好意思开口说的话,隐藏在心中的情感都能表达出来。书信是向特定对象传递信息和情感的应用文。

想要写好一封书信,需要深入了解书信的格式。书信的格式有别于一般作文,而书信的内容要有称呼、问候语、正文、祝福语、写信人署名和写信日期。写信的用语又因对象的不同而有所不同。信封的格式需要特别注意,格式错误就会闹出笑话。通过读书信,学到书信的格式、用语及内容,领悟书信带给人的意义,进而学习写一封信。

写信时需要注意以下三点：第一点是书信的格式，第二点是书信的内容，第三点是信封的格式。其中最困难的是书信的内容，要先想清楚写信给谁，接着想要传达给他的内容，是传达想念，诉说生活点滴，还是抒发心情或是对对方的期待？学会写书信，能熟练运用书信与人交流沟通，这是成为一位公民的基本素养。

二、教材连结

教材中的习作例文讲的是小杰写给叔叔的一封信。小杰向叔叔表示自己收到叔叔寄的书，并告诉叔叔自己的学校生活，最后表达出对叔叔的思念，询问叔叔过年是否会回家，流露出家里人希望他过年能够回家的愿望。

无论写信给谁，书信中都应该带着真诚的态度与心意，通过信件开头的称呼"亲爱的叔叔"和问候语"您好"表达诚意与尊重；通过信件后段的署名"侄儿小杰"的格式退后书写，表示谦虚礼让。

书信中除了要有真诚的态度，内容更与真实的生活和情感有关。写的是自己经历的事情，以及日常的生活情节。信件内还要表达自己真挚的情感，并说出心里的话，让对方感受到被关心以及写信人的思念之情。

一封完整的信除了信件的主体部分完成后，还需要一个信封。寄信的信封必须依照信封格式书写正确，再将信装进信封里，投进邮筒，对方才能收到你的信件。

三、写作素养基本功练习：书信格式

书信属于应用文，有它惯用或固定的格式。一封书信包含了信件本身和信封。写信讲究礼节，信件的格式正是守礼仪的表现。通过书写工整、行文优美，以及正确的书信格式，让收信的人对写信的人产生好的印象。

1. 信件。

书信与其他命题作文不同之处在于书信的格式不同于一般作文。其内容可分为收件人称呼、问候语、正文、祝福语、署名、日期这几个部分。

（1）称呼：写信要先写收信人的称呼，明确点出这封信要写给谁。它是信的开头，也是写信人礼貌的体现。称谓的位置要写在信纸的第一行顶格处，表示尊敬和礼貌；后面加上冒号，表示下面我有话要说。称谓后面可写上问候的话，或是另起一段，空两格来写问候的话。例如：

亲爱的老师：您好！

(2)正文：是信件的主要内容，也是信的中心部分。将自己写信的目的、自己想说的话、想传达的信息、想表达的情感，都在这里清楚明白地写出来。如果要写的事情很多，我们还可以分段来写。一般来说，重要的写前面，次要的写后面；内容重要的详写，次要的略写。如果是回信，则先要把人家问你的事情写清楚，每件事情最好分开写，这样才能眉目清楚、一目了然。

(3)祝福语：正文写完后，一般要写上表示敬意、问候或是祝福的话语作为结尾。写祝福语的格式也有一定的要求。例如"敬祝"可以接着正文写，也可以另起一行空两格写，但祝福语的内容就一定要另起一行顶格来写。例如：

……我相信你的身体会越来越健康的。

祝

身体健康

(4)署名：按照写信人和收信人的关系进行署名。例如：侄儿、外甥、表妹、表弟等。署名就是在结尾下一行信的后半行写上自己的名字，对长辈要加上"敬上"。

(5)日期：写信人写这封信的日期。在署名后面加上写信的日期，包括年、月、日。写上日期对方才知道你写信的时间。

2. 信封。

通过观察教学，了解信封的写法，如图4-5。信封的写法是从上到下，先在方框里填上邮编，然后写上收信人的地址，再写姓名；右下角可写上寄件人地址和姓名，最后一行写寄件人的邮编。信封一般都在右上角贴邮票。

```
┌─────────────────────────────────────────────────┐
│ 这里写收件人的邮编（信封上有框，填在框里）      邮票贴在这里 │
│   这里写收件人的地址（可以分两行填写）                       │
│      （如广东省深圳市福田区××路××号××中学）              │
│                                                  │
│              这里写收件人的姓名                  │
│                                                  │
│                        这里写寄件人的地址和姓名  │
│                              这里写寄件人的邮编  │
└─────────────────────────────────────────────────┘
```

图4-5

四、思路引导

亲爱的同学们，你有没有想用写信的方式给亲友或老师说一些不好意思当面开口对他说或是你心中想对他说的话，或是想和他分享你的学习与生活点滴？请给你的亲友或是老师写一封信，把你的学习生活、日常点滴或想对他说的话、对他的想念都写出来吧！记得文章要写完整，也别忘了书写的称谓和祝福语。

1. 写作第一步：问候语称呼。

亲爱的_____：（写上远方亲人或朋友的名字）

问候语：_____例如：您好！好久不见了。

示例：

亲爱的小雯老师：

您好！好久不见了。

2. 写作第二步：取材与构思。

亲爱的同学们，要写一封信给亲友或老师，你想对他们说些什么呢？首先要确定写信目的：为什么我要写信给他（她）呢？我想跟他（她）说些什么？是想传达思念或期待，诉说生活点滴，还是抒发自己的心情？无论是讲一件事情或两件事情，都需要将事情的人物、时间、地点、起因、经过、结果写清楚，围绕着中心来说。再多的事情也要分主次，考虑先后顺序，这样才能条理清晰。你可以依序回答下面问题，再从问题中找出几个主题完成一篇文章。

（1）你写信给他的目的是什么？

例：我会写这封信给您，实在是我太想念您了，也想和您分享我最近的学校生活。

（2）你要对他说些什么？

例：最近，我忙于准备期中考试，开始感受到不小的课业压力。不过，一切都还算平安顺利。我想告诉您，虽然我过得不错，但对您的思念一点都没有减少，我不会忘记您曾对我的教导。

（3）分享你生活中的高兴的事。

例：我在县级作文竞赛中获得了优异的成绩，不仅让我找到写作的自信，也让我的家人以我为荣。

（4）分享你生活中难忘的事。

例：在比赛的前晚，我的心情七上八下、坐立难安。因为除了不知道比赛题目，我更害怕会不会如前几日练习时犯了"离题"的失误。在比赛后，我发现自己写的题材与一般人写的不大一样，写作题目是"我的太阳"，大部分参赛者写的都是身边的人，而我却写了"真理"，似乎相差了十万八千里。我非常担心自己写的方向是否正确，不知道自己能不能获得好成绩。如果没有获得好成绩，幸负了您的用心,那就太不应该了。

(5)你如何想念他?

例:亲爱的老师,自从您离开学校至今,不只我一人思念着您,我们全班同学,甚至是全校同学都想念您在学校的时光。在上课时,我双眼直盯着黑板,但心里想的却是:"老师,您能不能快点回来继续教我们?"

(6)你的心情如何?

例:您离开学校后,我们更深刻感受到您以往上课是多么认真地备课,您用阅读为我们打开新的视野,让我们看到更宽阔的世界。

(7)你对他的期望是什么?

例:我们衷心期盼您能早日回到学校,让一颗颗热爱写作的种子如我一般,茁壮成长,散播在各自人生的舞台上,发光发热。

(8)结尾写上祝福语、署名及日期。

3. 写作第三步:拟定写作大纲。

参考上方的材料,选取你最有把握、最有想法的内容,拟定写作大纲,并依照表4-12和图4-6,拟定大纲完成信件主体及信封。

表4-12

写信	
称呼与问候语	收信人的称呼 问候语
写信的目的与想对他说的话	正文
与他分享快乐的事	
对他的思念、心情与期望	
祝福语、署名与日期	

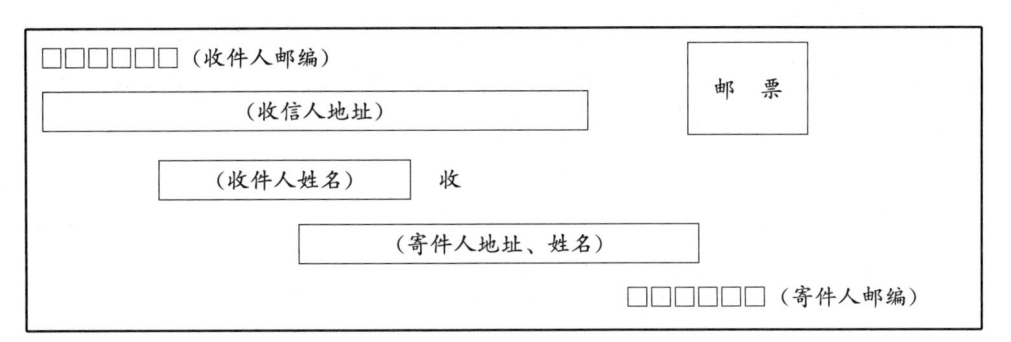

图 4-6

五、写作大观园——佳作欣赏

给老师的一封信

亲爱的老师：

　　最近好吗？今天，我会写这封信给您，实在是我太想念您了，也想和您分享我最近的学校生活。最近，我忙于准备期中考试，开始感受到不小的课业压力。不过，一切都还算平安顺利。我想告诉您，虽然我过得不错，但对您的思念一点都没有减少，我不会忘记您曾对我的教导，我和同学们都在等着您回来。我们始终记得您教导过的人生哲理，也将其铭记在心中。相信您的新工作一定很忙碌，工作压力一定也很大，要多注意身体健康啊！

　　今年暑假发生了一件让我非常难忘，也非常值得高兴的事，我在县级的作文竞赛中获得了优异的成绩，不仅让我找到写作的自信，也让我的家人以我为荣。但在比赛的前晚，我的心情七上八下、坐立难安。因为除了不知道比赛题目，我更害怕会不会如前几日练习时犯了"离题"的失误。在比赛完后，我发现自己写的题材与一般人写的不大一样。写作题目是"我的太阳"，大部分参赛者写的都是身边的人，而我却写了"真理"，似乎相差了十万八千里。当我告诉您我所写的题材时，您应该紧张得睡不着，饱受惊吓吧！但您仍然一直鼓励我，告诉我这样的写作取材是很大的突破，就看评审是否喜爱。幸运的是，隔天公告的名单上竟然出现我的名字。相信您看到后，心中的大石头终于放下来。这次的比赛，让我体验到"勤能补拙"这句话，也让我感受到老师用心良苦地栽培我，更让我领悟到机会是留给准备好的人。这也为我小学生活留下印象深刻且美好的回忆。

　　亲爱的老师，您离开学校至今，不只我一人思念着您，我们全班同学，甚至是全班同学都想念您在学校的时光。在上课时，我双眼直盯着黑板，但心里想的却是："老师，您能不能回来继续教我们？"您离开学校后，我们更深刻感受到您以往上课是多么认真地备课，您用阅读为我们打开新的视野，让我们看到更宽阔的世界。我们衷心期盼您能早日回到学校，让一颗颗热爱写作的种子如我一般，茁壮成长，散播在各自人生的舞台上，发光发热。

老师，我们盼望着您能回来教我们，继续指引我们人生的方向。老师，今年的圣诞节联欢活动，您会回来吗？我们等着您的出现。

祝
平安喜乐

学生妤婕敬上

2020 年 10 月 24 日

习作自评表：

评价项目	自评完成打√
1. 信件内容：对收件人的称呼、问候语、给收信人的话、祝福语、写信人的名字以及日期。	
2. 正文内容有事件时间、地点、人物、起因、经过、结果。	
3. 正文内容有表达出写信人的心里想法。	
4. 标点使用正确，格式正确。	
5. 自己修改错别字。	

（邱怡雯）

第八单元　我的心儿怦怦跳

一、写作教学亮点

　　写作时叙述一件事情，不会只是单纯的叙事，可能是要抒发独特的感受，也可能是要表达自己的观点，因为，文贵有"我"。"我的心儿怦怦跳"就是一个叙事抒情的主题。

　　"我的心儿怦怦跳"，这是一个多么生动细腻的话题啊！这个话题的关键在于"心儿怦怦跳"。指导学生审题时，首先要明确"心儿怦怦跳"是一种生理状态，像紧张、激动、害怕、惊喜、兴奋等心理状态都会引起身体产生这种感觉；之后思考什么时候会令"心儿怦怦跳"呢？产生这些心理活动的事情有哪些呢？第一次上台演讲、登上领奖台、做了错事怕被发现、一个人走夜路、站在百米赛跑的起点、奥赛得奖……无论从哪个角度选材，都要关注"我"的心理变化的瞬间，写清楚事情的经过和当时的感受。这是在三年级习作要求"写清楚"的基础上的拔高，要求表达更有深度。写出感受是本次习作教学的侧重点，是学生需要学习的新知。

文章要想写好，首先选材要真实感人，因为叙述亲身经历最能触发和调动真实的情绪，最能引起读者的共鸣。这篇文章的重点在于叙事的过程中突出感受，抓住心跳的瞬间和引发心跳的过程，具体描写当时的想法、动作、身体变化、表现等，写清一个人心路变化的历程，这是写作的难点和挑战，但也正是文章的精彩之处。因此把感受写清楚，是这篇文章成功的关键。

二、教材连结

"我的心儿怦怦跳"重在写清楚感受，这是在把一件事情写清楚的基础上的发展。统编教材十分注重习作能力培养的序列化，在一系列叙事的训练中逐步为学生搭建习作能力的成长阶梯，具体如表 4-13 所示。

表 4-13

单元	习作主题	习作能力
三上八单元	那次玩得真高兴	把玩的过程写完整。
三下二单元	看图画，写一写	通过观察，把看到的、想到的写清楚。
三下四单元	我做了一次小实验	运用关联词把过程写清楚。
三下七单元	国宝大熊猫	从几个方面把事物写清楚。
四上五单元	生活万花筒	按一定顺序把事情经过写清楚。
四上六单元	记一次游戏	把游戏过程写清楚，可以写出心情。

通过前期的训练，学生已基本掌握把一件事情写清楚的表达方法，在叙事中写出"心儿怦怦跳"的感受是又一次能力的突破。

本单元以"历史传说故事"为主题编排了三篇课文，意在引导学生把握课文主要内容，感受人物形象，培养学生观察和分析能力，掌握复述的策略方法，明白故事道理。课文《王戎不取道旁李》中通过王戎"不动"与其他小伙伴"竞走取之"的行为进行对比，以及王戎的语言描写，突出王戎从小就聪明过人，善于观察和动脑思考；课文《西门豹治邺》中按时间顺序采用语言、动作等描写，赞扬了西门豹才智过人，用将计就计的方法破除迷信；课文《故事二则》中蔡桓公刚愎自用、讳疾忌医，而扁鹊医术高超；纪昌的学习是得其精髓又不失创新。每篇课文，作者在描写人物形象时，都运用了不同的表现手法，写出了独特的感受。

三、写作素养基本功练习：叙事时抓住感受

"心儿怦怦跳"即在叙事中写出人物的感受和心情。写一件事，表达真情实感，就是要在事情发展过程中，写清楚自己的内心活动和当时的情感。"事"离不开"情"，有"情"，文章才有灵魂。那么，哪些方法可以帮助我们很好地写好感受和心情呢？

1. 心理描写多次出现，内心独白要有变化。

例如《牛和鹅》中放学回家碰到鹅时"我的心里很害怕""我想，它一定要把我咬死了"，直接抒写内心的害怕、紧张心理，用句式变化和反复的方法描写此时的心理活动。

2. 运用动作、神态、语言描写来反映人物的内心。

在写心理活动时穿插人物的动作、语言、神态描写，还可以和身边的人、事、物结合在一起写心跳，这样使文章错落有致，富于变化。如"官绅们一个个吓得面如土色，跪下来磕头求饶，把头都磕破了，直淌血"，运用神态、动作描写刻画出官绅的极度害怕、恐惧。习作前，教师还可以寻找这样"写感受"的片段，进一步引导学生探究、感悟。例如"孩子们惊呼起来，急急逃跑，鹅追得更快了。我吓得脚也软了，更跑不快……在忙乱中，我的书包掉了，鞋子也弄脱了，我想，它一定要把我咬死了。我就又哭又叫，可是叫些什么，当时自己也不知道，大概是这样叫吧：'鹅要吃我了！鹅要咬死我了'"。在这里通过动作、神态、语言多种描写相结合，写出我的害怕、惊慌失措，令人读来很真实。

3. 借助环境描写烘托人物心情，一切物语皆情语。

如一学生因考试失利写道："天色愈发昏暗了，大片的乌云聚拢在一起，越积越厚，压得人喘不过气来。我站在家门口久久伫立着……"前面的环境描写让那种沮丧、担心之情跃然纸上。

当然，写作中还可以调动平时的积累，用上一些表示心情的词汇，直接表达感受，比如"提心吊胆、心急如焚"等。

四、思路引领

亲爱的同学们，每个人都经历过让自己心跳的事，令你"心儿怦怦跳"的事是什么呢？参加故事会，登上领奖台，使你的心儿怦怦跳；第一次演讲，第一次骑行，使你的心儿怦怦跳；进入考场使你的心儿怦怦跳……以"我的心儿怦怦跳"为题，写一写自己的经历吧。

1. 写作第一步：确定心跳事件。

心儿怦怦跳，就是心跳得厉害，想一想什么情况下我们会心跳得厉害呢？紧张、害怕、恼羞成怒、激动……什么事让你紧张激动？什么事让你害怕恐惧？什么事让你激昂、愤怒？打开记忆的闸门，来填写你的心跳故事图，如图4-7所示。

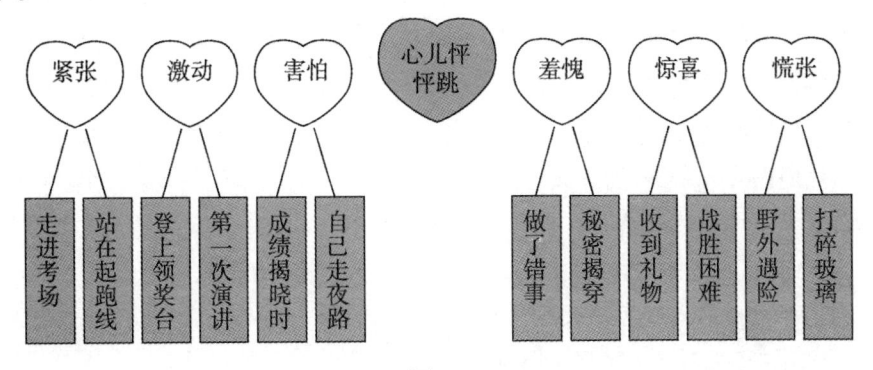

图 4-7

2. 写作第二步：取材与构思。

同学们，选好了故事之后，要确认这次习作的重点。这次习作不仅要写清楚事情发展的过程，更要写出过程中心跳的时刻。为什么心跳？心跳的具体表现怎样？你可以依序回答下列问题，完成构思和布局，最后再将它组织成一篇完整的文章。

(1) 什么事情令你心儿怦怦跳？

例：晚上自己一个人在家，非常害怕。

(2) 事情发生在什么时候，什么地方，都有哪些人参与？

例：三年级时，一天晚上，自己一个人在家。

(3) 简要写一写事情的起因、经过、结果。

例：妈妈不在家，我一个人在家，天越来越黑。我好害怕呀，总觉得窗外有声音，有鬼怪人影，吓得我直打颤。我躲到被子里，蒙住头，满身大汗，眼泪在眼眶里打转。最后妈妈回来了，我抱住妈妈大哭起来。

(4) 当时的环境气氛如何？当时你的感受是什么？

例：外面下雨了，总有窸窸窣窣的声音。当时害怕，紧张得不敢动弹，加上自己的想象，越发害怕了。

(5) 写出心跳最厉害的瞬间，用上几个关键词写出感受。如：心惊胆战、像揣了只小兔子。

例：拉窗帘时不敢往外看。汗毛都竖起来了、心提到了嗓子眼、头上直冒汗、心惊肉跳。

(6) 当时心里想什么，说了什么，做了什么动作，表情神态有什么变化？

例：我心想："妈妈，你怎么还不回来呀！魔鬼呀，我平时没做亏心事呀，你可不要来找我！"我在卧室里来回踱着步，裤脚被什么东西缠住了，我使劲挣扎，可还是挣脱不开那"魔爪"。我不敢向下看，以为被魔鬼缠住了……我爬到床上蒙住头，喘着粗气，手捂着胸口，房间里安静极了，只听见我的心在"怦、怦、怦"地跳着。

(7) 事情怎么解决的？

例：我迷迷糊糊睡着了。天亮了，妈妈回来了。

(8) 你有什么收获？

例：那天夜里我好害怕呀，但我会渐渐长大的。

3. 写作第三步：完成写作提纲。

相信你心中已有了文章的初步轮廓了，快快拿起笔，依据以上步骤梳理好自己的思路，并如表 4-14 所示拟定写作大纲。

表 4-14

开头	交代事情的背景。开头运用抒情式、并列式。
第二段	起因。
第三段	经过（重点写当时的感受）。
第四段	结果。
结尾	我的感受、事情带给我的启发、道理、意义。

五、写作大观园——佳作欣赏

我的心儿怦怦跳

邢台市育才小学　吕李政

长这么大,我经历了许多让我心儿怦怦跳的事情,尤其那次,一想起来就令人啼笑皆非。

那还是我上三年级的时候,一天,我写完了作业,一个人在家等妈妈回来。时间滴答滴答地过去了,天渐渐地黑了,可妈妈加班还没回来,我有些着急,又有些害怕。大约过了半个小时,外面电闪雷鸣,紧接着下起了瓢泼大雨,雨水打在玻璃上,玻璃也变得模模糊糊了。我更加害怕了,捂着耳朵,努力让自己沉浸到书的故事里,可是动画片里一个个怪兽的形象浮现出来,张牙舞爪,向我扑来。我害怕极了,一边安慰自己"都是假的,假的!"一边紧闭着眼睛把窗帘拉了起来。外面雷电交加,大风"呼呼"地狂吼着,我蜷缩着身体,头上渗出了豆大的汗珠,手心里也全是汗。妈妈怎么还不回来呀?我也没心思看书了,壮了壮胆子,从窗帘缝隙里向外张望着,突然,好像一道黑影从我眼前飞过,我吓得大叫一声,后退了两步,眼泪也止不住地从眼眶里溢了出来。许久,我才捂着胸口,缓过神来,原来是窗户外被风吹乱的枝条。妈妈呀,你快回来吧!

我不敢在客厅了,把所有的灯都打开,快步来到卧室里。咦,我的衣服被什么扯住了,我使劲挣扎,还是挣不脱。我不敢扭头看,心想:"世上没有怪兽呀,不怕不怕,要当奥特曼……"我心里念叨着,壮着胆回头一看,原来是衣服被门后的收纳袋挂钩勾住了。我一下瘫坐在床上,赶紧拽过一条被子,蒙住头,喘着粗气,只听见我的心在"呼、呼、呼"地跳着……

不知不觉,我睡着了。当我睁开眼睛时,天已经亮了,妈妈正慈爱地看着我……那天夜里,我害怕极了,但我相信自己会成长成为一个胆大的小孩。

习作自评表:

评价项目	自评完成打√
1. 写清楚了事情的背景。	
2. 详细写清事情的经过,体现"心儿怦怦跳"。	
3. 有抒发心情的词语。	
4. 有人物心理、动作、神态等描写。	

续表

评价项目	自评完成打√
5. 有合理的环境描写。	
6. 小声朗读习作,认真检查文中是否有错字、错词,不通顺的语句,并运用修改符号修改。	

(邢台市育才小学　魏延波)

第五章　四年级下册习作教学设计

第一单元　我的乐园

一、写作教学亮点

　　看到《我的乐园》这篇习作题目，学生想写的地方应该有很多，可能是和同学们一起学习的学校，可能是温馨舒适的家里，还可能是充满紧张刺激的游乐场。要想写好《我的乐园》，教师要指导学生抓住一个"乐"字，引导孩子们去回忆那些充满乐趣的地方——湖畔、林间、广场、校园……这些场所是否留下了欢乐；在自己的乐园里找到哪些快乐？所以，教师可以先指导学生选材：满是玩具的房间，充满书香味的班级图书角，家里的干净院子，村头小河边的绿茵草地，学校的篮球场，爷爷耕种的菜地……

　　那么，这么多充满乐趣的地方，教师怎样指导学生介绍自己的乐园呢？可以一步步来：乐园在哪里？是什么样子的？你最喜欢在那儿干什么？这个乐园给你带来了怎样的快乐？

　　这篇文章要想写得亮眼出色，就一定得写出这个乐园对我来说与其他地方不同之处在哪里？为何会成为"我的乐园"？只有突出这些，才能够写出有吸引力的好文章来。

二、教材连结

　　本单元课文《乡下人家》语言质朴、意境优美，课文围绕中心句"乡下人家，不论什么时候，不论什么季节，都有一道独特、迷人的风景"，分别从空间角度描写屋前、门前的场地、屋后，从时间角度描写春雨过后、夏天傍晚、秋天来临时乡下人家的风景，让我们在头脑中浮现出一幅幅乡下人家热爱生活、装点生活的画面。

课文《天窗》是作家茅盾描绘童年生活的一篇文章，通过讲述天窗的来历，借由孩子通过天窗进行的想象描绘了想象的快乐，表达了孩童对于自由的向往和追求快乐的童心。本课的中心句"这时候，小小的天窗是你唯一的慰藉"在课文中出现了两次，且在教材中用泡泡对话框明确提出了从该句体会课文思想感情的学习要求。

《三月桃花水》是刘湛秋抒写的一篇优美的散文，文章描写了阳春三月，春水滋润大地、催生万物的美丽景色，赞美了春天的美丽。文章中那一串串美丽的文字，让我们沉醉在这如梦似幻的乐园中。

看来，每个人心中各有一个喜爱的乐园。本次习作，教师要引导学生通过手中的笔，用优美的文字把心中的乐园写下来。

三、作文基本功练习：围绕中心句叙述

中心句是最能体现一篇文章或段落主要内容的句子，是文章中处于中心地位的句子。它在全文中起主导作用，是文章中最重要的句子。一般中心句在哪里呢，我们如何来围绕中心句写作呢？

1. 配合题目去写。

题目是文章的眼睛，往往有的题目就是中心句。如《手术台就是阵地》这一题目，实际上就是文章的中心句，直接揭示了文章的中心。

2. 抓住总起句去写。

如《找春天》的开头"春天来了！春天来了！"这句是文章开头的总起句，写作者感受到春天来了的激动心情，是中心句。

3. 善于结尾处去写。

如《狐假虎威》中"原来狐狸是借着老虎的威风把百兽吓跑的。"总结全文，突出中心，揭示"狐假虎威"的含义。

4. 利用反复句去写。

如《妈妈睡了》"睡梦中的妈妈真美丽/好温柔/好累。"这句话在文章中反复出现了三次，给读者留下深刻的印象，它就是中心句。

5. 巧用过渡句来点题。

如《端午粽》中"外婆包的粽子十分好吃，花样也多。"这个过渡句包含了文章中心内容，就是中心句。

简而言之，要围绕中心句把内容写具体，我们要注意：按顺序，写生动，多角度，写准确。

四、思路引导

"乐园"就是快乐的地方，"我的乐园"就是带给我快乐的地方，那么，同学们的乐园是什么样子的？你喜欢在乐园里干什么？乐园给你带来了怎样的快乐？今天，我们就来写一写《我的乐园》。

1. 写作第一步：确定写作内容。

亲爱的同学们，你的"乐园"在哪里呢？把你的乐园介绍给同学们吧。课本上已经给大家提供了一些场所，任由你选择，你要选择哪一个？你想怎样写呢？

除了从课本的单元习作中选择，我们还可以走出课本到生活中找一找，如图5-1所示。通过比较，找出自己最熟悉且最能展现"乐"的地方，确定"我的乐园"。

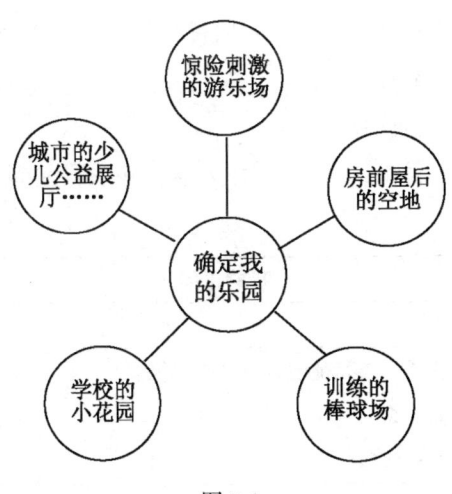

图 5-1

2. 写作第二步：理清写作思路。

"我的乐园"贵在于"乐"。它是通过"我"的活动表达"我"的快乐之情。所以既要对乐园的样子进行介绍，也要对乐园中自己的活动进行详细的记述，还要有对在乐园中欢乐心情的抒发，可以运用多种表达方式融合在一起。

(1) 这个乐园与其他的地方有什么不同之处呢？

例：我的房间给予了我独立的空间，陪伴着我成长，带给我很多快乐。

(2) 它是什么样子的？（请按顺序来写）

例：我的房间里有一张像吧台样式的书桌，一张床，床头就是一大片书的海洋，床尾是三开门的衣柜，还有一张折叠式的小床，小床上头就是一个放玩具的架子。

(3) 它给你的感觉如何？

例：整个房间十分整洁。淡黄色的卡通窗帘，配上黄色的木制品，看起来十分和谐。

(4) 你在乐园里最爱做什么？

例：夏季天气炎热，我便打开空调，边吃雪糕，边看看书，听听音乐，别提多惬意了。冬季寒风凛冽，我呆在温暖的房间里，一会儿给美丽的芭比娃娃换换装，一会儿画一画窗外的漫天大雪……我的房间是独属于我的快乐天地！

(5) 这个乐园给你带来了怎样的快乐？重点写一件事。

例：有一次，我喊了许多小伙伴们到我的房间玩耍……伙伴们走后，我的房间里一片狼藉：乱丢的食品袋、掉在地上的零食、成堆的玩具、凌乱的床铺……这肯定会费我大把时间收拾，但是我却觉得很值，因为我和小伙伴们在乐园里玩得很快乐，而快乐是无价的！

3. 写作第三步：完成写作大纲。

参考上述的材料与表 5-1，拟定写作大纲，并依照大纲完成整篇的写作。

表 5-1

我的乐园	
地点	乐园在哪里？
样子	乐园什么样子，与其他地方有什么不同？
事情	在乐园里做什么？
感受	乐园带来怎样快乐？

五、写作大观园——佳作欣赏

我的乐园

如果有人问我："你的乐园在哪里？"那我一定会大声地告诉他："我的房间！"因为我的房间给予了我独立的空间，陪伴着我成长，带给了我很多快乐！

我的房间里有一张像吧台样式的书桌，一张床，床头就是一大片书的海洋，床尾是三开门衣柜，还有一张折叠式的小床，小床上头就是一个放玩具的架子，整个房间十分整洁。淡黄色的卡通窗帘，配上黄色的木制品，看起来十分和谐。

夏季天气炎热，我便打开空调，边吃雪糕，边看看书、听听音乐，别提多惬意了。冬季寒风凛冽，我呆在温暖的房间里，一会儿给美丽的芭比娃娃换换装，一会儿画一画窗外的漫天大雪……我的房间是独属于我的快乐天地！

有一次，我喊了许多小伙伴们到我的房间玩耍。小伙伴们把我的小房间挤得满满的。电视里孙悟空与妖魔鬼怪打斗的声音，房间里我和小伙伴们喧闹的声音，夹杂着玩具碰撞的声音，还有各种开心的笑声，奏出了我乐园里的快乐乐章。伙伴们走后，我的房间里一片狼藉：乱丢的食品袋、掉在地上的零食、成堆的玩具、凌乱的床铺……这肯定会费我大把时间收拾，但是我觉得很值，因为我和小伙伴们在乐园里玩得很快乐，而快乐是无价的！

我喜欢我的房间，喜欢这独属于我的天地，它陪伴我的成长，带给我无价的快乐！

习作自评表：

评价项目	自评完成打√
1. 内容是我的乐园。	
2. 按一定顺序写清乐园的样子。	
3. 写出了自己在乐园里最爱干什么。	
4. 能够写出乐园带给我的快乐。	
5. 题目、分段、格式正确。	
6. 标点使用、占格正确。	

（邢台市育红小学泉北校区　朱卫娟）

第二单元　我的奇思妙想

一、写作教学亮点

生活并非十全十美，总会有不尽如人意之处。在发现身边的事物不符合自身的要求时，我们可以张开想象的翅膀，任它自由飞翔，也许就有惊喜地发现或神奇的发明。所有的发明都来源于生活。指导学生完成本次习作的首要步骤就是教会孩子如何结合生活实际进行奇思妙想。可以指导学生根据生活中遇到的麻烦事儿来发明，也可以指导学生将几种物品的功能结合到一起，想象出一种新物品。

这个神奇的物品是什么样子呢？可以先请学生将要发明的东西画出来，画得不好也没有关系，只要把主要特征画出来就行。再对照图纸描述一下这件"发明"的样子。这样可以帮助学生将想象物品的外形、大小、构造等特点交代清楚。

奇思妙想并非凭空想象，所想象出来的物品是建立在生活和科学的基础上。这篇文章要写得出色、有亮点，就要把发明东西有何作用或功能，怎么使用等阐述清楚，重点写出这一事物有什么优点，神奇在什么地方，会给我们的生活带来哪些便利，产生哪些影响？这样奇思妙想的神奇发明才会让人印象深刻。

二、教材连结

本单元的四篇课文，都与发明或科学知识有关。

《琥珀》这篇课文中作者根据琥珀中苍蝇、蜘蛛的样子和琥珀形成的科学知识展开有根据的推测，运用讲故事的形式将琥珀形成的过程生动地讲述出来，激发读者的阅读兴趣；《飞向蓝天的恐龙》这篇课文向我们介绍了"鸟类起源于恐龙"的假说，文中展示了保存有羽毛的恐龙化石证据，介绍了恐龙到鸟类的演化过程；《纳米技术就在我们身边》介绍了纳米技术的含义及其应用；《千年梦圆在今朝》记叙了中华民族追寻飞天梦的过程。

这些文章都与自然科技有关，可以培养学生的科学兴趣，激发想象力和创造力，有助于学生发挥奇思妙想，创造出神奇的物品。习作题目"我的奇思妙想"就可以根据这几课延伸出创意的发明，写出这项发明的外形与功能，使学生成为一个小小观察家与发明家。

三、写作素养基本功练习：按照空间顺序写物品

介绍一种物品要按照一定的顺序，才能够将物品写清楚。写外形，可以按照空间顺序来写。空间顺序分为：内外顺序、整体与局部顺序、上下顺序、左右顺序、前后顺序等。在选定一种空间顺序介绍一种事物的时候，可以用到串写连词：

(1) 上下顺序：上面是……中间是……下面是……

(2) 左右顺序：最左边是……中间是……最右边是……

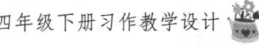

(3) 内外顺序：外面是……往里是……再往里是……

在连词后，应将事物的不同部位进行具体描写。

四、思路引导

同学们，学习了本单元的课文后，我们进入到一个神奇的世界。尤其是科技的发展，更让我们领略到未来世界的美妙。是啊，未来世界就是科技高度发展的世界，是我们大显身手的世界，是我们将脑中的奇思妙想变成现实的世界，那就拿出你的笔，写出你的"奇思妙想"吧！

1. 写作第一步：确定发明的物品。

(1) 结合生活中的不方便来发明。

想一想生活中遇到过哪些不方便的事，有什么办法可以解决？发挥奇思妙想来帮助自己实现梦想吧！

我在生活中遇到什么不方便的事情？我想出什么解决办法？

例：生活中外出旅行是一件劳累的事情，不仅需要乘坐各种交通工具，还要大包小包地拎东西，非常的累。我想出的解决办法是发明一个会飞的屋子，这样住在自己的房间里面，就可以遨游世界。

(2) 将几种物品组合创造出具有新功能的物品。

有时候，我们将生活中几种物品的功能结合起来，就可以发明出新的神奇物品，满足我们的各种需求。你有什么神奇的物品是进行组合后产生的？

例：（溜冰鞋）＋（雨鞋）＋（运动鞋）＝（神奇鞋子）；

（电脑）＋（电子屏幕）＋（黑板）＝（电子黑板）。

(3) 给想要发明的物品起个吸引人的名字。

有趣的名字不仅能够吸引人的注意力，还能揭示物品的功能，比如《会飞的木屋》《水上行走鞋》《时空穿梭机》《未来的书包》《插上翅膀的汽车》《会变魔术的笔》等题目都是"功能＋物品"组成的题目。你想给自己发明的物品起什么名字呢？请为你发明的物品确定一个足够吸引人的名字吧！

2. 写作第二步：绘制图纸，刻画样子。

(1) 你想发明的物品长什么样子？发挥想象力，在图纸里画一画吧，画得不好也没有关系，只要把主要特征画出来就行。

(2) 怎样才能将自己发明的物品介绍清楚呢？参考几个例子，一边读一边思考作者是怎样将事物介绍清楚的。

[例1] 这只玩偶猴子全身长着棕褐色的毛，额头上光秃秃的，没一根毛发，

布满了一道道皱纹，就像一个个小老头。它黑色的爪子上长满了长指甲，尾巴又粗又短，遮盖不住没有长毛、常被人取笑的红屁股。

这段话写猴子的整体，再写猴子的局部——爪子、尾巴。写事物的外观时，不仅仅可以先写整体，再写局部，还可以按由内而外、由上到下、由左到右、从前到后的顺序进行描写。

[例2] 水上行走鞋是1米长的充气"大鞋"，双脚分别踩在两只"充气鞋"上部的平面上，扣上鞋搭，就可以行走啦。

这段话运用列数字的方法，使读者了解它的大小。

[例3] 这座小木屋的屋顶像是高高的三角形铁塔，屋顶下面是一个正方形的屋子，他的窗户就像圆溜溜的小眼睛，可爱极了。

运用打比方的方法，使读者了解小屋的样子。

[例4] 时空穿梭机的颜色是白色的，比电视遥控器大不了多少。

将时空穿梭机和电视遥控器进行对比，了解时空穿梭机的大小。

(3) 写一写，你想发明的物品的样子。

例：我那漂亮的房子屋顶是五角形的，房体是圆形的，整个房子的颜色是绿色的，那种颜料是我亲手特制的，因为在颜料中加入了许多花香的味道。房子共有四个小窗户，每一个小窗户看到的景象都是不同的。

3. 写作第三步：说明用途。

你发明的东西有何作用或功能，怎么使用？有什么优点？神奇在什么地方？会给我们的生活带来哪些便利？产生哪些影响？想一想，完成下面的表格，如表5-2所示。

表 5-2

名称	
功能	具体描述 （如何使用、优点、带来哪些方便、产生什么影响）
第1个功能	
第2个功能	
第3个功能	

4. 写作第四步：完成习作。

根据图 5-2 提示的提纲以及上述步骤，完成习作。

| 开头：交代你想发明的物品名称与原因。 | ➡ | 中间：详细介绍你想发明的事物的样子与功能。 | ➡ | 结尾：表达自己对想发明事物的喜爱与期待。 |

图 5-2

五、写作大观园——佳作欣赏

未来的衣服

光阴似箭，转眼就到了 2035 年，未来的一切都跟我们现代的有着天壤之别。就比如这件实用美丽的衣服，现在就让你们先睹为快吧！

这件衣服的外表和现代的风衣非常相似，布料不是那么厚，却很有韧性，不容易被刮坏，颜色可以随着温度的变化而发生变化。最为重要的是，它具有一些独特的功能，你可千万别小看它哦！

第一种功能：耐脏。现代的衣服统统有个缺点，那就是太容易脏了。而我设计的这种服装用了新型的纳米分子制成，一点儿也不沾灰。要是被铅笔或是水笔划到了，你也不要担心，因为这种服装同时也具有自动清洁的功能。这种功能也可以帮助到那些工作忙碌的人，他们也不用再浪费时间来洗衣服了。而且，正因为是这种最新型的科技材料制成的，衣服也更加耐磨。

第二种功能：按摩功能。现在，人的工作越来越忙，体质越来越差了，常常容易感到疲惫。所以，我设计的衣服也具有按摩的功能。这种衣服简直是一个私人的保健医生！当你穿上它时，你的身体会处在一个被柔软包围的环境里。如果你感到身体疲惫了，比如肩颈酸痛、小腿酸胀等，它就会自动开启按摩功能，帮你消除疲劳。所以如果你想让自己更加健康强壮，那么这件衣服就是你的必备啦！

第三种功能：上网办公。现在，许多人上班工作很麻烦，但是有了这件衣服，你的这些烦恼可以抛到九霄云外去喽！因为这件衣服的前面有一个软屏幕，它具备手机和电脑的全部功能，不仅可以让人自动上网，还可以让你直接穿着衣服舒舒服服地办公。这样，人们将会生活得更加舒适和便捷了。

听了我的介绍，你们有没心动的感觉呢？我相信，以后强大的科学技术一定能把它发明出来的！

习作自评表：

评价项目	自评完成打√
1. 结合生活中遇到的麻烦或者叠加几种物品的功能于一体，想象出一种物品。	
2. 按照一定的顺序，运用简单的说明方法，介绍所发明物品的外观。	
3. 写清楚所发明物品的功能或优点，以及带来的方便、产生的影响。	
4. 写好后，小声朗读一遍，将有错误的地方，用修改符号改正过来。	
5. 把自己写的文章读给同学听一听，请他评价自己的习作。	

（邢台市金华实验小学　南晓丽）

第三单元　轻叩诗歌的大门

一、写作教学亮点

诗歌是文学王冠上的明珠，是美的化身、情的产物。生活中凡是让我们感到美的事物或者令人心动的时刻，诗情就在其中了。儿童心灵自由、想象丰富，天性近诗，他们是天生的诗人。指导孩子写童诗要从以下3个方面入手。

1. 教给孩子学会适当分行。

写诗和写文章一样，都是把看到的、听到的、感受到的写出来，但是诗又和一般的文章不同，它是分行来写的，诗的行数和每行的字数都没有固定的限制。

2. 告诉孩子语言要简洁精要。

用简单且有趣的文字把眼前看到的景物描绘下来，再捕捉下心中的感觉和想法，这就是童诗。

3. 最重要的要告诉孩子学会运用想象。

每一首童诗都充满想象，在孩子的奇妙世界里，能咀嚼到阳光的味道，能听到花开的声音。我们要引导孩子运用多种感官观察事物，捕捉脑海中产生的有趣想法，告诉孩子光用眼睛看还不够，还要用耳朵听一听，用手摸一摸，用鼻子闻一闻，有时还要用嘴尝一尝，这样，他们的想象就会更丰富！

二、教材连结

本单元的诗歌，读起来朗朗上口、悦耳动听。诗歌常常表达了诗人独特的感受，蕴含着丰富的想象，作者常常把看到的事物运用比喻、拟人的修辞手法表达出来。比如在《天晴了的时候》中，"炫耀着新绿的"小草、"不再胆怯的小白菊"、"自在闲游的"凤蝶儿，一连串拟人手法的运用，让雨后天晴的景象充满了生机。"抖去水珠的凤蝶儿，在木叶间自在闲游，把它五彩的智慧书页，曝着阳光一开一收。"更是运用了拟人加比喻的手法，把凤蝶儿五彩的翅膀幻化为"一开一收"的"智慧书页"，借凤蝶的"闲游"，巧妙地表达了诗人自身悠闲的心态。这些修辞手法（比喻、拟人、排比、反问）等，不仅让句子生动、有画面感，读起来也更有节奏感，其中比喻的条件和拟人的修辞手法，通过图5-3的演示可更直观地理解。

本单元每首诗都饱含着真挚的情感，如"永不漫灭的回忆"和"我只躲到你的怀里"，让我们体会到了诗人对母亲的深深依恋。

这些修辞手法以及深切的情感表达方式，教师在教授课文的过程中，可指导学生关注这两个方面，以便孩子初学写诗的时候可以更好地融会贯通。

比喻的条件	拟人
1.比喻要有两种以上的东西：本体、（喻词）、喻体。 2.比喻和被比喻的两种东西：本体和喻体，至少要有一个极相似的地方。 3.比喻的两种东西：本体和喻体，在性质上是要完全不同的两类事物。	⇒ 加动词 ⇒ 加形容词 ⇒ 加入对话

图 5-3

三、写作素养基本功练习：仿写

想象的翅膀需借助于恰当的模仿。仿写不是机械模仿，更不是抄袭。仿写中既要借鉴范文的写法，又要引导学生写出眼中所见、心中所感。

指导学生仿写诗歌要先引导孩子读懂原诗、学会欣赏，在读诗中产生类比联想，由诗中描绘的景物和抒发的情感，想到了自己曾看到的景物或曾产生过同样的感受。有了创作的冲动，再找到原诗的精妙之处，也就是"模仿点"，进行仿写。见下文的诗《云》：

云

云像一个忙碌的画家

在天空中画出一幅又一幅的图画

云像一个贪玩的小捣蛋常常忘了回家

这首诗运用了形象的比喻，巧妙地描绘了大自然中云的特点——多变、出现频率高。我们可以引导学生运用比喻的方法也来描绘自然现象，比如描绘雾、霜、雨、雪等自然现象，先指导孩子找到它们在大自然中的特点，再运用比喻的手法描绘下来。

指导孩子仿写童诗可以从诗的形式——恰当分行、诗的特点——反复结构，以及诗的修辞手法的运用开始。

四、思路引导

亲爱的同学们，当你读一首童诗时，你有没有感觉到一首诗就是一幅画、一首歌？你有没有在读一首诗时会产生想给它添上一两句的想法呢？就让我们从模仿开始我们的写诗之路吧！

（一）写作第一步：按诗的特点来仿写

1. 学会分行。

诗和一般的文章最大的不同就是"长相"。文章是一句接一句地写，一段接一段地写；诗是写一句便分行，甚至是只写一个词语也可以分行。表 5-3 把要表达的相同的事物用文章和诗的形式进行表现。

表 5-3

学会分行	
A	B
白鹭鸶 飞飞飞，飞到牛背上歇歇脚；飞飞飞，飞到田野上泡泡水；飞飞飞，飞到稻草边捉迷藏。	白鹭鸶 飞飞飞 飞到牛背上 歇歇脚 飞飞飞 飞到田野上 泡泡水 飞飞飞 飞到稻草边 捉迷藏

表 5-3 中，你喜欢读形式 A 还是形式 B 呢？是不是 B 读起来更有味道呢？"歇歇脚""泡泡水"这些词语都可以成为一行。恰当的分行，让诗读起来更像音乐一样有起伏。把我们平常看到的景物和心中的感觉用恰当的分行表达出来就是诗，我们也可以模仿着来写一首《小蚂蚁》的诗：

    爬爬爬

    爬到＿＿＿＿＿

    歇歇脚

    爬爬爬

    爬到＿＿＿＿＿

    跳跳舞

    爬爬爬

    爬到＿＿＿＿＿

    捉迷藏

你发现了吗？写诗要有诗的样子，首先要学会分行，分行虽然没有标准和原则，但词语一般不会被分开、间隔。

2. 词句简洁。

一首优美的小诗就像一首歌，它是有节奏的。请你读一读表 5-4 中的 A、B 两组形式，判断哪一组才符合诗的节奏，具有音乐性呢？

表 5-4

词句简洁	
A	B

我想当个天使
  魏显懿
我想当个白衣天使
因为这次疫情医生要救助许多病人
我想帮医生抢救病人
所以我想当个白衣天使
 	
我想当个黑衣天使
因为肺炎让我们失去家人、朋友
我想把病毒带走
所以我想当个黑衣天使
	我想当个天使
	  魏显懿
	我想当个白衣天使
	帮助医生救助病人
	不让这次的疫情夺走更多人的生命
	
	我想当个黑衣天使
	帮助武汉把病毒偷走
	阻止肺炎让我们失去家人、朋友

177

续表

词句简洁	
A	B
我想当个橙衣天使 因为疫情医院不够 我想帮工人建造医院 所以我想当个橙衣天使	我想当个橙衣天使 帮助工人建造医院 让更多的病人得到医治
我想当个蓝衣天使 我想帮警察维持秩序 所以我想当个蓝衣天使	我想当个蓝衣天使 帮助警察维持好秩序 不让我的家园混乱无序
我想当个五颜六色的天使 去帮助每一个人 为国家作贡献 所以我想当个五颜六色的天使	我想当个五颜六色的天使 去帮助每一个人 让我们的国家永远美丽安康

由表 5-4 中的 A 篇和 B 篇两首小诗进行对比,可以看出:B 篇读起来文字简洁、有节奏,符合诗歌的要求,所以写诗时,用简单的文字表达清楚意思即可。所以,我们在写诗时相关的连接词、叹词、代名词都可以去掉。

3. 学会想象。

请读一读表 5-5 左边的小诗《螃蟹》,你有什么感觉呢?

有趣的联想会让诗歌变得生动有趣,给大家带来美的享受!所以,把你看到的景物写下来,再加上内心的感觉就是诗。读着《螃蟹》这首小诗,你想起了哪个小动物了呢?也给它写首小诗吧!见表 5-5 的右栏,请你进行仿写。

表 5-5

学会想象	
螃蟹 螃蟹!螃蟹! 你为什么嘴巴吐白沫? 是不是刚刚起床, 正在刷牙漱口? 怎么! 你在流口水, 想吃我手里的烤香肠?	蜗牛 蜗牛!蜗牛! 你为什么爬得那么慢? 是不是_____, _____? 怎么! 你在_____, _____?

(二)写作第二步：按同样的形式来仿写

1. 句子重叠。

诗常常善用同样的句式反复，形成声音、韵律与形式重叠的美感，在读完表5-6 左边《绿》这一小节后，请你模仿用重叠的句子来写一写诗，以增添诗的韵律感，见表5-6 右边。

表 5-6

重叠的句子	
绿（节选） 刮的风是绿的， 下的雨是绿的， 流的水是绿的， 阳光也是绿的；	秋 秋天的＿＿＿＿＿是金黄色的， 秋天的＿＿＿＿＿是金黄色的， 秋天的＿＿＿＿＿， 秋天的＿＿＿＿＿。

2. 句式重叠。

不仅句子重叠可以成诗，句式重叠也可以成诗，比如我们可以把想象用反复的句式写下来，如表5-7。

表 5-7

重叠的句式	
如果我是一滴水珠 　　二年级　曹铭暄 如果我是一滴水珠 你猜，我会落到哪里呢？ 我要落到小河里， 和小鱼一起玩耍， 我要落到荷叶上， 和青蛙做游戏。 我要落到花瓣上， 和小花一起跳舞。 我要落到妈妈的脸上， 亲亲她，抱抱她， 对她说， "辛苦了，我爱你！"	如果 　　四年级　刘欣儒 如果我是一片白帆， 我喜欢在平静的湖面上漂荡。 如果我是一条小鱼， 我喜欢在清澈的湖水中遨游。 如果我是一个红菱， 我喜欢在油亮的水草里躲猫猫。 啊，太湖！ 我想成为一滴水， 躺在你温柔的怀抱中， 和你永不分离。

(三)写作第三步：按修辞的手法来仿写

1. 运用比喻。

我们可以用比喻的修辞手法来仿写《家》，见表 5-8。

表 5-8

运用比喻	
家	家
蓝天是白云的家， 树林是小鸟的家， 小河是鱼儿的家， 泥土是种子的家， 我们是祖国的花朵， 祖国就是我们的家。	天空是星星的家， 小河是鱼儿的家， 花朵是蝴蝶的家， 大树是小鸟的家， 我们是地球的孩子， 美丽的地球是我们的家。

2. 运用拟人。

运用拟人的手法进行童诗的创作，把所描绘的事物更加形象地展示给读者，例如小诗《四季》：

>四季
>
>草芽尖尖，
>他对小鸟说：
>"我是春天。"
>
>荷叶圆圆，
>他对青蛙说：
>"我是夏天。"
>
>谷穗弯弯，
>他鞠着躬说：
>"我是秋天。"
>
>雪人大肚子一挺，
>他顽皮地说：
>"我就是冬天。"

你还知道哪些代表四季的事物，也可以用拟人的手法来写《四季》，见表 5-9。

表 5-9

运用拟人	
草芽尖尖， 他对小鸟说： "我是春天。" →	桃花朵朵 他对蜜蜂说： "我是春天。"
谷穗弯弯， 他鞠着躬说： "我是秋天。" →	枫叶红红， 他摆着手说： "我是秋天。"

在童诗中除了运用比喻和拟人，你也可以运用其他修辞手法进行创作。

五、写作大观园——佳作欣赏

妈 妈

胡益坚（四年级）

你认为妈妈是怎样的？

我认为，

妈妈是白云，

为我遮挡阳光。

妈妈是灯，

在黑暗中为我照出一条正确的人生道路。

妈妈是火车，

把我送到我想去的地方。

但是，

我觉得不够。

我认为，

妈妈是我的！

小偷偷不走，

强盗抢不走，

但是，

岁月抢得走她，

时间抢得走她。

所以，

我珍惜她。

我爱她，就像我爱看书；

我爱她，就像我爱玩游戏。

明　月

银白的月光

照在巢湖上

小船啊

你轻轻地摇荡

是在网鱼

还是

网那银白的波浪

习作自评表：

评价项目	自评完成打√
1. 合理分行。	
2. 语句简单。	
3. 有想象。	
4. 使用修辞。	
5. 书写认真，没有错别字。	

（邢台市第二十四中学　王海霞）

第四单元　我的动物朋友

一、写作教学亮点

　　本次习作的话题是"我的动物朋友"，在写作指导时，教师要有意识地关注到"朋友"一词，其实生活中很多孩子会自觉或不自觉地把身边的动物当作朋友，会给它们穿上漂亮"衣服"，会和它们一起做游戏，会和它们分享自己的快乐和难过。在描写动物时，拟人化就是文章生动的最大秘诀。这次习作是教师指导学生进行拟人化写作的良好契机，要重点引导学生把动物像介绍自己的好朋友一样介绍给大家。

拟人化的写作不是单纯地在文章中用一两次拟人的修辞手法，而是在文章立意和构思时就把描写对象当作人一样来看待。"我的动物朋友"中的"朋友"一词就意味着把动物赋予人的意义，教师要引导学生把"动物朋友"人格化，当作人一样来描写。介绍动物离不开描写外形，教师可以引导学生运用描写人的样貌的词语来描写动物。例如：我家的小猫五官清秀，身上穿着一条美丽的"花裙子"，是一个标准的美人。描写动作也可以运用人的动作描写的方式，例如：它总是喜欢用身子蹭你的腿，困了就依偎在你的怀里睡觉。还可以赋予动物人一样的心理，例如：它总是温柔地看着你，无聊的时候就围着你转圈圈，求着你陪它玩耍。

在指导学生写作时，教师要有意识地引导学生赋予动物人类的样貌、动作、神态甚至语言和心理，真正把动物当作朋友来介绍。这样写出的文章才会更生动，也更能表达学生对动物的喜爱之情。

二、教材连结

本单元的三篇课文都是描写动物的名家名篇，都运用了拟人化的手法，把动物当做人来写，对完成本次习作有很好的示范作用。

《猫》这一课围绕"猫的性格实在有些古怪"来写，再具体写了猫的古怪性格的种种表现，生动有趣。《白鹅》写白鹅高傲的特点，从"叫声""步态""吃相"三个方面有条理地来表现这个特点，先总写后分述，结构严谨、条理清晰。《母鸡》一课以作者的情感变化为线索，用拟人化的写作描写了作者对母鸡从"讨厌"到"不敢再讨厌"的情感变化，前后形成强烈的对比，表达出细腻的情感变化。

习作前，教师可以进一步引导学生探究、感悟本单元课文各具特色的写法，适当指导学生迁移运用。

三、写作素养基本功练习：学会选材

与之前写动物的习作要求不同，此次习作要求学生选择教材中的情景或者自己创设的情景，向别人介绍自己的动物朋友。学生选择的情境不同，写作的角度不同，需要的写作素材也会不同。选材，就是根据写作的需要，有目的地选择恰当的材料表现文章主题。

　　写作材料有很多，要学会围绕写作中心选材。"我的动物朋友"，如果仅仅是"写动物"，"我"可以写动物的外形、生活习性，还可以写和动物之间发生的故事，等等。但习作要求学生选择或创设不同的情境展开写作，发生了什么事情？要介绍给谁？"我"想通过介绍"我"的动物朋友达到什么目的？情境不同，表达对象不同，表达目的不同，写作的主要内容也会不同。例如选择习作要求中的第一个情境——小羊不见了，"我"要请小伙伴帮忙找一找，就要抓住小羊的外形特点进行介绍，方便伙伴辨别。选择第二个情境，请邻居帮忙喂养小狗，就要讲清楚狗的生活习性，便于邻居照料。选择第三个情境，请别人收养小猫，就要重点描写小猫的趣事，表现小猫的可爱，引起对方收养的意愿。

　　选材要分清主次，选取有利于表现中心的材料重点描写，做到详略得当。例如在第一个情境中，为了让小伙伴更快地找到小羊，要围绕小羊的外形来介绍，可以描绘小羊的头部、四肢、尾巴、毛发等，但不用面面俱到，关键是突出特点。比如重点强调小羊的左眼圈是黑色的，声音是沙哑的，走路时一瘸一拐等。与其他小羊一样或相似的地方可以略写或不写，以表现这一动物与其他动物的不同，让小伙伴更容易找到它，完成写作目的。

　　完成"我的动物朋友"这篇习作，我们要学会根据不同情景，针对不同的表达需要，选取不同的写作素材，介绍出动物的特点。

四、思路引导

　　同学们，在我们的生活中，有这样一群朋友：它们有的在天上飞，有的在地上跑，有的在水里游；它们有的高大强壮，有的小巧玲珑；有的凶猛，有的温顺。它们就是我们的动物朋友，有时我们需要向别人介绍自己的动物朋友。让我们选择教材中的一个情境或创设一个情境，介绍自己的动物朋友，根据需要写清动物的特点。

　　1. 写作第一步：选择动物，确定情境。

　　选择养过的一种动物，或者是熟悉的其他动物作为写作的对象，然后创设一种情境作为文章的开篇。你可以通过图5-4的联想图，选择或者创设一个情境，帮助自己打开写作思路。

```
      去动物园，看见了喜欢的              动物不见了，让小伙伴
         大象，描述给同学听                    帮忙寻找


                      发生了什么事情，你需
                      要向别人介绍动物朋友？


         搬家，请同学收养                外出旅行，请邻居帮忙喂养
```

图 5-4

2. 写作第二步：取材与构思。

同学们，选择或创设的情境不同，写作目的不同，我们介绍的主要方面也会不一样。要根据情境需要，选取不同的素材，写出动物的特点。你可以根据下面的引导和例子梳理思路。

(1) 你的动物朋友是谁？发生了什么事？

例：小金鱼。我要回老家，小金鱼需要托人喂养。

(2) 你需要向谁介绍它？

例：好朋友。

(3) 你想通过介绍它达到什么目的？

例：为了让朋友能更好地照顾好小金鱼。

(4) 为了达到目的，你想从哪些方面介绍它？

例：外形、习惯、性格……

(5) 它在这些方面有怎样的特点？哪一个需要重点描写？

例：眼睛鼓鼓的，身上的鳞片闪着红光。性格争强好胜，别的鱼抢食抢不过它。性格需要重点描写，这样朋友才能清楚如何喂食。

(6) 如何让描写更加生动？

例：运用比喻：样子威风凛凛，像一位大将军。运用拟人：它一点都不懂得谦让，每次都是把鱼食抢得一干二净，别的金鱼都吃不到。

3. 写作第三步：完成写作大纲。

参照上述引导，选取最有把握以及最有想法的内容和素材，按照图 5-5 的方法拟定写作大纲，并依照大纲完成整篇习作。

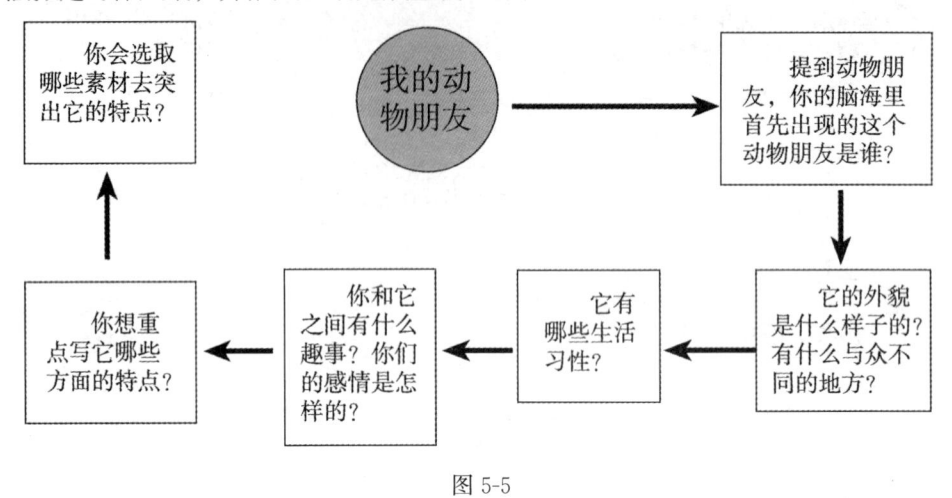

```
┌──────────┐         ┌──────┐         ┌──────────┐
│你会选取   │         │我的动 │────────▶│提到动物朋 │
│哪些素材去 │         │物朋友 │         │友，你的脑海里│
│突出它的特 │         │      │         │首先出现的这个│
│点？      │         └──────┘         │动物朋友是谁？│
└──────────┘                          └──────────┘
     ▲                                     │
     │                                     ▼
┌──────────┐  ┌──────────┐  ┌──────┐  ┌──────────┐
│你想重    │◀─│你和它   │◀─│它有  │◀─│它的外貌  │
│点写它哪些 │  │之间有什么│  │哪些生│  │是什么样子的？│
│方面的特点？│  │趣事？你们│  │活习性？│ │有什么与众不│
│          │  │的感情是怎│  │      │  │同的地方？  │
└──────────┘  │样的？    │  └──────┘  └──────────┘
              └──────────┘
```

图 5-5

五、写作小提醒

1. 围绕文章中心选材。

无论是写人记事、状物还是写景的作文，所选取的材料都要突出文章的中心思想。如果所选的材料和作文的主题无关，如作文的中心是"难忘的"，但你在选择素材的时候选了"有意思的"，那你的作文是不成功的。

2. 选择小而有意义的材料。

切记，作文不是编故事，作文的素材来源于生活，我们可以在日常生活中挖掘一些小事。这些小事情，同样可以令人感动、令人难忘、令人高兴。同样可以写出好文章，反映作文主题。比如：在动物朋友的窝里铺上一层柔软的毯子，表现你对动物朋友的爱。

3. 选材要别致、有新意。

我们在写作文时，常常会选取乐于助人、拾金不昧、尊老爱幼等材料，这些材料都没有问题，就是过于熟悉，提不起大家的阅读兴趣。所以在选择材料时，尽量选取一些新的材料，也就是挖掘一些和别人不一样的材料。

六、写作大观园——佳作欣赏

我家的小金鱼

幸福源小学　李兴翰

这个暑假我要回老家住一段时间,可是家里的两条小金鱼没人喂养,还好,我的一位好朋友答应暂时"收养"它们。为了让他能照料好我的小金鱼,我叮嘱了他很多。

这两条金鱼一只眼睛鼓鼓的,身上的鳞片闪着红光,像披着铠甲的将军一样威风凛凛,我给它起名叫"小将军"。另一只眼睛很平,身上的鳞片是金色的,十分漂亮,我叫它"小美女"。

"小将军"的性子与它的样子一样——争强好胜,英勇无畏。每当到了"饭点"时,它像打了鸡血一样在鱼缸里游来游去,好像在说:"我好饿,我要吃东西!"当我把鱼食洒进鱼缸,"小将军"犹如离弦的箭一样追逐着鱼食,狼吞虎咽。而一旁可怜的"小美女"却被它一尾巴甩开,没有抢到一口鱼食。

"小美女"的性格就比"小将军"温柔多了。我用手去触碰它,它也不跑,还会很温顺地绕着我的手指转圈圈,这就是书上所说的"绕指柔"吧!在吃饭时也是如此,抢不过"饿死鬼"的"小将军",我只能给它单独开小灶。有时我故意把它们放在一起,想把它训练成"小将军"那样,可是每次鱼食都被不懂得谦让的"小将军"抢得一干二净。

我喜欢"小将军"的威风,也喜欢"小美女"的温柔,相信我的好朋友也会喜欢它们,并一定能把它们照顾得很好。

习作自评表:

评价项目	自评完成打√
1. 交代情境。	
2. 围绕主题写出主要方面。	
3. 写出动物的特点。	
4. 题目、分段格式正确。	
5. 标点使用、占格正确。	
6. 书写正确工整,语句通顺。	

(邢台市幸福源小学　高庆贤)

第五单元 游_____

一、写作教学亮点

写游记对学生来说，是很重要的训练。这次的习作是写一写《游_____》。祖国的河山无限美：建筑有建筑的奇伟，山有山的博大，海有海的深长。这节课就要教学生拿起手中的笔，描写下最让人心动的一处，述说一段旅游经历。

那么，我们可以从教导审题开始。看到题目"游_____"，指导学生先想一想：生活中，你游览过哪些地方（动物园、故宫、北京颐和园、西安兵马俑等）？哪个地方给你留下的印象最深？我们怎样按着游览的顺序把景点生动、形象地写下来呢？

这篇文章要想写得亮眼出色，就得按照一定的游览顺序，思路清晰地向读者叙述游览的过程。"一定的顺序"就像一条贯穿全文的线索，在写《游_____》这篇作文时，"游"字为贯穿全文的线索。安排好过程之后，选材也要精，选择两到三个有代表性的地点作为重点详写，其他略写。同时，要选那些特色鲜明的景物，或自己印象特别深刻、感受特别强烈的景物，抓住代表性景物的特点，把自己所见、所闻、所感写清楚，可以运用比喻、拟人、排比等修辞手法来形象地描绘景物。

二、教材连结

本单元课文《海上日出》是我国著名作家巴金先生的一篇非常优秀的散文。这篇课文通过描写海上日出的不同景象，表达了作者对奇伟壮观的大自然景观的热爱和赞美，体现了对光明的追求和向往。课文是按照"日出前、日出时、日出后"的观察顺序来记叙的。课文描绘了晴朗天气时日出和有云时日出两种景象，而有云时又分云薄和云厚两种现象进行描写。

《记金华的双龙洞》文章开门见山，直接点明游览的时间和地点，又以简洁的语言写了途中所见的景物，用"眼前一片明艳"概括了山区生机盎然的春色，再以具体、形象的语言描绘了双龙洞的特点。这篇游记，作者叶圣陶按着游览的顺序：路上（宽、窄；缓、急）——外洞（很宽）——孔隙（窄小）——内洞（昏暗）——出洞，记叙了游览金华双龙洞的经过，表达了作者对祖国秀丽山河的热爱。在记叙中，作者的语言朴素，真实可感。读者根据课文内容，可以画出一幅清晰的游览图。

我们看到，这两篇课文写游记按着游览的顺序，思路清晰地向读者叙述游览的过程。我们要求写游记，也要按着一定顺序，安排好过程之后，选择特色鲜明的景物或自己印象特别深刻、感受特别强烈的景物，把自己所见、所闻、所感写清楚。

三、作文基本功练习：按照顺序叙述

写作要按照一定的顺序，这样习作才能表达得清楚、有条理。写游记，首先选择好要写的景点是哪里，确定好之后按一定的顺序进行描写，其中将自己印象最深的景点进行详细描写。这里的描写顺序一般有两种：

1. 移步换景的顺序。

移步换景的顺序即随着脚步的移动变换不同的景物和场面。游览时，脚步迈向什么地方，笔就落到什么地方。这种写法可以使作文更加生动具体，使读者在读的时候犹如身临其境一般。

将所想到的景点选三个排列在稿纸中，再按参观位置移动的顺序排一排，写下来。

2. 方位顺序。

方位顺序即站在固定点观察，按东南西北、上下左右不同的方位来写。这种写法可以将景物介绍得更加全面细致，使读者读后一目了然。在用方位顺序描写景物时，可以按整体和局部的关系写，即先写全景，再描述局部，最后再写全景。

四、思路引导

亲爱的同学们，这节课我们学习写游记《游_____》，请你拿起你的笔，描写下最让你心动的一处，向我们述说一段你的旅游经历吧！

1. 写作第一步：确定写作内容。

生活中，你游览过哪些地方？哪个地方给你留下的印象最深？确定要写的地方后，先把题目补充完整《游_____》，横线上填写你去过的印象深刻的地方的名称。

2. 写作第二步：理清写作思路。

游记可以采用"移步换景"的写法，条理清晰。在写《游_____》这篇作文时,"游"字可以作为贯穿全文的线索,按照这个线索来写作,可以概括为:言之有序。确定文章的大框架后,选择两到三个有代表性的地点作为重点进行详写,其他略写,每个地点再选择有代表性的景物来写,抓住代表性景物的特点,把自己所见、所闻、所感写清楚,也可以适当地运用比喻、拟人、排比等修辞手法来形象描绘景物。

(1) 想一想,你想写的游记是哪里呢?

例:著名的雪花洞就在峰峦叠嶂、怪石兀立的香炉峰脚下。穿过写着"雪花洞"三个龙飞凤舞的大字的洞口,我随着人流朝里走去。

(2) 按照什么游览顺序来写?

例:"雪花洞"洞口——进洞——主洞——穿过主洞,往里走——出了雪花洞,登上香炉峰。

(3) 这个景点有哪些景物?先将所有景物写出来后,你能再选择2~3个你印象最深刻的景物写一写吗?

例:这个景点的景物有"多层高塔""弥勒佛""一群狮子""拄着龙头拐杖的老寿星""威风凛凛的战将""体态轻盈的仙子""依偎着说悄悄话的恋人""正在喝水的大象""摇晃着笨拙身躯的恐龙""安静吃草的小鹿"等。其中"多层高塔""弥勒佛""一群狮子"最让人印象深刻。

(4) 你们游览过的印象最深刻的景物有什么特点呢?

例:一块高大的石笋像一座晶莹透亮的多层高塔,从洞底直插到壁顶,仿佛要把壁顶拱破似的。再仔细瞧瞧,嘿,那塔里还坐着一尊佛像呢。我越看越觉得它像弥勒佛,一只手捧着圆鼓鼓的大肚皮,一只手得意地拍着,还张着大嘴朝我们笑着。

(5) 游览之后,你的心情如何呢?

例:出了雪花洞,我又登上香炉峰。沐浴着和煦的阳光,眺望着苍翠的群山,我放开喉咙高喊起来:"祖国山河,我——爱——你!"

(6) 写作之前请确定游览的顺序,将其在稿纸上标出。

例:游雪花洞:进洞→主洞→穿过主洞,往里走→出了雪花洞→登上香炉峰→下山。

3. 写作第三步:完成写作大纲。

选好了游览景点,理清了写作顺序,找到了最有特点的景物,让我们填写表5-10中的条目拟定大纲。

表 5-10

游＿＿＿＿＿	
确定地点	
游览顺序	
重点景物	
景物特点	
抒发感受	

五、写作大观园——佳作欣赏

游雪花洞

著名的雪花洞就在峰峦叠嶂、怪石兀立的香炉峰脚下。穿过写着"雪花洞"三个龙飞凤舞的大字的洞口，我随着人流朝里走去。

一进洞，我就觉得凉气袭人，嗅到了一股石钟乳特有的味道。看到星星点点的灯光，踏着蜿蜒的石阶走去，转过一道石壁，眼前立刻展现出奇异的景象。一块高大的石笋像一座晶莹透亮的多层高塔，从洞底直插到壁顶，仿佛要把壁顶拱破似的。再仔细瞧瞧，嘿，那塔里还坐着一尊佛像呢。我越看越觉得它像弥勒佛，一只手捧着圆鼓鼓的大肚皮，一只手得意地拍着，还张着大嘴朝我们笑着。

朝弥勒佛摆摆手，我向前走去，进入了主洞。主洞里，五光十色的彩灯闪闪烁烁，映照着千姿百态的石钟乳，使人恍若来到了一座光怪陆离的艺术宫殿。看，那些石钟乳多像一群狮子！前面是一头威风凛凛的雄狮，后边跟着一群活泼顽皮的小狮子。它们正在森林里嬉戏，有的在追逐，有的在打滚儿，有的在摔跤，好不热闹！只有那头大雄狮没有加入嬉戏的行列中，而是高昂着头，看样子警惕性还很高呢。它在干什么？也许是在这儿守卫着雪花洞吧。再看那边，那石钟乳有的像挂着龙头拐杖的老寿星，有的像一员威风凛凛的战将，有的像体态轻盈的仙子，有的像一对依偎着说悄悄话的恋人，有的像正在喝水的大象，有的像摇晃着笨拙身躯的恐龙，有的像安静吃草的小鹿……真是让人目不暇接啊！

穿过主洞，再往里走，到了没有彩灯而只有水银灯的地方，情景又是一变。雪花石无不洁白如玉，色泽湿润柔和，显出婀娜秀美的神韵、冰清玉洁的风采。两边石壁的下边各有一条二尺来宽的小溪流，无声无息、缓缓地流动着，倒映着那些玲珑剔透、形态各异的雪花石，你看：半人高的珊瑚状的雪花，盆样大的六角形雪花，几个小矮人，两只小天鹅……一个多小时过去了，一串串惊叹号不时地从我心底涌出，一声声赞叹不住地从我嘴里溢出。

出了雪花洞，我又登上香炉峰。沐浴着和煦的阳光，眺望着苍翠的群山，我放开喉咙高喊起来："祖国山河，我——爱——你！"

（邢台市育红小学　董皓雪）

习作自评表：

评价项目	自评完成打√
1. 内容是游记作文。	
2. 按照一定的顺序写。	
3. 能够抓住重点。	
4. 能够写出景物的特点。	
5. 能表达出游览感受。	
6. 题目、分段、格式正确。	

（邢台市育红小学泉北校区　朱卫娟）

第六单元　我学会了_____

一、写作教学亮点

成长的路上，我们总是在一路学习。从牙牙学语到滔滔不绝，从跌跌撞撞到疾风奔跑，从唯唯诺诺到直面勇敢，这些不会到会的过程，丰满着我们的人生。

"我学会了_____"这个习作题目，教师要让学生明确，这里学会的可以是一项具体的技能、本领，例如：包饺子、骑自行车或者弹钢琴，等等；也可以是一种成长，例如：我学会了坚持，我学会了保护自己，等等。

无论是哪个方向的题目，这次习作要想写得出色、有亮点，都需要从两个方面来思考：一是要写清楚具体的学习过程，对重要的环节进行详细的叙述。那何为重要的环节呢？一般失败次数最多的环节，恰恰也就是我们叙述的重点。学习的过程可能时间长，可能状况很多，重点是要按一定的顺序把过程写清楚，才不会杂乱无章。二要写出我们在学习过程中的想法和感受，尤其是遇到困难时的心理活动，情绪起伏。这中间的变化，最能让读者感同身受。

这篇文章的审题要注意，是"我学会了_____"，所以不管过程多挫折，曾经多灰心，最后的结果是"学会"，而不是放弃！

二、教材连结

这个单元的主题是"七彩童年"，课文的篇幅都较长，但写的都是成长的故事。

《小英雄雨来》这篇文章篇幅很长，但是事情的起因、经过、结果都叙述得非常清晰。在本单元的习作教学中渗透这篇课文的叙事手法，也要指导学生写清学习的原因、学习的经过和学习的结果、收获。

课文《我们家的男子汉》刻画了一个逐渐成长的小"男子汉"的形象。其中第二部分写小外甥尝试自己买山楂片、用汽水瓶换橘子水的事情。从第一次尝试自己买山楂片没有成功到后来自个儿拿着汽水瓶去换，最后到了近似狂热的熟练，作者把小男子汉从不会买到学会买的过程，渴望独立的心情写得十分清楚。尤其"攥""走近""嘱咐""勇敢开口"这样精准的动词描写，将小外甥第一次买东西的过程写得非常生动。"胆怯""沮丧""高涨""狂热"这些词又让读者感受到小男孩的情感变化。

课文各具特色的写法是我们所要学习和汲取的。习作中，我们应当适当指导学生迁移运用，使学生写作更具条理性，内容更丰满。

三、写作素养基本功练习：让结尾出彩

精彩的文章结尾也是文章非常重要的部分，它可以给文章起到画龙点睛的作用。文章结尾一般都简明扼要，或点明主题，或总结全文，或抒发感情，等等。不同的结尾方式，可以产生不同的表达效果。

1. 自然结尾。

用事情的结果自然而然结束全篇，不过多讲究技巧。这样顺其自然，简洁明了。例如：《麻雀》的结尾"我急忙唤回我的猎狗，带着它走开了。"

2. 首尾照应式结尾。

首尾照应是指用与文章开头相呼应的文字作为结尾。这样的结尾易突出中心，增强文章结构的完整性。例如：《颐和园》中结尾"颐和园的景色可真美啊"与开头"北京的颐和园是个美丽的大花园"首尾照应，有力地突出了颐和园的美丽。

3. 点题式结尾。

点题式结尾是指在文章的结尾处点明主题，或表感悟，或表决心和展望。这种结尾方式是文章中常常采用的结尾方式。在《美丽的小兴安岭》中，作者按"总——分——总"的结构，在分述了小兴安岭一年四季变化和土特产及名贵药材后，用"小兴安岭是一座巨大的宝库，也是一座美丽的大花园"作结尾，总结了全文，点明了文章的中心。

4. 意外结尾。

意外结尾是指不同于常理的语言、行为、情景作为结尾，给人新颖、耳目一新的感觉。例如："什么……原来您不是他的父亲？"眼前的这位叔叔惊呆了，我也惊呆了，全车人都惊呆了。

5. 引用结尾。

引用结尾是指在文章结尾处引用一些诗句、歌词、格言或名言警句，用来总结人物、揭示中心或渲染气氛等。这样的结尾便于叙事抒情，增强文章的说服力，使文章颇有文采。例如："春蚕到死丝方尽，蜡炬成灰泪始干。"看到老师那么辛勤工作的情景，我深刻地理解了这句话的含义。

6. 抒情议论式结尾。

抒情议论式结尾是指在叙事的基础上，运用抒情、议论突出中心，抒发情感或表达观点。这样的结尾最易引起读者的共鸣。例如：惊心动魄的一天结束了。我不禁感慨："友谊真是这个世间最美好的情谊。"

根据文章的不同内容、不同主题选取不同的结尾方式，让文章更加出彩。

四、思路引导

同学们，在慢慢长大的过程中，你们一定学会了做很多的事情：第一次学会了站立，第一次学会了做蛋糕，第一次学会了电脑打字。这些由不会到会的过程，其实就是你长大的过程。快快把你学会的，最有成就感的一件事情分享给我们吧。

1. 写作第一步：梳理思路、确定题目。

同学们，在你成长的过程中，学会的事情那么多，那么想把哪件最有成就感的事情分享给我们呢？我们先用思维导图（如图5-6）来整理一下自己的思路，然后想一想：哪件事情的学习过程让自己记忆最深刻，让自己最有成就感，然后确定题目。

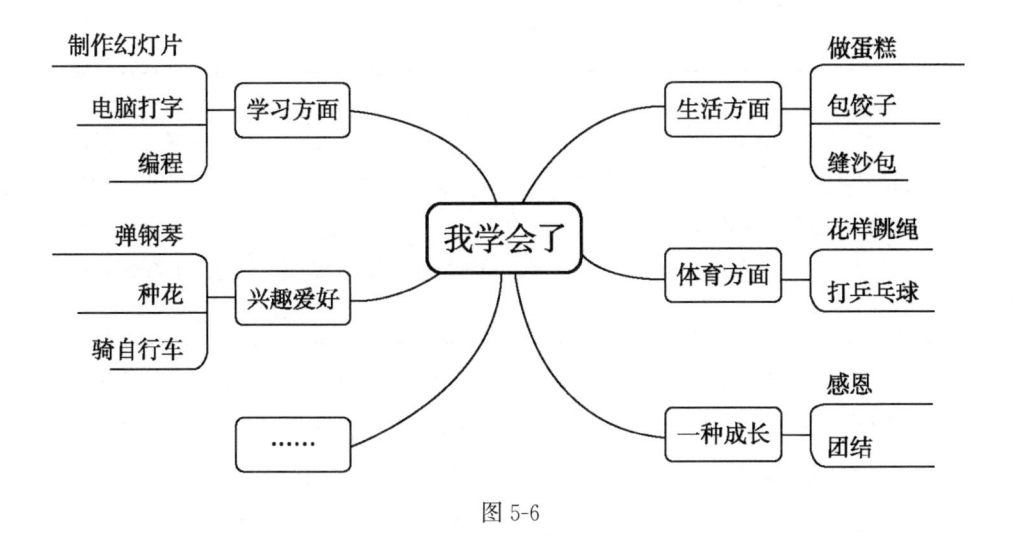

```
制作幻灯片                                          做蛋糕
    电脑打字 ── 学习方面           生活方面 ── 包饺子
        编程                                      缝沙包
                         我学会了
    弹钢琴                                          花样跳绳
      种花 ── 兴趣爱好           体育方面 ── 打乒乓球
    骑自行车
                                                    感恩
        ……                      一种成长 ── 团结
```

图 5-6

2. 写作第二步：聚焦环节、详写过程。

我们可以用自己的话来阐述名言。例如，同样说"坚持"，名言这样说：只要功夫深，铁杵磨成针。你可以这样说：水滴因锲而不舍，终穿透石头；细流因坚持不懈，终拥抱海洋；雏鹰因永不放弃，终翱翔蓝天。这样优美而寓意深刻的语句，会让你的文章锦上添花。

"我学会了_____"就是要写清楚我学会了什么？怎么学会的？学习过程中的感受如何？你可以依序回答下列问题，完成构思。

（1）开篇的第一段可以用精练的语言写一写学习的理由或者是在什么情况下学习做这件事的。

例：中国有句老话："好吃不如饺子。"这么好吃的饺子，如果是自己亲手包的，那不就更香啦！想到我就立马行动：学包饺子。

（2）刚开始学习的时候，你一定是信心十足的，那么你是怎么学习的呢？快把学习过程写下来吧。

例：我先跟着奶奶学和面，把面和好了，盖上盖子让它醒一会儿，然后和奶奶一起准备馅。我们把肉放进绞肉机，绞好后放进盆里备用。把白菜切好后放进肉盆里，再加上各种调料就好了。正式开始包饺子了。首先，我把奶奶给我的饺子皮放在手里，从馅盆里用勺子挖了一勺馅，放进饺子皮里。然后把饺子皮对折。

同学们，学习的过程是写作的重点，一定要写详细，写清楚。如何能够写得详细、清楚呢？我们来看表 5-11 中一位同学写学习滑冰的两种写法。

表 5-11

A	B
我一站起来就要摔，教练说要保持平衡，我只好小心翼翼地滑。尽管摔了很多次，但是我还是在慢慢练习中学会了滑冰。	我按照教练的要求开始练习。先慢慢站好，然后手背到身后，脚后跟并拢，双脚呈V字形。一切准备妥当后，我缓缓地迈出了左脚，继而转移重心，又迈出了右脚……

经过对比可知，在 A 的叙述中，只有一个动词"滑"，我们没有办法从他的文字中读到学习过程的艰辛，也无法感知遇到的困难，更无法感受他成功时的喜悦，感情自然也无法共鸣；B 的叙述方式用了"先……然后……继而……"这样的顺序连接词，让整个学习的过程顺序很清晰，再看"站""背""并拢""迈""转移""迈"这一连串的动词，又让学习的画面生动再现。我们也可以借鉴 B 的方法对学习过程进行描述。

（3）有没有遇到了什么困难呢？

例：首先，我把奶奶给我的饺子皮小心翼翼地放在手里，然后从馅盆里用勺子挖了满满一勺馅，放进饺子皮里。当我准备把饺子皮上下对折的时候，猛然发现馅太多了，根本就捏不住。好吧，把馅除下去一点，再来。我轻轻地把饺子皮上下对折，慢慢地从右边开始捏口，等我捏到左边，一看，馅都出来了。咦？这是怎么回事？

（4）你是怎么克服困难，最终学会的呢？

例：包个饺子真是不容易啊。我这个不服输的小脾气来了。再次请教了奶奶之后，我知道屡次包不成的原因了：馅太多；上下皮对折的时候，没有给饺子肚一个空间，挤得太扁了。

于是，我又拿起一个新的饺子皮，把它平放在手心上，然后用勺子挖了半勺多一点的馅，把馅放在饺子皮的中心，用勺子把馅往中间推了推，这样馅就像座小肉山一样了。之后，我把饺子皮上下对折，左手从左边，右手从右边，同时对折，并向中间挤压。最后，我把不太紧口的地方，又捏了捏。一个漂亮的饺子就包成功了。

（5）在整个学习的过程中，有什么有趣的事情发生吗？也可以写下来和我们分享。（温馨提示：这是一个加分项哦）

例：奶奶还教了我捏"元宝"。这个"元宝"就太简单了。先把一张饺子皮平铺在案板上，往中间放一些馅，再把另外一张饺子皮盖上去，然后就沿着边，依次把边口捏住就行啦。

（6）当你真正学会的时候，一定是超级开心的。快快写下你的喜悦和感悟吧。

例：吃自己包的饺子，就是香！所以无论学习做什么，总会遇到一些困难的。不要怕，用心地记方法，仔细地找原因，耐心地去练习，就一定可以成功的。

3. 写作第三步：确定提纲、整理思路。

同学们，提纲是一篇文章的骨架，请你参照思路引导，选取可用的素材，如表 5-12 完成写作大纲，并依照大纲完成整篇习作。

表 5-12

我学会了 _____	
起因	背景：学习的理由或者是在什么情况下学习的？
经过	怎样学习的？ 遇到了什么困难或意外？心情如何？ 怎样克服困难的？
结果	精彩结尾，表达收获、感悟。

五、写作大观园——佳作欣赏

我学会了游泳

邢台市信都区三环逸夫小学　周思媛

暑假来了，炽热的太阳散发出耀眼的光芒，亮得人们睁不开眼，热得人只想往冰箱里钻。待在水里应该会很凉快，对，学游泳去。

烈日炎炎的一天，我信心满满地来到游泳馆，开始学习游泳。教练让我们先在岸上练习腿的动作：先趴在垫子上，再把两腿往自己头的方向弯曲，然后把脚往外翻，最后再并拢，就像小青蛙一样。这么简单啊，我很快就学会了。

等到下水实践的时候，才知道，我轻敌了。一下水我就手忙脚乱了，拿着浮板的手总是想松开，可是又不敢松开。两条腿只能使劲地向前推水，向后划水。结果还没游一圈我就累得气喘吁吁。我心想：天啊，这也太难了，还是不学了吧！反正还没有交学费，只是一次试学，现在撤还来得及。但转念一想：不行，这样半途而废算什么？别人会嘲笑我的，不能放弃，坚持！不服输的我，认真想了一下教练教的要点，开始了一次次的练习。果然，几圈下来，腿的动作熟练了几分，抱着浮板的手也放松了！

紧接着又学习了憋气。当我把头第一次钻到水里时，恐惧占据了我的脑袋。想要呼救，想扑腾着从水里爬起来，想……想什么？不把憋气学会，就永远学不会游泳。憋住，加油！终于，在憋气20秒后，我冲出了水面。

接下来的练习，就是憋气、扎水、蹬腿、划手、出水，再憋气、扎水、蹬腿、划手、出水……终于我摘掉了背漂，终于我学会了游泳。

只要我们有勇气、有信心，遇到困难也不怕。"只要工夫深，铁杵磨成针。"后续我只要坚持练习，就能像鱼儿一样在水中自由自在地遨游了。

习作自评表：

评价项目	自评完成打√
1. 按照学习的顺序写清楚了学习过程。	
2. 详写了重要的环节。	
3. 有适当的、准确的心理描写。	
4. 标点使用、占格正确。	
5. 书写正确工整、语句通顺。	
6. 题目、分段、格式正确。	

（邢台市信都区三环逸夫小学　王双越）

第七单元　我的"自画像"

一、写作教学亮点

本次习作的话题是"我的'自画像'"，设定的情境是向新班主任介绍自己，把最想让对方了解的几个方面写下来，使其能够更好地了解自己。写完后，让家人评价是否写得像。

"自画像"，写自己，要如何写得像？教师在指导学生写作时可以抓住以下两点来重点指导：

一是要从多个方面写出自己的特点。为了让新来的班主任更好地了解"自己"，教材提示可以介绍性格、爱好和特长等多个方面，基本涵盖了写人的几个主要方面，为学生打开思路。教师可以引导学生自我观察，找出自己各个方面的特点。

二是要通过具体事例来表现自己的特点。一个人的性格、爱好和行为具有一致性，要通过具体事例来说明。例如写自己古灵精怪，就要写一写发生在自己身上的趣事；写自己心地善良，就可以写写自己做的好人好事；写自己坚忍不拔，就要写一写自己是如何克服困难、勇往直前的。

二、教材连结

《"诺曼底号"遇难记》是雨果的短篇小说。课文运用语言描写、动作描写、对比、环境烘托等写法，成功塑造了哈尔威船长忠于职守、舍己为人的英雄形象。

首先，课文运用语言和动作描写表现人物特点。黑暗中那一段简短有力的对话，突出了哈尔威船长的果断、镇定："哈尔威船长一个手势也没有做，一句话也没有说，犹如铁铸，纹丝不动，随着轮船一起沉入了深渊。"这一特写镜头更展现了哈尔威忠于职守、视死如归的伟大品格。

课文还运用对比、烘托的方法，突出人物形象。乘客的"惊恐万状""你推我搡"与船长镇定威严的指挥形成强烈对比，突出了船长的镇定自若、临危不惧。通过"雾越来越浓了""阴惨惨的雾气"等环境描写，烘托出哈尔威船长黑色雕像一般的高大形象。

在完成习作"我的'自画像'"时，我们可以尝试通过学习课文《"诺曼底号"遇难记》中的多种描写方法，运用于自己的习作，表现自己的特点。

三、写作素养基本功练习：正面描写

"自画像"要"像"，就要写出自己的特点来。如果每个人都是"大大的眼睛""圆圆的脸蛋"……那全世界就是"一个人"了。世上没有完全相同的两片树叶，生活中，每个人都是独立的个体，无论是外貌还是动作，都有自己的特色。所以在写人的文章中，我们也要通过对人物外貌、言行等方面的描写来表现人物特点。我们常用的人物正面描写的方法有外貌描写、语言描写、神态描写和动作描写等。

外貌描写是对人物的五官、衣着、体型、姿态等外貌特征的描写。人们对一个人的第一印象往往都是"外貌"，而有特点的外貌才会让人印象深刻。例如：

我有一双大大的耳朵，同学们都叫我"招风耳"。

"闻其言，见其人"，语言描写可以直接表现人物内心世界。例如《我家的男子汉》中胆怯的小男孩买东西时，"他神情有点紧张，勇敢地开口了：'同志，买，买，买……'"在"我的'自画像'"中，我们也可以描写自己说话时的语言、口气等，来表现自己的特点。

一个人的性格不同，面对一件事的反应也会不同。活泼的人高兴时会手舞足蹈、大呼小叫，而内向文静的人可能只是微微一笑，不轻易表露。想一想自己在生活中的种种神态和动作，在习作中描绘出来，可以让我们的"自画像"更生动、更有灵气。

四、思路引导

生活中，我们常常需要介绍自己，你了解自己吗？如何通过我们的介绍让别人了解自己、喜欢自己？用文字为自己"画"一幅"自画像"吧！

1. 写作第一步：自我观察。

小朋友们，我们总是观察别人，你有观察过自己吗？请你做好自我观察，按照表 5-13 的方式填写人物卡片，为"自画像"做好准备。准备越充分，写作就会越容易。

表 5-13

姓名	外貌	性格	爱好和特长	其他

2. 写作第二部：取材与构思。

班里来了一位新班主任，请你向班主任介绍你自己，让他（她）更好地了解你。你想介绍自己的哪些方面呢？如何让班主任对你留下更深刻的印象呢？"我的'自画像'"就是要介绍你自己，并且介绍出自己的特点。你可以尝试回答以下问题完成构思和布局，再将其组织成一篇完整的文章。

（1）你的外貌有什么特点？你想按照什么顺序来写？

例：鹅蛋脸，大眼睛，笑起来右脸上有一个甜甜的小酒窝。（按照从整体到局部的顺序来写）

(2) 你的性格是什么样的？有什么优点和缺点？发生过什么典型事件？

例：活泼开朗，胆子大。典型事件：主持学校少代会。

(3) 你最大的爱好或特长是什么？发生过什么典型事件？

例：爱看小说。课上忍不住偷偷看小说被老师发现……

(4) 你还想介绍自己的哪些情况？

例：口头禅或常说的话。

(5) 最后，整体看一下自己的"自画像"，想对自己说什么？

例：评价、祝福……

3. 写作第三步：拟定写作大纲。

根据上面的提示，拟定自己的写作大纲，并依照大纲完成整篇习作，如表5-14 所示。

表 5-14

我的"自画像"写作大纲		
第一部分	简介＋外貌	
第二部分	性格特点＋典型事例	
第三部分	爱好特长＋典型事例	
第四部分	结尾：期许或自我评价	

五、写作大观园——佳作欣赏

我的"自画像"

幸福源小学　路唯一

我是路唯一，一个相貌平平的女孩。鹅蛋脸上有一双机灵的大眼睛，一张能够侃侃而谈的小嘴巴，在我的鼻梁上还有着几个可爱的小雀斑。另外我很喜欢笑，笑起来右脸上有一个甜甜的小酒窝。

我性格外向，活泼开朗，乐于助人。上个学期某一天，我在学校操场看见一个小女孩跑着跑着忽然摔倒了，我立马跑过去了，把她扶起来，帮她拍掉身上的灰尘，然后问她哪个班的，之后再把她送回了她的班级。

我胆子特别大！学校的第一次少先队员代表大会就是我主持的。下面乌泱泱的一大群人，我却丝毫没有胆怯，很轻松地主持完了这次少代会，受到了学校领导的表扬。我喜欢"极限挑战"，比方作为课代表的我，总是在老师规定的最后时间才开始写作业，挑战老师的"心理极限"和自己的"速度极限"。你说我是不是"胆大妄为"？

我喜欢看书，唱歌，看电视。我看过的书范围较广，像历史、地理等都有涉及。最近读的书是《明朝那些事儿》。在《明朝那些事儿》为数众多的人物中，我最喜欢的是徐阶、张居正和王守仁。徐阶告诉我做人要不畏权威，张居正告诉我要为百姓着想，王守仁告诉我要积蓄力量、努力不懈，不能半途而废，才能一鸣惊人。我还读过很多其他的书，像《城南旧事》《秘密花园》《绿野仙踪》《好玩的数学》，等等。

好看的皮囊千篇一律，有趣的灵魂万里挑一。而我就有这样一个有趣的灵魂。你愿意和这样的我做朋友吗？

习作自评表：

评价项目	自评完成打√
1. 描写出外貌特点。	
2. 描写出性格特点。	
3. 描写出最大的爱好特长。	
4. 描写出典型事例。	
5. 题目、分段格式正确。	
6. 标点使用、占格正确。	
7. 书写正确工整、语句通顺。	

（幸福源小学　高庆贤）

第八单元　故事新编

一、写作教学亮点

"故事新编"是根据一个熟悉的童话故事、成语故事或民间故事等，进行重新演绎，使其成为一种崭新的故事写法。

拿到这个主题后，教师要指导学生进行审题。"故事新编"给出了限制是要围绕"一个故事"进行改写，那就不能杂糅多个故事，主线要相对清楚。还要选择"熟悉的故事"，那就不能天马行空地自己编造，或是选根本不知道的故事，要从那些曾经读过的、听过的故事里找写作素材。最重要的是"故事新编"不是复述故事内容，也不是续写故事内容，而是在原来故事情节和人物形象的基础上进行想象再创造，即将原作品改头换面。其中最大的亮点在一个"新"字，可以让立意更新，让视角更新、让情节更新，也可以让结局更新。

在指导习作时要注意引导学生先确定改写哪个故事？可以是童话故事，也可以是成语故事；可以是中国的，也可以是外国的……接着要分析原故事中的人物性格、故事情节和结尾，思考可以从哪些地方进行新编。例如在新编《守株待兔》时，就可以从树桩的视角来写；在新编《狐狸与乌鸦》时，不改变结局，而是增加或改变故事情节；在新编《龟兔赛跑》时，就可以指导学生重新安排故事结局，再根据选定的结局，给故事安排新的情节。

二、教材连结

《宝葫芦的秘密（节选）》一文选自张天翼《宝葫芦的秘密》一书中的开头，介绍了宝葫芦的主人王葆从小就经常听奶奶讲关于宝葫芦的故事，每个人得到宝葫芦的原因都不同，但是这些葫芦都可以让人心想事成，给小主人带来不一样的人生际遇。

《巨人的花园》一文是英国作家王尔德的童话作品，讲述了一个巨人原本拥有一座美丽的花园，却因不喜孩子们在这里玩耍，将人赶走，从那以后花园被冬天占领，变得十分凄凉，直到孩子们再次到来给花园带来了春天，巨人也拆除了围墙和孩子们一起在花园里玩耍的故事。

《海的女儿》一文选自安徒生《海的女儿》这个童话故事的结尾，写了小人鱼救了即将淹死的王子，但王子却误认为是邻国公主救了他，便与公主结婚，小人鱼却仍然为了王子的幸福选择牺牲自己，最终化为海上的泡沫的感人故事。

本单元的这三篇文章都是童话故事，作者通过奇妙的想象讲述动人的故事，在一波三折的情节里，人物形象更加饱满。同时因为故事中有大量的留白，为学生根据已有内容创编新故事创造条件。习作中，如果我们实在不知道写什么，就可以试着站在巨人的肩膀上，对一个原有的成熟故事进行再创造。加入我们的想象，重新设计故事情节、结局等，写成新的作品，克服写不出作文的毛病。

三、作文素养基本功练习：根据结局创编情节

新编故事既是一种重要的写作训练形式，也是一种重要的写作能力，所以教会学生故事新编的方法，才能让这种习作能力真正落地。常见的方法有以下几种：

1. 转化视角，从不同视角写故事。

例如《守株待兔》这个故事就是以农夫和兔子为主要人物，如果转化视角，以树桩的视角再来写这个故事，那么这个树桩又会看到什么、听到什么、想到什么呢？动笔写一写，就会发现视角一转变，新故事就创编出来了。

2. 发挥想象，创造新的故事情节。

例如《宝葫芦的秘密》中写道："我就这么着，从很小的时候起，听奶奶讲故事，一直听到我十来岁。奶奶每次讲的都不一样。上次讲的是张三劈面撞见了一位神仙，得了一个宝葫芦。下次讲的是李四出去远足旅行，一游游到了龙宫，得到了一个宝葫芦。王五呢，他因为是一个好孩子，肯让奶奶给他换衣服，所以得到了一个宝葫芦。至于赵六得的一个宝葫芦——那是掘地掘出来的。"课本只给出了奶奶讲的几个有关宝葫芦的故事梗概。教师就可以指导学生以此内容为基础，增加故事情节或改变故事情节，从而创作出新的作品。

3. 结局倒推，安排合理的故事情节。

例如本次习作就可以根据结局，使用倒推法来创编故事。可以拿《龟兔赛跑》举例子，教师在指导时，可以引导学生先思考比赛的结果都有哪些情况：一是兔子赢，二是乌龟赢，三是双赢，四是谁都没赢。接着让学生确定一种情况作为结局，比如还是乌龟赢。然后就要设计故事情节，推动这个结果的出现。原故事中是因为兔子偷懒睡着了，乌龟才赢的。那么这一次兔子又怎么了，才让乌龟获胜？可以给兔子的比赛制造一些困难：

（1）路遇不测，让兔子掉进陷阱、撞上树桩等；

（2）沿用兔子骄傲自大、好胜的性格特点，让兔子出错，跑反方向、解读错比赛规则等；

（3）遇到诱惑，让兔子看到胡萝卜等。

同样，反向思考，也可以从乌龟的角度想想，如果兔子没睡觉，为什么乌龟能赢？

根据四年级学生习作能力的特点，教师指导时要有针对性，可以先选择上述其中一种方法着重练习，待熟练掌握后再进行下一项。

四、思路引导

亲爱的同学们，你喜欢读故事吗？有很多经典故事一代代流传，它们犹如一个个宝藏，蕴藏着让人受益终身的哲理。本单元习作给了我们改编经典故事的机会，让我们来试试吧！

1. 写作第一步：确定素材。

同学们，从小到大，我们对故事一定不陌生，从牙牙学语起，妈妈就常给我们讲故事，今天我们要新编故事。首先，根据图5-7左边的导图，回想你读过或听过的故事，把它们写到右边的表格中，然后，从表格中选择你最感兴趣、最熟悉的作为新编故事的素材。

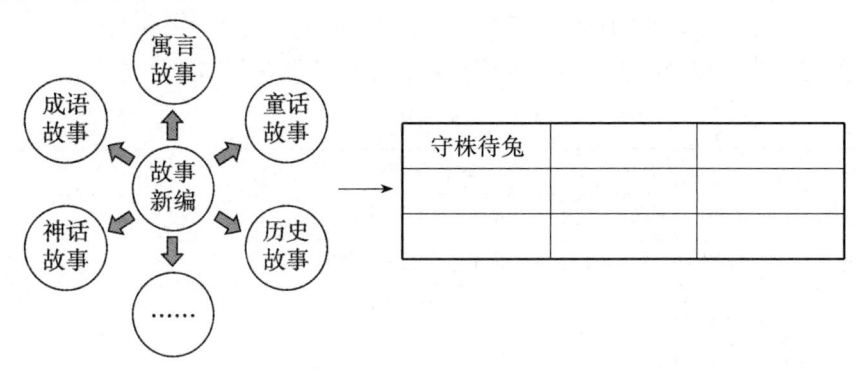

图 5-7

2. 写作第二步：取材与构思。

一个完整的故事离不开时间、地点、人物、起因、经过、结果这六要素。你要创编的故事里会出现哪些人物？发生在什么时间？什么地点？故事的起因、经过、结果是怎样的？按照老师的提示，设置以下问题进行回答，再根据问题和回答构思习作的结构和内容。

（1）故事的人物都有哪些？

例：乌龟和兔子。

（2）故事发生的时间、地点是什么？

例：一天，森林里。

（3）为什么会发生这个故事？（起因）

例：兔子输了比赛心里不服气，决定跟乌龟再比一次。

（4）故事的结局如何？（结果）

例：乌龟又赢得了比赛。

（5）出现这个局面的原因是什么？（内在原因、外在条件）

例：乌龟坚持不懈，一点都不偷懒，兔子受到诱惑，又骄傲了（内在原因）；新赛道利于乌龟（外在条件）。

（6）根据故事的结局，倒推故事情节，你觉得会发生哪些有趣的事情呢？（经过）

例：情节一：兔子领先，遇到河流，乌龟擅长游泳，兔子干着急却不知道想办法，还是乌龟提醒它河边有一个木板，兔子站在木板上过了河；情节二：路过一片萝卜地，兔子受到诱惑，去吃了一棵萝卜；情节三：兔子争胜心太强，埋头跑步，撞上了树桩。

3. 写作第三步：完成写作大纲。

根据上述内容，相信每一位同学的心里都有了一个有趣的构思，请你按照表5-15的格式，在草稿纸上完成写作大纲吧，帮助我们在写作的时候不跑题。

表 5-15

写作大纲	
开头	时间、地点、人物。
起因	介绍发生故事的原因，不同主人公有不同原因。
经过	情节1： 情节2： 情节3： ……
结果	谁胜利了或者发生了什么变化。

五、写作大观园——佳作欣赏

新龟兔赛跑

程佳佳

一天，无聊的兔子正在森林里散步，忽然看到远处乌龟正极其缓慢地爬着，心中不悦："我居然输给了这小子，简直气死我了。不行，我得再跟它比一场，赢回面子。"于是，兔子故意挡住乌龟的去路，挑衅地说："呦，这不是飞毛腿乌龟嘛，怎么现在爬不动了？小乌龟，你敢不敢再跟我比一次赛跑？让你看看什么叫真正的飞毛腿。""比就比，三天以后，不过比赛地点由我挑。"乌龟实在忍受不了兔子隔三差五地找茬，就答应了。"好，在哪里我都能赢你。"兔子心想，只要我不睡觉，乌龟输定了。

比赛如约进行，兔子邀请了大半个森林的小动物来见证它的胜利，好一雪前耻。乌龟却不慌不忙地说："终点山那边的蘑菇屋，我们谁先到谁就获胜。"

随着一声枪响，比赛开始了，兔子像离弦的箭一样飞奔出去，凭借腿长的优势，很快就把乌龟远远地甩在后面。翻过了山丘，兔子已经彻底看不到那只缓慢的小乌龟了。不过问题也来了，这条赛道里居然有条河，这可愁坏了小兔子。它环视一周，想找个工具过河，可周围什么都没有。这时，小兔子忽然想起坡顶好像有块木头，只好跑回去取。好不容易来到了坡顶，拿到了木头，这时小乌龟也爬了上来。乌龟看了兔子一眼，头一缩，咕噜咕噜滚下了坡。兔子一看，急忙扛起木头就往山下冲。等它到了河边，乌龟已经游到了河中心。兔子扶住圆木赶紧追上去。到底是身手矫捷一些，兔子很快就超过了乌龟，还笑呵呵地说："再见喽，我的朋友！"

乘胜追击，兔子又跑了很久，再次把乌龟远远甩掉。这时，它看到一块农田，里面种着萝卜，那些萝卜白白胖胖的，看起来很好吃。兔子摸一摸肚子还真有些饿了，就跑进地里吃了起来。没一会地里的萝卜就叫兔子吃去一大片，摸着圆滚滚的肚皮，兔子想："反正快到终点了，那只磨磨蹭蹭的乌龟不可能追上我的，我就休息一小会儿。"暖暖的太阳照在小兔子身上，一阵困意上来，它居然又睡了。乌龟爬呀爬，经过了兔子身边，看它又在睡觉，摇了摇头走了。

兔子忽然惊醒，看到乌龟已经快要到达终点，它急忙追赶，不小心撞在地边的树墩上，脚也扭伤了，这下可再也没机会了。它只能眼睁睁看着乌龟又一次赢得了比赛。

习作自评表：

评价项目	自评完成打√
1. 内容是故事新编。	
2. 清楚交代故事的起因、经过、结果。	
3. 根据结局创编故事情节。	
4. 情节一波三折，故事有趣。	
5. 标点使用、占格正确。	
6. 书写正确工整、语句通顺。	

（邢台市郭守敬小学　郭慧娟）

第六章　五年级上册习作教学设计

第一单元　我的心爱之物

一、写作教学亮点

《我的心爱之物》这篇习作的重点是"物",指导时要把握两个写作要点:一是引导学生理解"物",可以是动物,可以是植物,也可以是没有生命的一般物品,但不可以是人;二是限制为"心爱"之物,是衷心喜爱、视为宝贝的"物",所以不可以随意地拿出一个物品就写。

这篇文章在写作之前,要先指导学生确定自己的"心爱之物"是什么?是驯养的宠物、是养了多年的绿植、是亲手制作的陶罐、是妈妈编织的围巾……写写它是什么样子的?要引导学生写清楚是怎么得到它的?它可以是小伙伴赠送的、自己亲手制作的、老师奖励的……在教导过程中要引导学生重点思考状物时所要表现"爱"的主题,物的背后有什么爱的真谛与温暖。

这篇文章要写得亮眼出色,就要把焦点放在"人"与"物"之间的连结上,围绕心爱之物,凸显"人"与"物"之间的故事与情感,写出自己的喜爱之情。如果学生没有感动自己的深刻经验,此"物"恐怕也难以称之为"心爱",这样文章的旨趣就缺少了引人入胜的吸引力。

总之,无论是介绍哪一类物品,都要引导学生把自己与物品之间的情感联系写出来,讲讲自己与物品之间的情感故事,写出自己对所写对象的喜爱之情,突出题目中"心爱"这一主题。

二、教材连结

统编版教材习作内容的编写具有螺旋上升的特点，以状物类习作为例，见表6-1。

表 6-1

教材位置	内容	要求
二年级上册 第一单元	口语交际：有趣的动物	熟悉要讲的内容，对感兴趣或有疑问的地方有礼貌地提问。
二年级上册 第三单元	写话：我喜欢的玩具	写出最喜爱的玩具是什么，是什么样子的，好玩在哪儿。学习把话写在方格纸上，知道标点符号也要占一格。
五年级上册 第一单元	习作：我的心爱之物	心爱之物是什么，是什么样子的，是怎么得到的，为什么会成为心爱之物。围绕心爱之物，写出自己的喜爱之情。

三个阶段的主题都有各自的侧重点"口语交际：有趣的动物"，突出体验"有趣"；"写话：我喜欢的玩具"，突出体验"喜欢"；"习作：我的心爱之物"，则要强调"心爱"，也就是要把内心最真挚的情感融入字里行间。

本次习作安排在五年级上册第一单元，围绕"万物有灵"的主题，编排了《白鹭》《落花生》《桂花雨》《珍珠鸟》四篇课文。《白鹭》是一篇寓情于物的散文，描写了白鹭的外形和觅食、栖息、飞行时的美，表达了作者对白鹭的喜爱和赞美之情；《落花生》一文，课文围绕落花生写了种花生、收花生、尝花生、议花生的过程，由花生的特点道出"人要做有用的人，不要做只讲体面，而对别人没有好处的人"这个耐人寻味的道理；《桂花雨》以细腻的笔触回忆了童年时与桂花相关的生活场景，表达了作者对桂花的喜爱之情；《珍珠鸟》以细腻亲切的语言写出了珍珠鸟由怕人到信赖人的情感变化过程，表现了作者与珍珠鸟之间的情谊。

这次习作要求写的是"物"，这个物是"心爱"的。教材对学生提示："每个人都有自己特别钟爱的东西，像琦君笔下的桂花，冯骥才眼中可爱的珍珠鸟。你的心爱之物又是什么呢？"

"是你最爱的玩具小熊，还是你亲手制作的陶罐？是你养了三年的绿毛龟，还是你在海滩上拾到的贝壳？是爸爸奖励你的旱冰鞋，还是妈妈在寒冷冬夜为你赶织的围巾？是好朋友转学送你的风铃，还是舅舅在你生日时送你的瓷虎？"

教材这样的提示，其实是在启发学生思考"心爱之物"可以写什么。从"心爱"的角度来分析，教材所提示的八类"物"，大都暗含着另外一种提示"这东西怎么来的"，提示了这件东西与"人"和"事情"的关系：自己辛勤劳作所得或亲近的人的赠与之物。

辛勤的劳作的"成果"，上面必然寄托着自己的希望、自己的某种美好的情感，这是通过与"物"有关的、自己亲身的经历的情感和希望，附着到了物上；亲近之人的赠与，这物就承载了心爱的人对自己的希望等情感寄托，还有自己对亲人的感怀也附着其上，连带着"赠与"时的情形，都寄托着一种美好的情感。

归纳起来，就是这个"物"能够让自己像《白鹭》《落花生》《桂花雨》《珍珠鸟》等课文中所表达的一样，能够让作者联想起让自己感动、感谢、温暖等美好体验的人物和事情，由此让自己对该物品有了"心爱"之感。

三、写作素养基本功练习：借物抒情

借物抒情，是一种以描写事物来表达自己思想感情的写作方法。借物抒情，关键是找准物品的特点与自己的感情引起共鸣的地方，使物品与感情相统一，使感情有所依托。这类文章状物不是目的，它是为抒情言志作铺垫的：作者通过物象的特点，由表象到思想，由物态到人情，实现物与情的完美结合。借物抒情的方法有以下四种：

1. 明确思想情感。

"情意为主，景（物）为实"，思想感情是主要的，要由小见大，借现实中的"物"来表达自己的思想情感。如《桂花雨》一文，以细腻的笔触回忆了童年时与桂花相关的生活场景，抒发了对故乡和亲人的思念。

2. 把握"物"的特征，写出其"形"，衬托其"神"。

写"物"的特点是要根据文章的需要，从抒发感情出发，有所选择、有所侧重；同时要注重写"物"的内在气质的表现，要传出它的"神"。如《珍珠鸟》以细腻亲切的语言通过针对珍珠鸟的形态描写，写出了珍珠鸟由怕人到信赖人的情感变化过程，表现了作者与珍珠鸟之间的情意，表达了"信赖，往往创造出美好的境界"的感受。

3. 运用联想、想象，创造新的景象，寄托情感。

寻找"物"与情感的共通点，借助想象或联想建立二者之间的联系，从而更好地抒发情感。如《落花生》一文围绕落花生写了种花生、收花生、尝花生、议花生的过程，由花生的特点联想到做人："人要做有用的人，不要做只讲体面，

而对别人没有好处的人"这个耐人寻味的道理。

4. 恰当地直抒胸臆，升华情感。

除了借物抒情外，也可在文中恰当地直抒胸臆：一是在抒情时不能瞎扯，要以"物"的描写为基础；二要恰如其分，不能把情感随意拔高；三是抒情要从实际出发，篇幅要根据需求来界定，不要太长或太短。如《白鹭》一文最后作者直抒胸臆"白鹭实在是一首诗，一首韵在骨子里的散文诗"，短促有力、情感充沛，很好地表达了文章的主旨。

四、思路引导

生活中，我们每个人都有自己特别钟爱的东西，特别是同学们，有些心爱之物常带在身边，形影相伴、爱不释手。请同学们闭上眼睛，想一想，你的心爱之物是什么呢？注意，最好是选取你最熟悉的、最能寄托情感的物品作为写作对象。

1. 写作第一步：确定心爱之物。

"物"，可以是动物，可以是植物，也可以是没有生命的一般物品。

你可以按照图 6-1 左边联想图的方式，在右边的空图中，将生活中自己喜爱的物品先列出来，然后，再选择其中一个你最喜爱的物品，作为这篇文章的主角。

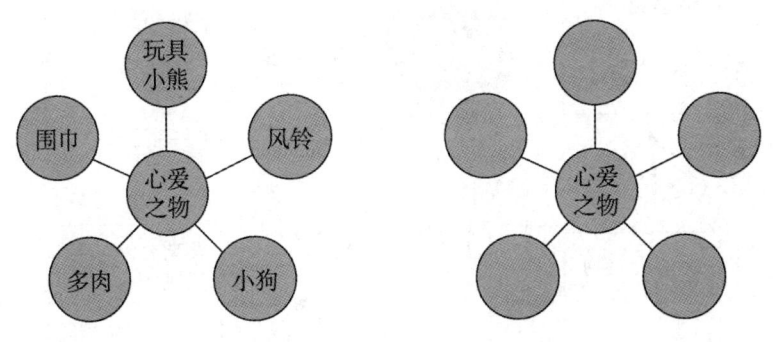

图 6-1

2. 写作第二步：取材与构思。

本单元习作《我的心爱之物》即主要叙述自己身边最特别、最喜欢的物品，同学们可以依序回答下列问题，完成构思和布局，最后再将它组织成一篇完整的文章。

（1）你的心爱之物是什么？

（2）你是怎样得到它的？

（3）它属于哪一类物品？（动物、植物、一般物品）

（4）你可以从哪些方面来描写呢？（动物：外形、颜色、皮毛、声音、动作、饮食、生活习性等；植物：颜色、外形、生长习性、气味、种植过程、观赏价值、实用价值等；一般物品：外形、颜色、材质、构造、用途、来历、图案等）选取你最有感触的方面写一写。

（5）它为什么会成为你的心爱之物？（你们之间有哪些难忘的经历？）

对物品的介绍，可以发挥想象，合理运用修辞手法，把自己的情感融入到物品上，赋予物品人格化的特征，使其生动形象地展现在读者眼前，给人留下深刻的印象。

3. 写作第三步：抒发喜爱之情。

既然是写"心爱"之物，就得把自己心里"喜爱"的这份情感表达出来。如写动物，冯骥才写珍珠鸟，把自己与鸟之间的故事写得生动感人，作者对小鸟的喜爱之情溢于言表；写植物，琦君写故乡的桂花，寄托了思乡之情。那么，请你在习作中写出你对心爱之物所寄托的情感，如喜爱、赞美、依恋、感激……

4. 写作第四步：完成写作大纲。

参考上方的材料，选取你最有把握的、最有想法的内容，按图 6-2 的方法拟定写作大纲，并依照大纲完成整篇习作。

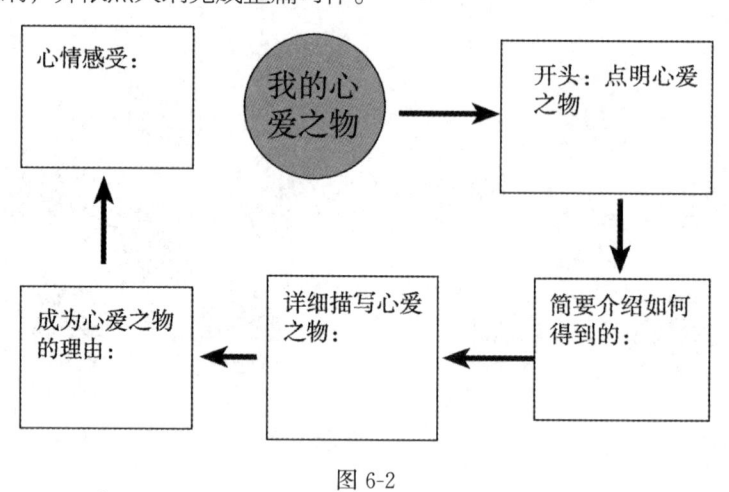

图 6-2

五、写作小妙招

状物类作文的小妙招：

第一招：掌握外形特点。（1）通过观察来掌握其外形特点，观察要有顺序，从体态到五官、从整体到部分、从上到下等；（2）外形可以从颜色、形状、大小、功能来进行描写；（3）善用拟人和比喻，使物更形象。第二招：描写声音。善用拟声词，掌握声音特色。第三招：掌握动态，准确使用动词。第四招：掌握特性，仔细观察与众不同之处。

六、写作大观园——佳作欣赏

我的心爱之物

我有一个心爱之物，那就是字典！这本字典是我上大学的姐姐传下来送给我的。它已经伴随我4年了，我一直把它保护得很好，每天都会去"关照"它一下！

我的字典外观可漂亮了！字典的封面大部分是红色；左右两侧由绿、黄、蓝等颜色组成。上面还印着四个白色的大字"新华字典"。这本字典长13厘米，宽约9厘米，厚3厘米。字典的价格约12元，可它的价值远远高于它的价格。

这本字典虽然这么小，但是它的作用可大了呢！

有的时候，我遇到一个字只知道它的读音，可不知道它怎么写，我从字典里用拼音查字法，就可以知道这个字怎么写；有时，我只知道这个字的写法，可不知道它的读音，从字典里用部首查字法，就可以知道它的读音了；还有时，我只知道这个词的读法和写法，却不知道它的意思，从字典里也可以查出。例如：璀璨。我从字典里查到了，璀：夺目，璨：美玉。字典真是一个好老师。字典除了查字，还可以查数学方面的知识。如：计量单位简表、计量单位比较表……可多了！

像字典那样默默无闻、无私奉献的人有很多，如：环卫工人，从早到晚不停地打扫卫生，早出晚归。不论是严寒还是酷暑，他们每天都勤劳地工作，就像为我们服务的字典一样！

这就是我的好伙伴——字典，它给了我很大的帮助。希望这本字典能永远陪伴我！

习作自评表：

评价项目	自评完成打√
1. 点明心爱之物是什么。	
2. 说明心爱之物的来源。	

续表

评价项目	自评完成打√
3. 运用恰当的描写方法，写清心爱之物的样子。	
4. 说明其成为心爱之物的缘由。	
5. 标点使用、占格正确。	
6. 书写正确工整、语句通顺。	

（邢台市育才小学　武帅）

第二单元　"漫画"老师

一、写作教学亮点

"'漫画'老师"，此话题限定了选材范围：熟悉的老师形象。指导学生习作时注意把握两个要点：一是写作对象为"老师"，不是某一位亲人或某一位朋友；二是"老师"前冠以"漫画"二字，凸显了习作要求——运用语言文字突出老师的某一个特点，把老师的形象写得鲜活、有趣。

这篇文章在写作之前，要先指导学生确定自己要"漫画"的老师是谁，这位老师不是随意挑选的老师，而是一位学生喜欢、认为他很可爱，并且熟悉的人。再引导学生想想老师在外貌、性格、喜好等方面有什么突出的特点，是说话像连珠炮的语文老师，是风趣幽默的数学老师，还是走路像一阵风的体育老师……然后选择一两件能突出其特点的事情来写。事情既可以是自己和老师发生的事情，也可以是别的同学和老师发生的事情，还可以是听同学、朋友讲述的事情。

本次习作并非简单描写老师，而是以"漫画"的形式描写老师，漫画中的人物特点是突出表情夸张、风格奇特。因此在"漫画"老师的时候，应当抓住老师的特点。

指导本次习作时，要注意引导学生关注："写完后，可以读给你写的老师听听，问问他对你的习作有什么意见或建议。"这句看上去微不足道的提示，暗示着习作的读者。

二、教材连结

在本次习作之前，统编版小学语文教材中，已经安排了四次写人的习作训练，具体如表 6-2 所示。

表 6-2

教材位置	内容	要求
三年级上册 第一单元	《猜猜他是谁》	你选的是谁？他（她）有哪些地方让你印象深刻？选择一两点写下来。
三年级下册 第六单元	《身边那些有特点的人》	……上面的词语让你想到了谁？为什么会想到他（她）？围绕以上问题和同学交流，然后选一个人写一写。
四年级上册 第二单元	《小小动物园》	你的家人和哪种动物比较像？什么地方像？每天生活在这个"动物园"里，你感觉怎么样？给家里每个人都写一段。
四年级下册 第七单元	《我的自画像》	向新班主任介绍自己，写之前想一想：你的外貌有什么特点？你的主要性格特点是什么？你最大的爱好和特长是什么？你还想介绍自己的哪些情况？可以用什么事例来说明？

纵观这四次习作训练的要求，层层推进、逐步提升，体现了统编教材习作训练的系统化。通过细细研读，不难发现以上四次训练有共通之处，那就是"写出人物的特点"，但是要求各不相同："猜猜他是谁"要求写出一个人一两个方面的特点，让别人猜出他是谁；而"身边那些有特点的人"则是围绕一个特点用事例来写；"小小动物园"则是写出一群人的特点，锁定每个人与某个动物的相似点来写；"我的自画像"是全方位地写出自己的所有特点，让别人了解自己。本次习作要求"漫画"老师，用一两件事来具体地体现人物的特点，对写人提出了更高的要求。

教材中《将相和》一文重点刻画了蔺相如和廉颇两个人物形象。蔺相如在文中是个熠熠生辉的人物，通过"完璧归赵""渑池会面""负荆请罪"三个具体事例，凸显其有勇有谋，顾全大局，唇如枪、舌如剑的特点。在关键时候，他置个人生死于不顾，以性命来逼秦王；当与廉颇产生矛盾时，主动避让，言辞恳切。课文对廉颇的刻画较蔺相如而言，虽着墨较少，但廉颇作为一员武将的形象，也显得十分鲜明。他威震朝野，秦王也惧他几分，知道他屯兵边界则不敢妄动；他耿直畅快，当蔺相如的职位比他高时，他毫不遮掩地表达了自己的怨气；他勇于改过，一员老将脱下战袍，背上荆条，登门请罪，其精神令人敬佩。文章所选事例贴切、具体，是学生习作的最佳范例。

三、写作素养基本功练习：结合事例，写出特点

写人有多种方法，本单元习作我们重点来学习结合具体事例描写人物特点。

1. 选取典型事例，理清事情脉络——展现人物的性格和品质。

人物的思想品质和性格特点是通过具体事例反映出来的，写人一定要抓住最能表现人物品质和性格特点的事来写，也就是通过典型事例写出人物特点。也许有人会问："我身边的熟人都很平凡，没有什么轰轰烈烈的大事，怎么来写好这些人呢？"其实，看似平凡的小事，往往蕴含着深刻的道理。典型事例不一定惊天动地，生活中的小事往往就可以打动人心。

[示例] 上了点儿年岁的人，无论怎样急着赶路，只要发现哪块搭石不平稳，一定会放下带的东西，找来合适的石头搭上，再在上边踏上几个来回，直到满意了才肯离去。

经常到山里的人，大概都见过这样的情景：如果有两个人面对面同时走到溪边，总会在第一块搭石前止步，招手示意，让对方先走；等对方过了河，两人再说上几句家常话，才相背而行。假如遇上老人来走搭石，年轻人总要伏下身子背老人过去，人们把这看成理所当然的事。

——《搭石》

文章中抓住乡亲们摆搭石、走搭石等生活中的几个平凡的场景，赞颂了搭石默默无闻的奉献精神，同时也赞美了乡亲们互爱互助、敬老爱老的传统美德。

2. 多角度细致描绘，全面呈现——扮靓人物形象。

"人如其貌，各不相同。"写人的作文，要以刻画人物形象为主，在具体的事例中写出人物的特点。你笔下的人物只有"与众不同"，才会给人留下深刻的印象。人物的特点，可以通过语言、行动、心理、神态等细节描写，把性格、思想和品质展现出来。

[示例] 语言描写："岸英！岸英！"主席用食指按着紧锁的眉头，情不自禁地喃喃着。"主席，"秘书走进来，小声说，"彭老总来电，说岸英是主席的长子，请求破格将遗体运回国。"

动作描写：又一群敌人扑上来了。马宝玉嗖的一声拔出手榴弹，拧开盖子，用尽全身气力扔向敌人。

四、思路引导

1. 写作第一步：确定"老师"。

漫画里的人，特点非常突出，配上独特的画风和夸张的情节，让人觉得可爱又有趣。同学们都看过人物漫画吧？熟知漫画的特点，用习作的方式把你觉得最有漫画特征的一位老师写出来，请你确定你所要描绘的老师。

2. 写作第二步：取材与构思。

请按照以下问题的思路组织习作的结构。

(1) 各位小画家们，请说说你为什么要选择这位老师为他"作画"呢？

(2) 这位老师有什么特点呢？利用图 6-3 的联想图进行多角度思考。

(3) 你认为老师的哪个特点最突出？

(4) 请你回忆一下，发生的哪一件事让你觉得老师有这个突出的特点？

(5) 选择一两件比较有代表性的事件，写下来。（注意：事件必须要能够突出人物的特点，运用合理的描写方法）

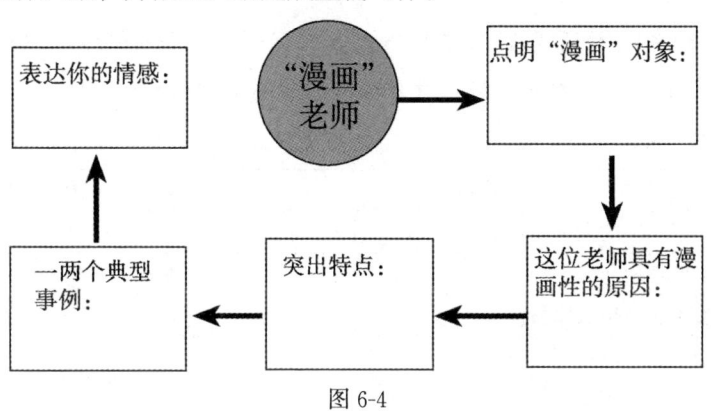

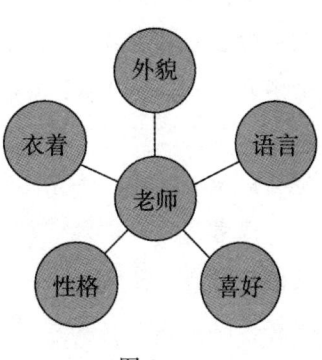

图 6-3

3. 写作第三步：完成写作大纲。

参考上方的材料，选取你最有把握的、最有想法的内容，依据图 6-4 的提示，拟定写作大纲，并依照大纲完成整篇习作。

图 6-4

五、写作大观园——佳作欣赏

我的"笨"老师

我的"笨"老师,就是我们的班主任——马老师。她有卷曲的头发,微胖的身子,高高的个子,圆圆的脸,以及白皙的皮肤。

说起"笨",这话可是她自己亲口说的。这不,新学期第一天,马老师就对我们说:"同学们,我很笨,我希望同学们一个个都比我聪明。"这一番话逗得我们前仰后合,这回算是遇上自认"笨"的老师了。从那以后,我仔细观察,这马老师真"笨"得可以:她把班里的工作一股脑都交给同学们去做,收作业、主持班会、布置卫生……而她则自己在一旁欣赏着同学们忙这忙那,嘴里还一个劲儿地夸同学们聪明,弄得大家干劲十足。

课堂上的马老师不"笨"了吧?你想错了,课堂上的马老师依然是"笨"的。记得那天讲《军神》,马老师对我们说:"作者为什么要写刘伯承把身下的床单都撕裂了呢?我挺笨的,谁能教教我?"全班哄堂大笑。既然马老师自认为"笨",同学们当然不甘示弱,一个个争相表现自己的聪明,手齐刷刷地举了起来。看到这小手如林,马老师乐得合不拢嘴。同学们一个又一个精彩的发言,博得了"笨"老师的夸奖:"你真棒""天才""聪明"……在学校,似乎只有学生是可以"笨"的,但在马老师眼中,"笨"可不是学生的"专利",她自己就"笨"了一回。这一"笨"居然使得一堂课在轻松愉快中度过,这一"笨"使我们更喜欢马老师了。

马老师到底是笨还是不笨呢?一天,我问妈妈。妈妈听后,哈哈大笑说:"马老师才不笨呢,她是一个懂得教育方法的聪明老师呀!"

习作自评表:

评价项目	自评完成打√
1. 点明要"漫画"的老师是谁。	
2. 说明选择的理由。	
3. 抓住典型事例突出人物特点。	
4. 运用恰当的描写方法。	
5. 标点使用、占格正确。	
6. 书写正确工整、语句通顺。	

(邢台市育才小学　武帅)

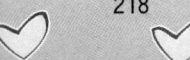

第三单元　缩写故事

一、写作教学亮点

本单元的习作要求是"缩写故事"，这里有两点需要明确：一是要做的事——缩写，二是缩写的对象——故事。缩写是把丰富详尽的内容变得简洁精炼，是化详实为简要的过程。学习缩写有很多好处，最重要的是能够训练学生准确提取信息的能力。缩写故事需要了解故事的结构，从结构入手会使缩写的框架更加清晰，缩写故事就需要找到故事的时间、地点、人物，故事的起因、经过和结果。

学习缩写时，教师可以引导学生通过回顾此前学过的有助于缩写的策略入手：（1）找到段落的中心句；（2）借助关键语句概括一段话的大意；（3）了解故事的起因、经过和结果；（4）长故事可以先起小标题；（5）多个故事出现时，可以先概括每个故事的意思，再串联起来。

本次缩写故事是在熟悉以上策略的前提下进行的进一步延伸，通过摘录、删减，获取故事的主要内容，再把获取的主要内容进行概括、改写，使得故事更简洁，语句更通顺。

因此，缩写故事想要成功要达到以下三点要求：一是故事要完整全面，尊重原意；二是情节要连贯，保持人物原有特点；三是语言要简洁。还有一点很重要，那就是注意对人物对话的转述，有时需要把直接叙述转化成间接叙述。

二、教材连结

五年级上册第三单元的主题是"民间故事"，本单元的阅读素养是要求学生了解课文内容，创造性地复述故事。本单元的写作素养是训练学生提取主要信息，缩写故事的能力。

课文《猎人海力布》中有两个小故事，一是海力布救了小白蛇，龙王送给他一颗能听懂动物语言的宝石。二是海力布为了救村民，不惜牺牲自己的生命，变成了一块石头。缩写这个故事时，可以抓住"宝石"这个关键线索，让它贯穿故事的始终，就容易理出故事的脉络。

《猎人海力布》的课后题提出了概括主要内容的要求："说说课文写了海力布

的哪几件事。"在此，概括主要事件为本单元的习作训练"缩写故事"作了铺垫。同时"小练笔"中"根据课文内容，给那块叫'海力布'的石头写一段话，简要介绍它的来历"也是在引导学生练习缩写故事。

《牛郎织女（一）》故事主要讲述了牛郎从小孤苦伶仃，遭受来自哥哥嫂子的虐待，和老黄牛相依为命，在老黄牛的帮助下，遇到了美丽善良的织女，终于过上了幸福生活。然而，好景不长，王母娘娘将牛郎和织女拆散，从此，他们天各一方，只有每年的七夕才能相会一次。

以上的两个民间故事都比较长，如果想把这个故事简要地介绍给别人，我们就需要学习缩写故事的内容，让故事变得简洁明了。在缩写故事时，可能面临着两个难题：一是对话部分要正确地变化人称进行转述；二是整合故事内容，提取关键信息。

我们来纵向回顾一下此前教材中出现过的与概括、把握主要内容相关的语文素养，具体见表 6-3 所示。表中对曾经学习到的概括主要内容的重要策略进行了梳理，可以把这些策略综合应用到本次习作中。

表 6-3

年级	单元	语文素养	策略
三上	第六单元	借助关键语句理解一段话的意思。	抓中心句
三下	第四单元	借助关键句概括一段话的大意。	根据关键语句进行概括
四上	第四单元	了解故事的起因、经过、结果，把握主要内容。	起因—经过—结果
四上	第七单元	关注主要人物和事件，把握文章的主要内容。	人物＋事件
四上	第八单元	了解故事情节，简要复述课文。	抓主要内容
四下	第六单元	学习怎样把握长文章的主要内容。	加小标题
五上	第三单元	提取主要信息，缩写故事。	摘录—删减—概括—改写

三、写作素养基本功练习：缩写故事

缩写既是培养写作能力的一种训练方式，同时也是培养阅读能力、分析能力、概括能力的好方法。缩写故事我们可以分两步来进行。

1. 摘录、删减。

摘录前，先要理清文章脉络，抓住重要线索，我们可以用事件发展流程图的形式来梳理故事。如《猎人海力布》的故事情节如图 6-5 所示。

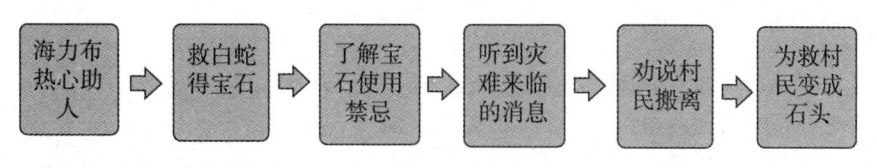

海力布热心助人 → 救白蛇得宝石 → 了解宝石使用禁忌 → 听到灾难来临的消息 → 劝说村民搬离 → 为救村民变成石头

图 6-5

理清故事之后再提取关键信息，归纳段落大意。删减细节和不重要的内容。从原文中提取关键信息的方法和步骤：（1）最明显的关键信息就是段落的中心句，概括段落的中心句。（2）可以抓住文体的特点来提取关键信息，例如：时间、地点、人物，事情的起因、经过、结果等。（3）和故事的主人公相关的介绍要保留，与主要事件相关的起因、经过、结果要留下。与主要事件无关的事情可以删去，过于细致的描写需要删去。

以课文中第二、三段为例：

从前有一个猎人，名叫海力布。他热心帮助别人，每次打猎回来，总是把猎物分给大家，自己只留下很少的一部分。大家都非常尊敬他。

有一天，海力布到深山去打猎，忽然听见山上有呼救声。他抬起头一看，一只老鹰抓着一条小白蛇正从他头上方飞过。他急忙搭箭开弓，对准老鹰射去。老鹰受了伤，丢下小白蛇逃了。

节选段落中，段落的中心句为从前有个猎人，名叫海力布。他热心帮助别人。描述事情的起因的句子为有一天，海力布到深山去打猎。听见山上有呼救声，看见老鹰抓着小白蛇。描述事情经过的句子为海力布搭箭开弓，射向老鹰。描述事情结果的句子为老鹰受伤，丢下小白蛇逃走了。

2. 概括、改写。

经过第一步的摘录、删减后，把保留的关键语句拿出来读一读，看看能否把长句子变成短句子，几句话合并成一句话。可以通过"谁……做了什么……怎么样"来概括关键信息，并加入适当的连接词或者过渡词句，将每一段的段落大意串联成通顺完整的话。如上面的文段就可以概括成：从前有个猎人叫海力布，他热心帮助别人，大家都非常尊敬他。有一天，海力布打猎时，听到呼救声，看见老鹰抓着小白蛇，他搭箭开弓救下小白蛇。

四、思路引导

亲爱的同学们，你读过哪些有趣的故事呢？你知道怎样找到故事的重点，把长故事变得简洁生动吗？我们需要通过以下三个步骤入手进行本单元习作的学习。

1. 写作第一步：摘录、删减。

（1）理清文章脉络。

同学们，写作之前，我们先要理清文章的脉络。请同学们看看你想写的这个故事的主人公是谁，重要线索是什么？可以分成几个段落？我们以《猎人海力布》为例，用表格来梳理一下这个故事的脉络，见表6-4。请你选择一个自己喜欢的故事，也像这样用表6-4的方式来理清脉络吧！

表 6-4

《猎人海力布》主人公：海力布　重要线索：宝石		
第一部分	第1自然段	引出故事，介绍了故事发生的时间、地点。
第二部分	第2～6自然段	海力布是个善良的猎人，他救了小白蛇，小白蛇的父亲作为回报，送给他一颗能听懂动物说话的宝石。
第三部分	第7～11自然段	海力布为了使人们免遭洪水的吞噬，打破了使用宝石的禁忌，变成了一块石头，人们世世代代纪念海力布。

（2）摘录、删减。

理清文章脉络后，我们来对每一部分的主要内容进行摘录和删减。摘录和删减时要注意删去细枝末节，留下最重要的关键内容。其中与主要事件相关的时间、地点、人物，事情的起因、经过、结果等需要保留，而次要事件以及过于细致的描写要删掉。这里以《猎人海力布》为例来看看这几个段落通过摘录和删减后的内容，见表6-5。

表 6-5

段落	摘录、删减后的内容
第五自然段	海力布到了龙宫，龙王要重谢他。海力布什么珍宝也不要，他对龙王说："请把您嘴里含着的那颗宝石送给我吧。"龙王把宝石吐出来，送给了海力布。
第六自然段	小白蛇再三叮嘱他说："无论动物说了什么话，都不要对别人说。如果说了，您马上就会变成石头，永远不能复活了！"
第七自然段	海力布有了这颗宝石，打猎方便极了。他每次打猎回来，分给大家的猎物更多了。有一天，他听见一群鸟在议论着："今天晚上，这里的大山要崩塌，大地要被洪水淹没。"

2. 写作第二步：转述。

故事中会有很多对话，缩写故事时，对话部分要改写成间接叙述的方式，即转述句。对话是直接叙述，转述句是间接叙述。在改写转述句的时候要注意以下事项：

（1）标点符号。在将直接叙述改为转述句的时候，将冒号改成逗号，还要将双引号去掉，并加上句号。

（2）人称转换。最重要的是要将对话语句中的第一人称转变为第三人称，根据语境将第二人称改为第一人称或者人物名字。

（3）改变代词。改变句中有关的代词，如"我"变为"他（她）"，"你"变为句中具体的人。

以《猎人海力布》的第四段为例进行了转述句的改变，见以下示例。请你按照示例的方法把其他几个段落中的对话进行正确的转述。

[示例] 小白蛇说，她是龙王的女儿，海力布跟她回去，龙王一定会好好酬谢海力布，龙王的宝库里有许多珍宝，海力布想要什么都可以。如果海力布都不喜欢，可以要龙王含在嘴里的那颗宝石。只要有那颗宝石，就能听懂各种动物说的话。但是动物说什么话，只能自己知道，如果对别人说了，就会变成一块石头。

3. 写作第三步：概括、改写。

接下来，请学生把摘录好的关键信息串联起来，读一读，看看哪里需要再删除，哪里需要合并，哪里需要重新调整，把它们概括、改写成通顺的语句。

把《猎人海力布》这个故事中的关键信息，概括、改写成完整的一段话，如表 6-6 所示。

表 6-6

提取关键信息：第 4 自然段	
叙述对象（谁）	海力布、小白蛇
干什么	小白蛇说自己是龙王的女儿，让海力布跟她回去，龙王会报答海力布。
怎么样	龙王有许多珍宝，还有一颗含在嘴里的宝石，谁含着谁就能听懂各种动物说的话。但是，动物说的话只能自己知道，如果对别人说了，就会变成一块石头。

续表

概括、改写	提取关键信息：第4自然段
	小白蛇说她是龙王的女儿，为了感谢海力布的救命之恩，她家里有许多珍宝可以送给海力布。小白蛇还说，龙王嘴里含着一颗宝石，谁含着谁就能听懂各种动物说的话。但是动物说的话只能他自己知道，如果对别人说了，他就会变成一块石头。

五、写作小秘方

缩写故事的策略：圈重点法，删除法，摘句法，标题扩展法，抓住关键句法，段意归并法。下面的口诀可以辅助我们进行故事缩写。让我们一起来读一读吧！

缩写口诀

阅读时要抓重点，

缩写时要留原意。

圈出关键删枝节，

合并句子顺一顺。

圈删并顺四步骤，

阅读写作我最行。

六、写作大观园——佳作欣赏

猎人海力布（缩写）

从前有一个猎人名叫海力布。他热心帮助别人，大家都尊敬他。

有一天，海力布打猎时看见一只老鹰抓住一条小白蛇，他搭箭开弓救了小白蛇。小白蛇告诉海力布，她是龙王的女儿，为了感谢海力布的救命之恩，小白蛇说她家里有许多珍宝可以送给海力布。小白蛇还说，龙王嘴里含着一颗宝石，谁含着谁就能听懂各种动物说的话，不过动物说的话只能他自己知道，如果对别人说了，他就会变成一块石头。

海力布到了龙宫，老龙王要重谢他，他什么珍宝也不要，只要龙王嘴里的那颗宝石作纪念。海力布临走时，小白蛇再三叮嘱他，无论动物说了什么话都不能对别人说，否则就会变成石头，永远不能复活。

海力布有了这颗宝石，能听懂飞禽走兽的语言，能知道哪座山上有哪些动物，从此，他分给大家的猎物更多了。有一天，他正在深山里打猎，听到一群鸟议论：今天晚上这里的大山要崩塌，大地要被洪水淹没。

海力布大吃一惊，急忙跑回家，让乡亲们赶快搬家，可是乡亲们对此感到奇怪，都不愿意搬家。海力布知道，不把为什么要搬家说清楚大家就不会相信自己的话。要救乡亲们，只有牺牲自己，于是海力布就把事情的经过如实说了，海力布刚说完就变成了一块石头。

大家看见海力布变成了石头，都非常后悔、悲痛，他们含泪念着海力布的名字搬离了村子。半夜，大山崩塌，洪水淹没了村子。

人们世世代代纪念海力布，据说现在还能找到那块叫"海力布"的石头呢。

习作自评表：

评价项目	自评完成打√
1. 理清文章脉络。	
2. 摘录故事主要内容，删减故事细节。	
3. 将故事中的对话改为转述句。	
4. 概括、改写故事，使得语句连贯、通顺。	
5. 标点使用、占格正确。	
6. 书写正确工整。	

（邢台市新兴路小学　张琼）

第四单元　二十年后的家乡

一、写作教学亮点

这次习作题目是"二十年后的家乡"。首先确定是要写一篇想象作文。所以文章要想写得出色，大胆想象是很重要的一环。但是以小学生的阅历和心智，对"家乡"这个词的理解是很模糊的。他们对家乡的历史、现状不够了解，对家乡的人文意义也很模糊，这就需要教师创设情境，去激发学生的想象力。教师可以展示自己家乡二十年前的照片，说说现在的变化；也可以引领学生用角色代入的方式想象，想象二十年后自己是以什么身份生活在家乡或者回到家乡，看看家乡发生了怎样巨大的变化。

教师可以指导学生想象家乡的自然景观、人文景观以及人们生活的巨大变化，倾吐与亲人、故友见面时的浓浓亲情、友情。当然要把这些想象到的场景或事件，运用生动、形象而优美的语句完整地描述出来，从而充分展现家乡未来的美好。

其次，因为习作题目中有时间的限制词"二十年后"，所以这种想象又必须符合实际情况，不能异想天开。例如：你想象二十年后人们都去太空生活，那就不合理了。依照现在的科学技术的发展，二十年的时间几乎是不可能完成居住在太空这个美好愿望的。

二、教材连结

本单元以"爱国情怀"为主题，编排了精读课文《古诗三首》《少年中国说（节选）》《圆明园的毁灭》和《小岛》，虽然四篇课文所涉及的年代、人物、事件各异，但贯穿其中的是中国人代代相传的爱国情怀，表现了中国人"天下兴亡，匹夫有责"的责任感和使命感。这些爱国、爱家的情怀，就是我们这次习作的感情主线。通过大胆想象，写出二十年后家乡不同的人、事、景、物，表达出热爱家乡的强烈情感。

《圆明园的毁灭》一课描述了圆明园昔日的辉煌和惨遭侵略者毁灭后的景象，在对比中表达了人们不忘国耻、振兴中华的责任感和使命感。

文章中的情感要通过具体的景物或事物来表达，不能空泛地抒情。这次习作，可以指导学生侧重于运用对比手法写变化：街道、房屋、学校的新变化，家乡人们的新变化，生活方式的新变化，等等。

这次习作也可以大胆想象 20 年后与亲人或同学见面的场景：那时的人们会说什么，会做什么。通过对人物的语言、动作、神态的描写，写出家乡的变化。

三、写作素养基本功练习：列提纲

在写作时列提纲，可以引领思路，梳理素材，辅助成文。制定提纲的步骤如下：

1. 确定题目。

要把题目（或补充完整的题目）写在第一行正中间。

2. 确立主要内容和中心。

在题目下面，简要地写出这篇作文的主要内容及要表达的中心思想。

3. 结构布局。

结构布局是作文提纲最主要的部分，设计时需要注意以下几点：

（1）安排好材料的组织顺序。先写什么，后写什么；全文一共准备分为几大段，每段写什么，要以小标题的形式、按照一定的顺序把材料组织起来。这里的顺序主要有：时间顺序（例如：早、中、晚），事情的发展顺序（例如：起因、经过、结果），人物活动过程（例如：先做了什么，后做了什么，最后做了什么），方位变化的顺序（例如：山脚、山腰、山顶），等等。

（2）确定好要详写的内容。依据表达中心的需要，确定出哪些内容是主要的，哪些内容是次要的，标明"详""次详""略"等字样。重点段又打算分几层来写，先写哪层、后写哪层，具体列出准备详写的步骤、次序。

（3）依据文章选用的材料及要表达的中心思想，确定好开头、结尾的方法，并在提纲中简单注明。

（4）设计好点题的时机及具体的方式、方法。

（5）考虑好层次之间、段落之间该如何衔接过渡，哪些内容需要照应，如何照应，也简单标注一下。

一般在审题、构思、明确作文的中心思想之后就可以列出文章的提纲了。尤其注意在学习写作的初期列提纲宜细不宜粗。随着构思、布局水平的不断提高，作文提纲就可以写得简单些。

四、思路引导

同学们，时间是一把神奇的刻刀，能镌出五彩的世间万物；时间又似一支灵动的笔，能绘出这缤纷的世界。二十年，对于漫漫历史长河而言只是短暂一瞬，对于一个人的一生而言，或许是很漫长。时光转逝，二十年的时光无论是社会、家庭以及个人都会发生很大的变化，而这些变化很多在情理之中，却在你的意料之外。同学们，你们还小，没有二十年的人生经历，但你们已经从父母和其他长辈那里了解了不少情况。接下来，请同学们来谈一谈，你从他们那儿了解到这二十年来你的家乡的变化情况。

那么，二十年后我们的家乡会是什么样的呢？今天就让我们来一次时空穿越，到二十年后的家乡去看一看。

1. 写作第一步："众说纷纭"聊变化。

本单元的习作是《二十年后的家乡》，那么我们可以回答以下问题，畅所欲言你心中的家乡。

(1) 同学们，作为你现在所生活或曾经生活过的家乡，你有多少了解呢？

(2) 你从家长那里了解到了家乡这二十年来的变化有哪些？（环境、工作、生活……）

(3) 了解了家乡的变化，你有什么感受呢？

2. 写作第二步："思前想后"谋变化。

本单元习作可以通过下面的思维导图进行自由联想，以此积累写作素材。

(1) 结合现状，合理想象变化。同学们可以从三个方面进行思考：从自己熟悉的地方写起，把心中设想的，在未来变成现实；对现状不满意的方面，期待有所改变；正在发展的，期盼将来发展得更好。通过表 6-7 进行对比思考、合理想象。

表 6-7

家乡的各方面	现在的家乡	二十年后的家乡
环境	河水污染、雾霾天气	
工作	环卫工人打扫街道	
生活	交通拥堵有些严重	
……		

(2) 多角度展开联想，大胆想象变化。通过图 6-6 所列家乡的各个角度展开联想。

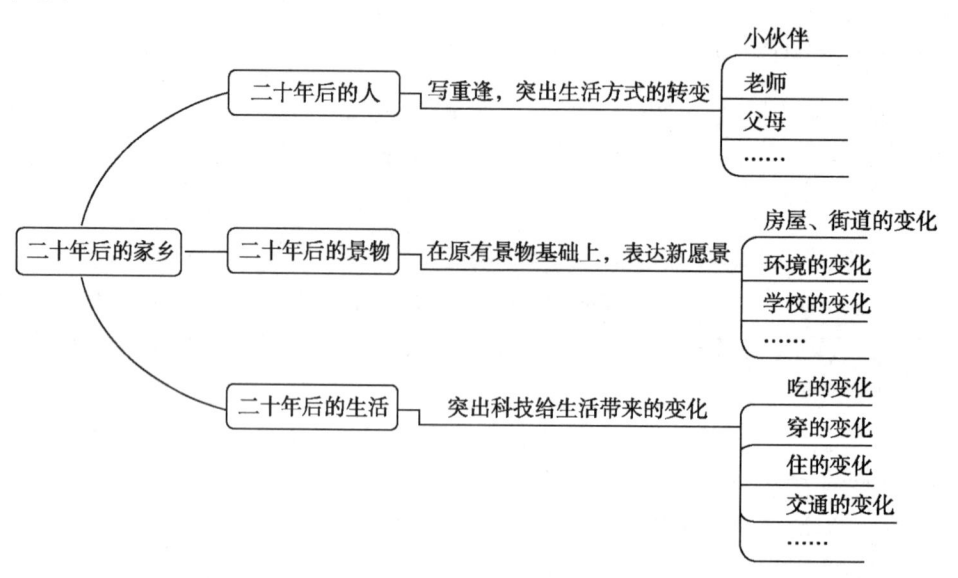

二十年后的家乡
- 二十年后的人 —— 写重逢，突出生活方式的转变
  - 小伙伴
  - 老师
  - 父母
  - ……
- 二十年后的景物 —— 在原有景物基础上，表达新愿景
  - 房屋、街道的变化
  - 环境的变化
  - 学校的变化
  - ……
- 二十年后的生活 —— 突出科技给生活带来的变化
  - 吃的变化
  - 穿的变化
  - 住的变化
  - 交通的变化
  - ……

图 6-6

通过以上表格和思维导图，拓展你的想象。由此，相信你已经拥有了很多想写的素材，现在来整理一下。

3. 写作第三步："写作提纲"展变化。

参考上方的材料，选取你最有把握的、最有想法的内容，依据图 6-7 拟定写作大纲，并依照大纲完成整篇习作。

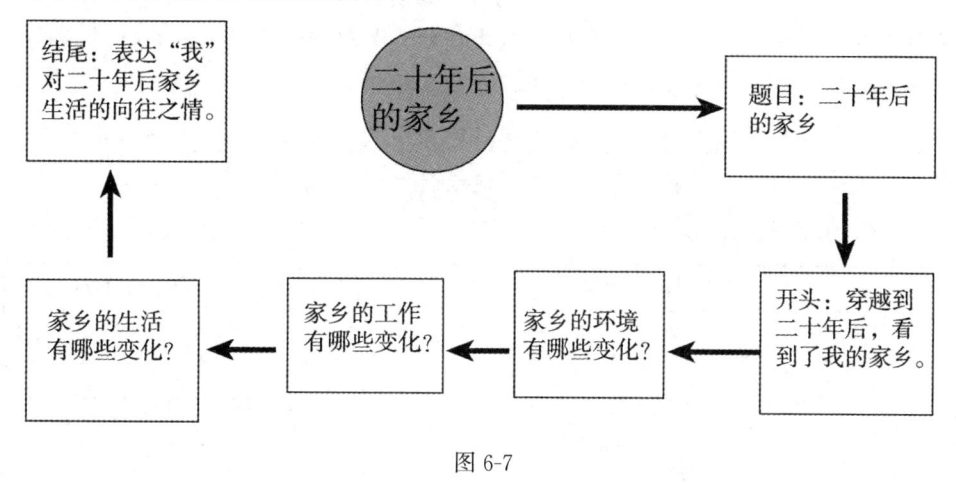

图 6-7

五、写作大观园——佳作欣赏

二十年后的家乡

邢台市信都区郭守敬小学　王家熠

我睡得正香，猛然感觉天旋地转的，一睁眼，原来是时光机把我带到了二十年后的家乡。

当从时光飞行器下来的那一瞬间，我便被家乡的景色吸引住了。宽阔的马路，绿树成荫，百花争艳。小河的水，清澈见底，鱼儿在水里无忧无虑、自由自在地游着。我不禁深深地呼吸这清新的空气，真是心旷神怡啊！夜晚，只要抬头就可以看见漫天的繁星，美丽极了。这如花如诗的环境，真舒心啊！

家乡的科技也让我赞叹不已。公路上一辆辆车顶上装着太阳能发电板的汽车飞驰而过。除了地面的交通，半空中还有一组交通线，各种车辆有序行驶，真是高效啊！马路上早已看不见环卫工人的身影了，取而代之的是一个个萌萌的小机器人，它们一边放着音乐，一边清扫着马路，可爱得不得了。路边的垃圾桶也是智能的：垃圾桶分上中下三个区域，把垃圾放到中间的区域后，上面的电子显示屏就开始对垃圾进行分类的分析，下面的小机械手则按照分类的指示，对垃圾进行分类投放。这高科技的生活，真是便捷啊！

家乡人们的生活方式也发生了翻天覆地的变化。儿时的伙伴邀请我去他们家做客，一进门，服务周到的机器人就把我惊讶到了。它用它那可爱的大眼睛从头到脚扫了我一遍，就把合适的拖鞋递到了我的脚下。我说去厨房帮忙吧，小伙伴笑而不语地把我领进厨房：两个机器人正在分工明确地做饭呢。我俩就轻轻松松地在客厅聊起了天。这智能化的生活，真是幸福啊！

二十年后的家乡如诗如画，二十年后的生活智能便捷，二十年后的家乡美丽富饶。我爱我的家乡。我要努力把家乡建设得更好！

习作自评表：

评价项目	自评完成打√
1. 提纲思路清晰。	
2. 文章开头巧妙、吸引人。	
3. 想象合理、丰富。	
4. 文章详略得当，首尾呼应。	
5. 语言优美、生动。	
6. 书写认真，错别字少于3个。	

（邢台市信都区三环逸夫小学　王双越）

第五单元　介绍一种事物

一、写作教学亮点

"介绍一种事物"是学生选择自己了解并感兴趣的事物，运用多种方法来说明它的特征，是一种说明性的文章。说明性文章，可以帮助我们认识事物，获得知识。为了说明抽象、复杂的事物，使它们变得通俗易懂，我们往往会使用一些说明的方法，例如：列数字、举例子和作比较等。

这篇文章要写得好，就得写清楚这个事物的特点，理清这个事物与其他事物不同之处。介绍一种事物，需要掌握以下三个步骤：

（1）想一想，细致观察要写的事物，并搜集相关资料，进一步了解这个事物，想清楚从哪几个方面来介绍。

（2）分段写，透过各段落分别写出所介绍事物的各方面特点。

（3）用方法，掌握事物的各个方面特点，并适当运用说明的方法。

若能掌握说明文写作三步骤，才能让人对所介绍的事物产生兴趣，还能从这篇说明文中获得相关知识。

二、教材连结

本单元的课文《鲸》《太阳》都是科普性说明文，介绍太阳和鲸各个方面的知识，《松鼠》是一篇文艺性说明文。本单元三篇文章都用说明文的方式来介绍一种事物，例如《鲸》不是写赏鲸的事，是介绍鲸的各种知识；《松鼠》不是"我和松鼠"，而是向我们介绍松鼠的特性；《太阳》是介绍太阳的特点、作用、最新研究发现和关于太阳的故事。每篇课文都层次分明、条理清楚，合理地运用多种说明的方法，把与事物有关的知识说明得通俗易懂、客观简洁又准确清楚，给人留下深刻的印象，为学生的仿写提供了范例。

通过学习本单元课文必须掌握"阅读说明性文章要能掌握要点，了解文章的基本说明方法"这个基本要求，进而习写一篇介绍某一事物的说明文。在教导学生习作的过程中，引导他们从整体到细节，经由搜集资料，分段写出一个事物的每一特点，用说明方法，将事物客观地说明清楚，让学生有效学习从读到写的能力。

三、写作素养基本功练习：说明的方法

学习说明方法是说明文写作的最重要的基础，运用说明的方法，可以给读者更准确、更具体、更形象化、更深刻的感受。说明事物的方法如表 6-8 所示。

表 6-8

方法	特性	例子
分类别	把事物分类，让说明更有条理。	鲸的种类很多，总的来说可以分为两大类：一类是须鲸，没有牙齿；一类是齿鲸，有锋利的牙齿。
列数字	利用数字说明事物的特点，能加强说服力，让人觉得真实可信。	太阳离我们有一亿五千万千米远。

续表

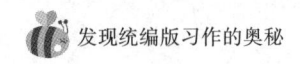

方法	特性	例子
作比较	拿熟悉的事物作比较，令事物的特点具体、清楚。	我们看到太阳，觉得它并不大，实际上它大得很，一百三十万个地球的体积才能抵得上一个太阳。
下定义	用简洁而精准的语言，说明事物的本质，让人对事物有明确的概念。	生长在海洋中的哺乳动物，形状像鱼，胎生，鼻孔在头的上部，用肺呼吸。体长可达三十米，是现在世界上最大的动物。
举例子	用举例说明事物的特点，使说明更加具体、清晰。	到太阳上去，如果步行，日夜不停地走，差不多要走三千五百年；就是坐飞机，也要飞二十几年。
用比喻	用一件常见或较具体的事物，比作另一件不易看到或较抽象的事物，令抽象事物的特点更形象。	鲸的鼻孔长在脑袋顶上，呼气的时候浮上海面，从鼻孔喷出来的气形成一股水柱，就像花园里的喷泉一样。

如上表格可以看出，运用恰当的说明方法介绍说明事物某方面的特点，将有助于习写说明性文章，清楚表达事物的特点。

四、思路引导

亲爱的同学们，你一定有认识的某些事物，了解或喜欢它们，但你知道如何介绍这些事物吗？接下来，我们学习写一篇说明性的文章，你可以先选定主题，再运用表格搜集数据来丰富你的写作素材，接着选择事物的某一个或某几个特性进行介绍，最重要的是要在文章中合理地运用说明方法。从结构、内容到方法，都能很好地掌握和运用说明文的特点，如此才能写出一篇好的说明性文章。

1. 写作第一步：确定事物。

思考自己喜欢哪些事物，选择一种喜欢且了解深刻的事物进行观察，把它作为本单元习作的说明对象。

2. 写作第二步：取材与构思。

选定好要写的事物主题后，希望能把这一种事物向大家介绍，试着想一想应该介绍这种事物的哪些方面呢？接下来以"齿鲸"为例，我们可以制作出表6-9，搜寻你所要写的相关事物的资料，尝试按照表6-9的方式填写你所写的事物。

表 6-9

\multicolumn{3}{c}{说明文：齿鲸}
特点	主要内容	说明性文字
定义	它是哪一类的动物或是物品？	哺乳类动物。
外形	它的外形怎么样？	不同种类间体型相差很大，有小至一米的，像幼儿园小班小朋友的高度；有大到十八公尺的抹香鲸，相当于一辆半的货柜车长度。
活动范围	它出现在什么地方？	……
生活习性	它喜欢吃什么东西？它们喜欢或会做什么特别的事？有什么特殊技能？	……
繁殖情形	它什么时候繁殖？它们是胎生还是卵生？需要多久时间才能长大？	……
性质构造	它有什么性质？有什么构造？	齿鲸有许多完美的构造，齿鲸的外鼻孔只有一个，不同于须鲸的一对，因此换气时能喷出一股水柱。
功能作用	它的作用或功能是什么？	齿鲸有着灵敏的声呐系统，能感受超声波。
材质制作	它有什么制作方法？用什么材质？	……
发展过程	它的正面研究和反面研究分别是什么？有哪些未揭露的奥秘？	……
故事	它有没有什么相关的故事？	……

3. 写作第三步：拟定写作大纲。

参考上面的材料，选取你有把握的、有想法的内容，依据表 6-10 拟定写作大纲，并依照大纲完成整篇文章。

表 6-10

段落	写作思考
一	总说：它的重要性、代表性。
二	种类，例如：它是哪一类的事物？
三	外形、特征。
四	构造、功能、作用。
五	习性，例如：它喜欢吃什么东西？它们喜欢或会做什么特别的事？有什么特殊技能？
六	总结：它的影响力、珍贵性、意义。

写好后记得把文章读一读，看看自己是不是把特点都写清楚了，和你的同学交流一下，并互相提意见吧！

五、写作大观园——佳作欣赏

鲸

你知道浩瀚无涯的海洋里，也有濒危的哺乳动物吗？就让我们一起来认识它吧！

鲸鱼不是鱼，虽然它的名字有一个"鱼"字，但它是哺乳类动物。科学家将鲸豚类分成须鲸和齿鲸两大类，它们的外形、体形都有差别。现存的齿鲸约75种，包括抹香鲸和海豚等，种类远多于须鲸，但体形普遍小于须鲸。不同种类间体形相差很大，有小至一米的，像幼儿园小班小朋友的高度；有大到十八米的抹香鲸，相当于一辆半的货柜车长度。

齿鲸有许多完美的构造，齿鲸的外鼻孔只有一个，不同于须鲸的一对，因此换气时能喷出一股水柱。例如：抹香鲸类的鼻孔位于头部左前方接近上颌处，呈裂缝形；海豚类则位于头顶偏后方，略呈圆形。齿鲸有尖锥状的牙齿，用于捕捉乌贼和鱼类。齿鲸可发出高频的鸣叫声，且声音多样。游泳动作较为迅速和灵活。大多结群活动，族群数量较大，有时可达上千只同时出现。

齿鲸不同的身体部位，有各自的作用。它有着灵敏的声纳系统，能感受超声波，不论在水中和空气中都有很好的听力，靠回声定位来寻找食物、联系同伴或逃避敌害。齿鲸有丰厚的脂肪，和企鹅身上的脂肪功能差不多，能隔绝体外的低水温。

齿鲸有时会在商业渔业中遭到误捕，被困在渔网中或是意外吞下鱼钩。它们也常受到海洋污染的影响，由于它们属于海洋食物链的顶端，海洋中的污染物会传给幼鲸，导致肠胃癌并且降低对疾病的抵抗力。唯有减少制造或丢弃海洋垃圾，才能减少鲸鱼误食塑料袋等情况的发生。

鲸有不同的外形、构造与功能，通过认识它们，进一步能够守护它们，期望大家能更重视对海洋的保护，让它们健康地在浩瀚的海洋中生存。

习作自评表：

评价项目	自评完成打√
1. 能抓住事物特点介绍。	
2. 能详细介绍这个事物的某个特性。	
3. 能介绍三个以上事物的独特性。	
4. 运用三种以上的说明方法来介绍事物某方面特点。	
5. 标点使用正确。	
6. 自己修改错别字。	

（邱怡雯）

第六单元　我想对您说

一、写作教学亮点

本次习作话题是"我想对您说"，可以对父母倾诉，还可以对好朋友或为社会作出贡献的人说。五年级学生已经进行了两年的习作练习，很多学生可以做到完整地叙述一件事情，也能做到在习作中表达自己的真情实感，但部分学生还不能把自己的感受写具体。

从统编教材的习作编排体系来看，本单元习作的训练点"用恰当的语言表达自己的看法和感受"，是在"大胆发表"的基础上提出的更高要求，学生在习作时要能够做到"以情动人"地表达爱；"以诚感人"地表达看法；"以理服人"地提出建议。

要做到以上三点，就要训练学生根据表达的目的合理选择材料，增加观点的说服力，同时还应做到细致的场景描写，通过点面结合的场景描写塑造丰满的人物形象。

二、教材连结

这个单元围绕"舐犊情深,流淌在血液里的爱和温暖"这个主题,安排了三篇课文。

《慈母情深》选自著名作家梁晓声的亲情小说《母亲》。课文描写了"我"的母亲在极其艰难的工作环境中省吃俭用,支持鼓励"我"读课外书的故事,表现了深沉的母爱,表达出对母亲深深的敬意和无比的热爱。

《父爱之舟》是著名画家吴冠中的一篇纪实性散文。选取生活中的平凡小事,写出了父亲深沉的爱子之情,抒发了儿子对父亲的怀念和对父亲的感激之情。

《"精彩极了"和"糟糕透了"》讲了作者的父母对他童年时写的一首诗,给出了截然相反的评价,母亲觉得这首诗"精彩极了",父亲却觉得"糟糕透了"。这两种评价对作者产生了巨大的影响,随着年龄的增长,他越来越体会到自己的幸运,逐渐从这两种评价中感悟到爱。

这三篇课文通过细致的场景和选取生活中的事例刻画出父母伟大的形象,表达对父母深深的爱和感激。

三、写作素养基本功练习:反复

反复,是根据表达的需要,有意让一个句子或词语重复出现的修辞方法。反复就是为了增强语气或语势,强调某种意思,突出某种情感。陈望道在《修辞学发凡》一书中确立了反复的辞格地位,提出这是基于人们对于某种事物热烈深切的感触时的反复申说心理,是言语的配合呼应。反复可分为连续反复和间隔反复。

1. 连续反复。

连续反复是连续出现同一个词语或句子,中间没有间隔。例如:消灭他!消灭他!消灭他!这句话表达对敌人的憎恨,以及消灭敌人的强烈愿望!

2. 间隔反复。

间隔反复是同一个词语或句子不连续出现,有其他词语或句子间隔在中间。例如:背直起来了,我的母亲。转过身来了,我的母亲。褐色的口罩上方,一双眼神疲惫的眼睛吃惊地望着我,我的母亲的眼睛……这句话中运用三个"我的母亲",强调了母亲的疲惫、艰辛,突出了慈母情深。

反复和排比两种修辞手法都含有相同的词语,形式上相似,容易混淆,两者区别的关键在于其表达的侧重点不同。反复是为了强调某个意思或突出某种情感而重复使用某些词语或句子，所要表达的侧重点在于重复的词语或句子上；排比则是把结构相同或相似、内容相关、语气一致的三个或三个以上的短语或句子排列起来使用，侧重点不在相同的词语上。

四、思路引导

学习了本单元的课文后，我们体会到了父母对我们的深情厚谊。在我们成长过程中不仅仅有父母之爱，还有朋友之爱、社会之爱，正是这些爱的陪伴，让我们感受到生活的美好。对我们周围的人，你有什么话想对他们倾诉吗？本单元习作以写信的形式把你心里的话大胆地说出来吧。

1. 写作第一步：创设情境，激发动机。

（1）创设情境，大胆交流。请回忆生活中自己和父母、好朋友之间发生的感动的、开心的或难过的事情，或是说一说抗击新冠肺炎疫情期间，你内心的感受，你了解的感人事迹。

（2）拓展思路，确定倾诉的对象和目的。我们可以对父母、亲人、好友等身边的熟悉的人，也可以对警察、医生、社区工作者、快递员、志愿者等为社会做出贡献的各行各业的人，表达我们的关心、感动、钦佩、敬意……

[示例] 我想对钟南山爷爷说，表达我敬佩、感激的感受。

2. 写作第二步：合理选材，支持观点。

（1）选择可以支持观点的事例。倾诉的人和感受不同，选择的材料类型也不同。请你想一想有哪些事例可以支持自己的想法？

①如果选择的是向父母表达敬佩、感恩之情，可以回忆和父母做某项活动的经历，如做饭、读书、出游，或者看起来很平常却触动到自己的一些生活片段，通过具体的事例表达对父母的情感。

②如果选择的倾诉对象是好朋友，可以关注和好朋友之间发生的难忘的事情。

③如果选择的倾诉对象是对社会作出贡献的人，我们可以选择哪些事例呢？可以回忆自己亲历过的事情，也可以根据一些媒体的报道谈自己的感受。如果有条件，对倾诉的人做一个小采访会更有意义。

④如果是给对方提建议，可站在对方的角度，多考虑对方的感受，用合适的语言和语气说清楚对方的某些不合适的行为，并说明理由，使其接纳。

（2）关键词记录想法。在构思文章时，灵感转瞬即逝，如何能够快速记录下想到的事情呢？我们可以运用关键词记录自己最想写的事情，以"我想对钟南山爷爷说"为例，见表 6-11 所示。

表6-11

题目	我想对说　钟南山爷爷　说
要说的话	不惧危险、临危受命、连续奋战、激励人心、渡过难关

（3）筛选材料。选择能够支持自己想法的事例，可以让自己的观点更加有说服力。请你从想到的关键词中选择一两件最能体现自己用意的材料记录在下面。

[示例]

材料1：2020年，证实新冠肺炎"人传人"现象。

材料2：2020年，只身一人前往新冠疫情最严重的武汉。

3. 写作第三步：场景描写训练。

（1）学习场景描写：学会选材之后，如何将一件事情描写得生动具体、打动人心？这就需要用到场景描写的方法。请你阅读下面的例文，想想作者在描写场景时有什么值得学习的地方？

空间非常低矮，低矮得使人感到压抑。不足二百平方米的厂房，四周潮湿颓败。七八十台破缝纫机一行行排列着，七八十个都不算年轻的女人忙碌在自己的缝纫机旁……我穿过一排排缝纫机，走到那个角落，看见一个瘦弱的脊背弯曲着，头凑到缝纫机板上……这段话由点及面，写清楚了母亲工作的环境和工作的状态，体会到母亲工作的辛苦。

众人先是发怔，后来一听，上上下下都哈哈大笑起来。史湘云撑不住，一口饭都喷了出来；林黛玉笑岔了气，伏着桌子"嗳哟"；宝玉早滚到贾母怀里，贾母笑地搂着宝玉叫"心肝"；王夫人笑的用手指着凤姐儿，只说不出话来……这段话的开头概述场面的热烈与欢快，然后选取湘云、黛玉、宝玉、贾母、王夫人等人进行细致的描写，每个人物的形象都生动、丰满。

由以上两个例子可以看出，写作时应注意到由点及面的场景描写，有助于刻画鲜明的人物形象，表达情感。

（2）体会反复的表达方法。有时，在写作的时候，我们心中会有一股强烈的情感。怎样才能将这种情感准确地表达出来呢？阅读下面的句子，体会表达情感的方法。

背直起来，我的母亲。转过身来了，我的母亲。褐色的口罩上方，一双眼神疲倦的眼睛吃惊地望着我，我的母亲的眼睛……这句话中运用三个"我的母亲"，强调了母亲的疲惫、艰辛，突出"慈母情深"。这种运用语言的方法，叫做反复，用于增强情感的表达。

（3）选择一个事例，运用点面结合的方法和反复的修辞手法写一写。

例："非特殊情况不要去武汉"，这是您对人民的关怀。全国人民都听从您的话，绕着武汉、躲着武汉。可是在1月18日一辆飞速驶往武汉的列车上，一位年过八旬的老人坐在餐车位上，双眉紧锁，目不转睛地盯着面前杂乱无章的文件，那身影不正是您吗？您告诫大家不要去武汉，可您却逆行而上，在春节举家团圆的时候，只身一人前往疫情最严重的武汉。面对的将是什么，我想您当时一定不知道。钟爷爷，您就一点都不害怕吗？

4．写作第四步：完成习作，传达真情。

（1）回顾书信格式。

称呼：顶格，有的还可以加上一定的限定、修饰词，如"亲爱的"等。

问候语：如写"你好""近来身体是否安康"等，可以接正文。

正文：这是信的主体，可以分为若干段来书写，注意自然段之间的衔接。

祝颂语：以最一般的"此致""敬礼"为例，"此致"可以有两种正确的位置来进行书写（一是紧接着主体正文之后，不另起段、不加标点；二是在正文之下另起一行空两格书写）。"敬礼"写在"此致"的下一行，顶格书写，后面应该加上一个惊叹号，以表示祝颂的诚意和强度。

署名和日期：写信人的姓名或名字，写在祝颂语下方空一至二行的右侧。最好还要在写信人姓名之前写上与收信人的关系，如儿×××、父×××、你的朋友×××等。在下一行写日期。

[示例]

妈妈，我想对您说

亲爱的妈妈：

　　您好！（正文）

（正文）

（正文）

……

　　此致

敬礼！

您的儿子：×××
×年×月×日

(2) 写作时要注意的问题。

①感谢的话语不能省。**感谢的话我就不再说了，那就这样吧。**该例句是错误示范。爱与感谢要真诚地、大胆地说出来，让他们感受到自己的爱与感恩，这样彼此之间感情才会更深厚。

②表达的方式要讲究。"**妈妈，你凭什么拿我的手机？不知道我要查资料吗？我恨你！**"上述例句的表达是错误的，表达请求的时候，要站在对方的立场上理解对方，注意表达方式，用恰当的语言、商量的语气，柔软而热情，这样才容易被人接受。

③提出的建议要服人。"**爸爸，你必须戒烟，否则，就不要和我说话了！**"该例句也是错误示范。向父母提出建议的时候，把理由要说得充分些，这样才容易说服人。

(3) 根据图 6-8 的提示，完成习作。

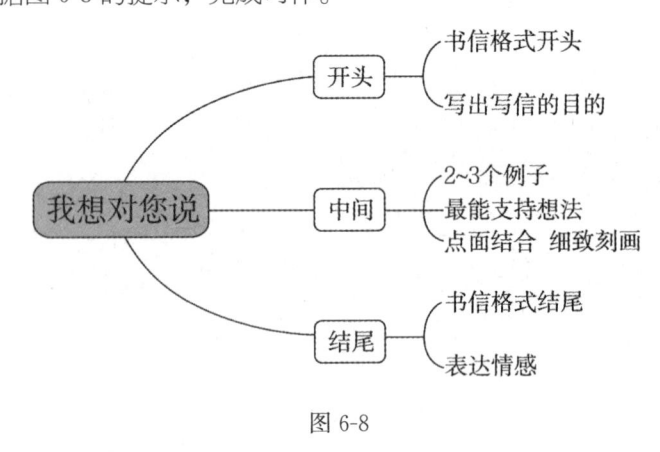

```
            ┌─ 开头 ─┬─ 书信格式开头
            │        └─ 写出写信的目的
            │
            │        ┌─ 2~3个例子
我想对您说 ──┼─ 中间 ─┼─ 最能支持想法
            │        └─ 点面结合  细致刻画
            │
            └─ 结尾 ─┬─ 书信格式结尾
                     └─ 表达情感
```

图 6-8

(4) 把信件送给倾诉的对象。

写好信件后，请同学们准备好信封，把信件送给倾诉的对象，并邀请他们对自己写的这封信进行回复。学生可以把信件悄悄放到父母的枕边，也可以郑重其事递到好友手里，还可以将信件拍成照片或转化成电子文档，运用 **QQ**、微信、电子邮件等方式发送给被倾诉的对象，这也是非常重要、便捷的沟通方式。

五、写作大观园——佳作欣赏

钟南山爷爷，我想对您说

尊敬的钟爷爷：

  您好！

  2020年刚刚开始，一个新的病毒新冠肺炎就笼罩在我国武汉。我每天看电视，听爸爸妈妈讲，武汉又确诊了多少例新冠病毒，这个病毒传染性极强，能从空气中传播。那个时候我们出门都要戴口罩，出入小区要测体温。我虽然不太知道新冠病毒是一种什么样的病，但是恐惧也一点一点渗进了我的内心，我连门都不敢出了。

  "非特殊情况不要去武汉"，这是您对人民的关怀。可是在1月18日一辆飞速驶往武汉的列车上，一位年过八旬的老人坐在餐车位上，双眉紧锁，目不转睛地盯着面前杂乱无章的文件，那身影不正是您吗？您告诫大家不要去武汉，可您却逆行而上，在春节举家团圆的时候，只身一人前往疫情最严重的武汉。面对的将是什么，我想您当时一定不知道。钟爷爷，您就一点都不害怕吗？

  "武汉是一定能过关的。"在这样一场没有硝烟的战争里，这样的一句话是人民的安慰与信仰。您像一名战士，靠着精湛的医术，铮铮的铁骨，巍然屹立在救援战斗的一线。我每天都从新闻联播，从网上新闻，从抖音里追着您的身影，您说的每一句话都能让我对战胜这场疫情有无比的信心。可是，看着您刚去时挺拔的身影，到后来您疲惫、略显驼背的身影，我能想象到您是多么的辛苦啊！妈妈说，这就是中国的脊梁，中国的力量，有您以及很多和您一样的逆行者，我们才能打赢这场没有硝烟的战争！

  现在，我们国内抗疫最严峻的时刻已经过去。对比世界其他国家每天那么多的确诊病例，我们却能恢复正常的生活，这一切都要感谢有您和您这样的许许多多的中国脊梁。

  钟爷爷，谢谢您为我们的忘我付出，也在这里希望您一定要保重身体！同时，我也祝福祖国"抗疫"早日胜利！

  此致
敬礼！

一名关心祖国的少先队员
2020年8月10日

习作自评表：

评价项目	自评完成打√
1. 书信的格式正确。（称呼、问候语、正文、祝福语、署名、日期的书写位置和规则都正确。）	
2. 能够写出爱与感谢，或者提出看法或建议。	
3. 能够选取事例，关注场景描写。	
4. 小声朗读习作，认真检查文中是否有错字、错词，或不通顺的语句，并运用修改符号修改。	
5. 把信件送给你要倾诉的人，并请他给你回复。	

（邢台市金华实验小学　南晓丽）

第七单元　　即景

一、写作教学亮点

　　四时景物皆成趣，大自然无时无刻不在展示它的美丽与内涵。本次习作是半命题作文，要求学生根据自己观察的对象，把题目补充完整，填上自己想要写的内容。习作前，教师要指导学生阅读教材，认真审题："即"，当时、当下之义；"即景"：当时或当下所看到的景物，时间不能很长，也就是所观察的景物是短时间某一场景内会发生变化的景物，这就要求所写的景物是较短时间内所见，并且要有一定变化。如，生活中昙花在夜晚慢慢绽开的变化过程，就是"即景"；课文《月亮》写月亮悄悄爬窗帘格儿的变化就是"即景"。

　　习作要求中，要"观察一种自然现象或一处自然景观"。对于自然现象和自然景观，教师要适当举例帮助学生打开思路，例如：自然现象指风、雷、雾、日出、日落等现象；自然景观指大自然的山水田园、荷塘湖泊等，指导学生可以观察晨曦中的公园、下雨后的池塘、傍晚天空的云、夕阳斜照下的水面、风中的落叶……

　　理解题目之后教师要引导学生思考：我们可以写哪些"即景"呢？景物发生了什么样的变化？（明暗色调、大小长短、形状模样、动静趣味）一定要捕捉景物瞬间微妙的变化，从多角度体现景物的动态美，这才是文章的亮眼之处。写作时，可以把观察的自然现象和自然景观补充到题目中，也可以把观察景物的范围补充进去。

二、教材连结

本单元的习作要求是学习描写景物的变化,这是写景作文在三年级"观察"、四年级"按一定顺序"的基础上的提升,旨在继续引导学生观察周围的景物,抓住特征,描绘出景物的动态变化,提高语言表达能力。

本单元围绕"自然之趣"编排了四篇课文。《古诗三首》或写山间傍晚的景色,或写夜泊枫桥时的所见所闻,或写长途羁旅风光。《四季之美》描写了春夏秋冬某一特定时间的景致。《鸟的天堂》描写了大榕树在早晨和傍晚时的不同情景。《月迹》描写了不同地点的月亮。几篇课文,通过具体生动的描写,表现出了景致的情趣。

每篇文章中都抓住了景物的变化,都有对"即景"的生动描写,见表 6-12。

表 6-12

课文	"即景"的描绘
《古诗三首》	其中的《山居秋暝》对清泉、竹子、莲叶等景致进行了动态描写,衬托了山间傍晚的幽静,"竹喧"而知浣女归来,"莲动"可见渔舟顺流而下。
《四季之美》	春天黎明的天空、黄昏时归鸦回巢等。
《鸟的天堂》	早晨"鸟的天堂"由"寂静"到"热闹"的过程。
《月迹》	月亮爬竹帘格儿。

"课文无非就是例子",这些写景文章从不同角度描写了不同时间、不同地点的"即景",是我们学习写出景物变化的好"例子"。

三、写作素养基本功练习:写出景物的动态变化

自然景色总是沉静的,但又都在不断地运动与变化之中。写景时既要注意静态的景,又要善于看出景中的动态变化,动态变化赋予事物以运动感、活力感、变化感,可以达到更好表现事物、更强烈地感染读者的艺术效果。它常与静态描写联袂相生,静中有动,动中有静,动静结合,使景物处于静态与动态时的特征和谐完美地呈现在读者面前,使文章中的景色特点"活"起来,增强文章的感染力。那么,如何才能把景物的动态变化写得更加鲜活呢?

1. 运用恰当的动词、承接词写出景物的变化。

我们看时,那竹窗帘儿里果然有了月亮,款款地悄没声儿地溜进来,出现在

窗前的穿衣镜上了：原来月亮是长了腿的，爬着那竹帘格儿，先是一个白道儿，再是半圆，渐渐地爬得高了，穿衣镜上的圆便满盈了。在这段景物描写中，作者通过月亮形状的变化，形象地写出了月亮慢慢升高的动态过程。"溜""爬"两个动词用得极其准确，这样写使月亮的动态变化更生动。另外，作者在写景物变化时，还运用了"先""再""渐渐地"这些表达承接关系的词语，使得月亮的变化过程更清晰。

2. 观察景物的特点，从各方面来描述景物的动态。

春天最美是黎明。东方一点儿一点儿泛着鱼肚色的天空，染上微微的红晕，飘着红紫红紫的彩云。作者善于捕捉景物瞬间微妙的动态变化，用"鱼肚色""红晕""红紫红紫"写出了黎明时分天空的颜色变化。还可以从景物的形状、颜色、数量、声音变化、大小、气味、神韵、长短、粗细、明暗、冷暖等入手，来描绘景物的动态美。

四、思路引导

亲爱的同学们，大自然美丽神奇：春夏秋冬四季更迭，风霜雨雪气象万千，鸟兽虫鱼繁衍生息，花草树木无限活力。大自然如诗如画，我们观察、欣赏、感受、赞美它。当我们用笔将它加以描绘，把这些美再现于字里行间，就是景物描写。本次习作"_____即景"，就是要求我们能够观察到景物之美，发现美，感受眼前的美景。

1. 写作第一步：明确要求，拟定题目。

同学们，要写好作文，审题是关键的一步，题目中的"即景"："即"，当下，当时的意思；"即景"，当时或当下看到的景物，以及景物的变化。本单元课文中，图6-9中所示就是"即景"，即作者在短时间内看到的且富于变化的景象。

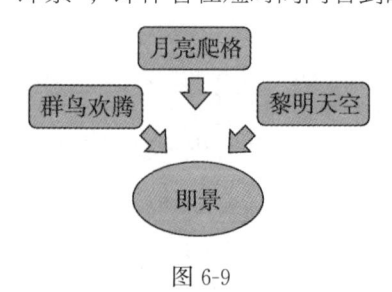

图6-9

这是一次半命题作文，我们可以写哪些景物呢？日出日落、风起云涌、晚霞满天、雾里看花是景物；名山大川、江河湖海、微波粼粼、街角公园是景物。浏览课本，我们可以发现本次习作要求写一种自然现象或一处自然景观。自然现象指的是刮风下雨、打雷起雾、日出日落等现象；自然景观就是大自然的景色，如山水田园、荷塘湖泊等，雨中、日落是自然现象，田野和窗外是观察的范围，我们可以在题目的横线上填观察到的自然现象或自然景观，也可以是观察的范围。但是无论填什么，所写的一定是当时或当下看到的景物。请你确定主题，把作文题目填完整。

2. 写作第二步：选材与构思。

选定了范围和写作对象后，你准备抓住景物的什么特点来写？按照怎样的顺序呢？景物有什么样的动态变化呢？首先要进行有目的地观察，填写观察记录表（如表 6-13 所示）。

表 6-13

观察时间		观察地点	
景物及其特点			
景物的变化			
观察的顺序			

"胸中有丘壑，下笔如有神。"仔细观察之后，依次回答下列问题，最后再将它组织成一篇完整的文章。

(1) 你要写的景物是什么？你准备按怎样的顺序来写？

例：我要写雪中即景。我站在窗口观察的。我先看到天空阴沉沉，北风呼啸；树枝被风吹得呼啦啦响；路上的行人缩着脖子。一会儿下雪啦，小雪粒渐渐变成雪花，树上、地上都成了白茫茫的童话世界。我会按照自上而下的顺序来写。

(2) 这些景物当中，你最想写的是什么？它有哪些特征？

例：我最想写的是雪花，它洁白轻盈，像飞舞的蝴蝶，慢慢飘落。

(3) 景物有哪些动态的变化？（你可以从颜色、大小、明暗、声音等角度来写出景物的变化）

例：刚开始下雪的时候是小雪粒，渐渐变成了小雪花，洁白轻盈，慢悠悠地在空中飞舞着，似飞舞的蝴蝶一样，纷纷飘落；雪越下越大，鹅毛般的大雪铺天盖地地飘落下来，一片片雪花像仙女翩翩起舞，乘风而下。树上、房顶上、地上都是白茫茫的。雪铺满大地，我踩上去，发出"吱吱"的声音。雪地上，孩子们有的在打雪仗，有的在堆雪人，还有天真可爱的小弟弟、小妹妹张着嘴，想品尝雪的味道……

（4）如果景物变化可以用上一些动词，你用哪些？

例：写雪花飞舞的动词有飘、落、飞舞、旋转、铺、沾满、扑。

（5）这些景物让你联想到什么？请展开你想象的翅膀。

例：雪花飞舞让我联想到了小精灵、跳舞的小仙女、调皮的孩子；还想象到来年丰收，农民伯伯乐开怀的景象。

（6）欣赏景物时，你的心情如何？你有怎样的感受？(情景交融)

例：我领略到了雪的美。我陶醉在这冬雪的情趣里，感到雪是那样可爱，那样亲切，那么的迷人。

3. 写作第三步：列出写作提纲。

亲爱的同学们，根据上述回答的问题，整理好资料，拓展思路，依据表 6-14 的提示，列出写作大纲吧！

表 6-14

开篇点题	交代所写景物或范围，总说所写的景物的特点或感受
具体描写	抓住典型景物，描写景物的特点。 按照一定的顺序（空间顺序、时间顺序）来写。 写出景物的动态变化。
抒发感情	表达喜爱、赞叹之情。

"好文不厌百回改"，依据提纲完成整篇习作后，要细细斟酌，同学之间可相互点评，提出修改意见。

五、写作大观园——佳作欣赏

雪中即景

邢台市育才小学　杨茹琳

"看样子要下雪了！"妈妈的话惊醒了睡梦中的我。我急忙起身推开窗户，一股寒气直逼而来，天空布满了铅色的阴云，看着黑沉沉的，北风呼呼地吹着，蹂躏着地面的一切，树枝哗啦哗啦地响，尘土随风卷扬，草茎被风吹得倾斜着、颤抖着。行人都裹紧大衣，缩着脚子，急匆匆地小跑着。

不一会儿，小雪粒，从天空飘了下来，像盐像糖，洁白晶莹。渐渐地，雪粒变成了小雪花，雪花纷纷扬扬地飘落下来，一片片、一簇簇，像梨花，似羽毛，如白梅，看得人眼花缭乱。雪花像一个个洁白的小精灵，在空中旋转飞舞。又过了一会儿，地面铺上了一层白色的地毯，向远处望去，每一栋房子都顶着厚厚的白绒帽，每根树枝上都盖着厚厚的一层白色被子，偶尔还能听到"咔嚓"的断裂声，每一片叶子上也都闪着晶莹的光，特别漂亮。我似乎来到了一个美妙的童话世界。

雪越下越大，鹅毛般的大雪铺天盖地地飘落下来，一片片雪花乘风而下，像千百只蝴蝶，又像飞扬的芦花。看，树上、房顶上、地上，周围的一切都像穿上了圣洁的白礼服。地上的雪厚厚的，踩上去，那"咯吱"的声音，悦耳极了！孩子们再也憋不住了，跑到雪地里，有的在打雪仗，有的在堆雪人，还有天真可爱的小妹妹张着嘴，品尝雪的味道……

这冬日的早晨，我感到雪是那样可爱，那样亲切，那么迷人。雪中即景，总是给人带来惊喜！

习作自评表：

评价项目	自评完成打√
1. 写清楚了景物的特点。	
2. 按照一定的顺序来写。	
3. 写出了景物的动态变化。	
4. 用上了恰当的动词。	
5. 运用想象和修辞，使句子生动。	
6. 书写正确工整、语句通顺，题目、分段、格式正确。	

（邢台市育才小学　魏延波）

第八单元　推荐一本书

一、写作教学亮点

一本充满温情的书，可以联结起现实与心境；一本蕴含万千世界的书，可以带领读者遨游知识海洋；一本富有哲理的书，可以鼓励一颗受伤的心灵，提醒迷茫中的人。无论这本书是关于什么的，只要自己喜欢，就能影响自己，让自己乐在其中，受益无穷。

这次习作话题"推荐一本书",是要求学生联系自己的阅读实践,把自己读过的、认为值得推荐的书分享给同学们。要想把这篇文章写出色,有两方面注意点:

1. 要指导学生写清楚推荐的理由。

推荐的理由可以根据不同的文体,选择不同的角度来写:例如小说类的书,可以从生动的人物形象、精彩的故事情节、深刻的思想、真挚的感情、优美的词句、精准的修辞等方面入手;科普类的书可以说说你从中获取的有趣的知识和独特的想法;哲理类的书可以夹叙夹议,联系生活和社会,发出呼吁,等等。

2. 指导学生把重要理由写具体。

指导学生对这些推荐理由进行详略的删选,把重要的理由写具体。这个具体就不能用一句话或一些比较概括的词语来表达理由,要通过具体的解说或事例,当中融入分析和感悟。

一本好书就犹如一位好朋友,在写好书推荐时,对书的喜爱和赞美之情也要融入字里行间,这篇文章也就有了温度。

二、教材连结

本单元的四篇课文都是围绕"读书明智"这个主题。《古人谈读书》选取三则古人关于读书学习的文言文片段,告诉我们读书的态度和方法。《忆读书》和《我的"长生果"》通过回忆自己的读书经历,总结读书、作文的方法,告诉我们应该读什么样的书、怎样读书,阐明从读书、作文中悟出的道理。表 6-15 为《忆读书》课文的内容概括。

表 6-15

阅读时间	阅读书目	对这些书的感受和评价	好书的标准
七岁	《三国演义》	津津有味、无限期待,引起对章回小说的兴趣。	能引起人对阅读的期待,激发阅读兴趣。
	《水浒传》	尤其欣赏该书,人物描写生动。	人物形象生动、栩栩如生、个性鲜明。
	《荡寇志》	没有人物个性,索然无味。	
十二三岁,中年后	《红楼梦》	十二三岁时读,兴趣不大,人物使人厌烦;中年后再读,尝到其中滋味。	耐人寻味。

续表

阅读时间	阅读书目	对这些书的感受和评价	好书的标准
1980年后	《西游记》	精彩	故事情节精彩，不烦琐。
	《封神榜》	烦琐	
	现代文艺作品	有的堆砌华丽词句，无病呻吟；有的满带真情实感、质朴浅显，使人心动神移，不能自已。	真情实感

通过整理这篇课文的内容我们发现，作者通过回忆自己的阅读书目与阅读感受，总结出好书的标准，这些标准也是作者推荐阅读这些书的理由，引导学生把这些标准和理由引用到自己的习作中。

三、写作素养基本功练习：引用

我们在说话或者写作时，引别人说过的话，或典故、名言、诗文、寓言、故事、俗语等，就是"引用"。在文章中引用诗文或书籍中的名言，是借由大家对权威的崇拜与尊重，来增加自己言论的说服力，达到使人信服的目的，增加文章的气势或效果。例如，陶渊明说："盛年不重来，一日难再晨。及时宜自勉，岁月不待人。"可见，时间之宝贵，我们要珍惜时间，用无限的时间做无限的事情，不辜负每一个清晨与黄昏。通过引用陶渊明的话，使文章更具有说服力。

另外，"引用"分为"明引"和"暗引"。

明引：直接写出引用的出处。像上面的这段例子，写出"陶渊明说……"也就是说明了引用的出处，这样的引用就是明引。再如，李白曾有这样一句诗："长风破浪会有时，直挂云帆济沧海。"所以，暂时的失意不算什么，只要我们重新努力，一定可以"挂云帆""济沧海"。这段话中直接说出"李白曾有这样一句诗……"也是明引。

暗引：没有写出引用的出处，直接引用到自己的文章中。例如，"腹有诗书气自华，读书万卷始通神。"读书于潜移默化之中，让我们变得越来越优秀。这段话中，没有注明引用的出处，这样的引用就是暗引。

在引用时，我们还要注意以下几点：（1）引用应具有真实性，不能凭着模糊的记忆随便呈现，要认真核对，确定真实性；（2）不可随意引用，引用的资料，要和题目密切相关，切不可牵强附会；（3）引用要适度，一篇文章之中，有一两处就很好了，如果过多引用，会给人卖弄学问的感觉。

四、思路引导

闲暇时光,你静静地读一本书,阳光不仅洒在你身上,书香更浸满你的心房。那些书或内容新奇有趣,或语言优美生动,或情节曲折离奇……它们带给你的影响似涓涓细流,似清风拂面,似花香沁心。好书不仅要自己读,还要学会分享,在分享中我们会体会到另一种快乐。

1. 写作第一步:确定图书,分享基本信息。

那么哪些书可以称之为好书呢?一般来说,内容健康、有趣;语言优美、生动;图文并茂、给人美感;启迪智慧、教人做人;使人获得有益知识的书都是你可以推荐的好书。那么,你想推荐的书是什么?请确定你想推荐的那本书。确定好你要推荐的图书之后,就可以在开篇的地方把这本书的基本信息介绍给读者,例如:书名、作者、出版社、这本书在文学中的价值地位、这本书的主要内容、分享这本书的理由,等等。图6-10罗列了分享一本书的基本信息所包含的内容。

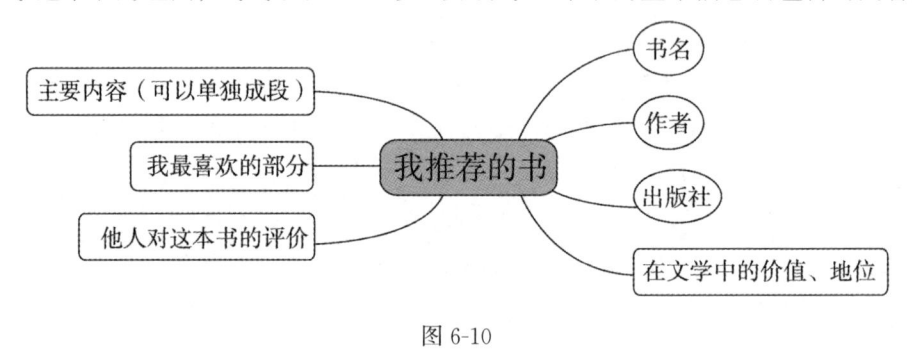

图 6-10

值得同学们特别注意的是,合理引用书评在介绍一本书时会让这本书更具有吸引力。比如,《纽约时报》这样评价《老人与海》这本书:海明威本人及其笔下的人物影响了整整一代,甚至几代美国人,人们争相效仿他和他作品的人物,他就是美国精神的化身。

准备好你所推荐的书的基本信息,合理运用书评,在习作的开头把它们写出来吧!

例:"宁可一日无粮,不可一日无书",这是中国的一句古训。是啊,没有书的日子,必将是灰色的日子。我要给大家推荐一本书《爱的教育》。

《爱的教育》发表于1886年,是意大利著名作家亚米契斯的代表作。这本书是亚米契斯历时八年,以儿子的日记为蓝本改编完成的。发表时,它轰动了意大利文坛。这本书也成了各个国家求知者的精神食粮。《爱的教育》多次被改编成动画片和故事片，搬上银幕和舞台，同时也被翻译成多种文字，成为世界上最受欢迎的读物之一。

2. 写作第二步：根据文体，选定推荐理由。

你喜欢这本书的原因，恰恰就是这本书最美的价值。你想把它推荐给你的好朋友，就要把你喜欢它的理由写清楚。请你根据文体思考推荐理由，具体可按照图 6-11 的方式和内容进行推荐。

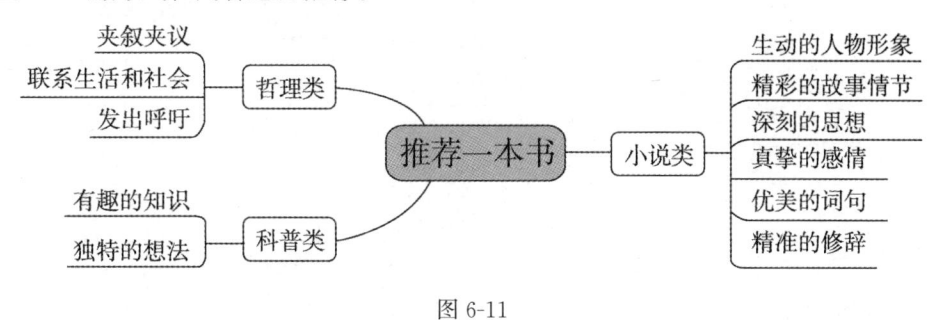

图 6-11

例：（1）日记体的形式，易吸引小朋友阅读。

（2）记录下的是小主人公恩里科和同学之间友爱互助。

（3）我非常喜欢里面的人物加仑。

相信，现在你有了很多的推荐理由，那么从这些理由中选择一两个重点的理由进行详写，不太重要的理由略写。详写时，要把你感受最深刻、最喜欢、最有收获的地方写具体、写清楚，达到以理服人的效果，文章就会很精彩。

不同的文体，我们可以结合不同的内容进行分享，具体见表 6-16。

表 6-16

推荐文体	具体的推荐方式
小说	可以结合书中的具体内容，如人物、情节、对话、插图等。
科普读物	可以说说你从中获取的有趣知识和独特的想法。
有深度的书（哲理类的书）	可以夹叙夹议，联系生活和社会，发出呼吁；联系自身，突出对比，点明道理，凸显文章中心。

选定好推荐理由后，我们可以用如表 6-17 中的句式来进行一个清晰的推荐。

表 6-17

巧用句式，清晰推荐	
推荐理由	句式
关于书的内容	1. 其中我最喜欢的人物是……
	2. 我最喜欢的故事情节是……
	3. 书中写得特别好的一句话是……
	4. 我觉得这本书值得学习的有……
关于书的主题	1. 这本书所谈论的主题是……
	2. 阅读前后我对这个主题的想法有什么改变？
	3. 读过这本书我懂得了……
	4. 这本书对我的帮助是……
可以联结到自己的生活	1. 我（或我朋友）曾经有过书中的相关经历。
	2. 这本书的学习日常生活中可以运用在……
	3. 如果我是这本书的角色，我会……

请你选择一个推荐理由，合理选择运用表 6-17 中的句式，做一个清晰、具体的推荐吧！

3. 写作第三步：写好结尾，和我一起爱上这本书。

好的文章也离不开好的结尾。这篇文章的结尾可以采用下面的三种形式：

（1）互动式结尾，呼吁大家一起读这本书。例如：《淘气包马小跳》带给了我无穷的快乐，你是不是也想读一读呢？那就快和我一起吧，让我们在书的海洋里尽情遨游，与书做终生的好朋友吧！

（2）直接表达感悟，更易产生共鸣。例如：《爱的教育》这本书，教会了我如何去爱。拥有爱的人，付出爱的心，人生必定温暖而快乐。

（3）留有悬念，激发阅读兴趣。例如：《舒克贝塔和五角飞碟》中，还有很多有趣、惊险的故事，快去读一读吧。

4. 写作第四步：拟定大纲，完成习作。

请你根据表 6-18 中的提示，列出自己要写的提纲，并根据提纲完成写作。

表 6-18

《推荐一本书》写作大纲	
第一段	开头：巧妙引出推荐的书，简单介绍书的作者、出版社等信息。
第二段	简要介绍这本书的主要内容。

续表

《推荐一本书》写作大纲	
第三段	推荐理由1：对这本书最突出的特点，做详尽的介绍。
第四段	推荐理由2：对这本书较突出的特点，做次详的介绍。
第五段	分享感受：联系生活、联系自身，产生对比，突出中心。
第六段	结尾：表达喜爱、呼吁同读。

五、写作大观园——佳作欣赏

推荐一本书

河北省邢台市信都区三环逸夫小学　曹哲睿

周末的午后，沐浴着阳光，读一本好书，是我最喜欢的事情。今天，我把《草房子》推荐给你看。

《草房子》是曹文轩先生写的一部长篇小说。书中的主人公是一位名为桑桑的小男孩，整本书写了他在油麻地小学从一年级一直到六年级之间发生的事。著名作家樊发稼这样评价它：读《草房子》真是一种享受，是一种文学的享受，艺术的享受；是一种真、善、美的享受。

我在这本书中就深深感受到了"真、善、美"。我最喜欢的主人公——桑桑，就是一个天真、善良、正直的小男孩。他聪明又调皮可爱。他会把蚊帐做成捕鱼的网；把碗柜做成了鸽子的家，结果挨了父母的打骂。当板仓小学的坏孩子欺负纸月时，他又毫不犹豫地冲过去帮助纸月。当他得了一种怪病的时候，脖子上肿了一个很大的包，要用一根烧得通红的针，从包上扎进去时，他却不喊也不叫。在作者的笔下，他栩栩如生、惹人喜爱。

在这本书中我看到了孩童之间毫无瑕疵的纯情；看到了同学之间互帮互助的感人场景；看到了尊严是一种必不可少的精神食粮，无论是谁缺失了它，都只能是一具行尸走肉。

对了，你知道这本书为什么叫《草房子》吗？一开始，我也很疑惑，仔细地读完了，我才知道：主人公桑桑和这片金色的草房子朝夕相伴，这些草房子承载了桑桑的喜、怒、哀、乐。

一本好书在我看来是一种精神的寄托，失去了它你的生活将会变得平淡无味，而拥有它你将会变得越来越出色！快来和我一起读一读《草房子》吧。

习作自评表：

评价项目	自评完成打√
1. 推荐的书积极向上，推荐书的基本信息表述清楚。	
2. 推荐理由分段清晰，段落开头句式精准。	
3. 推荐理由写得具体、充分。	
4. 文章中的引用准确、巧妙。	
5. 书写正确工整、语句通顺。	
6. 题目、分段、格式正确。	

（邢台市信都区三环逸夫小学　王双越）

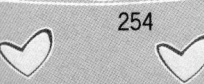

第七章　五年级下册习作教学设计

第一单元　那一刻，我长大了

一、写作教学亮点

《那一刻，我长大了》是让学生写一篇叙事的文章，记叙一件成长过程中印象深刻的事，而"那一刻"则是这件事情的重要部分。

这篇文章要写得出色、亮眼，还要让学生明白"长大"的含义。这里的"长大"，不是年龄的增长、身材的变化，而是学会了思考、学会了反思。比如完成了自己以前不能完成的事，领悟了自己以前不明白的道理或者感觉到了自己由幼稚走向成熟的变化（控制住自己贪玩的欲望，或排除灰心烦躁的心理，认真地完成了一件事，或开始心疼父母、学会换位思考，或知道面对问题应该冷静和镇定……）因此写作之前要引导学生对印象深刻的"那一刻"进行选择，"那一刻"必须是"长大"的印证，这样才能突出文章表达的重点。

指导这篇习作最重要的是让学生写清自己在"那一刻"的顿悟或发现，而"那一刻"一定是一件事发展进程中的高潮或转折。引导学生把"那一刻"看到什么，听到什么，想到了什么，以及自己的真实感受，内心的触动甚至震撼表达出来，通过对"那一刻"的细节描写和自己的心理活动来告诉读者"我长大了"。

二、教材连结

本单元以"童年往事"为主题编排了四篇课文，引导学生走进不同年代、不

255

同人物的童年生活，目的是为了让学生了解他人的童年，关注自己的成长。作者对童年生活中的"那一刻"的描写给我们留下了深刻的印象。

《古诗三首》描写了古代乡村中孩子们快乐的生活，勾起了"长大"的我们回望童年的欢乐；《祖父的园子》中作者和祖父在院子里的活动的"那一刻"让每一位读者都喜欢上了那个平静、自由的乐园，感受到了作者对祖父深沉的热爱与依恋；《月是故乡明》中作者描写童年时期在故乡生活时的三个快乐瞬间，让我们体会到"长大后"的作者对童年和故乡的怀念之情；《梅花魂》中作者弄脏墨梅图，外祖父罕见地发脾气，以及说到因年龄大不能回国时竟像小孩子一样哭泣的瞬间，让作者体会到祖父对祖国的深深眷恋之情。

这几篇作品都有作者对童年中印象最深的"那一刻"的精彩的描绘，而这些具体的描写正是孩子们学习习作的最佳范例。

三、写作素养基本功练习：突出重点

四年级上册第五单元要求"写一件事，把事情写清楚"和四年级下册第六单元要求"按一定顺序把事情的过程写清楚"，经过两次的训练，学生已经学会了能够将一件事情有条理、完整地记录下来。本次习作是对学生记事文章的第三次训练，训练的重点是"把一件事情的重点部分写具体"，我们可以这样指导学生把事件写具体：

1. 要素要清晰，过程写清楚。

只有交待清楚记叙的要素（时间、地点、人物、起因、经过、结果），才能展现出事情的发展过程，读者对文章所讲的事件才能有一个完整的印象。

2. 注重细节描写。

叙述只是告诉读者你写的内容是什么，细节描写才能让读者感受到你写的形象是什么样子的，而只有深刻、具体的形象描写才能给读者留下清晰、深刻的印象。描写前我们可以根据写作的基本内容多问几个问题，例如：当时的情景是怎样的？看到什么？想到什么？说了什么？做了什么？为什么会这样？与此相关的还有什么？

3. 把重点部分写具体。

要想把一个过程写具体，我们要学会分解过程，比如：他用力地蹬着，累出一身汗。一个"蹬"字无法让我们感受到"蹬车人"用力"蹬车"的样子，如果我们将动作分解为"踩""压""移""换""压""移""换"就能把"蹬车"的样子具体、形象地描写出来，给人留下深刻的印象，如下示例。

[示例] 他的左侧前脚掌踩在三轮车的踏板上，靠腿部和身体的力量在缓缓地把脚蹬往下压，当左侧脚压到底时姥爷的整个身体似乎也移到了左侧，这时他再换右侧的前脚掌向下压，整个身体再随着用力渐渐右移，当右侧的脚把脚蹬用力压到底时他的整个身体似乎又都移到了右侧，这时再换另一侧，就这样一次一次地重复，每一次向下踩，他似乎都在用尽全身的力气，而三轮车却似乎故意在跟我们作对，半天才慢吞吞地前行一小段。

动作分解可以让描写的情节具体、精彩，运用准确、恰当的动词，能生动地表现人物性格，突出作品的主题。

四、思路引导

亲爱的同学们，打开爸爸妈妈为你珍藏的影集，当你看到自己出生的样子时，当你看到在爸爸妈妈帮助下蹒跚学步的那个小孩时，当你看到在幼儿园里和小朋友游戏的那个曾经的自己时，你有什么感想呢？相信每个同学的脸上立刻会漾起笑容，甜蜜、幸福洋溢在心中……看看镜中现在的自己，你一定会惊讶："我是在什么时候长大了呢！"

"长大"往往就在一个不经意的瞬间，或是懂事了，或是感恩了，或是进步了……同学们，你"长大"的那一瞬间经历了什么？又有什么样的收获呢？我们一起来寻找吧。

1. 写作第一步：寻找"长大"的足迹。

长大不仅意味着年龄的增长，更重要的是心灵的成长。只要我们善于观察，就不难发现生活中关于成长的材料；只要你细心去寻找，你就会发现在生活中看似寻常的小事，都见证着我们的成长。例如：(1) 学会了骑自行车，第一天自己骑着自行车上学、放学，再也不用父母紧张地接送我了。我很自豪——我长大了！(2) 接过爷爷递过来的新球鞋，感觉沉甸甸的。这件事让我明白，时尚的衣着不代表长大，个子长高也不代表长大；懂事、有一颗感恩的心、学会体谅他人，才是真正地长大！(3) 做了自己以前不能完成的事：妈妈生病了，我细心地照顾她。(4) 领悟了自己以前不明白的道理：如吃苦瓜的感受——苦尽甘来。

成长的滋味五味杂陈，我们的烦恼也在见证着自己的成长，它可能来自生活中的一些琐事，也可能来自一次沉痛的教训，一次失败的痛苦，遭人误解的苦闷……学会反思，体谅他人，你就成长了。这些挫折和苦痛磨练了我们的意志，也完善了自己，这些事情都在见证着自己的成长。按照图7-1左边的花瓣图，我们把右边的花瓣进行填写，让时光倒流，重回往日那一刻。

图中内容：

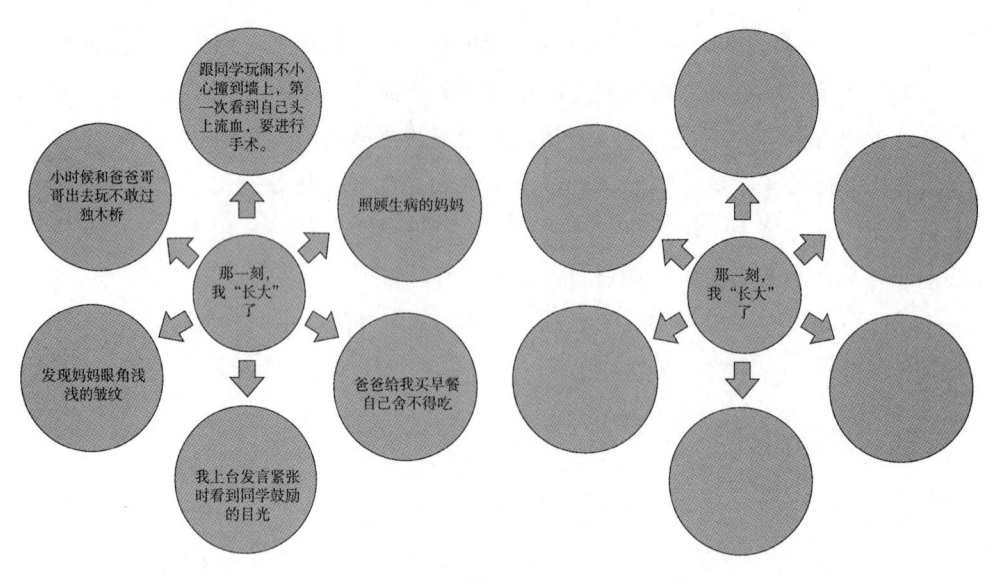

- 小时候和爸爸哥哥出去玩不敢过独木桥
- 跟同学玩闹不小心撞到墙上，第一次看到自己头上流血，要进行手术。
- 照顾生病的妈妈
- 发现妈妈眼角浅浅的皱纹
- 爸爸给我买早餐自己舍不得吃
- 我上台发言紧张时看到同学鼓励的目光

中心："那一刻，我'长大'了"

图 7-1

2. 写作第二步：再现"那一刻"的画面。

本单元习作就是要叙述"我"长大过程中印象最深的那一瞬间，回忆本单元学过的课文，你就会发现把"那一刻"写具体的方法。

《梅花魂》一文中"珍爱墨梅图"这件事是这样写的："孩子要管教好，这清白的梅花，是能玷污的吗？"训罢，便用保险刀片轻轻刮去污迹，又用细绸子慢慢抹净。作者运用语言描写、动作描写，以及反问句式细致入微地刻画出了外祖父的心理，表现了他对梅花图的珍爱。要想把"那一刻"写具体，让它感动到他人，我们也要运用这样的描写方法，运用"语言描写、动作描写"再现让我们"长大"的那一瞬间，写出那一瞬间自己的心理变化，以此来告知大家"我长大了！"

写作之前我们可以先问自己几个问题，据此来把"那一刻"写具体。

（1）"那一刻"发生在什么时间？什么地方？

例：这件事发生在前几个月，我的老家河北省邢台巨鹿县。

（2）"那一刻"你看到什么？（请用具体的语言来描写）主角的外貌和神态是什么样子的？（把衣着、面部表情、眼神等写清楚）

例：我忽然发现姥爷突然变老了，变得我似乎不认识了，他银白的头发有些蓬乱，一绺头发紧贴在由于出汗变得亮亮的脖颈上。

（3）"那一刻"他是怎么做的？你是怎么做的？用动作分解法把过程写具体。

例：他用左侧前脚掌踩住三轮车的脚踏板，靠腿部和身体的力量缓缓地把脚蹬往下压，当左侧的脚踏板压到底时姥爷的整个身体也移到了左侧，然后他再换右侧的前脚掌向下压，整个身体再随着用力的方向渐渐右移，就这样一次一次地重复，每一次向下踩，他似乎都在用尽全身的力气。

（4）"那一刻"你听到什么？（主角说了什么？他是在什么情况下说的？他为什么要说这句话？这句话背后的意思是什么？）

例："哈哈哈……真是老了！我们的苗苗长大了！知道心疼姥爷了！"姥爷在我帮他推车回到家之后说的，它的含义是我知道关心姥爷、爱姥爷了，姥爷体会到了我对他的关心和体贴。

3. 写作第三步：写出自己内心真实的想法。

文贵传情，写文章最重要的是表达自己的内心感受，回忆一下"那一刻"你内心最真切的想法吧。

（1）看到当时的情景，你想起了什么？（采用插叙补充的方法）

例：我想起了三年前自己也是像弟弟一样坐在三轮车上冲姥爷大喊大叫，随意指使……

（2）那一刻"你内心的真实感受是什么？（运用心理描写）

例：突然，我心里不由自主地一颤，一种说不出的滋味涌上来，我为年少时不懂事的自己感到羞愧。

4. 写作第三步：完成写作大纲。

参考上方的材料，选取你最有把握、最有想法的内容，依据图7-2的思路，拟定写作大纲，并依照大纲完成整篇的写作。

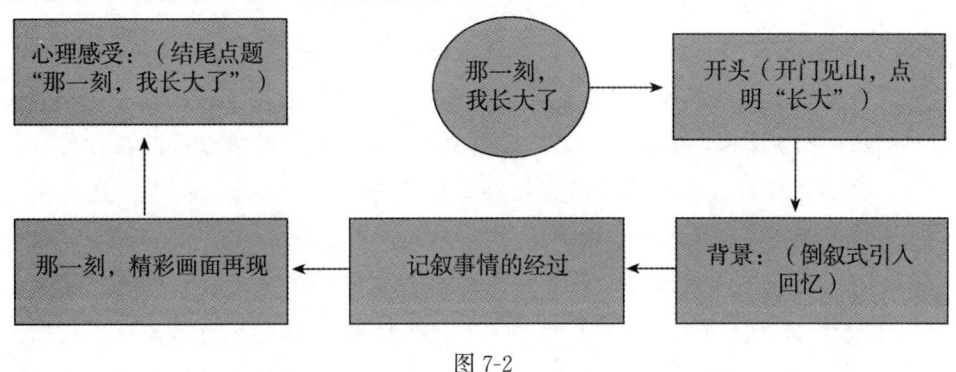

图 7-2

五、写作小提醒

在本单元习作中，注意以下细节，会让你的文章更吸引人：（1）可采用

"总—分—总"的结构，开头扣题，中间部分具体叙述事情的经过和心理变化过程，结尾照应开头，再次点题，突出中心；(2) 倒叙式的开头会更吸引人；(3) 抓住问题的关键词"成长"，抓住要渲染的细节加以描写，这样不仅照应文题，更利于抒发内心的感受；(4) 描写时，重点运用心理描写的方法表现心理变化的过程、长大的过程。

六、写作大观园——佳作欣赏

那一刻，我长大了

邢台市第二十四中学　候苗淼

长大是什么？

是本领增加、个头变高吗？不，那些都是在不知不觉中变化的，但在那一刻，我感觉到——我长大了！

前几个月，因疫情原因，我回到河北省邢台巨鹿县的老家。我的弟弟在这里生活得相当快活，因为他有一个好玩伴——我的姥爷，每天弟弟都会坐上老爷的三轮车去遛弯儿。回家的第二天早晨吃完饭，我也和他们一起出去玩。

姥爷用三轮车载着我们在小胡同里转来转去，就像在玩捉迷藏。我和弟弟开心地看着两边高高的房子，一个又一个的院墙、门楼，还有从院子里伸过墙头来的一串串粉红色的梧桐花。我们闻着飘在空气中淡淡的花香，欢笑声与嬉闹声洒在所经过的长长的胡同里。

不知不觉已近中午，弟弟大声喊："姥爷，我饿了——"我也跟着大声喊："姥爷，我也饿了——""好——嘞！"随着姥爷爽快的一声应答，三轮车一掉头，转向了回家的方向。不知为什么，我们的三轮车速度越来越慢。此时，太阳在头顶热辣辣地照射下来，我和弟弟的头上都冒出了汗，我感觉衣服像贴在自己后背一样，于是使劲扭了扭身体，用力把外套脱了下来。"快点！快点！热死我了——"弟弟开始不停地朝姥爷大声喊。"好好好，我们马上就要飞起来了！"姥爷一边连声应允着一边用力蹬车，可是三轮车车速似乎还是原来的样子，没快多少。"快点！快点！再快点——"弟弟又开始叫起来，"你怎么这么慢呀！气死我了！"他甚至开始着急了。"好好好，再快点！"姥爷一边答应一边更加用力地踩脚蹬子，身体也随着腿部的用力努力地一左一右摆动。此时，我忽然发现姥爷似乎突然变老了，变得我似乎不认识了，他银白的头发有些蓬乱，一绺头发紧贴在由于出汗而变得亮亮的脖颈上。他用左侧前脚掌踩住三轮车的脚踏板，靠腿部和身体的力量缓缓地把脚蹬往下压,当左侧的脚踏板压到底时姥爷的整个身体也移到了左侧,然后他再换右侧的前脚掌向下压,整个身体再随着用力的方向渐渐右移。就这样一次一次的重复,每一次向下踩,他似乎都在用尽全身的力气,而三轮车却似乎故意在跟我们作对,半天才慢吞吞地前行一小段。

突然,我心里不由自主地一颤,一种说不出的滋味涌上来,我想起了三年前自己也是像弟弟一样坐在三轮车上冲姥爷大喊大叫,随意指使……我为年少时不懂事的自己感到羞愧,我立刻从三轮车上跳下来,用手扶住三轮车车轮上方的横台,用力地推起来,三轮车立刻向前飞驰。姥爷扭了一下头,发现我在推车,开心地笑了……

回到家,姥爷不停地上下喘着气,我连忙找到毛巾递给他,关切地问:"姥爷,你没事吧,要喝口水吗?"姥爷笑着接过毛巾说:"哈哈哈……真是老了!我们的苗苗长大了!知道心疼姥爷了!"

我永远不会忘记烈日下姥爷脚踩三轮车的那一刻,因为在那一刻,我长大了!

习作自评表:

评价项目	自评完成打√
1. 内容是某一刻感觉到自己长大了。	
2. 根据六要素把事情的经过写清楚。	
3. 写出了自己的真实感受。	
4. 运用了动作、语言、心理描写。	
5. 读完自己修改。	
6. 书写认真,错别字少于3个。	

(邢台市第二十四中学 王海霞)

第二单元 写读后感

一、写作教学亮点

本次习作的内容是写读后感。读后感,就是阅读后清楚地表达自己在阅读中产生的感想。写读后感,可以选择自己读过的一篇文章来写,也可以针对自己读过的一本书来写。感想可以是文中人物给自己留下的深刻印象，可以是文中内容给自己带来的触动，也可以是从文中获得的启示……

无论是读一篇文章，还是读一本书，读后感的"感"必须建立在"读"的基础上。"读"是基础，"感"是重点。要写好读后感，首先要读好原文，把原文读懂、读透才能有所感，才能所感深刻。写读后感不能就文章内容泛泛而谈，应选取自己感受最深的点作为读后感的中心，围绕这个中心来抒发自己的读书感想。这个"点"越小越好，选取的"点"越小，所写读后感的内容就越集中，读后感就越实在、越具体。

一篇好的读后感最重要的一定要把自己的感想写具体，一定要表达自己真情实感，只有具备真情实感的读后感，才能打动读者！

二、教材连结

五年级下册第二单元以"走进中国古典名著"为主题，编排了《草船借箭》《景阳冈》《猴王出世》《红楼春趣》四篇课文，这四篇课文分别改写或节选自我国古典四大名著，目的在于带领学生走进中国古典名著，初步学习阅读古典名著的方法，产生阅读古典名著的兴趣。

本单元每篇课文课后练习题，都有意训练学生概括文章的主要内容，并就文章内容提出各种问题，引发学生对文章的思考，并产生自己的感想，为写读后感做好充分的准备。

例如《草船借箭》课后思考题：

•读下面的语句，回答括号里的问题。课文中还有一些体现人物特点的语句，画出来和同学交流。

诸葛亮说："怎么敢跟都督开玩笑？我愿意立下军令状，三天造不好，甘受重罚。"周瑜很高兴，叫诸葛亮当面立下军令状，又摆了酒席招待他。（三天造十万支箭这么难，诸葛亮为什么主动立下军令状？他立下军令状后，周瑜为什么很高兴？）

这道题旨在引导学生就文章人物特点，从文中找出相关语句进行交流，表达自己读课文的感受。

再如《武松打虎》课后思考题：

•对课文中的武松，人们有不同的评价。你有什么看法？说说你的理由。

◇武松真勇敢，"明知山有虎，偏向虎山行"。

◇武松很要面子，有些鲁莽，不听别人善意的劝告。

引导学生交流对武松的看法，还要说出自己的理由，这也是在引导学生读书后对书中人物的所作所为进行评价，结合自己的生活体验，进行读后感想的表达。

再如《红楼春趣》课文前的自学导读：启发学生读书交流后，就文章中印象最深的人物，结合书的内容谈自己的阅读感想。

四大古典名著都是用古白话文写成，且都是大部头，学生一开始看名著原文，会因为语言晦涩而读不下去，所以教材所选内容都是原著中比较经典的章节，情节上也不是太复杂，而且场景相对比较独立，学生会比较容易理解。这样更容易激发他们阅读的兴趣，有了兴趣，阅读四大名著才能水到渠成。

三、写作素养基本功练习：给文章起一个好名字

贾岛认为文章的标题"如人之眼目"，苏轼有文章"传神之难在目"之说，毛泽东也强调"文章标题要吸引人，这很重要"。

如果我们拿到一本书，有很多篇文章，我们先读哪篇呢？一般看名字，一个与众不同的好名字可以让文章先声夺人。作者给作文取一个好的题目，好比爸妈给孩子取一个好的名字一样。那么，我们如何给自己的"孩子"——一篇文章起一个好名字呢？

1. 双标题起名。

比较三个题目：《〈老人与海〉读后感》《读〈老人与海〉有感》《勇者不会被打败——读〈老人与海〉有感》，哪个题目更吸引你？我想大家一定会说第三个题目。因为，第三个文章题目是主副双标题。主标题点明文章中心；副标题，点明读书内容。这种形式清晰明了，主旨突出。所以想要给自己的读后感起一个好题目，应根据读后感的中心去思考。例如：《我最喜欢的作家——〈昆虫记〉读后感》《伟大的友谊——读〈夏洛的网〉有感》《生命的意义——〈生命，生命〉读后感》。

2. 利用修辞拟题。

比喻：《我的长生果》《我家是个动物园》《厨房交响乐》。

夸张：《一口吃个胖子》《胆大包天》。

拟人：《冬天的诉说》《蚊子的自白》《诚信漂流记》。

反问：《雷锋真的没户口？》《我是差生，我容易吗？》。

排比：《那山　那人　那狗》《冬阳　童年　骆驼队》《雨珠　露珠　泪珠》。

3. 利用反常，吸引读者。

例如：《我想当个差生》《开卷未必有益》。

4. 改编热点，吸引读者。

例如：《我们班的"九一八"事变》《狗出没》。

5. 故弄玄虚法。

故意用使人迷惑和误会的手段，引人注意。例如：《迟到换来的表扬》《我不想被表扬》。

6. 以小见大法。

用微不足道的事物拟题。例如：《七根火柴》《一片废纸》。

四、思路引导

读书使人充实，思考使人深刻。我们读书看报时，往往会产生自己的感想，写下这些感想与同学交流，可以使我们的阅读更有针对性，更有收获。

同学们，你写过读后感吗？你知道读后感怎么写才精彩吗？其实写读后感是一件既简单又有趣的事呢！

1. 写作第一步：认真阅读文章或书籍。

(1) 这本书（这篇文章）的名称是什么？获得怎样的评价？

例：《木偶奇遇记》是我非常喜欢的一本书，这本书是19世纪意大利儿童文学家科洛迪的代表作，被誉为"意大利儿童读物的杰作""意大利儿童读物中最美的书"。它讲述了一个生动又有教育意义的故事。

(2) 接触这本书（这篇文章）的缘起是什么？

例：暑假里，老师给我们推荐了一本书，名字叫《木偶奇遇记》。很快，妈妈就把这本书给买了回来。我迫不及待地翻开了第一章：细声说话的木头。咦！木头怎么会说话呢？我带着这个疑问一口气读完了它。我被调皮的匹诺曹以及他引人入胜的成长故事所感动。

(3) 这本书（这篇文章）作者是谁？关于作者，你了解多少？

了解作者可以帮助我们对比自己读书前后对作者认识的变化，认识作者对我们了解他写书的目的非常重要，知道了写书的目的，我们就可以很快和作者"对话"。

例：《生命，生命》作者杏林子，原名刘侠（1942年4月12日～2003年2月8日）。毕业于北投国小学。台湾登工组组长；台北市南机场社区发展实验中心辅导；伊甸残障福利基金会创办人；中华人民共和国残障联盟创会理事长。12

岁时罹患罕见的类风湿性关节炎,发病时手脚肿痛行动不便,只有手指可以动,自此身心饱受病痛煎熬。由于杏林子残而不废,勇于向生命挑战,并以著作激励社会,被誉为台湾最具影响力的作家之一。

在看了作者的简介后,我的心怦然一震——《生命,生命》不正是作者杏林子用朴素的语言表达出了自己的心声。飞蛾的求生欲望、瓜苗茁壮成长、自己对生命意义的思考无不显示出了作者对生命的感慨与珍惜吗?

(4) 这本书(这篇文章)的主旨是什么?

2. 第二步:精心取材与构思。

很多小朋友不知道要从哪些角度写心得和感想,下面提供一些思考方向:

(1) 简要叙述这本书(这篇文章)的主要内容。

例:《木偶奇遇记》讲的是一段普普通通的木头变成一个顽皮的木偶后,在他成长过程中的种种经历。书的主人公木偶匹诺曹因为淘气、贪玩和不听劝告,不仅吃尽了苦头,还几次饱尝了死亡的恐惧。

(2) 你喜欢(讨厌、赞成、反对)书中哪些事物或人物?原因是什么?

例:我敬佩匹诺曹,他坚强、勇敢、有毅力。为了变成一个真正的小男孩,他不放弃任何学习的机会,为着自己的理想不断努力改掉自己的缺点。最终,匹诺曹实现了自己的理想,获得了生命,成长为一个真正的小男孩。

(3) 读完这本书(这篇文章)后,你懂得了什么道理?受到了什么启发?让你联想到生活上的哪些情况或相关的经验?

例:读完这本书,我感受到匹诺曹的家人对它的支持和鼓励。匹诺曹的爸爸杰布托卖掉自己的棉袄,为匹诺曹买上学的课本,后来还坐一条小船不远千里去寻找离家出走的匹诺曹。蓝头发仙女也一次又一次地帮助他、原谅他,使他能鼓起勇气改正缺点,最终成为真正的小男孩。

这也不禁让我想起了妈妈对我的鼓励。每当我遇到学习上的困难时,妈妈总鼓励我开动脑筋。成绩考得不理想时,妈妈一句责备的话也不说而是帮我分析原因,然后帮我改正错误。在我犯了错误,想要偷懒时,妈妈总会用理解的眼神提醒我,用温和的语气教育我。这让我有了自信,也有了战胜困难的勇气。

(4) 阅读的过程中产生什么疑问?如果有机会向作者提问,你会问什么?

(5) 如果你是这本书(这篇文章)的某个角色,你会怎么做?

(6) 读完这本书(这篇文章)后,你有什么样的改变?

例:在生活中,我们也要像匹诺曹一样,做错了事情要认识到自己的错误,积极改正。要知道,犯错误不可怕,可怕的是犯了错误不知道改正。我还要学习匹诺曹勇敢、不畏艰难的精神。试想一下，当匹诺曹决定要冲出鲨鱼的肚子时，他一路上过关斩将，最后终于带着自己的爸爸走出了鲨鱼的身体，这多么了不起啊！

（7）为这本书（这篇文章）写一个简短的评语。

3. 第三步：拟定写作提纲。

参考上面材料，选取你最有感触、最有想法的内容，按照表 7-1 的提示及其方式拟定写作提纲，并依照大纲完成整篇作文。

表 7-1

读后感写作提纲			
第一部分	引 围绕感想 简析引文	接触这本书的缘起…… 这篇文章大意……	
第二部分	议 简析引文 亮出观点	其中我最欣赏的是…… 我印象最深刻的是……	
第三部分	联 联系实际 论述观点	我的想法和体会…… 如果是我，我会…… 曾经有的相关经验…… 给自己带来的改变…… 怎样运用在生活中……	
第四部分	结 总结全文 升华观点	读完后，我觉得…… 这本书告诉我…… 最后简要总括自己的态度。	

五、写作小提醒

读后感要写得有真情实感，要注意以下几点：

1. 紧扣原文，抓住重点。

读后感的"感"，必须是从原文引发出来的感想、体会，但要避免大量地复述原文的内容；另外，不要面面俱到、泛泛而谈，应集中在自己感受最深的一两点来发表议论。

2. 联系实际，情感真实。

读了一篇文章，产生了对现实生活和自己思想上某些问题的思考，这才激发了"感"。所以，写读后感一定要联系社会实际和自己的生活、思想。联系实际一定要实事求是，写出自己的真实感想，忌说假话、空话、套话。

（3）叙议结合，以"感"为主。

读后感属议论文范围，但不同于一般的议论文，常用的写法是夹叙夹议。可以适当引用原文中对自己教育意义最大、让自己体会最深的句段或人物的语言，以及精彩的场面等，在此基础上写出自己的感想。为了更好地表达自己的感受，还可以适当引用相关的资料。另外，恰当运用一些平时积累的名言警句、古诗文名句和谚语等，也可以增强文章的说服力与感染力。

另外，应避免三大毛病：(1) 避免复述原文。大量地复述原文的内容，使得"读"成了重点，而"感"成了次要内容。(2) 避免感想杂多。所写感想内容多而零碎，没抓住自己印象最深的内容来写。(3) 避免感想空洞。说大话、空话、不切合实际的话，甚至还说假话，或者无病呻吟。

六、写作大观园——佳作欣赏

我最喜欢的作家
——《昆虫记》读后感
台湾新北市修德小学　林劭禹

"劭禹，赶快来吃饭啰！全家人都吃饱了！"听到妈妈气急败坏的呼唤声，我才猛然从悠游的昆虫世界中回过神。唉！有趣的实验解说又要被中断了。您想知道是什么书令我如此着迷呢？答案是《昆虫记》。二年级时，无意间在书店看到这套书籍，我就一头扎进这片自然天地，经常为此废寝忘食。如果要问我最喜欢的作家是谁，当然非法布尔莫属了。

我很喜欢科学实验，所以我喜欢法布尔的第一个原因是，他设计了许多好玩的实验。譬如，他为了研究昆虫的装死行为，就设下了种种精密的机关，结果发现有的虫子轻易进入装死境地，有的犹豫不决，有的却顽固地拒绝装死。看到这些栩栩如生的记录，我常觉得法布尔好像在和他的昆虫朋友玩耍，真是太有趣了！

此外，我喜欢法布尔的第二个理由是他的文笔十分风趣幽默。他常用拟人的方式书写，就像童诗一样好看。他笔下的金龟子是"镶在夏至天幕上的漂亮首饰"，萤火虫则是"从明亮的圆月分离出来的光点"。而对于雌螳螂在交尾后会吃掉雄螳螂的自然行为，法布尔说："究竟是怎样的爱情……使它坚持到连腹部都被吃掉时，才放弃拥抱。"我觉得他对昆虫的描述充满了热情与爱心，难怪著名作家雨果要称他为"昆虫世界的荷马"。

我和法布尔一样，幼年都曾寄养在乡下的祖父母家，从小就对昆虫这种奇妙的生物感兴趣，所以在《昆虫记》中看到螳螂、屎壳郎等可爱虫影时，就好像遇见了童年玩伴。我阅读过法布尔所写的《素食昆虫》《螳螂的爱情》和《圆网蛛的电报线》，在这些作品里他不但细腻地观察这些小生命，还用优美动人的文字写下它们的食物、喜好、生存技巧、天敌、蜕变和繁殖等，这些记录使我更深刻地了解昆虫的大小事物，让我获得更多自然科学的知识。而法布尔所做的观察实验，让我也好想尝试一下。所以，有一次我看到树丛里有个结构完整的蛛网，就想做一个"蛛网可以承受多重"的实验，我捡了几个大小相同的石头，一个一个往蛛网上丢，一直丢了六七个，蛛网还没破，真是太厉害了！

从法布尔的《昆虫记》中，我发现法布尔总是非常仔细地做观察记录，他做实验的耐心和毅力，是我最佩服的地方，也是我要学习的地方。如果我有机会碰到法布尔的话，我要请他带我到荒石园看看在《昆虫记》中登场的屎壳郎、狩猎蜂、象鼻虫、金花虫……我还要问他："蚂蚁会不会迷路""蝉是不是聋子""蜜蜂会不会算数"……好多关于昆虫的问题。最后，我还想邀请法布尔来到号称"昆虫王国"的台湾，和我们一起徜徉在丰富多变的自然世界里。如果真的如此，是一件多么美妙的事啊！

习作自评表：

评价项目	自评完成打√
1. 给自己的文章起一个能突出中心的好题目。	
2. 清楚、简要地介绍文章或书的内容。	
3. 紧扣原文，抓住感受最深的一两点来写读书感受。	
4. 能联系原文、生活实际，抒发真实感想。	
5. 习作完成后认真检查，语句通顺，没有错别字。	
6. 注意习作格式，书写工整。	

（邢台市达活泉小学　崔建光）

第四单元 他_____了

一、教学亮点

"他_____了"是一个开放性的话题，但并不是任意填词都可以的，要注意教材中的举例，陶醉、生气、伤心……都是反映一个人内心的词语，这就要求老师在指导学生写作时要引导学生回忆人物"他"在某件事中的表现及事情的前因后果，把一个人当时的表现写具体，并把握人物的内心感受，反映出他的内心，确定好选材思路。

在之前的习作要求中，学生已经学习过"结合具体事例写出人物特点"，本次习作要求进一步提升，不仅要将写人和记事结合起来，还要求尝试运用动作、语言、神态等描写，把人物的表现写具体，从而反映出人物的内心。这就要求教师在指导学生写作时要先引导学生认真观察（回忆），抓住人物的显著特征，从多个角度描写人物的真实表现，突出重点，注意人物的细节描写，在具体的描写中展现人物的内心世界。

另外，教师在写作指导时要特别提醒学生，写这篇习作的时候要把写人和写事结合起来，不但要把事情的经过写清楚，更要把人物的表现写具体，特别是要从神态、动作、语言等不同角度去写，每个角度都要尽量把细节写详细、写生动，能清楚明白地表现人物当时的内心状态。

二、教材连结

本单元的语文要素是"通过课文中动作、语言、神态的描写，体会人物内心"，与习作联系较为紧密。教师在指导学生写作时要注重由读到写，引导学生思考课文是如何将人物内心表现出来的，从中学习写作的表达方法。

《青山处处埋忠骨》通过对毛主席动作、语言、神态的描写，表现了毛主席既是父亲，又是国家领袖的真挚感情和内心。毛主席"不由自主地站了起来，仰起来，望着天花板，强忍着心中的悲痛，目光中流露出无限的眷恋""下意识地踌躇了一会儿""安然的目光转向窗外，右手指指写字台"，这些语句处处反映着他内心的痛苦与抉择的艰难。

《军神》是一篇小说，描写了刘伯承将军的眼睛受伤后，到德国人开设的诊所就医的故事。课文不但通过动作、语言、神态描写表现了刘伯承将军钢铁般的意志，还通过对医生沃克细致入微的一系列描写，表现出沃克医生对刘伯承由冷漠到赞许，再到关心、钦佩、敬仰的内心变化。

两篇课文在人物的动作、语言、神态上的描写都非常典型，教师在进行习作指导时可以引导学生反复品读，尝试通过神态、动作和语言的描写来表现人物内心，达到由读到写的过渡。

三、习作素养基本功：细节描写

细节描写是揭示人物内心世界、表现人物情感的重要写作方法。它是最生动、最有表现力的手法，其中包括对外貌、神态、语言、动作、心理等的细节描写。

描写外貌，我们可以对人物的身材、容貌、服饰等进行细致入微的刻画，使人物的形象更加具体。例如：妈妈的脊背弯曲着，鬓角有一小撮白发，衣服皱巴巴的，龟裂的手上攥着刚换来的五角钱。

表情最能反映一个人的内心，描写神态时可以抓住眼睛、嘴角等细微的表情变化来写。例如写人物生气：他的脸上顿时阴云密布，嘴角的肌肉抽动了一下。

描写动作，我们可以抓住人物细小传神的动作来写。例如表现一个人很紧张：他的两只手紧紧地相互握着，大拇指不停地在手背上来回摩擦。另外，还可以写出动作的过程，使动作更加具体。

除此以外，我们还可以通过合理的想象去细腻地描写人物的心理活动，也可以运用比喻等修辞手法使我们的描写更加形象具体。

四、思路引导

同学们，当我们面对一片美景的时候，你的心情是怎样的？（陶醉、开心）如果有人误解了你，你的心情又是怎样的？（伤心、生气、愤怒、委屈）你觉得除了上面这些情感变化，平时我们还会有哪些情感变化？

1. 写作第一步：把话题补充完整。

刚才我们回顾了自己在某些情况下的情感变化，那么在生活中你有没有观察到别人在情感上也会因为某件事发生变化？今天我们就来写一个因为某件事产生某种情感变化而让你印象深刻的人。请你选择一个人以及发生在他身上的事，以此确定主题，并填写好题目"他＿＿＿＿＿了"。

2. 写作第二步：取材与构思。

在确定习作内容之后，我们不但要把事情的前因后果写清楚，交代清楚他之所以有这样状态的原因，还要把他当时的表现写具体。你可以根据下面的问题梳理写作思路。

（1）发生了什么事，所以"他_____了"，这件事的起因、经过、结果是什么？

例：他伤心了。他想去我家住，可是他爸爸不允许，只好无奈地回家了。

（2）他当时的神态有什么与平时不一样的地方吗？

例：紧皱着眉头，满眼泪花。

（3）他做了什么样的动作？

例：坐在地上，双手紧抱着腿，低着头，不停地抽泣。

（4）他说的哪些话表现了他的内心？

例：你根本就不关心我，整天就知道让我学习……

（5）他还有哪些细节上的表现？

例：他的手不停地搓着衣角，撇着嘴，眼神里满是不情愿。

3. 写作第三步：完成写作大纲。

根据上面的提示以及表 7-2 中的提示，拟出写作大纲，并依据写作大纲完成这篇习作。

表 7-2

"他_____了"写作大纲		
第一部分	交代起因	……
第二部分	详写经过	描写人物的反应，关注细节，把他当时的表现写具体。
第三部分	交代结果	……

五、写作大观园——佳作欣赏

她伤心了

依依是和我一起长大的好朋友，她调皮开朗，我安静内向，一静一动相处得倒很好。

上周末我们一直在一起玩，玩游戏、吃零食、看电视，晚上依依的爸爸王叔叔还带我们去吃火锅。吃火锅的时候，依依悄悄跟我说，她想去我家住，但是估计自己爸爸不同意。我鼓励她去试试，毕竟上次也答应了。于是依依在吃完火锅，准备上车回家的时候向她爸爸提出想去我家。王叔叔听完对我说："依依的作业还没有完成，所以这次不能让她去了！"依依很不开心，眼里含着泪："你看吧，我就说我爸爸很无情！"听到依依的话，王叔叔的脸上顿时阴云密布，无奈地摇摇头，盯着依依说："我什么时候对你无情了？你昨天就说会把作业写完再玩，可是你一点都没写，今天都星期六了，作业不能再拖下去了！"依依边听爸爸说边撇着嘴无助地看着我，眼泪也终于忍不住落了下来。我能感受到此时此刻她心里一定是很难过、很伤心的。无奈之下，她只能垂头丧气地回家了。

我知道，王叔叔说的是对的，我希望依依能因为这次的伤心，吸取教训。

习作自评表：

评价项目	自评完成打√
1. 题目补充完整。	
2. 写清楚前因后果。	
3. 写清人物神态、语言、动作。	
4. 能很好地反映出人物内心。	
5. 题目、标点、分段等格式正确，无错别字。	

（邢台市幸福源小学　高庆贤）

第五单元　形形色色的人

一、写作教学亮点

本单元习作的主题"形形色色的人"的重点是"人"。教师指导学生时要把握两个写作要点：一是对象的选择范围——"形形色色"，生活中形形色色的人很多，学生可以选择身边熟悉的人，比如家人、朋友、老师、同学；也可以是偶然见到的陌生人，比如在路上看到的兢兢业业的清洁工、帮助他人的好心人……但要注意是选择"一个人"去写。二是本次习作要求具体地表现人物特点。根据这一要求，要引导学生思考：这个人是谁？他有怎样的特点？他做的哪件事、说的哪些话、哪些动作或表情，让你觉得他有这样的特点？然后确定写作主题。

要想把人物写得栩栩如生、活灵活现，更好地表现人物的特点，可以选择一个特点鲜明的人，运用动作描写、语言描写、心理描写、神态描写、肖像描写等多方位的描写方法，把他的特点写具体，也可以选择最典型的事例来表现他的特点；还可以运用细节描写、正侧面结合、对比等方法，详略得当地进行描写。

选择真实、典型的事件，才能充分体现一个人的特点。因此，在写作时，可以选取一件典型的事件，进行细致的描述，可按照事情的发生、发展、结果来谋篇布局；也可以选择多件事情分条叙述，但要注意事件与事件之间把握分寸，详略得当，避免写成流水账。在具体记叙事情的过程中穿插描写人物，用来突出人物某方面的特点。

二、教材连结

在本次习作之前，统编版小学语文教材中，已经安排了六次写人的习作训练，如表 7-3：

表 7-3

册次	单元和话题	习作要素和教材要求	发展
三上第一单元	猜猜他是谁	◎体会习作的乐趣。 教材：用几句话或一段话写一个同学。	从写话向习作过渡。
三下第六单元	身边那些有特点的人	◎写一个身边的人，尝试写出他的特点。	尝试写出人物特点。
四上第二单元	小小"动物园"	◎写一个人，注意把印象最深的地方写出来。 教材：给家里的每个人都写上一段。	注意<u>把印象最深的地方写出来</u>。
四下第七单元	我的"自画像"	◎从人物的语言、动作等描写中感受人物的品质。 ◎学习用多种方法写出人物的特点。 教材：提示外貌、主要的性格特点、最大的爱好和特长这四点，以及其他情况和事例，但没有提出人物的语言、动作等描写的要求。	学习写出人物特点 / 学习<u>用多种方法写出人物的特点</u>。
五上第二单元	"漫画"老师	◎结合具体事例写出人物的特点。	<u>结合具体事例写出人物的特点</u>。

273

续表

册次	单元和话题	习作要素和教材要求	发展
五下第四单元	他____了	◎尝试用动作、语言、神态描写，来表现人物的内心。	尝试用多方位的描写来表现人物内心。
五下第五单元	形形色色的人	◎初步运用描写人物的基本方法。 ◎尝试把一个人的特点写具体。选择典型的事例来表现一个人的特点。	初步运用描写的基本方法，尝试把人物特点写具体。

本单元编排了《人物描写一组》《刷子李》两篇课文，《人物描写一组》中"摔跤"片段主要对小嘎子和小胖墩儿摔跤时的动作进行了具体的描写，《他像一棵挺脱的树》侧重于对人物外貌的描写，勾勒出初入行的年轻后生祥子的形象；《两茎灯草》片段通过动作描写，把严监生极其吝啬的特点刻画得入木三分。《刷子李》一文对刷子李刷浆的动作、刷墙后超乎寻常的效果做了简单的描写，没有直接描写他的外貌，而是用了大量笔墨描写了学徒曹小三在看师傅刷墙时的举止及心理活动，从侧面充分表现了刷子李技艺高超的特点。

习作例文《我的朋友容容》选取容容尽忠职守给"我"取报纸，向"我"询问写寄信，以及给"我"寄信这三个典型事例，主要通过对容容的语言、动作、神态的描写，表现出容容天真可爱、忠于职守的特点。

因此，在学写本单元习作时，要尽可能选取最能突出人物特点的典型事件，并将之写具体。此外，还要试着运用本单元课文中学到的一些写人的方法，把人物的动作、语言、神态刻画出来，并且要抓住最能表现人物特点的细节，如一句话、一个动作、一个眼神等，将它们捕捉下来，使读者如见其人、如闻其声。当然，也可以适当穿插描写自己的感受，从侧面渲染人物，使之更加丰满鲜活。

三、写作素养基本功练习：人物描写方法

人物描写的基本方法可分为四种：肖像描写、语言描写、行动描写和心理描写。

肖像描写：指把人的容貌（脸型、五官）、神情、身体形态、衣饰、姿势、风度等方面的某一部分或几个部分，用生动具体的语言描述出来。肖像描写，不要求写全貌，它重在表现人物的性格，突出文章的中心思想。其作用不仅在勾画出这个人物的外部面貌，而且是为了以"形"传"神"，即通过人物的某些外部特征来揭示这个人物的性格。

语言描写：言为心声，人物的话语最易"泄露"人物心灵的秘密，最能灵活

而直接地展示人物性格，它可以充分、细致地将人物的内心世界袒露出来，因此，人物的语言描写是刻画人物形象和反映人物个性特征的重要手段。由于时代、职业、身份、年龄等因素造成的差异，人们说话的内容、方式各有不同。语言描写就是要抓住能表现人物个性的语言写出来，使读者如闻其声、如睹其容。语言描写宜简洁得体，不可拖沓散漫，有悖人物身份。

动作描写：行动是人物性格的具体表现，最能显示人物的性格特征。人物的一举手、一投足、一个姿势都能很好地表现人物的性格。这里所说的行动，不是人物的一切行动，而是最有意义、最能显示人物性格，或者能推动情节发展的那些行动，包括人物的习惯性动作和下意识举止。动作描写就是让人物在"做些什么"和"怎样去做"中去展示自己的价值观念、情感特性、性格气质、精神状态等，使读者通过人物的"所作所为"作出相应、相似、相关而不相悖的判断。

心理描写：心理描写是对人物在一定的环境下产生的想法、感触、联想等内心的思想情感活动的描写，它旨在深刻地揭示人物的精神世界和思想品质。如果说人物的肖像、语言、行动的描写侧重于展示人物形象的外部风貌，让读者通过这些描写窥见或感受人物内心的活动，那么，心理描写则直接披露人物的内在隐秘世界。它们的互相结合，就能够使人物形象更为真实、完整、丰满而且深刻，因而也更加富有艺术感染力。

四、思路引导

同学们，在我们平时的写作中，经常要对人物进行描写。今天这节课，我们就来学学如何抓住人物的特点进行描写。

1. 写作第一步：确定写作对象。

我们来做个游戏，猜猜他是谁。

（1）他尖嘴猴腮，满脸是毛；能腾云驾雾，千变万化；敢大闹天宫，降妖除魔。（孙悟空）

（2）他嫉恶如仇，正义勇敢；一身虎胆，武艺高超；十几碗烈酒下肚，仍然可以赤手空拳降老虎。（武松）

（3）为什么大家一猜就中呢？（因为他们描写得比较生动，使得人物形象具有鲜明的特点。）

（4）如果你要写一个有特点的人，你想写谁呢？请你确定一个写作对象。

2. 写作第二步：取材与构思。

（1）回忆《我的朋友容容》，说说课文是通过什么来表现人物特点的？（课文通过描写容容给"我"取报纸、送报纸这件事来表现容容助人为乐、忠于职守的特点；通过容容给"我"寄信这件事，表现了容容好奇、天真、可爱等特点。）

(2) 请说说你所要写的对象有什么特点？

(3) 你会选择哪些典型事例来表现所要写的对象的特点呢？可参考图 7-3 中的提示，从你选择的写作对象身上选择两件比较有代表性的事件写下来。

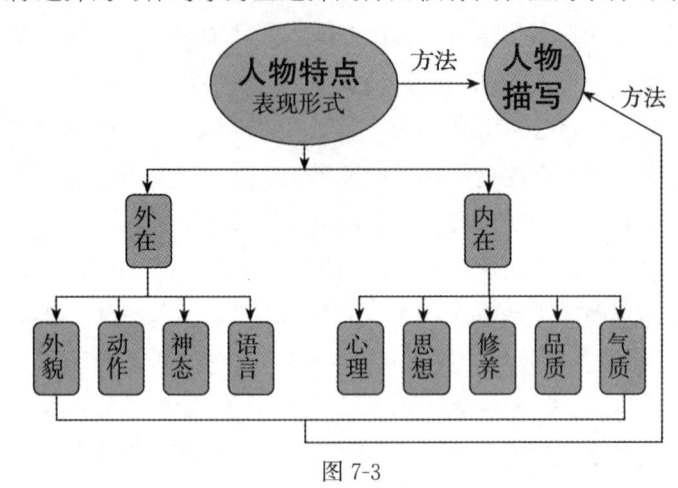

图 7-3

(4) 运用本单元学过的语言、动作、神态、心理等描写人物的方法，试着写一写。

3. 写作第三步：完成写作大纲。

参考上方的材料，选取你最有把握的、最有想法的内容，根据图 7-4 的提示，拟定写作大纲，并依照大纲完成整篇习作。

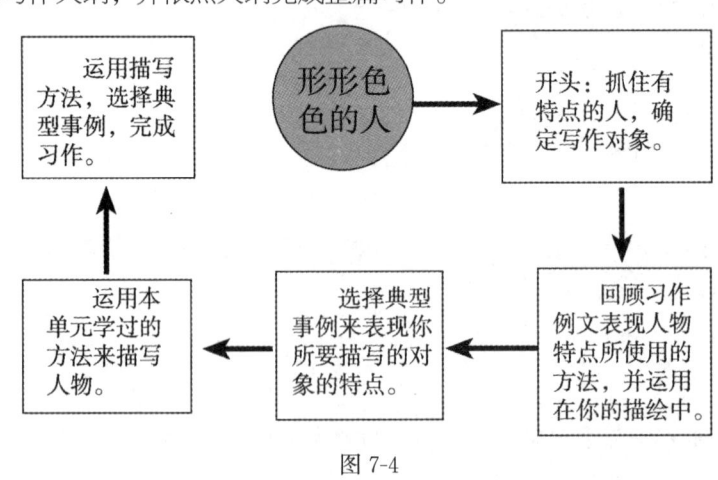

图 7-4

五、写作大观园——佳作欣赏

爱唠叨的妈妈

我的妈妈平时总是唠唠叨叨的。

每当晚上，我看电视不想去睡觉的时候，妈妈就唠唠叨叨地说："别看啦，明天还得早起上学呢！"每当我写作业的时候，耳边又是妈妈的唠叨："写字的姿势要正确，歪歪扭扭的怎么能写得出好字呢？上课的时候要听讲，不会写的题要及时询问老师，在课堂上就把问题解决。自己的事情要自己做……"一听到妈妈的唠叨，我就觉得心烦。

可是后来，我对妈妈的唠叨却有了新认识。

那是临近期中考试的时候。头几天，妈妈就把考试的注意事项对我说了好几遍。等到考试的那天，妈妈又唠叨着对我说："考试不要紧张，要认真审题，字迹要工整，做完题要仔细检查。"我心想：我都没紧张，她着急个什么劲儿？

到了正式考试的时候，我一看试卷，题目都很简单，就飞快地答题。不一会儿，就答完了全部的试题。我刚想交卷，忽然想起了妈妈的唠叨，于是，我又检查起来，当我检查到第四题时，发现由于马虎把答案写错了，急忙把它改过来。为了防止再出错，我又重新检查了一遍，直到我认为没有一点儿错的时候才交了试卷。

宣布成绩时，我得了满分！我高兴极了，是妈妈的唠叨使我得了满分，也使我克服了马虎的坏毛病。我感谢妈妈的唠叨，正是这些唠叨督促我，才让我健康成长。

妈妈的唠叨是很有用的，我十分感谢您，我的妈妈！

习作自评表：

评价项目	自评完成打√
1. 写明人物的特点。	
2. 围绕特点选取典型事例。	
3. 运用本单元学过的描写人物的方法。	
4. 为文章拟定出彩的题目。	
5. 标点使用、占格正确。	
6. 书写正确工整、语句通顺。	

（邢台市育才小学　武帅）

第六单元 神奇的探险之旅

一、写作教学亮点

每个小孩子心中都藏着一个探险的梦,本单元习作"神奇的探险之旅",要求学生创编一个惊险刺激的故事,这是对学生思维力和想象力的培养。"尺水兴波,跌宕起伏",创编探险故事,教师要先引导学生想一想:希望和谁一同去探险?去哪儿探险?打算带上哪些装备?猜测可能遇到哪些险情?尽可能多地为学生提供想象的契机。

"神奇"是这次写作主题的关键题眼,要想使探险之旅"神奇"起来,就要有神奇的主人公、神奇的探险地、神奇的经历。如何写出神奇?在此,教师要引导学生发挥想象,利用时间、地点、环境等因素,按照一定的顺序,突出探险目的,制造危机、困境,使故事情节一波三折,使主人公既能面临惊险时刻,又能绝处逢生,从而使探险经历具有传奇色彩。教师引导学生在写作中应抓住惊险镜头,把神奇的过程写具体是这篇习作成功的关键,若能在写作过程中融入心情的变化来映衬情节的紧张曲折,那么文章就更有感染力了。

二、教材连结

本单元围绕"思维的火花"安排了三篇文章,《自相矛盾》《田忌赛马》《跳水》都体现了"思维"与"智慧",旨在培养学生的想象力和思维力,引导学生树立结合实际思考问题的意识,懂得要根据具体情况选择恰当的解决问题的办法,表 7-4 概括了本单元的三篇课文。

表 7-4

课文	人物	问题	思维过程
《自相矛盾》	楚人	以子之矛陷子之盾何如?	夫不可陷之盾与无不陷之矛,不可同时而立。
《田忌赛马》	孙膑	为什么这样安排出场顺序?	田忌:下等马——上等马 / 上等马——中等马 / 中等马——下等马　齐威王

续表

课文	人物	问题	思维过程
《跳水》	船长	危急时刻船长为什么逼孩子往水里跳？	孩子站在桅杆最高处，十分紧张，随时可能掉下来，摔在坚硬的甲板上，后果不堪设想；只有跳进大海才相对安全，因为海面风平浪静，众多水手可以入水相救，孩子不敢跳，只有拿枪逼他跳海。

由表 7-6 可以看出，孙膑和船长的思维属于创新思维，而楚人的思维前后矛盾、违反逻辑，闹出笑话。语文是思维学习的"田径场"。我们要学习好的思维品质，在生活中遇到问题时，要学会分析问题、顺势而为；在习作中发挥想象力，创编吸引读者的惊险故事，把遇到的困难和解决的办法写具体，培养我们的思维能力。

三、写作素养基本功练习：情节梯

情节梯是整本书阅读中常用的方法之一，习作中用情节梯同样能够帮助我们理清思路，搭建写作框架。情节梯可以把思维适度地可视化，把天马行空的想象和相对纷乱的故事碎片进行梳理、规整，将看不见、摸不着的思考通过图像化的叙述，更直观地呈现出来，最终积淀成有序的习作内容和思路，从而方便"具体明确"地进行表达。

好的故事能够牢牢地吸引住读者的目光，让读者爱不释手。如何写出好故事？好的故事需要有好的情节来支撑。探险故事必然过程就是入险地—遇险情—脱险境，而如何把情节写得扣人心弦，需要情节梯来帮助学生在下笔之前形成明确的习作思维和故事框架。在整篇故事里，危险是在叙述过程中逐一被消释的，"长江后浪推前浪，一浪更比一浪高"，前一个险情的消释，又一个新的险情生成，循序渐进，丝丝入扣。如《绿野仙踪》去往翡翠城部分的情节梯，如图 7-5 所示。

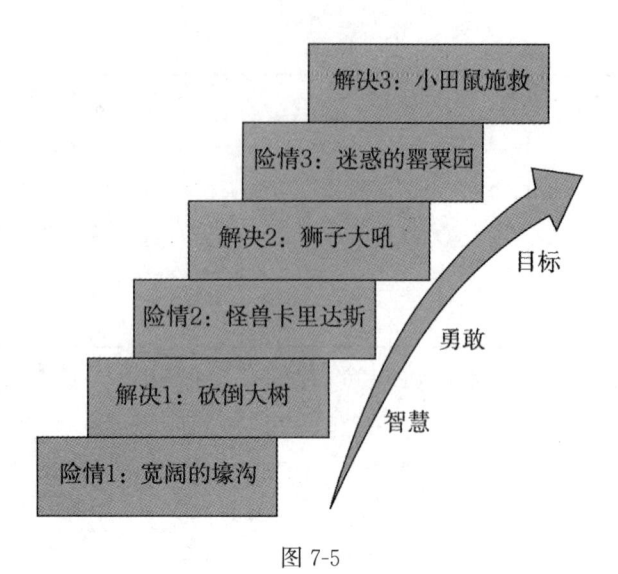

```
        解决3：小田鼠施救
      险情3：迷惑的罂粟园
    解决2：狮子大吼                  目标
  险情2：怪兽卡里达斯          勇敢
解决1：砍倒大树              
险情1：宽阔的壕沟         智慧
```

图 7-5

由图 7-5 的情节梯可以看出，《绿野仙踪》该片段描述得险象环生，主人公的勇敢与智慧在不断地解决问题中彰显出来。要使探险故事一波三折、跌宕起伏，就得给故事的主角设置生死攸关的障碍（即险境）。我们可以使用情节梯来发散思维，使写出的故事生动神奇。当然这种对情节的安排绝不能主观随意，要符合生活逻辑，又必须要围绕一个故事主题。

四、思路引导

孩子们，你们喜欢探险吗？你们读过关于探险的故事吗？惊险刺激的故事情节一定令你紧张激动。探险故事要具备人物、地点、险情、装备。你想和谁去探险？去哪里探险？今天我们就来发挥想象，开启我们的探险之旅吧！

（一）写作第一步：确定写作内容

1. 团队组成。

要去探险首先要有一个探险小分队，人员组成很重要，且在探险中能发挥各自的作用。请大家从表 7-5 的两列中各选出一个人物，和你一起组成一支探险小队，一定要慎重选择哦。

表 7-5

人员身份	特点
好奇心强、性格活泼的妹妹	经验丰富的探险爱好者
胆子大但行事鲁莽的表哥	知识渊博的生物学家

续表

人员身份	特点
心细而胆小的同学	见多识广的向导
……	……

2. 探险地点。

成立了探险小分队，我们就要确定探险地点了，你想去哪里探险？请注意在选择场景时，要选具体的、有特点的地方，并选出自己最熟悉、最感兴趣的地点来写，因为我们在写作过程中一定会涉及探险知识和自然场景的科学知识。比如要写去火星探险，那一定要了解一些关于火星的科学知识，习作中的历险故事一定要符合科学的认知。例举一些探险地点及其特点，见表7-6。

表 7-6

地点	特点
茫茫大漠	无边无际、飞沙漫天、极度缺水。
热带雨林	树木繁茂、高温暴雨、虫蛇鸟兽、食人花、毒物。
荒岛	大风大浪、食物短缺、淡水资源紧缺。
洞穴	怪石嶙峋、空气稀薄、无尽黑暗。
南极冰川	极度严寒、食物短缺、困难重重。

3. 装备选择。

确定了探险地点，我们还需要准备一些探险的装备，比如：指南针、火铳、地图、饮用水、食物、药品、帐篷等。在选择装备时可以问问自己，假如遇到险情，我需要什么？这些装备一定能在接下来的探险经历中派上用场。

4. 拟定题目。

题目是文章的眼睛，好的题目可以起到画龙点睛的作用。本文的题目可以根据探险的人物或探险的场景来拟题，也可以两者结合，想一个具有新意的题目，如《胆小鬼历险记》《荒岛探险》《洞穴的秘密》。请你也来根据内容拟定一个别出心裁的题目吧。

一切准备就绪，我们的探险小分队就可以出发了！

（二）写作第二步：构建情节梯

探险的过程是写作的重点，大家要充分发挥想象，把遇到的险情和求生的办法写具体。但是不能只为了博人眼球而把情节写得突兀，所写的事例一定是"散而不乱"，是围绕习作确立中心的。例如本文要突出"团结协作力量大"，险情设置中必然要突出对探险队成员互相鼓励、团结协作的描写。

构思布局险情时，可以用到情节梯。如我们写热带雨林，可以这样设置障碍，如图 7-6 所示。

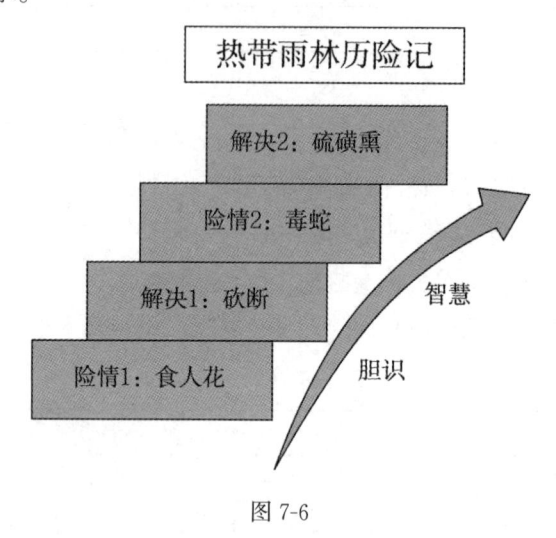

热带雨林历险记

解决2：硫磺熏

险情2：毒蛇

解决1：砍断

险情1：食人花

智慧

胆识

图 7-6

当然险情还可以是凶猛的野兽，也可以是缺水、缺食物、缺氧气，写前要想好在哪一部分会出现怎样的险情？请你发挥想象，按照图 7-6 的例子填写情节梯吧。

根据你所构建的情节梯，还可以通过回答以下问题来构建习作的结构。

(1) 探险地点环境如何？

例：大树参天，遮天蔽日，没有人烟，显得异常安静。

(2) 遇到了怎样的危险？

例：食人花、大青蛇、蛇群。

(3) 危险时刻大家怎么做的（注意抓住动作、语言、神态）？

例：向导挥舞匕首，左砍右挡，冲着花的根部猛砍一阵。表哥抽出匕首，斩断缠在我双腿的藤蔓。

(4) 遇到危险时，你的反应如何？

例：我吓得脸色惨白，双脚不停地发抖，一屁股坐在地上。晚上耳旁总能听到窸窸窣窣的声音，我怎么也不敢睡着。

(5) 危险怎样解决的？

例：向导砍断了食人花的根，藤蔓不再缠住我；撒硫磺粉驱走了蛇群。

(6) 解决困难还需要什么神奇的装备？

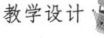

例：睡袋、刀、硫磺粉。

(7) 脱险后你有什么感悟？

例：我懂得了胆识与智慧会战胜种种困难。

(三) 写作第三步：完成写作提纲

待我们对探险故事有了整体的思路之后，整理信息，筛选材料，依据表 7-7 的提示，完成写作提纲。

表 7-7

开头	交代背景：时间、地点、人物、装备。
中间	险情 1，解决 1；险情 2，解决 2。
结尾	走出困境，抒写感悟。

五、写作大观园——佳作欣赏

热带雨林探险记

邢台市育才小学　王紫梦

"喂，你们两个跟紧了，这里时不时会有猛兽。"咦？怎么会有人说这里有猛兽呢？哦，原来假期里我和一位见多识广的向导，还有我的表哥来到了神秘雨林中探险。我们带好了足够的食物、匕首、指南针、药品，向导还带上了罗盘、硫磺、手电筒等。

我们慢慢地前行着，既兴奋又有些许紧张，既刺激又有一点担忧。向导一路叮嘱：不要乱摘乱砍周围的植物、注意脚下……这里大树参天、遮天蔽日、没有人烟，显得异常安静。这安静的森林，给雨林增添了几分神秘，也让我们惊叹不止。我们哥俩很兴奋，不顾向导的叮嘱，时不时用匕首、木棍敲打身边的树木。走着走着，我突然看到一朵朵色彩娇艳、花似巨轮，直径约为 1.5 米的花朵，周围散发着类似兰花的香味。

"快来看啊，这里的花，好大呀！"说时迟那时快，我刚刚握住花柄，那花就像抽水泵一样使劲地吸我。我吓得边喊救命边往后退，可是那花的藤蔓也如蛇一般蜿蜒爬来，瞬间我的脚被缠住了。

"这是食人花！"向导迅速跑过来，冲表哥喊一声，"快用刀砍！"他们挥舞匕首，左砍右挡，只见向导冲过去，冲着花的根部猛砍一阵，那花和藤一节节瘫了下去，然后松开了我的腿。这时我已经吓得脸色惨白，一屁股坐在地上，向导和表哥也砍得气喘吁吁。

晚上，向导给了我们一个睡袋，让我们钻进里面睡觉。我躺在里面，睡意蒙胧，感觉有虫子，从我头上跳过；有小蛇，从我身旁爬过；还有乌鸦在不远处聒噪。耳旁总能听到窸窸窣窣的声音，我怎么也不敢睡着。直到黎明即将来临，才勉强打了个盹。

第二天，我们继续往前走，雨林一眼望不到边。表哥和我正靠在一棵大树下休息，忽然听到头顶上有声音，向上一看，一条碗口粗的青蛇挂在树上。我吓得一蹲身，呀，地上还有许多条蛇在蠕动，胆小的我双腿不停地发抖，表哥赶紧抽出匕首。向导按住了表哥示意他不要乱动，只见向导不慌不忙地从背袋里抓出一包黄色的粉末，冲着蛇群扬开了去，原来是硫磺，蛇群马上四散逃开了。

这一路探险，给我的是满满的惊吓，也让我懂得了胆识与智慧会战胜种种困难……

习作自评表：

评价项目	自评完成打√
1. 拟题新颖。	
2. 人物、场景、装备一致。	
3. 情节一波三折。	
4. 写出了人物的心理变化。	
5. 给读者身临其境的感受。	
6. 小声朗读习作，认真检查文中是否有错字、错词，不通顺的语句，并运用修改符号修改。	

（邢台市育才小学　魏延波）

第七单元　中国的世界文化遗产

一、写作教学亮点

本次习作要求学生搜集资料，介绍一处"中国的世界文化遗产"。要写好本次习作，教师首先要指导学生明确选材范围——世界文化遗产，还要是中国的。其次，要让学生清楚什么是世界文化遗产，中国的世界文化遗产有哪些。截至2019年7月6日，中国已有55项世界文化遗产和自然遗产列入《世界遗产名录》，其中世界文化遗产 37 项、世界文化与自然双重遗产 4 项、世界自然遗产 14 项。

本次习作要介绍的中国的世界文化遗产，就要从列入《世界遗产名录》的 37 项中选择，可以是自己亲身游览过的，可以是听说过的，也可以是虽未游览过却心有向往的。

写好本次习作，教师要指导学生多方查找资料，以免写作时空洞无物，或张冠李戴。所引用的数据、资料必须真实，不能道听途说、添油加醋。当然，涉及一些故事、传说等可以适当地借题发挥。

本次习作不同于一般的游记文或景观介绍文，教师要指导学生习作时不能简单罗列所搜集的资料。而是要围绕文化遗产最重要的特点来介绍，尽力体现出具有"令中国人骄傲的""凝结着我们祖先的汗水和智慧"的特点，这才是本次习作的最大亮点。

二、教材连结

本次习作安排在五年级下册第七单元，围绕"世界各地"的主题，编排了《威尼斯小艇》《牧场之国》《金字塔》三篇课文，三篇课文都是写"世界文化遗产"很好的习作例文。

《威尼斯的小艇》没有多方面地描绘游览威尼斯的所见所感，而是借助这个城市独有的标志——小艇，把水上名城的风光韵味充分地表现出来。课文描写了小艇在水面上灵活穿梭的样子，描写了日常生活中游客居民乘坐小艇的情形，描写了半夜戏院散场后小艇散去的场面，展现了威尼斯的动态美。课文也描写了水城沉沉睡去后的寂静，展现了威尼斯的静态美。抓住景观的独特之处，从动态和静态两个角度展现景观之美的方法值得同学们借鉴运用。

《牧场之国》描写了荷兰美丽幽静的牧场风光。文中反复出现"这就是真正的荷兰"，这句话有的在段尾，起到对自然段内容进行总结的作用；有的在段首，起到总起的作用；还有的在文章结尾独立成段，是对全文的总结。这样的写法使课文语句优美，舒缓而富有节奏，充分表现了荷兰牧场的诗情画意。这种"一咏三叹"的方式，可引导学生借鉴。

非连续性文本《不可思议的金字塔》采用了多样化的文本呈现方式，如：地图、数据罗列、立体图配文、照片等。这种采用图文结合的表达方式可以使文章内容更丰富，更利于读者高效、全面地了解所介绍的世界文化遗产的概貌。在写作指导中教师要引领学生灵活运用。

三、作文基本功练习：查阅、整理资料

写好本次习作，教师要指导学生多方查找资料，以免写作时空洞无物或张冠李戴，并指导学生查阅资料和整理资料的方法。

1. 查阅资料的方法：可以通过上网、看电视、读书报、实地参观等方式，搜集文字和图片等资料，并做好记录。

2. 整理资料的方法。

(1) 根据资料卡片的内容，给资料卡片归类，例如：地理位置、外观、结构、历史变迁、故事传说、简介、图片……

(2) 选出能突出自己要介绍的文化遗产主要特点的资料。

(3) 抓住文化遗产的特点，按照一定的顺序，用"①、②、③……"序号标注介绍顺序。

(4) 用"☆"标记需要详细介绍的一两个方面内容。如资料不足，继续查找补充。

(5) 用"※"标记简略介绍的内容。

四、思路引导

世界文化遗产，是一项由联合国发起、联合国教育科学文化组织负责执行的国际公约建制，以保存对全世界人类都具有杰出普遍性价值的自然或文化处所为目的。

中国作为著名的文明古国，源远流长的历史使中国继承了一份十分宝贵的世界文化和自然遗产，其中世界文化遗产 37 项，它们是人类的共同瑰宝。你知道或去过中国的哪些世界文化遗产呢？

1. 写作第一步：确立对象，查找资料。

(1) 对照中国世界文化遗产名录，选择自己感兴趣的一处遗产。

(2) 以这处中国的世界文化遗产为关键词，查找多方面的资料，如：外观、结构、历史变化、相关故事等。

(3) 温馨提示：可以通过上网、看电视、读书报、实地参观等方式，搜集文字和图片等资料，资料来源要清晰记录下来！并按照表 7-8 的例子完成一张你自己的资料卡片。

表 7-8

世界文化遗产（北京故宫）资料				
来源	资料分类	内容		备注
网络√	地理位置	北京故宫，又称紫禁城，位于北京市区中心，为明、清两代的皇宫，有24位皇帝相继在此登基执政。始建于1406年，至今已近600年。故宫是世界上现存规模最大、最完整的古代木构建筑群，占地72万平方米，建筑面积约15万平方米，拥有殿宇9000多间，其中太和殿（又称金銮殿），是皇帝举行即位、诞辰节日庆典和出兵征伐等大典的地方。故宫黄瓦红墙，金扉朱楹，白玉雕栏，宫阙重叠，巍峨壮观，是中国古建筑的精华。宫内现收藏珍贵历代文物和艺术品约100万件。		
书籍	外观	~		
报刊	结构	~		
电视	历史变迁	~		
听说	故事传说	~		
实地参观	简介√	~		
具体出处		正一艺术网		

自己对哪一处中国的世界文化遗产感兴趣呢？请多方查找资料，越丰富越好！

2. 写作第二步：根据特点，整理资料。

本次习作不同于一般的游记文或景观介绍文，不能简单罗列所搜集的资料，而是要围绕文化遗产最重要的特点来介绍，尽力体现出"令中国人骄傲的""凝结着我们祖先的汗水和智慧"的地方，这才是本次习作的最大亮点！

我们可以按照下面的步骤整理收集的资料：

（1）资料归类。

根据资料卡片的内容，给资料卡片归类，例如：地理位置、外观、结构、主要景点、历史变迁、故事传说、简介、图片……

（2）突出特点。

选出能突出自己要介绍的文化遗产主要特点的资料。每一处世界文化遗产都有自己与众不同的特点，写作时要重点表现出来。尽力体现出"令中国人骄傲的""凝结着我们祖先的汗水和智慧"的地方。

例如：介绍"秦始皇兵马俑"，要抓住"秦始皇兵马俑"的数量、种类、姿态、艺术特色等，突出兵马俑一经出土便震惊世界，是雕塑艺术的宝库，为中华民族灿烂的古老文化增添了光彩，也给世界艺术史补充了光辉的一页。

（3）标注顺序。

要想写清楚自己喜欢的这处中国的世界文化遗产，要抓住文化遗产的特点，

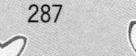

按一定的顺序，如时间顺序（历史变迁）、空间顺序（结构、移步换景）、逻辑顺序（先总起简介、再详细介绍、最后总结全文）等，写清这处世界文化遗产的地理位置、结构、历史变迁、故事传说、现状等。用"①、②、③……"序号标注顺序。

3. 写作第三步：小组交流，互评互助。

小组成员之间通过以下方面进行交流点评。

(1) 讲一讲：把整理出来的资料按顺序讲给小组内同学听。

(2) 评一评：组内成员重点从以下几个方面进行评价：介绍的顺序是否清晰？重点部分是否介绍清楚？是否抓住特点？是否还需要继续查找、补充？

(3) 根据组内成员的评价进一步查找整理资料。

4. 写作第四步：资料呈现，完成习作。

向别人介绍中国的世界文化遗产的时候，不能只是把自己查找到的资料简单罗列。那么，怎样才能介绍清楚、写得生动呢？我们通过对本单元课文的学习，掌握相应的写作方法，并完成习作：

(1) 抓住景观的独特之处，从动态和静态两个角度展现。

(2) "一咏三叹"，增强文章感染力。

(3) 使用图片、表格等辅助形式介绍。

(4) 将整理后的资料根据需要用文学的语言进行删改，不要直接照搬。

[示例]

搜集到的资料：

乐山大佛头与山齐，足踏大江，双手抚膝，大佛体态匀称，神势肃穆，依山凿成，临江危坐。大佛通高71米，头高14.7米，头宽10米，发髻1051个，耳长6.7米，鼻和眉长5.6米，嘴巴和眼长3.3米，颈高3米，肩宽24米，手指长8.3米，从膝盖到脚背28米，脚背宽9米，脚面可围坐百人以上。

——网络360百科词条"乐山大佛"

写作范例：

乐山大佛有71米高，大约是24层楼的高度，是世界上最高的大佛。大佛的头有14.7米长，10米宽，大概有两间普通教室那么大，上面的发髻竟然有1051个。大佛的耳朵大约7米长，里面可以并排站立两个人还显得绰绰有余，就连他的脚背也有8.5米宽，上面可以坐100多人。乐山大佛头与山齐，足踏大江，双手抚膝，大佛体态匀称，神态肃穆，依山凿成，临江危坐。这里一直都有"佛是一座山，山是一尊佛"的说法。

由上示例可见，将整理后的资料用作比较、打比方等学生更容易理解的方式写下来，介绍就更清楚啦！

（5）引用别人的话，注明资料来源。

[示例]

1935 年 10 月，毛泽东主席在翻越六盘山时写下了《清平乐·六盘山》这首词，词中写道："不到长城非好汉！"

小结：像这样，在引用的话前面写清楚这句话是什么时候、谁、在哪里说的，这是对说话人的尊重，也可以增强文章的说服力。

5. 写作第五步：分享与评价。

（1）在小组内分享自己的习作。

（2）小组内成员根据评价标准进行评价。

（3）根据小组成员的评价，再次修改自己的习作。

五、写作大观园——佳作欣赏

乐山大佛

早就听闻四川乐山大佛是世界第一大佛，闻名中外，暑假终于有机会一睹真容。

乐山大佛地处四川省峨眉山市东 31 公里的乐山市郊，与乐山城隔江相望。大佛雕凿在岷江、青衣江、大渡河汇流处的岩壁上，依岷江南岸凌云山栖霞峰临江峭壁凿造而成，又名凌云大佛，为弥勒佛坐像。乐山大佛是唐代摩岩造像中的艺术精品之一，是世界上最大的石刻弥勒佛坐像。

乘坐游船向乐山大佛进发。远望，大佛出现在我的眼前，我简直不敢相信自己的眼睛，这座大佛居然和凌云山一样高耸，真不愧为"山是一尊佛，佛是一座山"。多么雄伟壮观啊！我仰起头凝视着大佛，心里无比激动。啊，这就是世界上最大的佛像——乐山大佛！

船到岸了，我们决定近距离接触乐山大佛。来到山脚下，我们沿着青石台阶，随着人流我们终于来到了大佛的脚下。这时的我更加渺小了，好像一只小蚂蚁。在父母的帮助下，我终于站在大佛的小脚趾上了。大佛揭开了神秘的面纱，整个大佛是面向江水双手抚膝正襟危坐，造型庄严，排水设施隐而不见，设计巧妙。他的身旁有很多小型的佛雕像，在青山绿水的环绕下，大佛显得更加壮观。啊，这就是世界上最大的佛像——乐山大佛。

听导游介绍，佛像开凿于唐玄宗开元初年（公元713年），是海通和尚为普度众生而发起，集合众多人力、物力修凿的，至唐德宗贞元十九年（公元803年）完工，历时90年。乐山大佛有71米高，大约是24层楼的高度，是世界上最高的大佛。大佛的头有14.7米长，10米宽，大概有两间普通教室那么大，上面的发髻竟然有1051个。大佛的耳朵有7米长，里面可以并排站立两个人还显得绰绰有余，就连他的脚背也有8.5米宽，上面可以坐100多人。真是难以想象！啊，这就是世界上最大的佛像——乐山大佛！

1996年12月，峨眉山的乐山大佛被联合国教科文组织批准为"世界文化与自然遗产"，列入《世界自然与文化遗产名录》。联合国教科文组织世界遗产专家桑塞尔博士·席尔瓦教授实地考察时，赞誉"乐山大佛堪与世界其他石刻如斯芬克司和尼罗河的帝王谷媲美"。

天色暗淡下来，我依依不舍地离开乐山大佛。在回家的路上我想了很多很多：古代的劳动人民用勤劳和汗水为我们留下了宝贵的文化遗产。我们为之自豪，更要保护好这些世界文化遗产。

习作自评表：

评价项目	自评完成打√
1. 所写内容是37处"中国的世界文化遗产"之一。	
2. 不简单罗列资料，能把资料变成自己的话，用图片、表格等多种方式呈现资料。	
3. 能够抓住"中国的世界文化遗产"特点介绍。	
4. 能突出历史文化遗产"令中国人骄傲的""凝结着我们祖先的汗水和智慧"的特点。	
5. 完成习作后认真读一读，做到格式正确，语句通顺。	
6. 习作书写认真工整，没有错别字。	

（邢台市达活泉小学　崔建光）

第八单元　漫画的启示

一、写作教学亮点

漫画是一种具有讽刺性或者幽默性的图画，画家通过各种手法讽刺、批评、表扬某些人或事，引人深思，给人启示。作家选择用"文字"来表达想法和观点，而漫画师则选择用"图画"来表达内心的想法，它们共同的特点都是"叙事说理"。

本单元习作《漫画的启示》重在写"启示"，重点不是写看图想象的故事而是说理。让学生从漫画中悟出道理并准确地表达出内心真实的想法，是本次写作的重点。要想把"启示"表达清楚，就要认真地观察漫画。本次习作的观察漫画和之前写的"看图写话"有很大的不同，它侧重于让学生在观察漫画之后，把生活中与漫画中类似的人或者事进行关联，写出这幅漫画带给自己的启发或从中悟出的道理。因此，本次"看图说话"的"看图"重在对画面的细节观察，"说话"重在说想法、说道理。我们可以引导孩子用"我学到、我认为、我同意、我反对、我质疑、我建议……"的方式来表达从漫画中感悟到的道理。

二、教材连结

你发现了吗？我们读完每一篇文章之后都可以从中获得一些启示。本单元的三篇课文语言幽默、风趣，让读者在一笑之余回味无穷，见表7-9。

表 7-9

文章	主要内容	启示
《杨氏之子》	杨氏之子与孙君平机智对谈。	小孩子也可以有大智慧。
《手指》	五个手指鲜明的形象。	团结才有力量。
《童年的发现》	"我"九岁时发现胚胎发育规律的有趣过程。	在生活中要养成善于观察的习惯，遇到问题要敢于动脑思考，坚持不懈地勤奋钻研。

《杨氏之子》围绕姓氏展开了一场巧妙的对话，九岁小朋友的一句"未闻孔雀是夫子家禽"让我们叹服于他的机智；当我们读到《手指》最后一段："手上的五指，我只觉得姿态与性格，有如上的差异，却无爱憎在其中。手指的全体，同人群的全体一样，五根手指如果能团结一致，成为一个拳头，那就根根有用，根根有力量，不再有什么强弱、美丑之分了。"这时才明白丰子恺趣味盎然的语言和拟人化的写法表达的含义。《童年的发现》中幽默俏皮的语言透露着求知若渴、寻根究底的童心。幽默与风趣就像神秘的调料，有了它的陪伴，文章便百读不厌，因为它的背后往往蕴涵着作者想告诉大家的道理。

三、写作素养基本功练习：叙事说理

我们读过的许多文章都是借着事件传达出某些道理，这就是叙事说理。文章中的道理有时是作者直接表达出来的，有时是蕴藏在文章中让读者自己领会感悟的。一篇好的叙事文章要想让读者有共鸣，最好是在叙事抒情的同时也能表达出道理来。通过事件讲道理，想法就会得到支持，比直接说理更有说服力，这样的文章情理兼备，层次更丰富，读者才更愿意读。

叙事说理的文章可以先叙事后说理，也可以先说理后叙事或者托事喻理，表7-10是对叙事说理的三种方法的说明。

表 7-10

文章类型	先叙事后说理	先说理后叙事	托事喻理
写法	先叙述具体事件，然后有条理地说明道理，将道理直接点出。	先将道理直接点出，然后叙述具体事件来印证道理。	用事件来带出想说的道理，而道理就在其中，读者要自己从事件中领悟出来。
文章举例	《手指》	《童年的发现》	《杨氏之子》

四、思路引导

同学们，你们看过漫画《父与子》吗？该漫画是德国著名漫画家卜劳恩的连环漫画作品，曾给许多人带来无限的快乐。每一幅作品，都充满了生活的智慧与幽默，把人与人之间朴实、纯真的情感表现得淋漓尽致，表达了人类永恒的情感。

像《父与子》这样的漫画作品还有很多，它让我们开怀大笑的同时，也使我们联想到生活中的人和事，从而获得启示。选择一幅漫画，我们一起来聊聊吧。

1. 写作第一步："看看"漫画师"画什么"。

漫画中只有很少的文字，甚至没有文字，所以阅读漫画作品，我们首先要按照一定顺序认真观察图画，做到不遗漏。你能做到吗？请你仔细观察教材中的一幅漫画，然后在下面的表格中记录你阅读到的内容，以教材中的漫画为例，观察记录见表7-11。你也可以按表7-11的方式绘制一张表格，把你所观察到的漫画内容进行记录。

表 7-11

人物	外貌	表情	动作	可笑之处
浇树的人	瘦高的叔叔	惊讶	拎桶提水浇树	
乘凉的人	戴眼镜的胖男人	理所当然	抱着双腿靠在小树干上休息	坐在一棵幼小而没有几片叶子的小树苗旁等着乘凉

2. 写作第二步："听听"漫画师"说什么"。

漫画画面上的标题和提示语往往起到说明主旨、画龙点睛的作用，这就是漫画师的"语言"。深入思索这些"语言"，你会发现画面之外作者要表达的真实意思。那么，请你阅读教材中漫画的标题和提示语，思考漫画师要表达的意思。

(1) 这幅漫画有标题吗？标题是什么？

例：没有标题。

(2) 这幅漫画有提示语吗？提示语的内容是什么？

例：有提示语。提示语是："你干什么？""等着乘凉。"

(3) 你觉得漫画师喜欢这个人吗？为什么？

例：不喜欢。因为他不想付出，只图享乐。

(4) 你知道漫画师想说什么吗？

例：他想告诉我们：收获不是等来的，是靠汗水和努力换来的。

3. 写作第三步："找找"生活中"有什么"。

阅读漫画作品，我们的眼光不能止于眼前的画面，更应将眼光看向生活中的人和事。你阅读这幅漫画作品之后，想到了生活中哪些人或事？你的身边有这样的人吗？

例：有一些人整天妄想能够一夜暴富，希望能通过买彩票这种渠道来赚一笔钱。尽管现实一次次给他们以打击，但他们仍然痴心不改，还是不肯去上班，不肯用自己的劳动去改善自己的生活；有的阿姨天天喊着口号要减肥，却管不住自己的嘴，结果越减越肥；有的同学告诉别人自己的梦想是考上名牌大学，可是老师每天留的作业他都完不成……

4. 写作第四步："想想"我要"说什么"。

在生活中我们常用一些固定的句式或语言表达自己的见解和想法，比如："我学到、我认为、我同意、我反对、我质疑、我建议……"看完这幅漫画，你最想说什么？我们也可以用上述方式在习作中来表达自己的想法。

例：我想告诉大家，"乘凉"的大树是等不来的。只有像提壶浇水的人那样，经常为小树浇水、松土、施肥，好好地管理小树，辛勤地培育小树，让小树长成枝叶茂密的参天大树，我们才能乘凉，才能享受劳动成果。种树是这样，我们做任何事也应该这样。

5. 写作第五步：完成写作大纲。

亲爱的同学们，通过上面四个小环节的思考，现在我们参考图7-7结构图的提示，完成自己的写作大纲，并依照写作大纲开始写作吧。

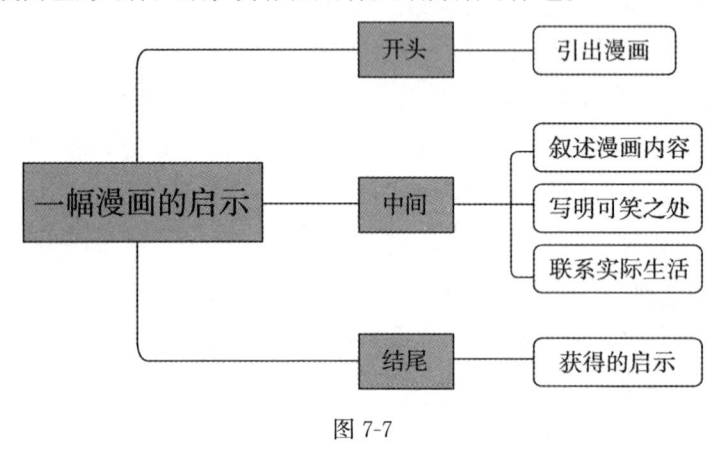

```
                        ┌── 开头 ── 引出漫画
                        │
                        │           ┌── 叙述漫画内容
  一幅漫画的启示 ───────┼── 中间 ──┼── 写明可笑之处
                        │           └── 联系实际生活
                        │
                        └── 结尾 ── 获得的启示
```

图 7-7

五、写作大观园——佳作欣赏

漫画的启示

邢台市第二十四中学　李卓啸

烈日炎炎的夏天，坐在一棵大树下乘凉，该是一件多么舒服又开心的事情呀！可是当你看到有个人竟然坐在一棵幼小而没有几片叶子的树苗旁等着乘凉时，你会怎么想？"这太不符合逻辑了！""太可笑了！""哪有这种人？"你肯定会这么说。我们都知道小树苗要想长成枝繁叶茂的大树需要一个漫长的过程，哪能等得起呀！可是我在一幅漫画上真看到这么一个人。

画面的中央是一棵刚刚栽下的小树苗，一个戴眼镜的胖男人和一个瘦瘦高高的叔叔一起栽下了它。这棵小树苗只有拇指那么粗，柔嫩的枝条上只长着几片叶子。栽下之后，瘦瘦高高的叔叔，拿着水桶去接水，准备给小树苗浇水，等到他回来时，一幕不可思议的场景出现了，他看到他的同伴——那个戴眼镜的胖男人把铁锹扔在一旁，抱着双腿靠在小树干上休息。这棵刚种下的柔弱的小树苗怎么能承受得起这位胖男人的重负，细小的树干已经被胖叔叔靠得弯曲了，似乎在瑟瑟发抖！看到此情景，准备浇水的叔叔不解地问："你干什么？""等着乘凉！"那个戴眼镜的胖男人看着同伴不假思索地回答。

看到这里，我觉得很可笑，刚刚栽好的一棵小树苗，枝叶还不茂盛，也没有多少树荫，而那个戴眼镜的男人看起来也挺有学问的，怎么会这么愚蠢，坐在小树下面乘凉，难道他不知道这棵小树苗要长大需要很长时间吗？

笑过之后我却有一种莫名的悲伤。天上不可能掉馅饼，世上没有白来的好事，要想得到，就要用辛勤的汗水一滴一滴地换，没有付出，怎么可能有收获呢？这个再简单不过的道理，现实生活中却有许多人参不透它。

我又想到现实生活中像这样的人和事比比皆是！有一些人整天妄想能够一夜暴富，希望能通过买彩票这种渠道来赚一笔钱，尽管现实一次次给他们以打击，但他们仍然痴心不改，还是不肯去上班，不肯用自己的劳动去改善自己的生活；有的阿姨天天喊着口号要减肥，却管不住自己的嘴，结果越减越肥；有的同学告诉别人说自己的梦想是考上名牌大学，可是老师每天留的作业他都完不成……

看完这幅漫画，我想告诉大家："乘凉"的大树是等不来的，只有像提壶浇水的人那样，经常为小树浇水、松土、施肥，好好地管理小树，辛勤地培育小树，让小树长成枝叶茂密的参天大树，我们才能乘凉，才能享受劳动成果。种树这样，我们做任何事也应该这样。有位名人说过：如果你不肯付出一时的努力去博取成功，那么你可能就要用一生的耐心去忍受失败。收获不是等来的，是靠汗水和努力换来的。

习作自评表：

评价项目	自评完成打√
1. 对图画中事物的描述没有遗漏。	
2. 读懂了标题和提示语。	
3. 写出了漫画的内容。	
4. 写出了漫画的可笑之处。	
5. 写出了受到的启示。	
6. 书写认真，错别字少于3个，病句不多于2个，对有误的地方进行修改。	

(邢台市第二十四中学　王海霞)

第八章　六年级上册习作教学设计

第一单元　变形记

一、写作教学亮点

本次习作的主题是"变形记",它不是命题作文,而是题材广泛的想象类作文,所以要注意指导学生进行审题,明确习作要求。

首先要引导学生抓住"变形"这个关键点,想一想自己可以变形成哪些具体的东西?这篇习作最大的亮点也在于这个变形对象,变的东西越新奇,经历就越不同,就越吸引读者眼球。

接着,要指导学生发挥想象,思考"变形"后都会经历什么,把它记录下来,这是本次习作的重点。例如有的小朋友会选择写《我是一条幸福的蚯蚓》,教师在指导时就要明确变形的角色是一条蚯蚓,不是大象,不是河马,也不是其他小动物。而且要抓住"幸福"这个关键词,把变成蚯蚓后能体现幸福的所见、所闻、所思、所感写出来,加入多种描写方式将经历写具体。

最后,指导学生注意在写经历时,要根据角色特点发挥想象进行构思,还要把那些有趣的、特别的、重要的经历写得详细一些。

二、教材连结

根据本单元课文的主要内容和写法特点进行梳理,如表 8-1 所示。

表 8-1

课题	主要内容	运用方法
《草原》	介绍了老舍一行人出入草原的所见、所闻、所思、所感，既赞美了草原美丽的自然风光，又讴歌了草原人民热情好客、蒙汉同胞的深情厚谊。	通过丰富的想象把景象写得具体可感。
《丁香结》	宗璞由城里、城外满目的丁香花写到了自己斗室外的三棵白丁香，又由古人诗中的微雨丁香，写到了人生解不完的"丁香结"。	由丁香花联想起象征着愁怨的"丁香结"，展开丰富的想象。
《古诗三首》	《古诗三首》由三首极富画面感的古诗词组成：《宿建德江》刻画了秋江暮色，写出了诗人的羁旅之思；《六月二十七日望湖楼醉书》描述了西湖雨中奇景，将一场突然而至的夏雨写得十分生动；《西江月·夜行黄沙道中》则写出了乡村夏夜的宁静优美。	运用想象描绘古诗的画面感。
《花之歌》	诗人用第一人称，以花自喻，用花的视角纵观四季更迭、花开花落，表达自己独特的人生态度：像花一样积极向上，不顾影自怜，也不孤芳自赏。	运用奇特的想象，为花描绘出一个个积极向上的形象。

不难看出，本单元的四篇文章的作者都发挥了大胆的想象，把自己的所见、所闻、所思、所感写得生动具体。生活中我们也常常会面对不同的景物，拥有不同的心境，如果可以加入想象，就会把我们想要表达的内容具体化。

三、作文素养基本功练习：发挥想象，详写重点

借助阶梯图（图 8-1），我们来了解一下统编版语文教材中的想象作文的序列排列。

小学阶段很多文章的创作都会或多或少地用到一些想象，例如我们在中年级会引导学生学会想象把故事写完整、写清楚，而高年级我们则更注重引导学生利用想象把重点部分写具体、写详细。想要做到这一点，就需要指导学生把事件中的所见、所闻、所感写具体。

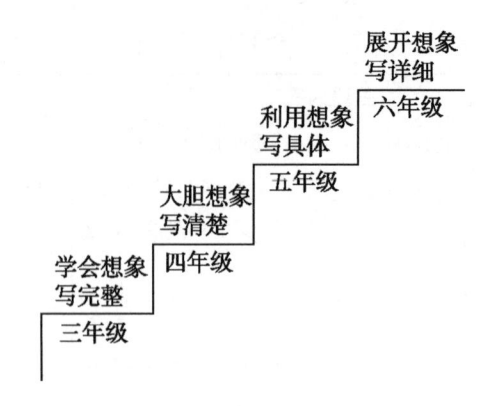

```
                        展开想象
                        写详细
                 利用想象   六年级
                 写具体
            大胆想象  五年级
            写清楚
      学会想象  四年级
      写完整
       三年级
```

图 8-1

1. 在"所见"中加入想象，把画面写详细。

那些小丘的线条是那么柔美，就像只用绿色渲染，不用墨线勾勒的中国画那样，到处翠色欲流，轻轻流入云际。这种境界，既使人惊叹，又叫人舒服，既愿久立四望，又想坐下低吟一首奇丽的小诗。在这境界里，连骏马和大牛都有时候静立不动，好像回味着草原的无限乐趣。

写景或写事时，可以指导学生从眼前的"所见"展开想象，加入一些比喻、拟人的修辞方法，让画面更加生动具体。如上例《草原》的片段，作者就是从眼前看到的小丘想到墨线勾勒的中国画，从静立不动的骏马、大牛想象到生活的无限乐趣，这样一来作者初见草原的情景和感受也就更详细、更深刻。

2. 在"所闻"中加入想象，把情境写详细。

明月别枝惊鹊，清风半夜鸣蝉。稻花香里说丰年，听取蛙声一片。

有时候，写文章还可能需要加入一些大自然的声音或者其他人说的话，运用想象把这部分写好，也会让重点突出。如上例《西江月·夜行黄沙道中》的上阕就给静谧的夜加入了声音的元素，让这首词内容丰富、具体可感，读者发挥想象就可以详细了解当时的乡村夏夜之景。在写变形记的时候我们就可以把听到的写出来，并适当加入自己的想象。

3. 在"所思"中加入想象，把感受写详细。

我饮着朝露酿成的琼浆；听着小鸟的鸣啭、歌唱；我婆娑起舞，芳草为我鼓掌。我总是仰望高空，对光明心驰神往；我从不顾影自怜，也不孤芳自赏。而这些哲理，人类尚未完全领悟。

写作中，我们可以抓住角色的特点，转换视角，利用想象，表达自己的思考和感受。如上例在《花之歌》片段中，作者就将自己想成花朵，借花之口，把自己向往光明、积极乐观的人生态度表达出来。

由此可见，在进行习作时，发挥想象可以让我们把看到的、听到的、想到的表达得更详细。因为是想象类的文章，在构思时，要引导学生合理想象，可以引导学生从想象对象的特点出发，找到几个想象的触发点，并合理引申出事例来。

四、思路引导

亲爱的同学们，你是否也曾仰望蓝天，希望自己是一朵自由的云，风起时游历四海八荒；你是否也曾俯视大地，希望自己是一只勤劳的蚂蚁，预知将来的风风雨雨；你是否也曾走进书本，希望自己是一个拥有魔法的超人，黑暗中拯救无辜的民众……如果你有这样一个机会，把自己变成另一种东西，会发生什么呢？快展开想象的翅膀，来写一写吧。

1. 写作第一步：确定主题。

看到这个主题，首先要进行审题。"变形记"是一篇想象类的文章，就是让我们想象一下自己如果有机会变成另一种东西，最想变成什么？你可以变得很小，如一只蚂蚁、一棵草、一粒石子；也可以变得很大，如一头大象、一辆汽车，甚至一个星球。所以在变形时可选择的对象是十分丰富的，既然是变成另一种东西，最好可以变成和人不同类的角色，图 8-2 可以帮你拓展想象。而且本次习作不是命题作文，同学们可以选择教材中提供的题目，也可以自己给作文起名字。

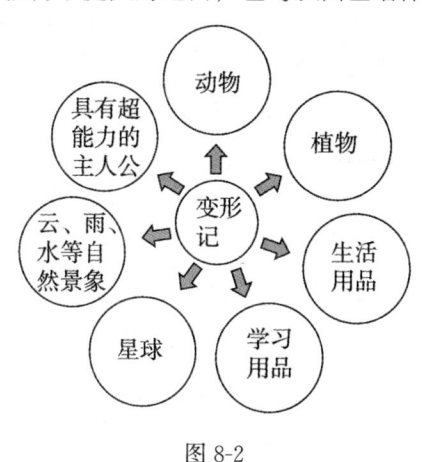

图 8-2

2. 写作第二步：取材与构思。

变形后，你会经历哪些事呢？在不同的事件中，你看到了什么，听到了什么，感觉如何？同学们，可以选择回答下面的问题，完成构思和布局，最后再试着组织成一篇完整的文章。

(1) 你要变形的对象是什么?

例:如果我们可以变成另一种东西,我最想变成一条幸福的蚯蚓。

(2) 它有什么样的特点?(外形、习性、用途……)

例:蚯蚓的外形像小蛇一样,没有脚,脸和屁股一个样;它喜欢在泥土里生活,把下面的世界建得像座宫殿;蚯蚓可以帮助人们松土,清理垃圾……

(3) 变形后,你可能会遇到的情况是什么?

例:事件一:利用自己的长相吓唬胆小的小朋友;事件二:利用自己的特长,建造属于自己的地下王国;事件三:帮助人们翻土……

(4) 事情发生时你看到了什么?(发挥想象,写出"所见")

例:天啊!发生了什么?我的手和脚怎么不见了,哦,这套在身上一圈一圈的是什么鬼东西,怎么会有人把"项圈"都套在我身上。我赶紧冲到镜子前,这一看不要紧,镜子里竟然是一只蚯蚓,我居然变成了一只蚯蚓。

(5) 变形后,你可能会听到了什么,说什么?(发挥想象,写出"所闻")

例:"啊!蛇,一条小蛇!"说着她一下子跳开去,吓得躲在旁边不敢靠近。"哈哈,竟然被我吓到了,真是个胆小鬼。不过,我才不是蛇呢,是蚯蚓,蚯蚓!"我嚷着,扭扭身子钻进了泥里。

(6) 变形后你的感受或期望怎样?(发挥想象,写出"所思")

例:我钻进白菜根的土壤中,身体不自觉地拱起来,帮助白菜松土,其他庄稼也都叫着喊着让我过去帮它们松土。也许,这就是蚯蚓的职责所在吧。一边想着,一边和白菜、土豆、萝卜等农作物开心地聊着天,心里有说不出的幸福。

3. 写作第三步:完成写作大纲。

请你根据上面的提示,结合自己的经验,发挥想象,按表 8-2 的提示拟定写作大纲,再来完成整篇习作。

表 8-2

写作大纲	
开头(背景、确定变形角色)	交代故事背景、确定变形角色。
经历	事件一:
	事件二:
	事件三:
感受	写出变形后的心情或感觉。

五、写作大观园——佳作欣赏

我是一条幸福的蚯蚓

邢台市郭守敬小学　陈佳禾

天啊！发生了什么？我的手和脚怎么不见了，哦，这套在身上一圈一圈的是什么鬼东西，怎么会有人把"项圈"都套在我身上。我赶紧冲到镜子前，这一看不要紧，镜子里竟然是一只蚯蚓，我居然变成了一只蚯蚓。

走出家门，这个世界变化可真大啊！所有的东西仿佛一夜之间变大了几百几千几万倍。刚刚下过雨，地上的水还没有干，以前妈妈总不让我蹚水，今天就让我玩个痛快吧！花儿的叶子上一颗颗露珠在上面嬉戏玩耍，好不热闹；鸟儿叽叽喳喳地叫着，仿佛在讨论这次的雨；天上，太阳终于露了面，像往常一样，将光辉洒满大地。我在附近找了一块小泥潭，边听着小鸟唱歌，边在泥潭里打着滚，心里有说不出的幸福。咦？天怎么忽然阴了？我一转身看到一个小女孩走了过来，显然她也发现了我。"啊！蛇，一条小蛇！"说着她一下子跳开去，吓得躲在旁边不敢靠近。"哈哈，竟然被我吓到了，真是个胆小鬼。不过，我才不是蛇呢，是蚯蚓，蚯蚓！"我嚷着，扭扭身子钻进了泥里。

回到新家，我忽然有了个想法，建造一个属于自己的豪华宫殿。说干就干，我左拱拱右拱拱，这使我的宫殿大概成了形，我将中间弄成了一个长方形的客厅，拿来几块泥土，当成沙发，往上一坐，瞬间感觉一切的努力都是值得的。我又在旁边建立了一个圆形卧室，中间空出一张床的位置，再把其他地方挖空，这个简易漂亮的卧室便建成了。下面，我还得把我的房顶弄得结实一些，只有这样才可以避免下一场夏雨来临时把我的房顶冲塌，不然我就很可能成为一条"落汤蚓"。想到这里，我一点儿都不想歇息了，得赶紧建好我的房子。我来来回回把泥土搬来搬去，不知搬了几回，房顶的结实程度几乎和石头差不多了，才停下来。我躺在舒适的床上，心里有说不出的幸福。

不久，真的又下了一场大雨，不过好在我的房子足够坚固也够深，一点都没进水。我出来散步，四处玩耍，见识大千世界，不知不觉来到一块农田里。我钻进白菜根的土壤中，身体不自觉地拱起来，帮助白菜松土，其他庄稼也都叫着喊着让我过去帮它们松土。也许，这就是蚯蚓的职责所在吧。我一边想着，一边和白菜、土豆、萝卜等农作物开心地聊着天，心里有说不出的幸福。

"叮铃铃，叮铃铃"，我被闹钟叫醒，原来这只是一场梦啊！真希望我也能像小蚯蚓一样享受生活的幸福。

习作自评表：

评价项目	自评完成打√
1. 变形的主人公是另一种东西。	
2. 抓住了变形对象的特点进行想象。	
3. 运用想象把变形的经历写得详细（看到、听到、想到等）。	
4. 题目、分段、格式正确。	
5. 标点使用、占格正确。	
6. 书写正确工整、语句通顺。	

（邢台市郭守敬小学　郭慧娟）

第二单元　多彩的活动

一、写作教学亮点

丰富的活动可以使学生的生活绚丽多姿，本单元的习作主题是"多彩的活动"，教师可以引导学生回忆所参加过的形式多样、内容丰富的活动。可以是室内的，也可以是室外的；可以是个传统活动，也可以是个新活动。比如，"祖国在我心中"朗诵会、学校运动会、六一儿童节演出、植树、端午节看赛龙舟、看望孤寡老人……这些校内外活动，我们带领学生参加了很多，如何将这些多彩的活动写出来呢？那么，教师要指导学生写出活动的精彩，可以抓住以下三点来重点指导：

（1）要写清楚活动是怎样开展的，要按一定的顺序来写清楚活动的过程。

（2）写活动过程时，要把印象深刻的部分作为重点来写。活动过程中会经历多个进程，莫非每个进程都要写吗？当然不能每个都写，要选择印象深刻的部分作为重点来写，可以写两个，也可以写三个，但不能面面俱到。

（3）要写活动的场面，既要关注整个场景，也要注意参与活动的人物的表现，写一写他们的神态、动作、语言。但不能每一个人物都介绍，应该注重点面结合写场面的方法，既要关注整个场景，也要注意局部人物的表现。可以对整个人物活动场面进行概括地描写，然后具体描写其中的一两个在活动中的表现。

教师要激发兴趣，让学生主动参与到活动中，获得体验感，这样便能够主动地观察，获得丰富的材料，解决"巧妇难为无米之炊"的问题，同时要能够及时发现学生写活动过程中的问题，然后采取有效的策略进行"点拨"。

二、教材连结

本单元围绕"革命岁月"这个主题编排了《七律·长征》《狼牙山五壮士》《开国大典》《灯光》四篇课文。《七律·长征》生动概述了二万五千里长征时期的艰难历程；《狼牙山五壮士》记叙了抗日战争时期，五名八路军战士保家卫国的壮举；《开国大典》记录了新中国成立庆典的宏大壮阔场面；《灯光》回忆了解放战争时期以郝副营长为代表的战士为革命胜利英勇献身的一段往事。

本单元的语文要素是"了解文章是怎样点面结合写场面的"，旨在体会文章在写场面时，既要注意整体面貌的勾勒，也要注意局部细节的刻画，感受二者是如何有机结合的。课文中这样的例子非常明显，如：教授《开国大典》时，引导学生聚焦阅兵式，体会整个场面的恢宏气势和每个方阵的不同特点，感受点面结合描写的好处；《狼牙山五壮士》中，既有对五壮士群体形象的描写，也有对每个人的细致刻画，课后练习让学生关注这样的写法，并结合课文内容说说这样写的好处；语文园地的"交流平台"引导学生回顾课文中点面结合的写法，具体说明了其作用，并建议学生运用到自己的习作中。

三、作文基本功练习：点面结合

本单元的习作要求是"尝试运用点面结合的写法记一次活动"。在之前的学习中，学生练习过写活动，掌握了把活动过程写清楚的方法，本单元的要求又有所发展，强调要写出印象深刻的重点部分，并且在关注整个场景的同时，也要描写个体的表现。因此，运用点面结合的写法时要注意以下几个方面：

1. 交待清楚场面的背景。

活动场面的背景包括活动场面发生的时间、地点、环境等，交代清楚这些人们才知道场面是在怎样的社会或自然环境中发生的。要在写好总体的基础上写具体。

2. 写场面要有顺序，点面结合。

场面是由人、事、景、物组合起来的综合画面，不可能几笔就同时都写出来。因此，写场面时要安排好先后的顺序。一般来说，场面描写可以按照由面到点来安排顺序。比如，描写庆祝教师节的总体场面，可以先写欢庆活动的总体气氛，即勾勒"面"的情况；然后分别写校长、老师、同学的表现，即聚焦到"点"。这样就能点面结合、条理清楚。

3. 写出气氛。

气氛是人在一定环境中看到的景象或感觉到的一种情绪或感情。无论什么场面，都会有气氛，如庆祝场面有欢乐的气氛，比赛场面有紧张的气氛，送别场面有难舍难分的气氛，等等。场面描写即把活动的场面和情景中的气氛有重点地、具体地进行描写，展示一幕幕精彩的场面，使人有种身临其境的感觉。

四、思路引导

同学们，多彩的活动真是太有趣了！它给我们的童年带来了无限的乐趣，让美好的时光匆匆而逝。你喜欢什么样的活动呢？请回忆生活，说一说你最喜欢的、印象最深刻的活动，并写一写这次活动。

1. 写作第一步：确定写作内容。

同学们，我们的生活多姿多彩，生活中多多少少都有参加过校内外举办的活动，如"祖国在我心中"朗诵会、学校运动会、六一儿童节演出、植树、端午节看赛龙舟、看望孤寡老人……这些校内外活动，你参加过哪些？请搜寻你记忆中印象最深的活动，并确定本次习作你要写的活动吧！

2. 写作第二步：理清写作思路。

亲爱的同学们，确定了要写的活动，参考以下问题，建构你的习作架构，开始我们的开心写作之旅吧！

(1) 要写的活动是什么？

例：童年是令人向往的，是充满诗情画意的。课余时，我们几个小朋友经常做一些有趣的游戏，如打仗、捉迷藏、打篮球……玩得不亦乐乎。看，激动人心的捉迷藏正慢慢地拉开了序幕。

(2) 这项活动的时间在什么时候？参加人员都有谁？

例：那是一个傍晚，铁牛、书呆子和胖子到我家玩捉迷藏。

(3) 写活动的过程要按一定的顺序，整个活动气氛如何呢？

例：首先是胖子捉，我们三人躲。铁牛对我家最熟悉，悄悄地钻进了空米缸中。书呆子小心翼翼地爬上了平台。只剩下我了？我想最危险的地方就是最安全的……整个活动气氛很紧张；少顷，胖子推开门，像过街的老鼠一样东张西望。怎么一点动静也没有呢？于是胖子就坐下来大声地讲笑话。铁牛实在控制不住，便笑出声音来。胖子够狡猾的，循着声音将铁牛从米缸中拖了出来。

（4）写活动的场面时，既要关注整个场景，也要注意参与者的表现，他们的神态、动作、语言是怎样的呢？

例：我乖乖地走了出来。此时胖子头对着天，大声呼唤："书呆子，快出来！我已经看见你了！"书呆子容易相信人，果然从楼上傻乎乎地跑下来。我们都哈哈大笑："书呆子，你真呆。他是吓唬你的！"

（5）你在这次活动中有怎样的体会呢？

例：啊！捉迷藏真是太有趣了，如一幅幅画刻在我们脑海里，永远也忘不掉。

3. 写作第三步：完成写作大纲。

通过上述材料，理清写作思路，依据表 8-3 的提示，拟定写作大纲。

表 8-3

活动内容	
参加人员	
活动过程（点面结合）	运用点面结合的方式，既要关注整个场景，也要注意参与者的神态、动作、语言等。
活动结果	
活动体会	

五、写作大观园——佳作欣赏

捉迷藏

童年是令人向往的，是充满诗情画意的。课余时，我们几个小朋友经常做一些有趣的游戏，例如打仗、捉迷藏、打篮球……玩得不亦乐乎。看，激动人心的捉迷藏正慢慢地拉开了序幕。

那是一个傍晚，铁牛、书呆子和胖子到我家捉迷藏。首先是胖子捉，我们三人躲。铁牛对我家最熟悉，悄悄地钻进了空米缸中。书呆子小心翼翼地爬上了平台。只剩下我了？我想最危险的地方就是最安全的。对，我索性躲到大门的后面。过了一会儿，铁牛在米缸里大喊："躲——好——了！"少顷，胖子推开门，像过街的老鼠一样东张西望。怎么一点动静也没有呢？于是胖子就坐下来大声地讲笑话。铁牛实在控制不住，便笑出声音来。胖子够狡猾的，循着声音将铁牛从米缸中拖了出来。后来他们窃窃私语，好像在嘀咕着什么。这胖子就是坏，假装没有看见我，一步一步地向我靠近。突然，他跑过来挤在门上大声说："快出来，不然休怪我把你压成大烧饼。"

我乖乖地走了出来。此时胖子头对着天，大声呼唤："书呆子，快出来！我已经看见你了！"书呆子容易相信人，果然从楼上傻乎乎地跑下来。我们都哈哈大笑："书呆子，你真呆。他是吓唬你的！"

后来铁牛捉、书呆子捉……每次换人捉都有一个有趣的故事，有时让我们捧腹大笑，有时让我们感到很惊讶……总之，捉迷藏真是快乐无比！

啊！捉迷藏真是太有趣了，如一幅幅画刻在我们脑海里，永远也忘不掉！

习作自评表：

评价项目	自评完成打√
1. 内容是多彩的活动。	
2. 按照活动的顺序写。	
3. 能够抓住重点场面来写。	
4. 突出人物的语言、动作、神态等。	
5. 能表达出活动感受。	
6. 题目、分段、格式正确。	

（邢台市育红小学泉北校区　朱卫娟）

第三单元　　让生活更美好

一、写作教学亮点

本次习作的主题是"_____让生活更美好"，这是一个半命题作文，既有广泛的题材可以选择，又有一定的限制，指导学生审题时注意主题中的"更"具有比较的意味，"更美好"则是要筛选那些使生活发生变化的事物，而且是能够提升生活品质的、使人精神愉悦的事物来写。

那么，究竟可以写什么呢？对于学生来说，他们的生活就像鲁迅先生儿时院子里那一角的天空，有一定的局限性，很容易出现主题中大家所填的词语相同的情况。如果学生选择的都一样，写出来的文章也难免会千篇一律，所以本次习作的亮点就在于教师要拓宽学生的思维，从不同角度启发学生的思路。

1. 从自然风貌考虑。

引导学生从山、水、花、鸟等自然风貌方面去思考，想一想这些如何影响我们的生活，会让人觉得生活更美好。例如填鲜花，生活中有鲜花的装扮，会让我们心情愉快；人与人的相处中，鲜花是爱与祝福的载体，帮助我们表达内心的感受……

2. 从个人情感考虑。

引导学生从微笑、哭泣、亲情、友情、师生情等情感方面去构思。例如选择"微笑让生活更美好"，就要交代清楚微笑在我们的生活中有什么作用。与人相处时，微笑是沟通的桥梁；面对困难时，微笑是走出阴霾的勇气；回看人生时，微笑是记忆深处的闪光点……

3. 从思想品质考虑。

引导学生从宽容、诚信、坚持等高尚品德方面去思考。

4. 从爱好兴趣考虑。

引导学生从种花、运动、集邮、听音乐等兴趣爱好方面去思考。

除了这些具体可感的词语，也可以引导学生选择一些空泛的词语进行创作，例如科技、梦想、创意……当然，不论选择什么，一定要抓住它带来的变化，把让你觉得生活更美好的原因写清楚。

二、教材连结

《竹节人》一文回忆了作者与玩具竹节人的故事，讲述了童年时代大家是如何做竹节人、玩竹节人以及老师没收同学们竹节人却自己偷偷在办公室玩竹节人的情景，既写出了这个简易的儿时玩具给孩子们带来的快乐，又写出了老师童心未泯的一面，拉近了师生心理上的距离。

《宇宙生命之谜》一文是一位同学为了解决"宇宙中，除了地球外，其他星球上是否也有生命存在"这个问题而找到的一篇科普说明文。文章主要介绍了从科学的角度来看生命存在的条件以及科学家对"地球之外的太空中是否有生命的存在"这个问题的研究和探索。

《故宫博物院》则是由四段材料组成的一组非连续性文本，材料一介绍了故宫的历史地位及故宫由南向北的所有建筑，材料二介绍太和门被烧的故事，材料三是一则故宫博物院官方网站的游览须知，材料四是故宫的平面示意图。

本单元的这三篇文章通过不同的方面让我们感受到了生活的变化和美好，而且在材料的组织上也十分用心，通过不同的选材来说明或表现一种事物。我们在进行习作时也常常需要选择合适的材料、事例来帮助观点的表达，同时还要注意抓住事物前后的变化或人物心理前后的不同，把事情写清楚，把之所以受到这个事件影响的原因写具体。

三、作文素养基本功练习：以事件为依托

习作就是"我手写我心"的过程。如何把我们的想法写明白、说清楚，最好的方式就是以具体事例为依托。通过事件我们可以塑造人物形象，还原当时具体场景，还可以表达自己的观点，阐明原因理由。教师在指导写事时，可以从以下几方面入手：

1. 将原因放在故事中。

一件完整的事情通常会包含以下六个方面内容：时间、地点、人物、起因、经过、结果。所以在指导写作时，教师要注意引导学生使用记叙六要素将事件写完整。例如《竹节人》一课中介绍老师没收竹节人一事时，就利用了这种方法：下课时，教室里（地点）摆开场子，吸引了一圈黑脑袋，攒着观战，还跺脚拍手，咋咋呼呼，好不热闹。常要等老师进来，才知道已经上课，便一哄作鸟兽散。上课了（时间），意兴依然不减，手痒痒的，将课本竖在面前当屏风，跟同桌在课桌上又搏将起来（起因），这会儿，嘴里不便咚锵。偏偏后面的同学（人物）不知趣，看得入了迷，伸长脖子，恨不能从我们肩膀上探过来，被那虎视眈眈的老师看出了破绽。老师（人物）大步流星走过来，怒气冲冲伸手一拂，"屏风"颓然倒了，一切秘密暴露无遗。（经过）不消说，费了许多功夫做出来的，建立了赫赫伟绩，鏖战犹酣的两个竹节人被一把抓去。（结果）不难发现，事件写完整了，原因也就说明白了。

2. 将原因分条排列。

写文章时还可以引导学生将原因对照标准一条一条列出来，例如在《宇宙生命之谜》中介绍了天体想要有生命存在至少需要满足合适的温度、必要的水分、适当成分的大气以及足够的光和热这四个条件。接着介绍：水星离太阳最近，向阳时表面温度达到300至400摄氏度，不可能存在生命。金星是一颗高温、缺氧、缺水、有着强烈阳光辐射的行星，也不可能有生命存在。木星、土星、天王星、海王星和冥王星离太阳很远，它们的表面温度，一般都低于零下140摄氏度，因此，也不可能有生命存在。对照标准清楚地说明了这些星球没有生命的原因。

最后对于极有可能存在生命的火星分条列举原因，解释至今未在火星发现生

命的原因，也用分条举例来说明。像这样分条举例说明原因，显得文章很有逻辑性，在学生习作时教师就可以这样指导。

四、思路引导

小朋友们，生活是美好的。在生活中，你有没有想过有什么让你的生活更美好，是听听音乐让心情放松、开心；是种种花草，等待它发芽、长大，收获满满的成就感；还是去旅游看看美景，增长见识？一起来试着结合自己的生活体验，完成今天的半命题作文：_____让生活更美好。

1. 写作第一步：确定主题。

你可以感受表 8-4 中的关键词哪些是能够使生活变美好的，并把自己想到的这类关键词写下来，最后再从中选择一个主题来构思，并把习作的题目填完整。

表 8-4

填入的关键词		
梦想	创意	科技
诚信	微笑	爱心
运动	集邮	种花

2. 写作第二步：取材与构思。

选好主题之后，想一想，哪些事件可以体现主题呢？在不同的事件中，你看到了什么，听到了什么，感觉如何？同学们，可以选择回答下面的问题，完成构思和布局，最后再试着组织成一篇完整的文章。

(1) 什么让生活更美好？

例：微笑。

(2) 它是怎样影响你的生活的？

例：鼓舞人心、消除隔阂。

(3) 你可以通过哪些事来体现这样的影响？

例：事件一：奶奶的一个微笑，让我备受鼓舞，最终取得考试成功；事件二：因为一件手工的损坏，我和同桌闹矛盾时，一个微笑，消除我和同桌的隔阂。

(4) 你觉得为什么它会让生活更美好？

例：微笑具有鼓舞人心的力量，是化解隔阂的良药。

(5) 你的感受或期望怎样？

例：微笑就是这样，毫无疑问是人们内心的表现。心中充满黑暗消极的、负面情绪的人是无法真诚微笑的；反之心中充满阳光的人，他们每天都笑脸相迎，让自己的生活更美好。

3. 写作第三步：完成写作大纲。

回答了上述问题，相信你一定有了文章的概貌了，那么请你按照表8-5的提示拟定写作大纲吧！

表8-5

写作大纲	
开头	明确什么让生活更美好，抛出观点。
中间	它能让生活更美好的原因1： 它能让生活更美好的原因2： 它能让生活更美好的原因3：
结尾	感受

五、写作大观园——佳作欣赏

微笑让生活更美好

邢台市郭守敬小学　王晨曦

微笑像阳光，给大地带来温暖，微笑像雨露，滋润着万物。就是这么平凡的表情，那么渺小却能给予人强大的力量。有时会给沮丧的人以巨大的慰藉；有时会化解一段刻骨铭心的仇恨；有时还可以减少许多误会。谁又能想到，只是那么微微一笑，竟可以让生活更美好。

微笑具有鼓舞人心的力量。还记得有一次，我因考试失误一直闷闷不乐，老师上课讲的内容一句也没听进去，脑子里一直浮现着那些鲜红的大叉。我实在感到疑惑，不明白为什么自己很努力，而且考试也认真做题了，却还是与满分失之交臂。是上天有意刁难我吗？还是……我就这么呆呆地想到了放学。出校门后奶奶见我情绪失落，便询问我原因，我有气无力地回答了一句："考试没考好。"谁知奶奶紧皱的眉头反倒舒展开来，她笑道："我还以为是什么事儿呢。"接着她语重心长地说："一次失误很正常，毕竟人无完人，但不能因为一次没考好影响以后的发挥，这样不值得。你要学会调整自己的情绪，这一次失误了，下次咱们就更认真、更努力地去完成。过去的都是历史，要微笑面对生活，奶奶相信你。"

说完奶奶微笑起来，我也笑了起来。果然，到了期末我手捧鲜红的证书，正是那冬日里的一个微笑给了我安慰和力量。

　　微笑是化解隔阂的良药。那是一节语文课，老师让我们带一件自己喜欢的玩具到学校进行介绍。我的同桌带来了一个乐高拼装的航母，共有三层，每一层都有不同的摆设，精致极了。几乎全班的同学都被这件玩具吸引，纷纷跑来看。"大家只准看不准摸哈。"同桌张嘉恒说着便开始自豪地把最上面一层的海员变换着位置。我们都羡慕极了，也想动一动。快要上课了，张嘉恒要去厕所，请我帮他看管这艘航母。真是天降美差，我高兴极了，用身体护着航母对其他人说："都别乱动，小心弄坏了。"这时不知是谁撞了我一下，我的手一下子按在了航母上，这艘精美的杰作就这样坍塌了一块，这一块不偏不倚又掉到了我的脚边，顿时四分五裂。我一下子慌了，刚给人家看了这么一会就出了这么大的事，这可怎么办啊。我赶紧趴在地上仔细寻找零件，就在这时张嘉恒回来了，一看心爱的航母成了这样，伤心极了："怎么回事？谁干的？""是王晨曦摁坏的，可不关我们的事。"人群里叽叽喳喳起来。我刚要解释，张嘉恒就对我大吼："王晨曦，你赔我航母！""我不是故意的，刚才是有人撞我，才……"我委屈地说。"你知道我拼这个有多难吗？这些零件都没地方配……"只见张嘉恒越来越生气，数落个没完没了。我也生气了，心想本来也不全怪我，不知道是谁撞的我，我好心帮你看，你还这样说我。于是我把零件往桌子上一扔，不再理他。就这样，一上午我们都不再说话，直到第四节美术课，我的同桌没带书，看他发愁的样子，我还是不忍心，然后把美术书放到了中间，面无表情地看了看他。大概他也没想到我会帮他，尴尬地笑了。他这一笑，我也忍不住笑了，就这样我们又和好了。看来这个微笑真是融化坚冰的太阳。

　　微笑就是这样，毫无疑问是人们内心的表现。心中充满黑暗消极的、负面情绪的人是无法真诚微笑的；反之心中充满阳光的人，他们每天都笑脸相迎，让自己的生活更美好。

　　习作自评表：

评价项目	自评完成打√
1. 围绕自己选择的某个词语来写。	
2. 能够写清所选对象是怎么影响自己生活的。	
3. 所举事例能够结合自己的生活体验。	
4. 将让人觉得生活更美好的原因写具体。	

续表

评价项目	自评完成打√
5. 题目、分段、格式正确。	
6. 书写正确工整、语句通顺。	

（邢台市郭守敬小学　郭慧娟）

第四单元　笔尖流出的故事

一、写作教学亮点

本单元习作主题"笔尖流出的故事"要写的是虚构故事，虽是"虚构"却不同于天马行空的童话，也不同于记录生活中真人真事的记叙文。本次的写作文体是小说。

要想写好这篇习作，可以引导学生了解小说这种文体的必需要素，简单来说有：环境、人物、情节。指导学生写出故事的环境，曲折的故事情节以及鲜明的人物形象。

小说的情节要想好看，就要一波三折、冲突不断。有了激动人心的矛盾冲突，小说才能吸引人读下去。例如《哈利·波特》系列作品之所以受欢迎，就在于作家设置了各种困难，以伏地魔为首的黑暗势力和邓布利多为首的正义方的冲突，好朋友之间发生的分歧，哈利·波特自己内心的矛盾纠结等，这些不同层面的冲突造就了这部精彩的小说。

在构思情节时，教师要引导学生进行合理想象，即想象要符合事实逻辑，符合客观规律。例如：《草船借箭》里周瑜故意为难诸葛亮，提出十天内造十万支箭的要求，而诸葛亮三天内成功"借"了十万支箭。诸葛亮不是神仙，无法变出十万支箭，那么，他如何巧解周瑜的难题呢？不是依靠神力助攻，而是凭着丰富的天文知识和心理战术顺利"借"箭。像这样有理有据、合乎逻辑的想象就是合理想象。小说虽是虚构的，但其中容纳了更多的真情事理，是对人性和社会真实的描摹。

小说中的环境描写也很重要，进行环境描写时应注意，环境要与人物、情节相关，环境描写要起到烘托的作用。环境可以与被烘托的人物、情节相一致，例如《穷人》中狂风暴雨的夜晚与桑娜心惊肉跳的心境相一致，故事中的环境描写使整个故事的氛围都紧张起来。同时，环境描写也可以是与被烘托人物相反，例如《桥》这一课中洪水肆虐的汹涌湍急与党支部书记的沉着冷静形成了鲜明的对比。

总之，小说写作绝非易事，需要不断构思和修改。而一篇精彩的小说就如同多次打磨的珍珠那样璀璨夺目、引人遐思。

二、教材连结

本单元主要学习的文体是小说，"读小说，关注情节、环境，感受人物形象"。本单元共有三篇小说，分别是《桥》《穷人》和《在柏林》。表 8-6 从环境、人物、情节以及冲突这四个方面进行分析。

表 8-6

文章	环境	情节	主要人物	冲突
《桥》	山洪暴发	老汉组织村民有序过桥，最后自己和儿子牺牲了。	党支部书记	老汉与村民中的党员 老汉与小伙子 人与大自然
《穷人》	狂风肆虐的夜晚	贫穷的桑娜忐忑不安地收养了邻居家的孤儿。	桑娜	桑娜与自己 人与大自然 桑娜与渔夫
《在柏林》	列车上；战争时期	一位老妇人在列车上不停地数数，引起别人的嘲笑，直到她的老伴，一位将要去战场的老兵说出了原因，全车安静了。	老妇人，老兵	战争与生命 老妇人与女孩

在本单元学习中，重点关注小说的环境，故事情节中的冲突以及鲜明的人物形象，可以通过这样的方式来进行小说的阅读和写作。

三、写作素养基本功练习：情节中的冲突

阅读小说最大的乐趣就是被小说中曲折的情节所吸引，好的小说一定要有精彩的情节，而情节中最吸引人眼球的是冲突。

试想我们走在大街上，什么事情会让你感到好奇，停下来驻足观望呢？如果街上行人各走各的路，什么都没有发生，我们大概不会停下来，只会直奔目的地。但是，如果有两个人在吵架，他们周围一定会有围观的人群，大家会好奇他

们为什么要吵架？他们是怎么吵架的？他们动手了吗？结果如何呢？这就是冲突给人们带来的好奇心。

生活如此，好的故事亦是如此。冲突就像故事的发动机，没有冲突，故事就很难跑得快、跑得远、跑得激动人心。冲突的来源可以分为以下四种：

1. 人与人的冲突。

人与人的冲突是指一个人与另一个人，或是一个人与另一群人之间发生的冲突。例如：《桥》这一课中，党支部书记和其他党员之间的冲突是谁先过桥的问题，党支部书记认为应该让群众优先过桥，而其他党员则认为党员也是人，应该和群众一样优先过桥。这就是一个人与一群人之间发生的冲突。

2. 人与自然的冲突。

人与自然的冲突主要指恶劣天气以及自然灾害对人产生的影响。例如：《穷人》中渔夫在狂风暴雨的夜里打鱼回家，他对自己的妻子桑娜说："糟糕，真糟糕！什么也没有打到，还把网给撕破了。倒霉，倒霉！天气可真厉害，我简直记不起，几时有过这样的夜晚，还谈得上什么打鱼，还好，总算活着回来了啦。"与自然相比，人类是渺小的，大自然的地动山摇、狂风海啸都可能随时威胁到人的生存。

《少年派的奇幻漂流》讲述了少年派搭上一艘船，准备全家移民，不幸遭遇海难，家人丧生，唯有他与一只孟加拉虎在救生小船上漂流了200多天。这个故事中的少年派面对的不仅有无边无际的大海，还有孟加拉虎这只庞然大物对其生命的威胁。少年派会不会被突发的海浪卷走？孟加拉虎会不会吃掉越发瘦弱的少年派？缺少食物和淡水，他会被饿死吗？这样的担忧吸引着读者的思考和阅读，同时，人与自然能否和谐共处更能引人深思。

3. 人与社会的冲突。

人与社会的冲突通常是指个人或团体与整个社会大环境之间发生的冲突，这样的冲突有时很隐蔽，大多是故事的时代背景。

课文《在柏林》这部微小说，讲的是一位老人和他神志不清的老伴儿在列车上，老伴儿一直在数着1，2，3……这一奇怪的举动遭到了周围人的嘲笑。老人最后说出了原委，原来他们的三个儿子都已战死，现在轮到老人自己去上前线了……这个故事虽然没有正面描写战场上的残酷场面，却让我们感受到战争给人们带来的巨大不幸与创伤，人与社会大环境之间的冲突在文中表露无遗。

4. 人与自己内心的冲突。

苏格拉底曾说："人生最大的智慧，就是认识你自己。"《老子》中也有"知人者智，自知者明"的话。可见，认识自己是多么重要啊！每个人都会通过心灵的挣扎深化对自己的认识，这就是成长。

人与自己内心的冲突最容易通过心理描写展现出来。例如：《穷人》中，家境清贫的桑娜本就有五个孩子，当看到邻居家的两个孤儿无人照看后，她把他们抱回了家，从这一刻起，她无时无刻不在心灵的煎熬中度过。她忐忑不安地想："他会说什么呢？这是闹着玩的吗？自己的五个孩子已经够他受的了……是他来啦？……不，还没来！……为什么把他们抱过来啊？他会揍我的，那也活该，我自作自受……嗯，揍我一顿也好！"她想到自己的丈夫不同意她的这个做法怎么办？家里已经很穷了，孩子又多，今后怎么生活？挣扎过后，桑娜的善良战胜了内心的恐惧。因此，人物因为有了内心的冲突而变得丰满，情节因为有了人物的内心冲突而变得真实可信。

以上四种冲突可以混合出现在一篇小说中，很多精彩的小说中的冲突是复杂多变的。人物因为有了冲突而突显出性格的立体丰满，情节因为有了冲突而变得真实可信。教师在本单元习作的教学中，应引导学生把以上四种冲突合理运用于自己的习作中。

四、思路引导

同学们，我们已经学完了本单元关于"小说人物形象"专题的课文，回顾本单元内容，想一想：写好生活中的人物可以从哪些内容思考，要注意些什么呢？写好人物要注意以下事项：（1）故事要围绕主要人物展开；（2）有完整的故事情节，并能吸引读者；（3）注意环境描写；（4）抓住人物心理活动、动作语言，体现人物形象。

读过这么多的小说，你想不想动手写一篇呢？那么，让我们一起探讨一下小说的写作步骤。

1. 写作第一步：人物、环境——选一选。

表 8-7 是"习作训练"中提供的三个故事的条件，选择一组你最喜欢的环境和人物进行构思，锁定环境时可以把环境的特点想清楚，选择人物时要思考人物的性格特征。

表 8-7

故事	时间、地点、特点	环境	人物性格
故事一	春天、校园、开满丁香花	开满丁香花的校园	张明——淘气 班长——雷厉风行 班主任——充满活力
故事二	冬日黄昏、街头、车来人往	冬日黄昏时车来人往的街头	陆天——充满爱心 徐明——志愿者
故事三	夜晚、村庄、月光下	月光下的村庄	铁蛋 远道而来的表哥

人物、环境（选一选）

2. 写作第二步：故事思路——理一理。

图 8-3 是以"习作训练"中的第三个场景为例画出的习作结构导引图。请你试着用图 8-4 的结构图中的提示整理自己的写作思路，画出你所选的故事的结构图吧！

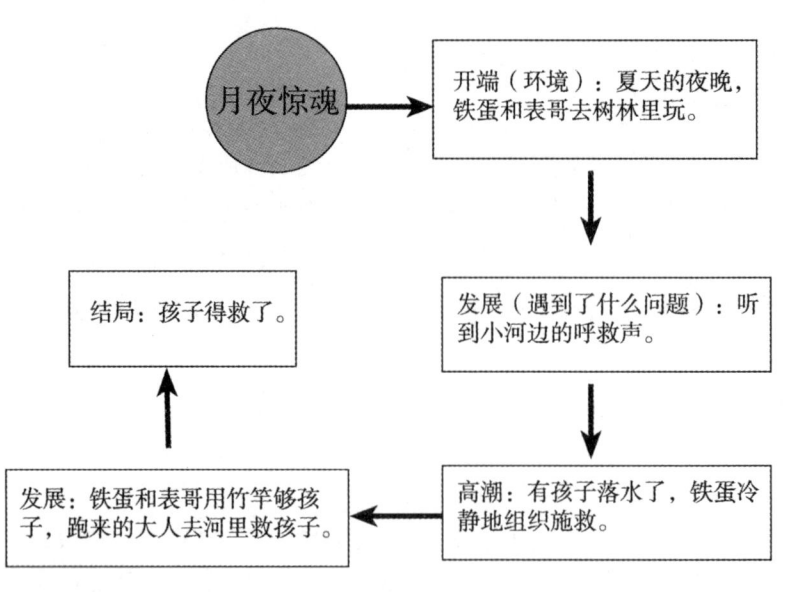

月夜惊魂 → 开端（环境）：夏天的夜晚，铁蛋和表哥去树林里玩。

发展（遇到了什么问题）：听到小河边的呼救声。

高潮：有孩子落水了，铁蛋冷静地组织施救。

发展：铁蛋和表哥用竹竿够孩子，跑来的大人去河里救孩子。

结局：孩子得救了。

图 8-3

3. 写作第三步：情节冲突——写一写。

你知道吗，故事中有冲突才有跌宕起伏，才能吸引读者，在你所选的故事素材的基础上想一想，这个故事中存在着怎样的冲突呢？是人与人之间的冲突，人与动物之间的冲突，还是人与自己内心的冲突呢？

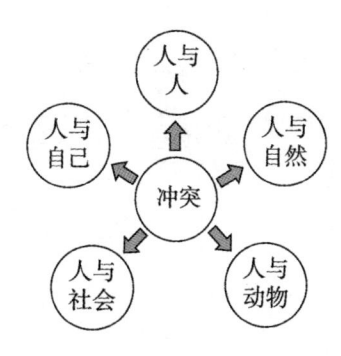

图 8-4

故事中的常见冲突见图 8-4，选择一至两种或多种冲突，你就可以把冲突具体地融入到故事的情节中。一个情节中可以有多个冲突，合理的冲突才会让人觉得这个故事可信并且有趣。以"习作训练"中的场景三为例，把各种冲突用表 8-8 的形式进行归纳，同学们可以借鉴。

表 8-8

人物描写方法	冲突			
	人与人	人与社会	人与自然	人与自己
动作	表哥向铁蛋炫耀他漂亮的乐高积木，铁蛋想玩，表哥一把夺了过来。		一个小孩落水了。铁蛋把竹竿伸到河里。	铁蛋蹑手蹑脚地走到表哥屋里，轻轻拿起表哥的乐高积木爱抚着。
语言	表哥说："你又没玩过，别碰坏了我的新乐高。"			
神态	表哥的眼睛向上一翻，露出鄙夷的神情，像一只开屏的孔雀高傲地看着一只癞蛤蟆。			

续表

人物描写方法	冲突			
	人与人	人与社会	人与自然	人与自己
心理	铁蛋的手呆呆地落在半空中,他张开嘴巴,想说点什么,却什么也没说出口。他低下头想:表哥在城里真幸福,有这么多有意思的玩具,而我,什么都没有。一想到这里,他就不禁掉下了眼泪。		表哥心里想:"这水流得这么急,天这么黑,孩子能被救上岸吗?"	趁着表哥不注意拿来看看?这不合适吧,这不是小偷吗?可是,我又不要,我只是看看再偷偷放回去不就行了?应该不会有人看见。

4. 写作第四步:完成写作大纲。

参考上方的材料,按照图 8-5 的结构提示,拟定写作大纲,并依照大纲完成整篇习作。

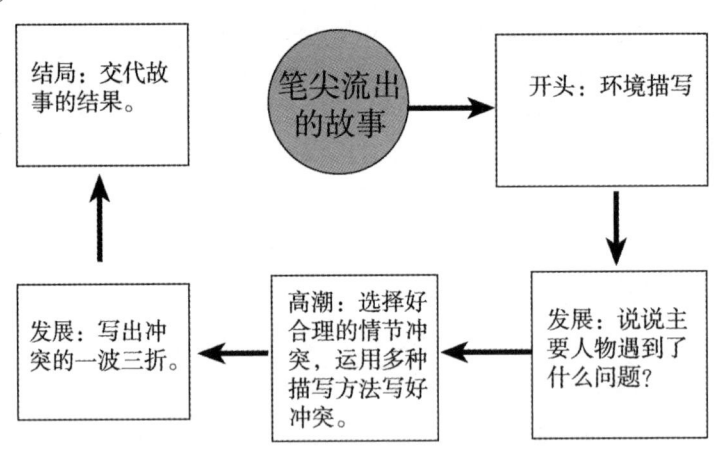

图 8-5

五、写作大观园——佳作欣赏

悔

邢台市新兴路小学　李同轩

坐在公交车上，我看着车窗外的天气。此时正下着小雨，刮着大风。幸亏我上车早，否则此时一定成了落汤鸡，我在心里暗自庆幸。

车驶进了车站。上来一个老太太，她满身泥泞，像是刚从附近的村子里狂奔过来的。此时，车上已经没有了空座位。她颤颤巍巍地走到车厢的末尾，一只手扶着栏杆，另一只手擦着脸上的雨水，不一会又用力地捶她酸痛的腰。她看起来非常需要一个座位，可我好不容易得来的座位难道就这样拱手让人吗？我内心越来越纠结。车外的风吼得厉害，雨下得更紧了。时间一分一秒地过去了，她还站在车厢的末尾，她似乎已经接受了没有座位的事实，她为什么不用眼神或表情告诉周围人她需要一个座位呢？为什么还是没有人站起来让座呢？我坐在凳子上，感觉凳子好像会咬人的大狼狗。好不容易挨到了下车，我走下了公交车，发现她也跟着我走了出来，我羞愧难当，立马一溜烟似的跑了。

逃离了老太太的视线，我自言自语道："下次再坐公交车时把座位让给她好了。"一连几天，我都带着这个伟大的计划走上公交车。可是，我四处寻觅的老太太一直都没出现。渐渐地，我几乎已经淡忘了当初的雄心壮志。

一天下课后，我狂奔着追上 24 路公交车，气喘吁吁地挤了上去。正值放学、下班的时间，车厢里早已人满为患，能有个落脚的地方就很不错了。我擦着一脑门的汗，幸亏我跑得快，看来田径队的训练没白费，要是再晚一点我晚上的辅导班恐怕就要迟到了。我长舒了一口气，眼睛瞟着车上的乘客，突然发现了一个相当熟悉的面孔——那个老太太，我的脸唰的一下变得青绿。看到她，我不禁又想起前几天和她的偶遇……"刺啦——""哎哟！"随着公交车紧急刹车，我猛烈地摇晃着，差点就要摔个狗啃泥，这时，一只手抓过我的胳膊，把我摁在了椅子上，说："孩子当心点儿。"我回过神一看，居然是她。那个老奶奶，她竟然把座位让给了我。她就站在我身旁，行车过程中，我多次想把座位还给她，却都被她干枯的手挡住了。终于到站了，我第一个冲下了车，她在后面慢吞吞地跟着。只听"刺啦——"一道刺耳的刹车声响起。我回头一看，是老奶奶。她肯定是在车上站累了，一不小心被电动车撞上了。还好司机的技术高超，没有撞倒她，我赶忙跑过去把她扶到公交站旁的凳子上。她摸着我的头说："真好，你跟我孙子一般大。"

休息了几分钟，老奶奶站起来走了，她在我的视线里渐行渐远，最后消失在了我的视野里。

习作自评表：

评价项目	自评完成打√
1. 有完整的情节。	
2. 想象合理。	
3. 人物形象鲜明具体。	
4. 有环境描写。	
5. 故事中有冲突。	
6. 书写正确工整、语句通顺。	

（邢台市新兴路小学　张琼）

第五单元　围绕中心意思写

一、写作教学亮点

人生所经历的事情有很多，就像夏夜天空中的繁星，就像退潮后海滩上的贝壳，数不胜数。如此丰富的生活，如何展现给读者，并让读者有所共鸣，且内心有所触动呢？这就需要我们用心掂酌和选择，既不能事无巨细，统统道来，像流水账；也不能只寥寥数语，让人感觉到你文章的单薄。围绕一个点，深入下去，读者就会被深深震撼。这个"点"就是文章的中心意思。就好像射箭有靶子、登山有目标、夜船有航灯一样，中心意思是一篇文章的"灵魂"，对一篇文章的成功与失败起着决定性的作用。因此，在指导学生动笔之前，必须要先确立文章的中心意思。这样，文章中材料的取舍、结构的安排、表达方式的运用才能有个依据。

指导学生确立文章的中心，应当把握好以下几个原则：（1）正确，即中心意思要积极向上。（2）新颖，即不落俗套，不老调重弹，能给读者耳目一新的感觉。（3）集中，即中心始终如一。若有多个中心，文章就会杂乱无章，读者就会摸不着头脑，不知道作者到底要说什么。

六年级的学生，能轻松做到围绕一个意思写一段话，并不能保证也可以围绕一个中心意思写一篇文章。后者对思维的连贯性、逻辑性、层次性等要求更高。这篇文章要写得出色、有亮点，需要把握所有事例都是围绕着同一个中心意思来写，既做到聚焦，又做到具体。在围绕中心意思写作时，可指导学生从不同的方面选取不同的事例来写。对能突出中心意思、与所表达的中心关联最密切的事件或环节，进行具体的描写和叙述（即详写）。与中心有关，但联系不是特别紧密的内容，进行概括式的描述（即略写）。一篇文章中，事例详略得当才能更好地表达中心意思。

二、教材连结

这个单元是习作单元，有两篇精讲课文。其中，《夏天里的成长》是一篇说理性小散文，作者用简洁朴素、清新优美的语言描绘在夏天里万物都在生长的自然现象。开篇以"夏天是万物迅速生长的季节"这一中心句引领全文。文章围绕中心句，从生物、山河大地、人三个方面来写，每个方面又选取了最具有代表性的事例来具体地写，使中心意思表达得更加全面、充分，并启迪我们："人要把握时机，尽量地用力地长。"《盼》这篇课文围绕"盼"具体写了小姑娘蕾蕾得到妈妈的新雨衣以后，在屋里穿雨衣，在晴天里盼望雨天，在雨天里又盼望雨停，最后在已经不抱任何希望的时候终于穿上了雨衣。这些"盼望"，让我们对蕾蕾"盼"的心情感同身受。

这两篇课文，一篇是围绕中心意思选取了不同的方面，一篇是围绕中心意思选取了不同的事例，为学生习作做了很好的示范。

三、写作素养基本功练习：从不同方面、不同事例表达中心意思

一篇文章的中心意思确立之后，怎样才能把这个意思表达得更加全面、充分呢？可以从不同的方面或者选取不同事例来写。

从不同的方面来表达一个中心意思时，要想得全面、正确。这不仅需要丰富的知识，还需要思维清晰、富有逻辑。《夏天里的成长》为了表现夏天是万物生长的季节，并没有罗列一万种事物，而是从生物、山河大地、人三个方面来写的，写全这三个方面，就能够将"万物"表达全面。

在这篇文章中，每一个方面，又选取了典型的例子来具体地写。比如写生物在夏天飞快地长，文章写了植物（如瓜藤、竹子林、高粱地、苞蕾、鲜花、果实、苔藓、草坪、菜畦等），还写了动物（如小猫、小狗、小鸡、小鸭等）。植

物、动物这两个方面就能代表生物。

选取不同的事例，应选取具有代表性的例子，重要部分运用细节描写将事情写详细、写具体，才能给读者留下深刻的印象。如课文《盼》，紧扣"盼"字，具体写了"我"放学路上的环境、心理、动作、语言，通过这些细节的描写，让我们对"盼"的心情感同身受。

四、思路引导

整个小学阶段，我们学习了很多汉字，每个汉字都有丰富的文化内涵。本次习作，围绕一个印象最为深刻的字，完成一篇文章。

1. 写作第一步：联系生活，确定中心。

南朝梁代文学家萧统的《文选序》有云："老庄之作，管孟之流，盖以立意为宗，不以能文为本。"意思是写文章应以确立意旨为宗旨，而不以擅长文采为根本。明末清初文学家、戏剧家李渔在《闲情偶寄》中说："古人作文一篇，定有一篇之主脑。"这些话都告诉我们：写文章要围绕中心意思来选择和组织材料，把写作意图表达清楚。请你选择一个感受最为深刻的汉字，想清楚自己要表达的中心意思。可从图 8-6 中提供的字中去选，也可以自己找一个有代表性的字。

> 酸 甜 苦 辣 咸 杂 乱 累
> 悲 泪 悔 恨 盼 望 迷 妙
> 趣 乐 寻 让……

图 8-6

例：我选择的汉字是：甜。理由是：生活中经常会有开心的事情发生，想起来心里感觉甜甜的。

2. 写作第二步：选择材料，列出提纲。

（1）指导选材。

如果说中心意思是文章的灵魂，材料便是文章的血肉。那么材料从哪里来呢？从生活中寻找：同学们要学会做个生活的有心人，给文章选材可以是在日常生活中、校园里亲身经历的事情，可以是亲眼所见、亲耳所闻的事情，还可以是想象中的事情。从阅读中挖掘：同学们不仅要做个生活的有心人，还要做个阅读的有心人，可以从历史事件、文学名著、报纸杂志中选材。

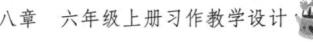

(2) 选材有详略。

所有与你的习作有关的材料都要细致地写出来吗？请你阅读教材中的习作例文《爸爸的计划》，想一想作者是怎么写这个爱订计划的爸爸的？该文的事例罗列见表 8-9 所示。

表 8-9

详略	事例	备注
略写	妈妈有学习电子技术的计划。	罗列
	外婆有学习烹饪的计划。	
	我有作息、复习功课的计划。	
	爸爸有读书计划、读报计划、家务计划……	
详写	家务计划	
	暑期计划	

从表 8-8 可见，与表达的中心关联最密切的事件或环节，进行具体的描写和叙述，即详写；与中心有关，但联系不是特别紧密的内容，进行概括式的描述，即略写。

(3) 列出提纲。

围绕你想表达的中心意思，你想到了哪些画面？哪些事例？以中心"甜"为例，表 8-10 中列出详写与略写的事例。你可以自己定个中心，按表 8-10 的方式，写作之前可以先列个提纲，把它们按详略事例分条记录下来。

表 8-10

详略	事例
详写	老师的表扬是甜的。
	同学的关心是甜的。
略写	为父母分担一点儿小事儿。
	为社会奉献爱心。

3. 写作第三步：详写事例，注重细节。

(1) 学习运用列数字的方法表现事物特征。

详写的事例，我们要注重细节描写，才能更好地突出中心意思。请你阅读教材中的习作例文《小站》，想想小站的"小"可以从哪些语句中看出来？

例：就在这转瞬间，你也许看到一间红瓦灰墙的小屋，月台上几根漆成淡蓝色的木栅栏，或者还有三五个人影。

月台上，有两三个挑着箩筐的农民，正准备上车去进城。几步之外，站上的两位工作人员正在商量着什么。

这节片段通过"一间""几根""三五个""两三个""几步之外""两位"等数字可以看出来小站的"小"。

(2) 学习通过动作、心理、语言等细节描写，塑造人物形象。

我们还可以通过细节描写来塑造人物特点，表达人物情感。请你阅读下面三个句子，想想作者在塑造人物形象的时候，侧重于哪些方面的细节描写？

[例1] 我一边想，一边在屋里走来走去，戴上雨帽，又抖抖袖子，把雨衣弄得窸窸窣窣响。——铁凝《盼》

该句通过细致的动作描写，刻画出"我"对雨衣的喜爱。

[例2] 可是有一次，因为风向急转，火苗直向他扑去。弟弟吓得提溜着裤子就跑回了家，一边跑一边喊："不得了啦，差点上演了一场火烧赤壁！"我一开始没听懂，等明白过来，便笑得直不起腰。——郭学萍《我弟弟》

本段通过弟弟的语言，表现弟弟的可爱。

[例3] 每天放学路上我都在想：太阳把天烤得这样干，还能长云彩吗？为什么我一有了雨衣，天气预报就总是"晴"呢？——铁凝《盼》

本句通过心理刻画，细致入微地表现出我对穿上新雨衣的渴望。

以上三个例子显示，在描写人物的时候，运用语言、心理、动作等细节描写，会让人物形象更加生动，使文章的中心意思表达得更加充分。

(3) 从提纲中选择一个事例，试一试运用细节描写的方法把它写具体，分享给同学们听一听。

例：老师的表扬是甜的。上个星期五的语文课上，语文老师一走进教室就笑着说："有个好消息要告诉你们，咱们班有同学写的文章在报纸上发表啦！"随着一阵"哇"的声音，教室里炸开了锅，这可是一件大事啊，能在报纸上发表文章那一定很厉害！"恭喜李晓同学，文章写得很好，老师为你感到很开心，大家也要多向李晓同学学习。"听到老师的表扬，我的心一下子跳得很快，我的文章居然发表了，望着老师和蔼的笑脸，我的心里甜丝丝的。

4. 写作第四步：根据提示，完成习作。

根据上述材料，按照图 8-7 的提示，拟定习作大纲，并写出完整的习作。

| 描述内心最深刻的那种感受，写个吸引读者的开头吧！ | ⇨ | 围绕题目，你打算从哪些方面，列举哪些事例来说？细致的人物动作、心理、语言描写是写具体的法宝！ | ⇨ | 在文章的结尾加上适当议论抒情的句子，画龙点睛，升华主题。 |

图 8-7

五、写作大观园——佳作欣赏

暖

河北省邢台市第二十四中学　宋岱瑶

暖，是什么意思？字典中给出的答案是：暖和；使变温暖。字的意思不仅书本可以给出解释，生活还可以给出答案。

受伤时，同学递过来的一个创可贴；生病时，妈妈细心的呵护；遇到失败时，朋友鼓励的话语……这些点滴让我们感觉到温暖。但是，最让我难以忘怀，每每想起就觉得有一股暖流淌在内心的是一件发生在几年前的事情。

那是一个冬天，一场大雪将城市装扮得异常美丽。午后，我趴在温暖的窗前欣赏窗外的雪景。突然，一个身着橙色荧光服的老奶奶引起我的注意：只见她低着头、弯着腰，动作缓慢地、艰难地铲着厚厚的积雪。一丝对老奶奶的怜悯，促使我跑下楼去。我走近她，看见她用通红的，长满冻疮的手握着一把铁铲，一铲一铲地清理着地面上的雪。也许是天冷的原因，她的手不停地打颤，每铲一次雪，都很吃力。我忍不住问她："老奶奶，您怎么一个人在这里铲雪呀？"老奶奶说，这是她的工作，把雪铲干净，就不会有人滑倒了。

听了老奶奶的话，我很感动，跑回家把这件事告诉了姥姥。姥姥说："我们应该去和这位奶奶一起铲雪。"我点点头，姥姥让姥爷找出了一把铁铲，而我接了三大杯子水，还拿了一个耳罩和一件外套。下楼后，我们找到这位奶奶。我跑过去，给奶奶披上拿下来的衣服，戴上了耳罩。奶奶很惊讶，转过头，诧异地看着我："啊！谢谢！"奶奶苍老的脸上爬满了皱纹，脸蛋更是冻得通红。

姥姥拿着铁铲说："老大姐，我们来帮您！"老奶奶似乎有些耳背，发出了苍老的声音："啊？"我拿起铁铲指了指雪地，喊道："奶奶，我们来帮您啊！"奶奶听到后说："那怎么行啊！"我说："没事的，奶奶，您休息会儿，喝点儿热水。"说着，我把手中的水递给了奶奶。奶奶似乎不愿意这样，一个劲地朝我摆着那通红的手。我并没有理会，拿着铁铲，跟着姥姥一起干活。

路过的人，有人给我们竖起大拇指，也有人加入到我们的队伍中一起铲雪。

人越来越多。在这零下十几度的室外，我不但感觉不到一丝寒冷，还有一股暖流涌上心头。不一会儿，雪就清理干净了，大家的脸上都洋溢着幸福的笑容。这时，虽然我的手脚都是冰凉的，但我的心里暖暖的。

也就是那一次，让我明白了"暖"的意思：得到关爱，是一种暖；付出关爱，也是一种暖。

习作自评表：

评价项目	自评完成打√
1. 文章有一个明确的中心意思。	
2. 能够围绕中心意思从不同的方面选择合适的事例来写。	
3. 选择的材料有详有略，详略得当。	
4. 详写的事例能够运用细节描写。	
5. 小声朗读习作，认真检查文中是否有错字、错词和不通顺的语句，并运用修改符号修改。	

（邢台市金华实验小学　南晓丽）

第六单元　学写倡议书

一、写作教学亮点

倡议书是应用性文体，需要和学生的生活进行连结，让学生学习从生活中发现问题。通过学写倡议书，学生可以针对生活现象，恰当地表达自己的观点，倡导相关负责人解决问题或参与行动。学习撰写倡议书，可以让学生尝试思考解决问题的方法，让语文学习更好地运用于生活。

那么，要怎样写好倡议书呢？写好倡议书有以下几项要诀：

（1）与生活结合：从生活中发现问题，思考解决问题的方法，并付诸行动。

（2）标题要鲜明：将倡议的标题用精简的语言表达清楚。

（3）正文要清楚：倡议书的正文包含倡议发起的原因，向谁提出什么想法，如何解决问题，最后号召大家参与行动，所以观点与想法要清楚。

（4）分点说明白：针对问题能分点提出解决问题的方法，表达对主要观点的支持，主次之间环环相扣。

（5）宣传语总结：最后以宣传语总结观点，打动人心。

总之，以标题吸引人，提出你的想法，分点提出方法或具体建议，擅用宣传语做总结，最后加上署名及日期，就可以完成一篇完整的倡议书。

学习写倡议书，让语文与生活结合，在生活中实践语文应用的能力，让生活可以更美好。

二、教材连结

本单元三篇文章都与保护环境有关。《只有一个地球》先从宇航员遥想地球的美丽景象引入，接着从"地球渺小不再长大""资源有限不可再生""若遭破坏无法移居"三个方面加以论述，以我们要精心保护地球，以及保护地球的生态平衡为主旨。课文《青山不老》让学生了解人与自然是互相依存的，体会文中的老人为了保护自然、改造自然，奋斗一生，默默守护的精神境界。课文《三黑和土地》描述三黑全身投入翻地播种的过程，代表农民们得到土地后满满的幸福感，表现出农民对土地的热爱和对未来美好生活的向往。

通过阅读三篇文章，进一步深化学生对于"只有一个地球"的认识，激起学生爱护地球的情感，增强"保护地球生态环境"的责任意识。因此，本单元习作的主题是写一篇倡议书，教师可以通过教导学生写倡议书，引导学生从生活中发现问题，通过搜集资料了解问题，提出自己的主要观点与问题的解决方法，最后设计宣传语劝说他人。让孩子将倡议书发布在合适的地方，让大家都能看见，并响应倡议书中的内容进而解决生活中的问题，培养学生灵活与独创的思维表达能力。

三、写作素养基本功练习：倡议书的组成

倡议书重要的是提出想法，是一种应用性文章，包含标题、称呼、正文、署名和日期五个部分组成。

1. 标题。

标题要鲜明，标题要左右居中，让人一看就知道倡议的主题。

2. 称呼。

这篇倡议书是向谁发出的，倡议的对象是谁？希望得到谁的响应，称呼就写那些人。例如：亲爱的同学、各位好邻居。写称呼时要写在题目的下一行，格式要顶格，称呼后面加上冒号。

3. 正文。

（1）写明倡议发起的原因，发现了什么问题。

(2) 这篇倡议书是向谁发出什么倡议，即倡议的具体内容。

(3) 提出解决问题的方法，可以分点说明，这样不仅能使内容更清楚，而且有打动人的效果。

(4) 运用宣传语以及口号进行呼吁，通过激励人心的语言，表达倡议者的决心和希望，鼓励大家共同参与。

4．署名和日期。

在倡议书的右下方写清楚倡议者的姓名，并在姓名的下面写上日期。

倡议书面对的是群体，主要能起到鼓励或宣传的作用。其中，语言要委婉，避免使用太生硬的语言，例如：必须、一定、命令等。可以使用反问、感叹、设问、排比等句式加强感受，表达自己的观点。最重要的是提出你的想法后，能获得大家支持，能让大家一起付诸行动与实践。

四、思路引导

亲爱的同学们，在生活中你有没有关心什么问题，例如：交通拥堵难行、运动场所不够、公布考试名次打击自信、环境问题等。你可以写一份倡议书，例如：号召大家搭乘公共交通工具、兴建公园空地、学校考试不可公布名次、节约用水、不使用一次性用品等。现在思考一下，从生活中就你关心的问题写一份倡议书吧！

1．写作第一步：确认标题与对象。

以生活中常见问题为例，画一幅思维导图，见图8-8，你也可以按该图的方式，把你关心的一些问题画出来。

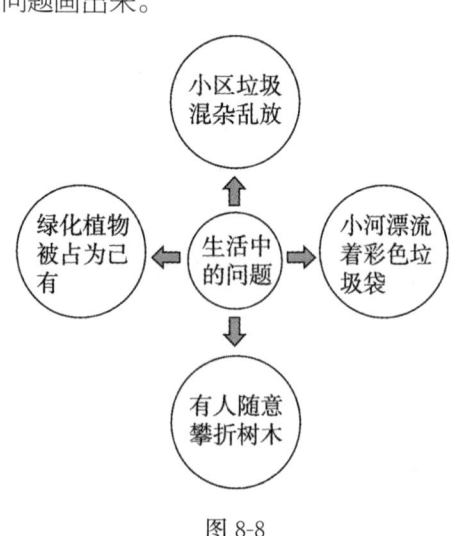

图 8-8

(1) 从生活中发现问题：在生活中你看到或发现哪些现象，为这个问题拟定一个鲜明的标题。

例："少一片垃圾，多一片海蓝"倡议书。

(2) 倡议书的对象：这份倡议书你要写给谁？依据倡议书的对象写称呼。

例：顺安小学全体师生。

2. 写作第二步：确认观点。

(1) 从生活中举出现况事实：在生活中你看到、发现哪些现象和这个主题有关？

例：海边有许多垃圾、鲸鱼的数量越来越少。

(2) 提出你的观点主张：从事实提出你的主张和看法。你发现了什么？你的理由是什么？

例：塑料用品虽然方便好用，带给人们方便的生活，却早已成为地球环境的恶梦。塑料制品发明以来，只有9％被回收，近六成不是被丢弃、掩埋，就是四散在自然环境中。据估计，每年最多有一千两百七十万吨的塑料垃圾流入海中，超过七百种海洋生物受到海洋中的塑料污染的影响。

3. 写作第三步：取材与构思。

倡议书须注意正文的结构，根据具体问题和内容提出主张。所以，你必须根据生活中发现的事实或例子来支持自己的看法和观点。你可以按顺序思考完成以下几个问题，完成倡议书的组织架构。

(1) 你的想法是什么？提出观点，分条罗列你的主要想法。

例：为减少海洋废弃物的方法：避免使用一次性物品，减少购买瓶装水的次数，做好PET宝特瓶、铝罐、手摇PP杯及干电池的回收等。

(2) 提出具体的解决方法，你可以分点说明，例如，用"第一……，第二……，第三……"这种分点说明的方式。

例：第一，以使用重复使用的器物为原则，避免使用一次性物品。第二，一般商店可以参加"奉茶"计划，方便大家找水喝，减少大家购买瓶装水的次数。第三，制造自助资源回收机，可回收PET宝特瓶、铝罐、手摇PP杯及干电池，并可在指定商店抵用消费，便于大家做好环保工作之余，还可享有购物优惠。第四，全面公布塑料足迹，包括塑料包装和塑料制品的重量、数量以及种类，并公开减塑成果，让大家都了解。

(3) 最后用宣传语再次呼吁，综合说明你的想法，表达见解。倡议书最后要能宣传和鼓励受众，可使用反问、感叹、设问、排比的句式增强感受与感染力。

试着用"总而言之""总之",来总结表达你的想法,也可以用呼告示的方式,例如:"朋友们,让我们一起来……"

例:海洋是许多海洋生物赖以生活的家园,让我们一起好好珍惜爱护我们的海洋吧!

(4)署名和日期。

最后让人知道这份倡议书是谁的想法,想要获得大家支持,记得写上自己的名字或团队的名字,并写上日期。

4. 写作第四步:拟定写作大纲。

依据上述的材料,按照表 8-11 中提示的顺序拟定写作大纲,并依照写作大纲来完成整份倡议书。

表 8-11

标题	
称呼	换行顶格写称呼(即你所要倡议的对象),写清楚是向谁发出倡议。
正文	第一段提出观点	阐明发出倡议的原因,提出发现的事实,来表达自己的想法。写出从哪些事实的发现与问题的发生,让你想进行倡议,采取行动。
	第二段 第三段 第四段	解决方法	提出具体做法与解决方法,用分点罗列的方式表达。提出的解决方法要清楚明白、具体可行,语言文字要委婉恰当。
	第五段总结呼吁	总结以上说法,并呼吁大家,用号召性的语言表达出倡议人的倡议与期望。
署名、日期	在右下方写下倡议者的姓名并署上日期。

完成倡议书后,你可以根据倡议的对象,将你的倡议书发布在合适的地方,如:校园的公告栏、小区的布告栏、网络论坛等,让更多人注意到你所提的问题,理解你的想法,一起以行动改善问题,甚至解决问题。

五、写作大观园——佳作欣赏

少一片垃圾,多一片海蓝

邱小雯

顺安小学全体师生:

你知道海边到底有多少垃圾?为什么鲸鱼的数量越来越少了?你知道吗,塑料虽然方便好用，带给人们方便的生活，却早已成为地球的恶梦。自塑料制品发明以来，只有9%被回收，近六成不是被丢弃、掩埋，就是四散在自然环境中。据估计，每年最多有一千两百七十万吨的塑料垃圾流入海中，超过七百种海洋生物受到塑料制品污染的影响，有将近15%的濒危海洋动物，它们有的误食海洋废弃物，有的遭海洋废弃物缠绕。海洋废弃物已经成为仅次于气候变迁的全球危机，各国领导人都开始高度重视减塑问题。

如何减少海洋中的塑料废弃物，在此，我提出以下建议：

第一，以使用可循环的器物为原则，避免使用一次性物品。

第二，一般商店可以参加"奉茶"计划，可以方便大家找水喝，减少大家购买瓶装水的次数。

第三，制造自助资源回收机，可回收PET宝特瓶、铝罐、手摇PP杯及干电池，并可在指定商家抵用消费，便于大家做环保工作之余，还可享有购物优惠。

第四，全面公布塑料足迹，包括塑料包装和塑料制品的重量、数量以及种类，并公开减塑成果，让大家都了解。

在生活中，这些事情只要两三秒就可以解决与完成。朋友们，海洋是许多海洋生物赖以生活的家园，让我们一起以行动代替口号，共同努力行动起来，减少使用塑料制品，让海洋垃圾能够减少，并让海洋恢复原本的样貌。我们一起好好珍惜爱护我们的海洋吧！

习作自评表：

评价项目	自评完成打√
1. 有鲜明的标题。	
2. 格式正确：根据倡议的对象，写清称呼、正文、署名和日期。	
3. 能分条罗列2~3个观点，并提出自己的建议。	
4. 在文末以呼告唤起大家的行动作为总结。	
5. 检查文中是否有错字、错词。	
6. 书写正确工整、语句通顺。	

（邱怡雯）

第七单元 我的拿手好戏

一、写作教学亮点

每个人都有自己的拿手好戏,在本单元的习作训练中,从文艺、手工、游戏、生活几方面举例,旨在帮助学生打开思路。十八般武艺,样样都是五花八门的拿手好戏,教师在指导学生写作时,一定要引导学生选取自己最熟悉的、最擅长的"本领"来写。"拿手好戏"本身就蕴含"自豪""自夸"的含义,只有写自己最真实、最拿手的"本领",学生才会有话可写。

在写作内容的安排上,教师要指导学生根据不同的"拿手好戏"把重点内容写具体。例如有关"音乐"的拿手好戏,要重点描写声音之美或演奏(演唱)时的人物状态;与"绘画"有关,要侧重色彩之美和画面;传统戏曲,就要写清特色的服装和唱腔;与生活技巧有关的,可以写写与之有关的生活趣事……老师在指导学生写作时,可以多举一些例子,帮助学生抓住写作的"重点内容",把它写清楚。

二、教材连结

本单元的课文围绕"艺术之美"展开。每篇课文都在音乐、画作、戏曲的描写上运用了很多联想和想象,可以帮助学生把展示拿手好戏的精彩故事在习作中写详细,有很好的启发作用。

《伯牙鼓琴》和《月光曲》都是表现音乐之美的。《伯牙鼓琴》中"巍巍乎若太山"和"汤汤乎若流水"是钟子期对琴声的描述,表现琴声的优美。《月光曲》一文对于贝多芬曲子的内容、意境和情感等没有直接去写,而是借皮鞋匠的联想和想象表达出来的,让读者仿佛跟着皮鞋匠一起聆听优美的音乐。

教师可以引导学生回想本单元的课文是如何表现"艺术之美"的,既可以学习《伯牙鼓琴》中的直接描写,还可以通过旁人的反应等间接描写,描写人物的心情、感受的变化,从而使故事更加具体。

三、写作素养基本功练习:侧面描写

描写手法可以分为正面描写和侧面描写。正面描写又叫直接描写,就是把人物或景物直接具体地描绘出来。侧面描写又叫间接描写,是正面描写的有效补

充，指通过对周围人物或环境的描绘来表现所描写的对象，使其更为鲜明突出，使文章内容更加丰富。

侧面描写可以激活读者的想象力。例如在《月光曲》中，作者为了表现贝多芬琴声的优美，没有直接描写"声音"，而是侧面描写皮鞋匠和皮鞋匠的妹妹听到琴声后的反应，"他好像面对着大海，月光正从水天相接的地方升起来。微波粼粼的海面上，霎时间洒满了银光……""她好像也看到了，看到了她从来没有看到过的景象，月光照耀下的波涛汹涌的大海。"通过描写皮鞋匠兄妹的种种优美壮丽的联想，使读者仿佛也听到了贝多芬的琴声，使无形的"琴声"变得具体可感，表达效果强烈。

侧面描写与正面描写相结合，往往能起到烘云托月、锦上添花的作用。例如描写我的拿手好戏《三招挑西瓜》，除了正面描写我挑西瓜时的语言、动作、神态等来表现我的"拿手"，还可以通过描写旁人的反应来展现我的"技艺高超"。

侧面描写不仅是正面描写的一种补充，还是使人物形象和事物特点更加突出的手段。在描写"我的拿手好戏"时加入侧面描写，可以使我们的叙事更加丰满、立体。

四、思路引导

十八般武艺，样样都是好戏。每个人都有自己的"看家本领"，你的拿手好戏是什么，今天就来写一写吧！

1. 写作第一步：确定我的拿手好戏。

想一想，自己最擅长的本领是什么？可以根据图 8-9 中的提示，把自己的本领罗列出来，然后选择自己最擅长、最拿手的来写一写。

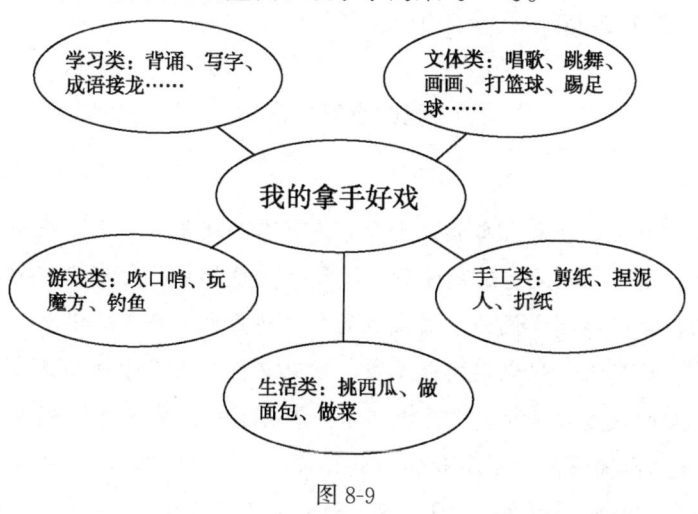

学习类：背诵、写字、成语接龙……

文体类：唱歌、跳舞、画画、打篮球、踢足球……

我的拿手好戏

游戏类：吹口哨、玩魔方、钓鱼

手工类：剪纸、捏泥人、折纸

生活类：挑西瓜、做面包、做菜

图 8-9

2. 写作第二步：取材与构思。

关于自己的拿手好戏，可以写些什么内容呢？怎样把重点内容写具体？我们可以通过下面的问题引导，梳理写作思路。

(1) 你是怎样学会它的？

例：偷偷看妈妈是如何煮面的。

(2) 关于你的拿手好戏，发生过哪些有趣的故事？

例：有一次给妈妈煮面，不小心把面煮成烂糊糊，妈妈说这是"面条粥"。

(3) 你的拿手好戏有什么特点？（例如：声音美、色彩美，玩法有趣，服装有特色……）

例：掌握火候和时间很重要，搭配上青菜和调料，就可以色香味俱全。

(4) 你的拿手好戏对你的生活有什么影响？

例：妈妈隔三差五就缠着我，要吃我煮的面。

(5) 表演你的"拿手好戏"时，旁人是什么样的反应？

例：惊讶，难以置信。

3. 写作第三步：完成写作大纲。

课本中已经给出了《三招挑西瓜》的提纲，可以根据自己的写作内容，模仿着写出自己的写作大纲。

我的拿手好戏 { 点明拿手好戏是什么。
简单介绍：拿手好戏是如何练成的。
详细写：围绕拿手好戏发生的故事。

五、写作大观园——佳作欣赏

我的看家本领

幸福源小学　路唯一

每个人都有自己的看家本领，而我的看家本领便是——煮方便面！

本人啊，是一个地地道道的吃货。要说对于吃那可是大有研究的，可我除了吃，还会做，虽然只是方便面，但我做的那可谓是色、香、味俱全。

记得有一天早上，妈妈不想做早饭，便让弟弟去买点方便面回来，妈妈打算自己去煮。这时我走过来说："妈妈，你去躺会儿吧，我来煮，我煮的可比你煮的好吃。"妈妈撇撇嘴，一脸不相信的样子说："得了吧你，我还不知道你，你就是干啥啥不行，吃饭犟嘴第一名！"我无语地看着妈妈说："不是，你就那么不相信我吗？"结果，妈妈一脸不可思议地看着我说："你竟然还值得相信？忘了上次把面条都煮烂啦，我可不想吃'面条粥'啦。"

你是不知道，当时我便气不打一处来，妈妈这是"哪壶不开提哪壶"。不就是有那么几次没煮好吗，我可是好几次偷偷观察过妈妈煮面啦，相信这次一定能让妈妈对我刮目相看！我气呼呼地走进厨房，起锅、烧水、煮面。

煮方便面的终极奥义，首先是要采用大自然生产的纯净水，接个七成满，当然也要看锅的大小而定。我用的是较小的锅具，放到电磁炉上打开电源开关，选择功能键开始煮水，一般煮七八分钟就可以了。等水煮开后，先下面！先下面！先下面！重要的事情说三遍。因为有的人煮方便面时会先下调料包，说这样可以让汤更浓郁，但这是不对的。先下面，这样做的话，后面放调料包时会让调料直接接触到面，就会让面的味道更好，汤才更浓郁。看着我这一系列的操作，妈妈满脸的惊讶。

面成，下肚。事后我问了妈妈，她承认我煮得很好吃，只是因为不常吃到（因为我很懒），所以来了这么一出示弱计谋，目的就是为了吃上一次我煮的方便面！

我真是没辙了，能怎么办？自己的妈妈自己宠呗！

习作自评表：

评价项目	自评完成打√
1. 写清楚拿手好戏是什么。	
2. 围绕拿手好戏写清楚事件。	
3. 写作顺序得当、详略得当。	
4. 适当穿插侧面描写。	
5. 题目、标点、分段等格式正确，无错别字。	

（邢台市幸福源小学　高庆贤）

第八单元　有你，真好

一、写作教学亮点

这次的习作题目是《有你，真好》。进行习作指导，要启发学生看到这个题目，充分调动自己珍藏的回忆。"有你，真好"是一句让人感到温暖的话，引导学生凝视着这句话，当时的"那人、那事、那场景"将会慢慢地浮现在眼前，进行情景再现。

教师怎样指导学生写出亮眼的作文呢？首先，看到题目，教师要指导学生认真地想一想，回忆周围有哪些给予我们爱的人？"敬爱的老师""慈祥的妈妈""亲密的朋友""困难时伸出友谊之手的陌生人"等，是他们给生活增添了许多的美好。其次，要把感觉"你"很好的原因写出来，就一定要选取最有代表性、感触最深的事件来写。最后，在进行细致描写时，抓住人物的表情、动作、语言来刻画人物的品质和特点。

教师在学生充分讨论、打开思路之后，可以帮助学生总结：

"你"——可以是慈祥的父母，友爱的亲朋，令人尊敬的师长，也可以是同学、路人、对手，等等；

"好"——有"你"的好处应该在文中明确地反映出来，选取具有代表性的事件来写，通过人物的表情、动作、语言等细致地刻画人物的品质和特点，让读者在第一时间能感受出来，体会出感情来。

写的时候，可以假想这个"你"就在眼前，就像面对面和他对话。

二、教材连结

本单元以"走进鲁迅"为主题，编排了《少年闰土》《好的故事》《我的伯父鲁迅先生》《有的人》四篇课文。《少年闰土》刻画了一个鲁迅童年伙伴"闰土"的活泼机灵的形象，围绕夏夜看瓜刺猹、雪地捕鸟、看跳鱼、海边捡贝壳等事件来刻画人物形象；《好的故事》中，作者鲁迅描绘了美好的梦境，向读者真实地传达出自己的内心感受；《我的伯父鲁迅先生》是鲁迅的侄女周晔写的回忆性散文，通过谈如何读书、谈"碰壁"、救助车夫、帮助女佣等事件，刻画了鲁迅在生活中的形象；《有的人》是作家臧克家运用对比手法描写两种人的不同表现及人们对他们的不同看法，歌颂了鲁迅的高尚品质。

本单元选用一组与鲁迅相关的文章，旨在通过不同的视角，运用不同的表现手法，从多角度展现鲁迅的形象。教材通过引领学生对黑暗的旧社会的初步认识，体会关键语句的深刻含义，让学生初步了解鲁迅的文学成就，感知其性格特点，体会其精神境界。本单元的习作目标是，通过叙述一件事情体现一个人特点，从而表达出自己的真挚情感。要求通过所学的习作知识，要把整件事情有条理地写具体、写详细，并充分表达出真情实感，让读者留下深刻的印象。所以，教学本单元课文要与习作教学相结合，引导学生聚焦场景，揣摩表达情感的方法，试着迁移运用于自己的习作中。

三、作文基本功练习：用好人称写法

我们学习写作，如果能够用好人称写法，就可以从不同视角、不同角度写好文章，以便尽可能地达到全面而又完美，最后文成而旨远。

1. 第一人称。

在文中运用人称"我"或者"我们"，作者可以直接叙述，从而增强文章的真实性，让读者能够身临其境，同时也能直接表达作者的情感和内心想法。

例如，在《我是什么》一文中，我会变，太阳一晒，我就变成汽。升到天空，我又变成无数极小极小的点儿，连成一片，在空中漂浮。有时候我穿着白衣服，有时候我穿着黑衣服，早晨和傍晚我又把红袍披在身上。在这里，运用第一人称的写法，很形象地写出了云的三种不同形态。

2. 第二人称。

在文中运用人称"你"或者"你们"，这种表达方式可以自然地带入文章，引发读者对文章内容的思考，同时拉近读者和作者之间的距离，使人感到亲切。

例如，在《彩虹》一文中，爸爸，你那把浇花用的水壶呢？如果我提着它，走到桥上，把水洒下来，那不就是我在下雨吗？你就不用挑水去浇田了，你高兴吗？第二人称的写法，让读者仿佛亲眼看到懂事的小孩子在和爸爸讲话，亲切生动。

3. 第三人称。

在文中运用人称"他（她）"或者"他（她）们"，这种表达方式能够灵活、公正地反映要写的内容。

例如，在《狐狸分奶酪》一文中，熊哥哥和熊弟弟在路上捡到一块奶酪，高兴极了。可是他们不知道怎么分这块奶酪，小哥俩开始拌起嘴来。第三人称的写法开门见山地交代了故事的起因，小哥俩的争吵，为下文写狐狸分奶酪作了铺垫。

四、思路引导

亲爱的同学们，我们周围有许多爱我们的人：老师、妈妈、朋友……他们陪伴着我们成长，给予我们无私的爱，帮助我们克服困难。也会有素不相识的陌生人，在我们最需要帮助的时候对我们伸出援助之手。这些人让我们的生活更加美好，回想起来，真想对他们说一声："有你，真好！"

1. 写作第一步：确定写作对象。

"有你，真好！"是一句让人感到温暖的话，凝视着它，那人、那事、那场景……就会慢慢地浮现在眼前。

（1）看到"有你，真好"这句话，你的脑海中会想起谁？

例：看到这句话，我想起我的老师，我们都称他为"老杜"。

（2）为什么觉得有他"真好"？整体印象是怎样的？

例：老杜教育我成人，教我丰富的知识，让我不再那么幼稚。

老杜上课时很少有微笑，表情十分严肃认真。我们对他有几分惧怕。但是，当我们遇到了不会的问题，他总是一一耐心解答。为了不影响我们的学习，他生病了都坚持给我们上课。

其实，在我们的生活中，不止是身边的熟悉的人带给我们许多的感动，还有一些陌生人，他们在有人遇到困难的时候义无反顾地伸出援助之手，让我们的世界充满了爱和感动。在你的生活中有没有遇到过这样的人和事呢？你也可以回忆一下，并在熟悉的人或义无反顾给予你帮助的陌生人中，选择一个人或事，以此确定写作对象。

2. 写作第二步：确定写作内容。

（1）确定了写作的对象之后，思考有哪些事情让你感触比较深？

例："老杜"在下雨天送我回家；我生病后，老杜非常关心我，让我内心很感动。

（2）回顾这些事件的时候，抓住人物的神态、动作、语言等细致描写当时的场景，会让文章更加生动。回想你围绕习作题目想到的事情，练习写一段话，注重细致的场景描写。

例：记得六年级有一天下起了大雨，我忘记带伞。"老杜"看见了焦急等待的我，便要送我一程，为了不让我淋着雨，便把雨伞倾向我，而自己却淋湿一身。

还有一回，那时体弱多病的我，因为拉肚子去医院看病而无法按时到校，稍好一些才到学校。一进门"老杜"那双充满血丝的眼睛就望着我，第一句暖心的话就是："好些了吗？"我点了点头，感激地不知说什么才好，便进了教室继续上课。

（3）勇敢捕捉内心中最细腻的感触，"我"就会真正融入到文章中，读者才能通过文字感受到最真挚的感情。请你阅读下面这段话，感受小作者的内心。

告别时，老奶奶笑着轻轻说了声："谢谢你，红领巾……"就在这时，一股久违的暖流如重逢般涌上心头，流淌在全身，在呼唤我，我的全身细胞都充满着活力，都在激动地跳跃——原来助人为乐的感觉这么好。此时看看胸前的红领巾，那饱满的红色是那么的鲜亮！神态、心理等描写，真实地表达出内心的那种激动感受和助人为乐后的快乐。这是点睛之笔，点明了中心。

想想你围绕习作题目想到的这些事情，带给你怎样的内心感受？表达自己的感受时，我们还可以变换人称，假想这个"你"就在眼前，你在用文字和他对话。练习写一写。

例：你像蜡烛一般燃烧了自己，照亮了我们；你像园丁一样，哺育了我们，让我学到了不少的知识。有你真好！我的语文老师——杜老师。

3. 写作第三步；完成写作大纲。

总结以上的构思过程，掌握了写好这篇习作的关键点，我们按照图 8-10 的思维方式来拟定自己的写作大纲吧！

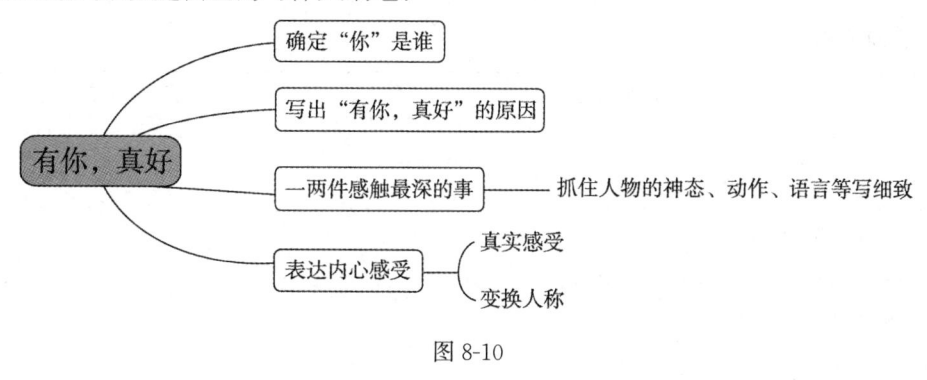

```
                  ┌─ 确定"你"是谁
                  │
                  ├─ 写出"有你，真好"的原因
  有你，真好 ─────┤
                  ├─ 一两件感触最深的事 ── 抓住人物的神态、动作、语言等写细致
                  │
                  └─ 表达内心感受 ── 真实感受
                                    变换人称
```

图 8-10

五、写作大观园——佳作欣赏

有你，真好

是你将我教育成人，是你教我丰富的知识，让我不再那么幼稚反而成熟许多，同学们都亲切地叫你"老戴"。

你上课十分严肃，很少有微笑，表情十分严肃认真。你上课的威严，让我们有几分惧怕。为了能让我们考上好的中学，教室里的荧光屏你不知升降了多少次，在我们遇到难题时，你总是非常耐心地一一解答。有什么事没做好，你会十分具有责任心地耐心教导我们，为了我们，你的眼睛发炎了还坚持给我们上课。

虽然你上课时十分严肃，可到了课后却又十分亲切温和。

记得六年级的我还是十分健忘，经常会忘记带伞。有一天下起了大雨，妈妈上班工作很忙，爸爸又去三明工作了。你看见了焦急等待的我，便要送我一程，到了你家门前的那片空地时，你便把雨伞给了我，叫我自己回去，不送我了，因为你家中有个女儿要照顾。我便拿着雨伞说了声"谢谢"消失在雨帘中。可我却没有注意到你为了不让我淋着，便把雨伞倾向我，而自己却淋了一身。

　　还有一回，那时体弱多病的我，因为拉肚子去医院看病而无法按时到校，稍好一些才到学校。一进门你那双充满血丝的眼睛就望着我，第一句暖心的话就是："好些了吗?"我点了点头，便进了教室继续上课。

　　在小学的六年中，有三年都是你教。在要毕业即将分别的时刻，大家都哭了，眼泪像断了线的珠子，怎么也止不住。

　　你像蜡烛一般燃烧了自己，照亮了我们；你像园丁一样，哺育了我们，让我学到了不少的知识。

　　有你真好！我的数学老师——戴老师。

习作自评表：

评价项目	自评完成打√
1. 确定"你"是谁。	
2. 写清"有你，真好"的原因。	
3. 写出感触最深的事。	
4. 突出人物的语言、动作、神态等。	
5. 能表达出内心感受。	
6. 题目、分段、格式正确，语句通顺。	

（邢台市育红小学泉北校区　朱卫娟）

第九章　六年级下册习作教学设计

第一单元　家乡的风俗

一、写作教学亮点

本次习作的内容介绍家乡的风俗，可见写作的地域——不能写"他乡"而是要写自己家乡的风俗。习作既可以介绍家乡的一种风俗，也可以写参加风俗活动的亲身经历，如果学生对这种风俗习惯有自己的看法也可以表达出来。

要写好本次习作，首先要让学生对家乡的风俗有深入了解，因此本次习作要提前布置，引导学生先深入了解自己家乡有哪些风俗，再选择自己最感兴趣的风俗，搜集写作材料。

每个人的家乡都会有许多风俗。可以像《北京的春节》那样写家乡独特的节日风俗，如，盛行于我国北方的正月二十五的填仓节，打粮囤习俗；二月二，龙抬头，理发习俗……可以像课文《腊八粥》那样写家乡独特的饮食风俗，如端午节吃粽子；正月二十五制作和享用"麦穗儿、布袋、麦垛"等面食……也可以像《藏戏》那样写一写家乡独特的艺术风俗，如河南豫剧、安徽黄梅戏、四川的川剧变脸……

无论是写哪类的家乡风俗，要想写好，给读者留下深刻印象，都必须要抓住家乡风俗的特别之处进行选材，关于风俗独特性的地方要详写，其他方面要略写，做到详略得当，重点突出家乡风俗独特之处。我们可以通过写家乡的风俗，表现家乡的民风，或者家乡人民的勤劳与智慧，表达对家乡风俗的喜爱，对家乡的热爱之情。

二、教材连结

本单元以"民风民俗"为主题，编排了《北京的春节》《腊八粥》《藏戏》等课文。

《北京的春节》按照时间顺序，列举了一系列老北京过春节的习俗，时间跨度大，内容丰富，其中"腊八""腊月二十三""除夕""初一""元宵节"这几天，最能表现北京独特的春节习俗，所以作者将这几天作为全文的重点进行细致描写。在详写的部分，作者也没有面面俱到地描述当日的所有活动，而是分别抓住这些日子里最具特色的一两个民俗活动，突出这一天的重点，本文是学生学习写节日风俗的很好的范文。

《腊八粥》作者用极其细腻的笔触描写小孩儿盼粥、分粥、猜粥、看粥、喝粥的过程，将甜蜜温馨、其乐融融的家庭生活场景和浓郁的生活气息，一并浓缩进了腊八节的风俗画面中，留给人无限的回味。课文语言通俗简练，童趣十足，人物对话彰显个性，详写"等粥"，略写"喝粥"，详略得当，突出重点，是写"美食"类风俗的范文。

《藏戏》这篇课文介绍了藏戏的形成及艺术特色，围绕藏戏的主要特点，从藏戏的起源、面具、舞台形式、演出方式等方面进行介绍。课文脉络清楚，描述有详有略，将藏戏独特的艺术魅力清晰地展现出来，是学生进行艺术风俗方面写作的很好的范文。

三、写作素养基本功练习：详略得当，突出重点

写作时，如何让我们的文章突出重点？

要想让文章突出重点，我们的写作材料就不能平均用墨，要围绕中心安排详写和略写。主要材料要详写，次要材料要略写。如果不分主次，详略不当，那么写出的文章就像流水账，啰啰嗦嗦，不能很好地表达主题。

写作安排好详略要做到"两爱"：

一是偏爱，对表现中心起重要作用的典型材料，要"偏爱"，作为详写的内容，要求写得具体、生动、形象、完整。例如，《北京的春节》按照时间顺序，列举了从腊八一直到正月十五元宵节一系列老北京过春节的习俗，时间跨度大，内容丰富。其中"腊八""腊月二十三""除夕""初一""元宵节"这几天，最能表现北京独特的春节习俗，所以作者将这几天作为全文的重点进行细致描写。

二是割爱，对表现中心不大的材料，要"割爱"，作为略写的内容，要求用一两句话或较简单的一段话简明地叙述一下，甚至舍掉不写。例如，《北京的春节》除了"腊八""腊月二十三""除夕""初一""元宵节"这几天最能突出北京春节特点外，其他时间不能突出老北京春节的特色，作者选择了略写。这样既能保持描写的连贯性，又突出文章的重点。

在一篇文章中，详写和略写是对立统一、相辅相成的。没有"详"，就无所谓"略"；没有"略"，就无所谓"详"。详写的内容必须是主要的，次要的不能详写，否则文章就显得啰嗦，淹没了中心意思；但详写必须有略写配合，略写补充详写，使文章繁简适当，重点突出。可见，详写和略写是两种互为补充的表达方法，二者是红花与绿叶的关系。

总的原则是：要根据表达中心的需要，来决定材料的详略。

四、思路引导

"离家三里远，别是一乡风。"我们的祖国幅员辽阔，民族众多，每个地方都有自己独特的风俗习惯。即使是同一传统节日，不同的地方，也会有不同的节日习俗。同学们，你们的家乡有怎样别具特色的风俗呢？

1. 写作第一步：确定风俗。

说起风俗，大家的话题都很多，现在就让我们来说说自己家乡的风俗吧。请同学们写下家乡的各种风俗，不少于四种。可以是独特的节日风俗，也可以写家乡独具特色的饮食、服饰、建筑、礼仪和民间艺术等风俗。那么你最想介绍哪一种风俗呢？按照表 9-1 的方式，以你最想介绍的家乡风俗来制定一张表格。

表 9-1

我选择介绍的风俗是（正月十六烤杂病）	理由一	这个风俗很独特，别的地方没有。
	理由二	这个风俗能玩火，很有趣！
	理由三	我对这一习俗有自己的想法。

2. 写作第二步：抓住重点，合理安排详略。

介绍一种风俗，先想一想这种风俗的主要特点是什么，可以分几个方面介绍，重点介绍什么。

通过思考，填写习作思路单，构思习作。表 9-2 以"正月十六烤杂病"为例所作的思路单，也可用你的方式做出你心目中的家乡风俗的思路单。

表 9-2

选择风俗	正月十六烤杂病
重点介绍	烤杂病的准备工作。 烤杂病的具体过程。
简单介绍	烤杂病的时间、寓意、自己的看法、现在的变化。

3. 写作第三步：回顾例文，学习写法。

(1) 对比描写，突出特点。

例如，在老舍《北京的春节》中的节选片段，元宵（汤圆）上市，春节的又一个高潮到了。除夕是热闹的，可是没有月光；元宵节呢，恰好是明月当空。大年初一是体面的，家家门前贴着鲜红的春联，人们穿着新衣裳，可是她还不够美；元宵节处处悬灯结彩，整条大街像是办喜事，火炽而美丽。有名的老铺都要挂出几百盏灯来：有的一律是玻璃的，有的清一色是牛角的，有的都是砂灯；有的通通彩绘《红楼梦》或《水浒传》故事，有的图案各式各样。由上可见，可以是两个不同风俗对比，也可以是同一风俗，不同地区进行对比，在对比中突出自己所写风俗的特点。

(2) 写清做法，融入体验。

例如，在沈从文《腊八粥》中的节选片段，初学喊爸爸的小孩子，会出门叫洋车子的大孩子，嘴巴上长了许多白胡子的老孩子，提到腊八粥，谁不是嘴里就立时生出一种甜甜的腻腻的感觉呢。把小米、饭豆、枣、栗、白糖、花生仁合拢来、糊糊涂涂煮成一锅，让它在锅中叹气似的沸腾着，单看它那叹气样儿，闻闻那种香味儿，就够咽三口以上的唾沫了，何况是，大碗大碗地装着，大匙大匙，朝嘴里塞灌呢！在介绍饮食类风俗时，融入活动体验，风俗的特点就更加鲜明突出了，可以让介绍的风俗更加吸引人。

(3) 穿插来历传说。

例如，《藏戏》中的片段，于是就有了这样一段传奇。唐东杰布在山南琼结认识了能歌善舞的七兄妹，组成了西藏的第一个藏戏班子，用歌舞说唱的形式，表演历史故事和传说，劝人行善积德，出钱出力，共同修桥。随着雄浑的歌声响彻雪山旷野，有人献出钱财，有人布施铁块，有人送来粮食，更有大批的渔民、工匠、流浪汉跟着他们，从一个架桥工地走到另一个架桥工地。随着铁索桥一座接着一座地架起来，藏戏的种子也随之洒遍了雪域高原。

如果是写自己参加风俗活动的亲身经历，则可以把这种风俗的特点或来历自然地穿插在文中合适的地方,如可用"听爸爸说,这个习俗大有来历呢……"或"我查资料得知,……象征着……"自然引入来历。

4. 写作第四步:拟定写作大纲。

有了前面的铺垫和准备,请你参考表 9-3 的提示,拟定写作大纲,并依照你所拟定的提纲,完成整篇习作吧!

表 9-3

	节日风俗	饮食风俗	艺术风俗
开头(总写)	节日时间、名称、特点	时间、名称、特点	名称、特点
具体介绍	1. 过节前的准备。 2. 过节过程:人们过节表现或自己过节经历(所见、所闻、所感)。 3. 穿插节日传说、来历、意义、禁忌。	1. 制作原料、方法。 2. 人们或自己对这种饮食风俗的感受和经历(所见、所闻、所感)。 3. 穿插这种饮食风俗的传说、来历、意义、禁忌。	1. 起源、演变、发展。 2. 艺术表现形式。 3. 人们表现或自己经历(所见、所闻、所感)。 4. 穿插传说、来历、意义、禁忌。
结尾	照应开头:表达对家乡风俗的喜爱,并欢迎人们前来体验。		

五、写作大观园——佳作欣赏

家乡的风俗——烤杂病

邢台俗语:十五的灯,十六的火。

十五的灯,自然指的是正月十五晚上的各色花灯;十六的火,指的是正月十六早晨,太阳还未升起前,在街道边燃起的一堆堆篝火。有些地方是正月十六的晚上月亮升起后进行这一习俗。人们围着一堆堆篝火,伸手、甩腿,俗称烤杂病。当问起上岁数的老人,烤杂病起源于何时,谁都说不清楚,只说这是"老辈子"留下的。

烤杂病,顾名思义,通过烤火,把那些乱七八糟、叫上名、叫不上名的杂病杂痛都烤走,不要来侵扰人。那一堆堆红艳而热烈的火堆,把人们对全家老少健康平安的祈盼表达了出来。

按照习俗,这篝火燃烧的物品是很有讲究的。早年间,正月十六前几天,家家户户就开始准备烤杂病的"燃料",男人捡柏树枝、花柴(棉花梗)、芝麻秸等,女人们将家中的不能用的笤帚、炊帚、篦子、锅盖(当时都是秸秆稻草编

345

的）等凡是能烧的、家中不用之物都作为"燃料",应有尽有。烧的都是家中不用的废弃之物,烧的物品越杂,杂病驱除得越彻底。

早晨,天蒙蒙亮,家家户户男女老少,三五成群,在各自的家门口或路边点起一堆堆篝火,大家一边烤火,一边说笑着,好不热闹。说笑的范围也都离不开烤杂病的主题,如"烤烤腔,不生病""烤烤脚,百病消""烤烤腰,腰不疼",等等。大家嬉笑着烤了这家,再到那家去烤。按照习俗,走的家越多,烤的火堆越多,来年就百病全消,日子越过越红火。熊熊燃烧的火堆,给人们带来热情、带来希望。人们怀着美好的憧憬围在火堆旁,谈笑着、笑闹着。一串串鞭炮声伴随着一串串欢笑声,在温暖而热烈的夜色中回荡。

家中如果有卧床的老人,或有还未满周岁的婴儿,不能出来烤火的话,家人也会把老人和婴儿的衣服拿出来,在火堆上烤得热乎乎的,代替他们烤去杂病。

这烤火能去杂病,当然是人们的美好愿望,但我觉得也有一定的科学道理:一方面,高温能杀死病毒;另一方面,将家中很多不能用的旧锅盖、篦子、炊帚及时清理更换,也减少了废旧物细菌滋生。

如今,烤杂病的习俗有所变化,大家不再捡柏树枝,不再烧锅盖、篦子了(这些已不是秸秆、稻草制作的了),多是就地取材,有啥烧啥,但热闹的气氛仍不减当年。

习作自评表:

评价项目	自评完成打√
1. 从不同方面或亲身经历表达家乡的风俗。	
2. 能让人读出风俗的主要特点。	
3. 做到了详略得当。	
4. 详写部分给人留下了深刻印象。	
5. 习作完成后认真读几遍,做到格式正确,语句通顺。	
6. 习作书写工整认真,没有错别字。	

(邢台市达活泉小学　崔建光)

第二单元　写作品梗概

一、写作教学亮点

与人分享，快乐会翻倍。一本好书要与人分享，一部精彩的影视剧要与人分享，这就需要作品梗概了。作品梗概是对作品内容的浓缩和概括，它是一种应用文体，常用于电影、电视和小说故事的简单介绍等。翻开一本书，一般能在封面、扉页或封底上见到它。如果你想选一本自己喜欢的书，可以在编者推荐或内容介绍栏目中先找到梗概来进行了解。

由本次习作中"写作品梗概"的情景来看，是缘于学校的征集、班级的任务、同伴的好奇，这体现了习作表达的交际性。既然是交际，就要求所表达的故事情节简明扼要，语言简练、概括。在具体的习作过程中，还需要适当地补充内容，使每部分的主要意思自然过渡，语意清楚连贯。

熟读原著是写好作品梗概的基础；理清书中内容的基本框架，是写好作品梗概的关键。习作之前教师要引导学生思考：这本书给你留下印象最深的是什么？哪些地方最有趣、最精彩、最有吸引力？要想把作品梗概清晰地展示给读者，就要提取故事的关键信息，有序合并筛选内容，把最有吸引力的地方概括出来，把故事的主干呈现出来。

二、教材连结

本单元围绕"外国名篇名著"这一专题编排，是在五年级上册"我爱读书"、下册"中国古典名著"学习基础上的一个提升，目的是引导学生读好书，读整本的书，进一步扩展读书的视野，从中得到异域文化精华的滋养。

三篇课文《鲁滨逊漂流记（节选）》《骑鹅旅行记（节选）》《汤姆·索亚历险记（节选）》无一例外是世界文学宝库中的经典作品，且都是长篇。其中精读课文《鲁滨逊漂流记（节选）》由梗概和节选两部分组成，节选部分写了鲁滨逊刚刚流落荒岛上的生活状态和对现实的思考。

《骑鹅旅行记（节选）》主要描写的是尼尔斯变成小人儿后，先后遭到鸡群的嘲笑、大黑猫的羞辱、牛群的控诉以及随着雄鹅飞向蓝天的故事。尼尔斯由屡犯错误的男孩成长为热爱家庭的少年。

《汤姆·索亚历险记（节选）》讲述的是汤姆和贝琪走失后家人的痛苦，以及归来后讲述山洞历险经过的故事，成功塑造了汤姆这个顽童形象，表现了他敢于探险、追求自由的精神。

这些经典名著塑造了一个个脍炙人口的人物形象。如何去快速了解整本书的主要内容，并把它介绍给别人？作品梗概便是把握名著主要内容的方法之一。如《鲁滨逊漂流记（节选）》中的梗概部分可以使读者对故事内容有大致的了解。节选同时为习作提供了可借鉴的范例，我们可从中逆向思考梳理出写作品梗概的步骤。

三、写作素养基本功练习

梗概不同于文章的复述，它比复述更为简略，不需要对人物形象进行刻画；也不同于缩写，缩写是对文章内容的压缩，可长可短，往往需要有简单的故事情节和主要人物，其内容更丰富；梗概也不同于文章的中心思想，它比中心思想更详实，看了作品，基本能了解文章的主要内容和价值所在。

我们可以按照图 9-1 所示来写作品的梗概。

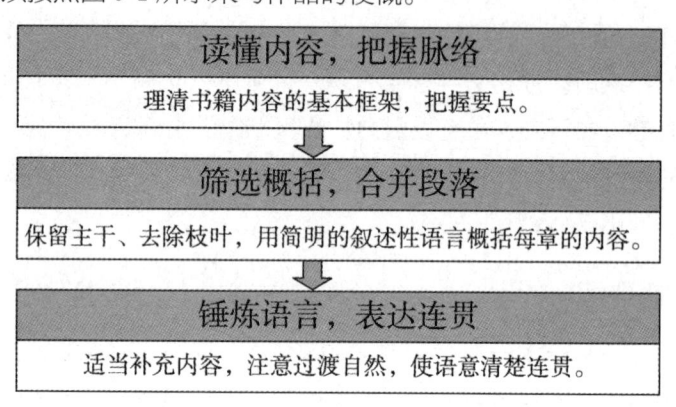

```
┌─────────────────────────────┐
│    读懂内容，把握脉络         │
│ 理清书籍内容的基本框架，把握要点。│
└──────────────┬──────────────┘
               ↓
┌─────────────────────────────┐
│    筛选概括，合并段落         │
│ 保留主干、去除枝叶，用简明的叙述性语言概括每章的内容。│
└──────────────┬──────────────┘
               ↓
┌─────────────────────────────┐
│    锤炼语言，表达连贯         │
│ 适当补充内容，注意过渡自然，使语意清楚连贯。│
└─────────────────────────────┘
```

图 9-1

1. 读懂内容，把握脉络。

熟读原著，尽量和文本对话，和作者对话，明确作者的写作意图，理清书中内容的基本框架，并把握要点。我们可以借助目录章节来理清脉络。例如《鲁滨逊漂流记》目录中有 25 个章节，我们可以按照事情发展的顺序理出起因、经过和结果。梗概中按照时间顺序用了 10 个自然段串联主要故事情节。它们的对应关系见图 9-2。

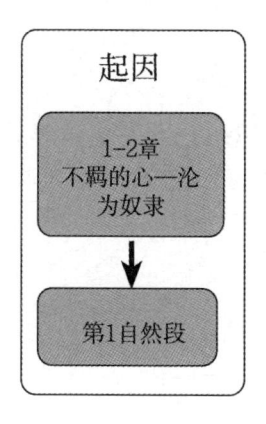

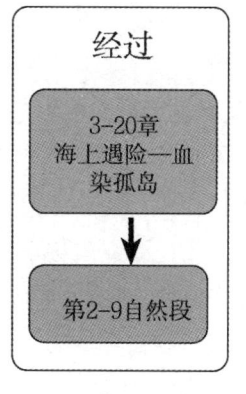

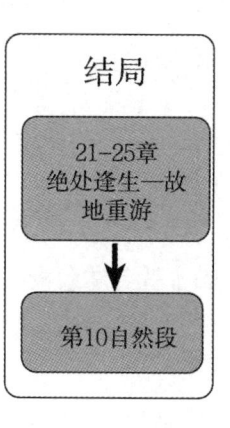

```
   起因                经过                结局
┌─────────┐       ┌─────────┐        ┌─────────┐
│  1-2章   │       │ 3-20章   │        │ 21-25章  │
│不羁的心—沦│       │海上遇险—血│        │绝处逢生—故│
│  为奴隶  │       │  染孤岛  │        │  地重游  │
└────┬────┘       └────┬────┘        └────┬────┘
     ↓                 ↓                  ↓
┌─────────┐       ┌─────────┐        ┌─────────┐
│ 第1自然段 │       │第2-9自然段│        │第10自然段│
└─────────┘       └─────────┘        └─────────┘
```

图 9-2

应引导学生读懂作品的内容，把握住作品的记叙顺序，按照图 9-2 的方法画图理出故事的情节脉络，也就弄清楚了作品的基本框架。

2. 筛选概括，合并成段。

简述书的内容，是写作品梗概的重要组成部分。但是一本书的故事情节那么多，内容那么丰富，我们不可能把全部内容都介绍到，需要筛选内容，保留主干，去除枝叶，最重要的一点是要突出这本书的精彩之处。主要人物的主要事例要突出，不重要的可一笔带过，甚至不提，即留主去次。比如《鲁滨逊漂流记》中最后两个章节"归途遇险""故地重游"就可以在梗概中删掉不写。

对于重要的故事情节用简明的叙述性语言概括每个章节的内容，可以采用"主要人物＋做什么"来进行，如"救星期五"是曲折惊险的一段情节，梗概中用"鲁滨逊决心救下这个逃跑的野人，于是开枪打死了追赶他的两个野人，他给救下的野人，取名'星期五'"来概括叙述。

概括每一部分的主要内容，还要注意一些方法，人物的语言、动作、心理描写可以概括成叙述性的语言。例如节选的片段用第一人称描写"我"遇难荒岛后的所见所闻、所想所为，其中大量细腻逼真的心理活动增强了小说的真实性，突出了鲁滨逊恶劣的生存环境，但在梗概中这些心理描写可直接改成叙述性语言，例如"流落到这种地方，怎样活下去呢？"

3. 锤炼语言，表达连贯。

在具体的习作过程中，需要适当补充内容，自然过渡，连接每部分的主要意思，使语意清楚连贯。例如梗概中用上"有一次""很多年过去了""又过了几年"使得段落间以时间为顺序，过渡自然，语意连贯。

四、思路引导

亲爱的同学们，"书籍是人类进步的阶梯""书籍是全世界的营养品"，公民有国籍，但文化没有国界。本单元我们接触了一些外国文学作品，书中这些性格鲜明的人物给我们留下了深刻的印象，但是这些小说篇幅比较长，想简要介绍作品的主要内容就要学会概括，这就是课文《鲁滨逊漂流记（节选）》中的梗概。梗概就是把读过的一篇文章或一本书最主要的内容用简略的语言写下来，也是读书笔记的一种。

1. 写作第一步：依据情景，确定对象。

遇到以下情景你怎样介绍呢？

（1）学校征集最受欢迎的少儿读物，要求高年级每个同学推荐一本最喜爱的书。

（2）班里每周请一位同学简要介绍一本书。

（3）你的好伙伴看到你最近读一本书很入迷，很想知道你读的这本书讲了什么。

这就需要对书的内容进行概括，以梗概的形式用简练的语言介绍这本书。孩子们，你一定读了不少书吧，请你选择一本你所熟悉的作品进行介绍，并确定题目：《×××》作品梗概。

2. 写作第二步：整理表格，筛选内容。

同学们，请你打开记忆的闸门，有的书令你捧腹大笑，有的书令你百感交集，有的书令你受益匪浅，想一想，你最喜欢的是哪一本书？这本书的主要内容是什么？最令你难忘的是什么？那就让我们拿出想要介绍的这本书，浏览所选书籍的目录，回答下列问题，梳理关键信息，打开写作思路吧！

（1）简要介绍所选作品的名称、年代、定位。

例：《老人与海》是美国作家海明威的一部中篇小说。

（2）这部作品以什么顺序来写的？

例：《老人与海》以在海上斗争的时间为序；《鲁滨逊漂流记》以时间为序；《西游记》以地点转移为序。

（3）故事的主要内容是什么？

例：《老人与海》这部作品主要写了老人圣地亚哥（主人公）连续八十多天没有捕到鱼（起因），他再次出海捕到大鱼，大鱼的血腥味引来鲨鱼，老人和鲨鱼搏斗（怎么做，经过），最后回到陆地，赢得赞叹，最后梦到狮子（结局）。这本书表现了人类面对艰难困苦时所表现出来的坚不可摧的精神力量（人物形象）。

（4）作品共有多少章节？请将章节合并为起因、发展、高潮、结局部分。

例：《老人与海》共十一个章节，第一、二章是起因，第三至十章是经过，第十一章是结局。

（5）精彩情节是什么？请用叙述性语言概括并合并。

例：第七章和第九章最精彩。老人经过三天三夜耐力与毅力的较量，终于杀死了大马林鱼，却在返航途中遭到了鲨鱼的袭击，老人奋力与鲨鱼搏斗，回到海港时，马林鱼只剩下一副巨大的骨架。

（6）段与段之间可以用哪些词句过渡？

例：有一天，第八十五天。

（7）这部作品想要告诉我们什么？

例：一个人并不是生来要被打败的，你尽可以把他消灭掉，可就是打不败他。

3. 写作第三步：确定写作提纲。

学而能用是语文教学的本质，同学们，快对你喜欢并已熟读的书进行作品的梳理吧，理清顺序，把握主要内容，按图 9-3 的提示拟定写作提纲，进而完成本次习作吧。

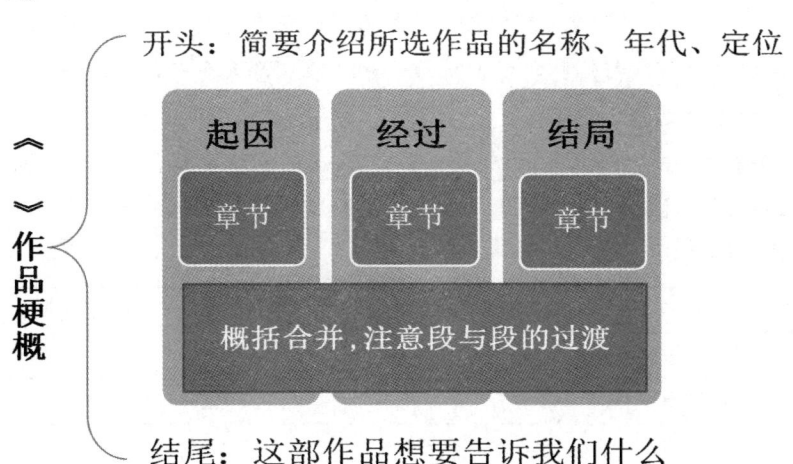

《 》作品梗概
- 开头：简要介绍所选作品的名称、年代、定位
- 起因 章节 ｜ 经过 章节 ｜ 结局 章节
- 概括合并，注意段与段的过渡
- 结尾：这部作品想要告诉我们什么

图 9-3

孩子们，文章写完后，一定要请别人读一读，看看他们明白了没有。你还要留意他们读后的反应，看看你的作品能不能吸引他们，打动他们。

五、写作大观园——佳作欣赏

《老人与海》作品梗概

邢台市育才小学　陈思文

《老人与海》是美国作家海明威的一部中篇小说，小说发表于1952年，凭借鲜明的形象、丰富的情感、深刻的思想获得了诺贝尔文学奖。主人公圣地亚哥的形象打动了一代又一代读者。

老渔夫圣地亚哥连续84天没有捕到鱼，大家都说他运气不好。有一个叫马诺林的男孩，曾经跟他一道出海，可是过了40天还没有钓到鱼，孩子就被父亲安排到另一条船上去了。从此，老头每天一个人干活。

第85天，老头决定到从未去过的深海去打鱼，以证明自己的能力。果然他出乎意料地钓到了一条比船还大的马林鱼，它拖着小船漂流，老头儿和这条鱼斗争了两天，经历艰难与煎熬，终于叉中了它。但受伤的鱼在海上留下了血腥味，引来鲨鱼的争抢，老人用鱼叉扎，鱼叉被鲨鱼带走了；鲜血引来了更多的鲨鱼，老人又奋力与鲨鱼搏斗，用刀子戳，刀子被折断了；鲨鱼成群地跟着他的船，但老人顽强地掌舵。回到海港时，马林鱼只剩下一副巨大的、白森森的骨架，而老人也筋疲力尽地一头栽倒在棚屋里。男孩马诺林来看老头，他认为圣地亚哥没有被打败，他让老头好好休息，以便日后一起捕鱼。那天下午，圣地亚哥在茅棚中睡着了，梦中他见到了狮子。

"一个人并不是生来要被打败的，你尽可以把他消灭掉，可就是打不败他"，这是圣地亚哥的生活信念，也是《老人与海》留给我们的深刻的思考。

习作自评表：

评价项目	自评完成打√
1. 能把握脉络，按照一定顺序写。	
2. 能保持作品原意。	
3. 能抓住主要情节。	
4. 能用简明的叙述性语言概括。	
5. 连贯通顺，衔接自然。	
6. 认真检查文中是否有错字、错词，以及不通顺的语句，并运用修改符号修改。	

（邢台市育才小学　魏延波）

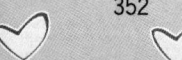

第三单元　让真情自然流露

一、写作教学亮点

本次习作要求中出示了两组表现不同情感的词语，教师可以让学生说说这些词语都是描写什么的，并比较上下两组词语的不同。引导学生结合生活经验想一想：你有过这样的（或教材中未提到的）感受吗？是什么事引发了这样的感受？帮助学生打开写作思路。

"让真情自然流露"的习作主题，相较于以往的习作，更强调情感要自然表达的要求，所以教师在指导习作时要重点指导学生"自然表达"。

如何让情感表达自然？首先要做到表达"真情实感"，而不是虚假的、刻意的情感。可以组织学生展开主题交流，引导学生回忆生活中那些给自己带来深刻情感体验的事情，写自己的"真人、真事、真情感"。

在表达真实情感的基础上，可以结合具体事例使情感的表达更加自然。通过把自己看到的、听到的、想到的写下来，把一件事情的过程写具体。在叙事过程中，通过人物的语言、外貌、动作和心理等描写，把自己当时的表现写具体；还可以尝试将内心感受与周围的景物结合起来，达到情感表达自然的目的。

二、教材连结

本单元是一个习作单元，由"精读课文""交流平台""初试身手""习作例文"等几部分组成，都是在为习作"让真情自然流露"做准备的，重在引导学生从阅读中学习写作的方法。

《匆匆》由自然物的荣枯现象生发出"我们的日子为什么一去不复返"的呐喊，接着写面对日子的流逝唯有叹息不已，然后写出自己虚度光阴的感叹，最后再次发出呐喊，撼人心魄、振聋发聩，用细腻的笔触写出了时光的无情流逝，抒发了时不我待的遗憾和感慨。文章用诗性的语言将抽象的事物表达出来，并直接表达内心的情感与思考。《那个星期天》写了"我"第一次殷切地盼望母亲带"我"出去玩的经历，表现了"我"从盼望到失望的心理变化过程，把情感融入到人、事、景物中，展示了细腻丰富的情感世界。

习作例文是学生习作的范例。《别了，语文课》先写"我"突然喜欢上了语文课，说明了情感变化的缘由，抒发了"我"深爱祖国的语言和文化的情感。《阳光的两种用法》则以"老阳儿"为线索，先写母亲把"老阳儿"叠在被子里，再写毕大妈把"老阳儿"煮在水里，最后水到渠成，直抒胸臆，表达了对母亲和毕大妈这样的普通劳动者的赞美之情。

这些文章或是直接抒发情感，或是把情感融入具体的叙事之中，让情感在字里行间自然流露。

三、写作素养基本功：抒情方法

抒情方法分直接抒情和间接抒情。

直接抒情是把心里想说的话直接写出来，直接描写自己内心的感受和心情，如《匆匆》中，在逃去如飞的日子里，在千门万户的世界里的我能做什么呢？只有徘徊罢了，只有匆匆罢了。在八千多日的匆匆里，除徘徊外又剩些什么呢？表达对时间飞逝的惋惜与感叹。

间接抒情就是把感情融于具体的形象之中，借助人、事、物、景等表达情感，在叙述中自然而然地流露情感。例如在《那个星期天》中，作者为了表现等母亲回来的时光不好挨，写了自己"踏着一块块方砖跳，跳房子""看着天看着云彩走""用树枝拨弄蚁穴""坐在草丛里翻看一本画报"等一系列事件，来表现自己等待妈妈回来时的焦急与兴奋。当作者终于发现母亲不可能带自己出去时，写看着盆里揉动的衣服和绽开的泡沫，我感觉到周围的光线渐渐暗下去，渐渐地凉下去沉郁下去，越来越远越来越缥缈，我一声不吭，忽然有点明白了。通过对周围景物的描写表现自己失落、无奈的心情。

针对本篇习作的要求，无论哪种抒情方法，要想让"真情自然流露"，都要结合具体的事例来展开。先回忆事情的经过，理清写作思路；在具体的叙事中或直接描写内心感受，或通过描写人物表现、描写景色间接抒发情感，这样情感的流露才能自然。

四、思路引导

同学们，欣喜若狂、归心似箭、忐忑不安、追悔莫及，你有过类似这类印象深刻的情感体验吗？让我们打开回忆的大门，去搜寻那些让人难忘的故事吧！

1. 写作第一步：确定情感。

回想生活中的情感体验，哪一个让你印象最为深刻？根据图9-4中所举的例子，找寻让你印象深刻的情感体验，定下本次习作的情感基调吧。

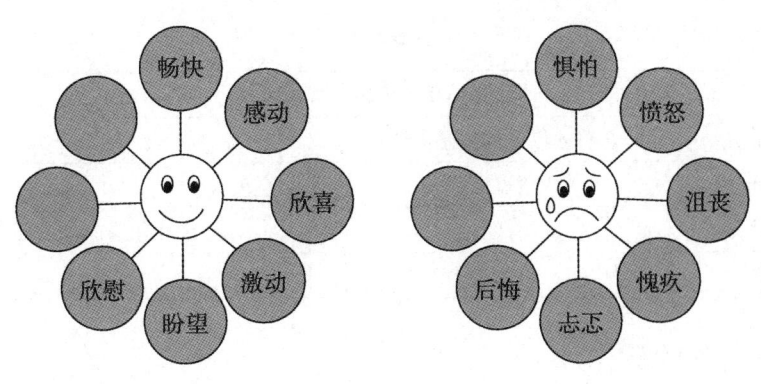

图 9-4

2. 写作第二步：取材与构思。

回顾一下事情的经过，回忆当时的心情，把我们的情感真实自然地表达出来。可以根据下面的问题，理清写作思路。

(1) 什么事让你有这样的情感体验？

例：外出游玩赶上下大雨，好心人帮助了我们。

(2) 这件事的起因、经过、结果是什么？

例：我们一家人外出游玩，突然下起了大雨，我们既没有地方躲雨，也打不着车，这时一位路过的好心阿姨免费让我们搭车，我们才得以安全回家。

(3) 这件事的哪个部分让你印象深刻？

例：被大雨淋了以后无助和狼狈的样子。

(4) 你看到了什么？听到了什么？想到了什么？

例：雨滴砸在地上，激起了一层水雾。绿化带里的小树在风中摇曳着，砸下来的树叶混着白色的垃圾袋腾空卷起飞到了九霄云外。雷声轰隆隆的在耳边响起，天地都暗了下来，这不就像恐怖电影里的场景吗？我开始后悔了，我想回家，我想钻进温暖的被窝。

(5) 你当时是什么样的心情？情感有变化吗？又是如何表现出来的？

例：一开始害怕、无助，后来感到欣喜、感动。通过语言、动作、神态等表现出来。

(6) 当时旁人是什么样的反应？

3. 写作第三步：拟定写作大纲。

根据上文的提示，借鉴表 9-4 的提示，列一列写作大纲，完成这篇习作。

表 9-4

"让真情自然流露"写作大纲		
第一部分	总述自己的情感体验	
第二部分	介绍事情起因	
第三部分	写经过	详细写印象深刻的部分
第四部分	事情结果	

五、佳作欣赏

雨中故事

幸福源小学　李兴翰

早上，窗外滴滴答答的雨声把我从睡梦中吵醒。我最讨厌下雨了，一到下雨的日子我就想起那个倒霉的夜晚。

那是一个凉爽的夏夜，丝丝凉风吹走了一天的暑气。吃过晚饭，我央求着爸爸妈妈出去纳凉散步。我们顺着马路走去，街上人声鼎沸，好热闹啊！街角的小公园里大妈们正伴着美妙的音乐翩翩起舞，偶尔还有几个调皮的小家伙在跳舞的队列里窜来窜去，引得旁边的叔叔阿姨哈哈大笑。路灯下，两位摇着蒲扇的爷爷正在"楚河汉界"里"厮杀"，一旁驻足的观众你一言我一语地讨论、指点着。"将！"穿着白色汗衫的爷爷大笑道。

走着走着，天空中竟洒下雨滴来，我们赶紧躲到了路旁。先是豆大的雨滴像流星一般从天而降，落在水泥地上就不见了，只留下一点一点的水印。紧接着雨滴连成了雨线，地面上的水坑里溅起了片片水花，甚至还有几个透明的小泡泡。我们站在房檐下仰起头，小小的雨滴串成了珠帘，在霓虹灯的映衬下是那么晶莹剔透，那么五彩斑斓。

我们沉浸在像画又似诗的美景中，浑然不知有意想不到的"惊喜"正在朝我们奔袭而来。

一阵狂风袭来，雨滴开始更密集地砸在地上，激起了一层水雾。绿化带里的小树在风中摇曳着，砸下来的树叶混着白色的垃圾袋腾空卷起飞到了九霄云外。我手中的雨伞也被吹跑了，扑面而来的雨像钢针一样袭来，顿时我的脸上、衣服上就被浇透了。突然，"咔嚓"一声，一道闪电闪过，路灯就跟着熄灭了，大街上闪烁的霓虹灯也都暗了下来。蜷缩在墙角里的我，虽然被爸爸妈妈护住了，但依然有雨钻进来，冻得我瑟瑟发抖。漆黑的夜晚，嘈杂的雨声，呼呼的狂风，这不就像恐怖电影里的场景吗？我开始后悔了，我想回家，我想钻进温暖的被窝。

无奈之下，爸爸趟过浑浊的泥水，站到路边不停地向疾驰而过的汽车挥手。终于一辆出租车停了下来，落汤鸡似的我们不停跟司机师傅道歉弄湿了他的座椅，师傅却安慰我们："没事的，小事一桩，你们被淋了小心感冒啊！"

低落的心情瞬时被温暖了，真的是"甜言与我三冬暖"啊。

习作自评表：

评价项目	自评完成打√
1. 写清楚事情起因、经过、结果。	
2. 把印象深刻的部分写具体。	
3. 通过人、事、景表达情感。	
4. 写出了情感变化。	
5. 题目、标点、分段等格式正确，无错别字。	

（邢台市幸福源小学　高庆贤）

第四单元　心愿

一、写作教学亮点

本次习作的主题是"心愿"，所以教师在指导时要启发学生挖掘那些藏在内心深处的美好愿望。

首先要引导学生抓住"心愿"的特点进行思考。心愿有大有小，有虚有实。有的愿望经过努力，未来是可以实现的；而有的愿望可能根本实现不了，只存在于人们的心里，是人们在想象世界里的一种憧憬。所以选择心愿时，可以选那些小小的、可实现的，也可以选那些略带遗憾、无法实现的。具体有哪些心愿呢？可以引导学生从不同对象出发，列举不同的心愿，从中挑选自己最想跟别人交流的作为本次习作的内容。如果选材可以跳出自己，以关怀别人、同情别人去展现大爱，就会让所选材料更加突出，成为亮点。

接着再引导学生选择合适的材料来表达自己的心愿，想一想为什么会有这样的心愿，是看到了什么、听到了什么、经历或感受到了什么吗？又如何去实现自己的心愿？

最后，每个学生的心愿可能会十分相似。选材类似的情况下，想要与众不同，就要指导学生试着用最合适的体裁进行表达，确定写作体裁，是写成记叙文、诗歌、书信，还是倡议书……"心愿"这个题目，旨在引导学生抒发自己的真感情，而抒情最高级的形式莫过于诗歌，所以也可以引导学生用这种文体进行表达。

二、教材连结

《古诗三首》是一组咏物诗，立意深远，借歌咏不同的物象，表达作者不同的人生志向。

《十六年前的回忆》是一篇回忆录，是李大钊的女儿李星华在1943年李大钊遇难十六周年的时候写下的，文章使用第一人称叙述，还原了革命先烈李大钊从容赴死的感人形象，同时也表达了作者对父亲的敬佩和怀念。

《为人民服务》是1944年毛泽东在张思德同志的追悼会上的演讲稿，开篇点明主题——"为人民服务"是中国共产党的宗旨，进而围绕这个中心采用正反对比、引用、举例子等论证方法从三个方面进行论证。

《金色的鱼钩》则是一篇小说，讲述了红军长征途中，炊事班长受命于指导员，要尽心尽力照顾生病的小战士过草地，用压弯的缝衣针钓鱼让战士们喝上鱼汤，自己却只吃草根和鱼骨头，不惜牺牲自己生命的感人故事。

本单元的课文虽然体裁不同，有古诗、回忆录、演讲稿和小说，但都展现了不同人物的不同志向，他们都在用不同的方式表达和实现自己的心愿。所以在指导学生进行同一主题创作时，也可以选择用不同的表达方式组织材料，进行写作。

三、作文素养基本功练习：选择合适的表达形式

好的文章题材就像是一束美丽的花，要想让它成为一件艺术品，还需要有合适的花瓶来装，这就需要引导学生选择合适的表达方式来进行创作。比如我们想要表达自己的志向，就可以采用不同的形式，见表9-5。

表9-5

课题	志向	体裁
《石灰吟》	不怕牺牲、品格高尚	诗歌

续表

课题	志向	体裁
《十六年前的回忆》	忠于革命、视死如归	回忆录
《为人民服务》	全心全意为人民服务	演讲稿、议论文
《金色的鱼钩》	舍己为人、忠于革命	小说

本次习作学生选择好要写的心愿后，就可以指导学生根据想要表达的内容，选择合适的表达方式。有的题材适合记叙文，有的题材适合诗歌，有的题材可能写议论文更能说明观点，有的题材则包容性更强，可以选择多种表达方式。如果想写的心愿是"努力学习，长大以后当医生"，可以用日记的方式，记录一下自己为达成这个心愿付出的努力；如果想写的心愿是"希望爸爸妈妈有更多时间陪伴自己"，可以用书信的方式，跟爸爸妈妈沟通自己的想法，阐述需要更多陪伴的原因，希望爸爸妈妈做哪些事来实现这一心愿；如果想写的心愿是"呼吁关注残障人士"，可以通过发倡议书的方式表达自己的愿望；如果想写的心愿是"科学家发明新药，治愈癌症"，可以用记叙文的方式，写一写为什么会有这样的心愿，发生了什么故事……当然同一个主题，可以选用的表达方式不是单一的，例如有的小朋友写心愿是"保护环境"，可以用诗歌的方式抒发情感，也可以用倡议书的方式发起倡议，还可以用记叙的方式讲述环保的感人故事……

四、思路引导

心愿，就像一粒刚刚发芽的种子，每个人都会有，它不分大小与层次，种在心的土壤里，尽管渺小，却终将开出美丽的花朵。亲爱的同学们，那个埋藏在你心灵深处的小小心愿是什么呢？选一个你最想与别人交流的心愿来写一写吧。

1. 写作第一步：确定写什么。

你可以利用像课本习作中的那样的思维图把自己想到的心愿写下来，最后从中选择一个主题来构思，习作题目可自行拟定。

2. 写作第二步：取材与构思。

亲爱的同学们，确定了自己要写的心愿后，就要想一想如何才能把自己的心愿介绍给别人，可以选择回答下面的问题，完成构思和布局。

(1) 你的心愿是什么？

例：我的心愿是环境越来越好；所有付出都有回报；人不再孤独。

(2) 为什么会有这个心愿？（是什么人或什么事影响了你？）

例：因为环境污染给我们的地球带来灾难，所以希望多点绿色；因为看到人与人之间的冷漠，所以希望我们能够互相帮助、互相温暖；因为爸爸妈妈工作忙碌没有时间陪伴，自己很孤独，所以希望能得到更多陪伴和爱。

(3) 为了这个心愿你做过哪些努力？

例：为了让心愿实现，从自身做起，不使用一次性塑料制品，不乱扔垃圾，从自己做起，保护环境……

(4) 你的感受或期望怎样？

例：每一个心愿都是最真挚的情感表达，希望都能实现。

(5) 你打算采用什么样的体裁进行创作？

例：诗歌。

3. 写作第三步：完成写作大纲。

根据上述材料，按照表 9-6 的提示，完成写作大纲，进而完成整篇习作。

表 **9-6**

	写作大纲
开头	我的心愿是什么。
过程	为什么有这样的心愿。
	为了实现心愿我的努力……
结尾（感受）	

五、写作大观园——佳作欣赏

我的心愿

我有一个绿色的心愿，

每一条小溪都清澈见底，

每一棵小树都茁壮成长，

每一片云朵都如雪白的棉花那样轻柔。

我有一个金色的心愿，

每一个秋天都不辜负春的播种，

每一张笑脸都有热情的回应，

每一颗金子般的心都被这世界温柔对待。

我有一个粉色的心愿，

每一场约定都不会错过，

每一个夜晚都有一盏灯在默默等候，

每一个节日都能不孤独地欢笑。

心愿像泡泡，

在阳光下，

折射出斑斓的色彩，

每一抹都是最真的祝福。

习作自评表：

评价项目	自评完成打√
1. 主题鲜明，围绕一个心愿。	
2. 体裁清楚。	
3. 能够展现自己的愿望或者能够体现大爱。	
4. 会用修改符号修改。	
5. 标点使用、占格正确。	
6. 书写正确工整、语句通顺。	

（邢台市郭守敬小学　郭慧娟）

第五单元　插上科学的翅膀飞

一、写作教学亮点

　　本单元习作的主题"插上科学的翅膀飞"，内容是写一个科学幻想故事。指导学生时要注意，一是编写科幻故事的实质是写想象作文，让学生插上幻想的翅膀，把头脑中天马行空的想象记录下来。二是要关注"科学"二字，科学幻想不是胡思乱想，更不是吹牛皮说大话，要源于生活，超越生活；要基于科学，超越科学。

　　科幻故事是对科技进行幻想而创作出来的故事，包含科技幻想、故事情节、主题意义。好的科幻故事想象大胆新奇，人物鲜活，故事情节生动，如：神奇的大树可以实现小朋友美好的愿望,多功能小汽车可以根据你的需要不断地变型。写作前,引导学生交流曾经看过的科幻故事,有哪些现实生活中不存在、却令人信服的科学技术?对人们的生活和命运产生了什么影响?可以从实际出发,选择熟悉的东西或看过的科幻故事作为写作对象,创造新的场景,发挥想象,把读者带入神奇的科幻世界。

  本次习作教学时,要注意引导学生区分科幻故事不同于一般的想象故事,它需要和科技发展、科学知识相联系。另外,让学生大胆发挥想象其实并不难,难的是以现实生活为基础,在科技方面展开大胆而合理的想象,脱离了生活实际的科技幻想会成为无本之木,很容易发展成胡思乱想。因此,教师一方面要减少束缚,引导学生拓展思路、放飞想象;另一方面要引导学生多角度、全方位地从生活体验中展开想象,关注科技幻想,大胆创编故事。

二、教材连结

  本单元课文《表里的生物》以生动有趣的语言,表现了童年的"我"对事物有着强烈的好奇心,是个善于观察、爱思考的孩子;《真理诞生于一百个问号之后》主要用事实论述了只要善于观察,不断发问、不断解决疑问,锲而不舍地追根求源,就能在现实生活中发现真理;《他们那时候多有趣啊》是科幻大师阿西莫夫的一篇科幻小说,通过幻想未来社会的学校教育和生活,表达了对学校教育模式的遐想。文本可以引导学生展开想象,并对编写科幻故事有很好的启发作用。

  另外,在本次习作之前,统编版小学语文教材中,已经安排了四次想象类的习作训练,见表9-7。

表 9-7

册次	单元主题	习作要素
五年级上册	第四单元 二十年后的家乡	• 学习列提纲,分段叙述。 教材:大胆想象家乡的变化,根据提示把想象的场景或事情梳理一下,列一个提纲,再按照自己的提纲分段表述,重点部分写具体。
五年级下册	第六单元 神秘的探险之旅	• 根据情境编故事,注意情节的转折。 教材:从提示中受到启发,编写一个神奇刺激的探险故事。

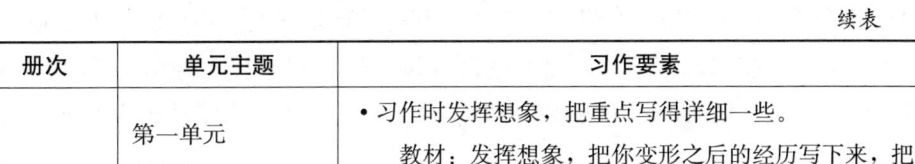

续表

册次	单元主题	习作要素
六年级上册	第一单元 变形记	• 习作时发挥想象，把重点写得详细一些。 　　教材：发挥想象，把你变形之后的经历写下来，把重点部分写得详细些。
六年级上册	第四单元 笔尖流出的故事	• 读小说关注情节、环境，感受人物形象。 • 发挥想象，创编生活故事。 　　教材：根据提供的环境和人物，从中选择一组或自己创设一组，展开丰富的想象，创编故事。
六年级下册	第五单元 插上科学的翅膀飞	• 展开想象，写科幻故事。

本单元习作中给出了三个想象示例：大脑可以直接从书上拷贝知识、人能在火星上生活、用时光机穿越时空回到恐龙时代。这些想象都是极其大胆的、超前的。由此可以看出此次习作训练意在激发学生的想象力，是基于科技的幻想，从而培养学生的创新思维，鼓励学生大胆想象、自由表达。

三、写作素养基本功练习：学写科学幻想故事

科学幻想故事是人们凭借自己的想象编写的，其故事中的内容是现实生活中所不存在的，或者在将来似乎也不可能发生的。但这些内容不是凭空想象的，而是有一定的科学依据，一般是比现代科技要先进得多的科学依据。写科幻作文要求我们：一要有一定的科学知识；二要有在生活中运用这些科学知识的体验；三要善于进行大胆的想象。这样便能写出动人的科幻故事来。怎样将科学技术与幻想故事结合起来？

1. 大胆地幻想。

3D打印、纳米技术、克隆技术、仿生技术、基因遗传……越来越多的科学技术进入我们的生活。想一想，再过50年、100年甚至是几千年以后，这些科学技术会在未来发生哪些令人不可思议的变化呢？比如，炮射卫星不是神话，将来最有可能使用的"卫星大炮"并非使用火药的传统大炮，而是电磁轨道炮；犯罪嫌疑人脑子里出现什么想法，"读心机器"知道得清清楚楚……

2. 科学地幻想。

如何让科幻不是无本之木、无源之水，我们得学会科学的幻想。可以就某一项最前沿的科学技术的发展趋势展开幻想；可以整合几种科学技术，创生出更大

的技术或形象；还可以把科学技术与生活问题甚至是全人类遇到的灾难性难题结合到一起……在你的笔下，人物的生活环境在这些科学技术的帮助下会变得怎样？他们可能运用哪些不可思议的科学技术？这些科学技术使故事中的人物有了怎样的奇特经历？

3. 生动地幻想。

怎么能让科幻故事更加生动有趣呢？要使科幻故事变得特别有魅力，试着把转折、变化、意外、危机融入到故事当中，这样会使故事变得曲折动人，收到意想不到的效果。例如，有同学构思：小升初之际，父母给他报了无数课外班，每个周末都排得满满的。一个偶然的机会，他得到了一门新技术。于是，克隆了另一个自己。可是好景不长，没有情感的"替身"在不久后消失了，自己又回到了从前的生活。无奈之下，他只好与父母商量，"减负增效"，争取更多的休息时间。像这样在神奇的幻想世界中游走，通过一波三折的故事情节，来讲述不同寻常的经历，带来的乐趣一定是无穷无尽的。

四、思路引导

同学们，生活中我们有时候会突发奇想。比如，每当看了《西游记》后我们就会想：假如我能像孙悟空那样腾云驾雾该多好。又如，每当看到父母渐渐老去的样子时我们会想：假如我能研制出一种返老还童的药该多好。还如，每当面对做不完的作业时我们会想：假如我能像机器人那样不知疲倦该多好！这些奇奇怪怪的想法中其实都寄托着我们美好的愿望。

1. 写作第一步：走近科幻故事。

你印象最深刻的科幻故事是什么？故事里写了哪些现实中并不存在，却看起来令人信服的科学技术？这些科学技术对人们的生活产生了怎样的影响？

通过以上问题给你的启发，根据你在生活中的经历，有没有引发类似科技或科幻方面的奇思妙想呢？请你把这个想法写下来，并确定习作的主题。

2. 写作第二步：取材与构思。

选择回答下面问题，完成构思与布局。

（1）在你的笔下，人物的生活环境是怎样的？

（2）他们可能运用了哪些不可思议的科学技术？你可根据图9-5中的提示，拓展想象，思考你习作中要运用到的不可思议的科学技术给各方面带来的改变。

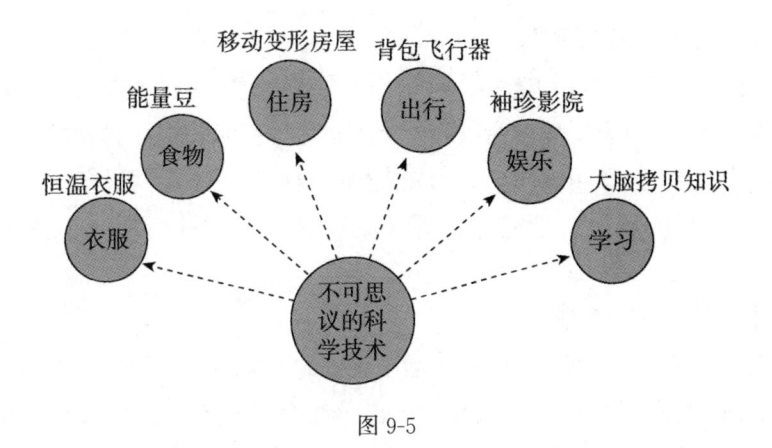

[图示：不可思议的科学技术——恒温衣服/衣服、能量豆/食物、移动变形房屋/住房、背包飞行器/出行、袖珍影院/娱乐、大脑拷贝知识/学习]

图 9-5

（3）这些科学技术使故事中的人物有了怎样的奇特经历？清楚地写出故事中人物的各种经历。

3. 写作第三步：完成写作大纲。

根据上述材料，按图 9-6 中的提示拟定写作大纲，并完成习作。

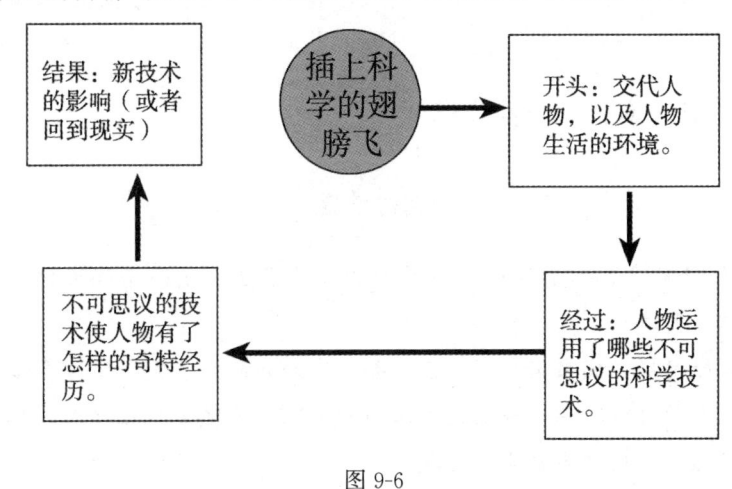

[图示流程：插上科学的翅膀飞 → 开头：交代人物，以及人物生活的环境。→ 经过：人物运用了哪些不可思议的科学技术。→ 不可思议的技术使人物有了怎样的奇特经历。→ 结果：新技术的影响（或者回到现实）]

图 9-6

五、写作小提醒

在习作中，要使故事情节吸引人，教师可以引导学生做好以下几个方面：

1. 带着问题写作。

假如你对火星感兴趣，可以带着问题写作，想象一下：火星上有没有水和空气？有没有人和动植物？如果有人，他们怎么生活？课文中说火星上有高山和峡谷，是不是真的？可以从中选择一两个问题，写成一篇生动有趣的作文。

2. 场景再现，发挥想象。

可以把曾经看过的科幻电影、科幻小说中的场景，经过想象、改编、加工，移植到作文中。如电影《黑客帝国》中男主角尼奥在大脑中加载武术招数后，很快就学会了功夫。由此可以想象，如果大脑能直接从书本上拷贝知识，会发生什么？通过对电影的场景拓展想象，即可写一篇题为"神奇的知识拷贝器"的作文。

3. 丰满角色，完善情节。

要想让人物形象丰满，可以对生活中碰到的、电视上看到的、书本上读到的各种人或动植物进行分解，选取其中一部分组合到一起，一个新形象便跃然纸上。比如可以把孙悟空的头、山羊的身体、米老鼠的手、大象的腿拼凑在一起，并在其大脑中植入电脑芯片，组合成"万事通"的神奇人物。把拼凑在一起、具有各种特点的事物和科技紧密地结合在一起，会让这些特点碰撞出不一样的火花。

另外，丰满的人物形象需要故事情节来推动，让人物在完整的故事情节中活动，使文章更引人入胜，让人愿意一直读下去。

六、写作大观园——佳作欣赏

月球之旅

现在是2100年，人类经过多年的努力，终于实现了一个伟大的理想——在月球上建立了月球村。

怀着无限憧憬，我乘坐星际宇宙飞船，在浩瀚的太空飞行了一个多小时，来到了盼望已久的月球。啊！眼前的月球村和地球上的城市不相上下，到处花团锦簇、生机盎然，以致使我产生了怀疑——这真的是月球吗？

原来，经过科学家多年的努力，月球的温度被调控到了最适宜生物繁殖的范围，月球上的动植物越来越多，种类也越来越丰富。此行来月球，当然是要参观月球的新面貌啦。在导游的带领下，我首先参观了无土栽培的绿色蔬菜大棚，那里面的蔬菜不仅个大、味美，而且营养特别丰富。出了蔬菜大棚，我又参观了一家食品厂。这家食品厂的产品很多，而且从制作到包装都采用全封闭设备，既讲究营养和医疗作用，食用起来又非常安全卫生。

随后，我参观了月球上发电量最大的发电站。电站建筑非常宏伟，可以和长江三峡水电站相媲美。不同的是，目前月球上水资源不是很多，所以只能用氮气作为热能来发电。

参观完电站后,我乘坐月球车去参观了一所名校。校园内静悄悄的,这让我有点奇怪。带着疑问,我走进一间教室,才知道这里的每间教室里都有不同类型的机器人,它们能根据不同的程序指令变幻成不同的场景。孩子们全都在电脑的虚拟世界里上课呢!而且这里的教室,墙壁都是超隔音的纳米材料建成的,即使班里开联欢会,隔壁班也听不到。多么好啊!

最后,我来到一处度假休闲中心,在那里结识了几个外星人。他们并不像想象中的那样可怕,反倒非常热情、友好。其中一个外星人对我说:"地球是一个非常美丽的星球,有机会我们一定会到地球上去旅游。"我高兴地对他们说:"谢谢你们对地球的赞美!我们地球人也热烈地欢迎你们!"

不知不觉,在月球上的一天就结束了。这次月球之旅,我见识了很多高新科技成果,真是大开眼界。以后,我一定会再来的。

习作自评表:

评价项目	自评完成打√
1. 确定一个吸引人的题目。	
2. 习作基于科技,想象新奇、有趣且合理。	
3. 围绕中心把故事写清楚、写具体。	
4. 融入真情实感。	
5. 标点使用、占格正确。	
6. 书写正确工整、语句通顺。	

(邢台市育才小学 武帅)

后　记

我们的故事，源于 2020 年的那场疫情。我们第一次感觉到人类在病毒面前是那么的无助，面对病毒肆虐，我们被迫囚禁自己，束缚于斗室之中。尤其是武汉的孩子们，我们难以想象他们所经历的痛苦与恐慌，为了抚慰他们，丽云老师欣然接受武汉"家之光"之约，带领我们为疫情期间的居家隔离的孩子们开了阅读写作直播课。通过课程，我们深深地感受到每一颗跳跃的灵魂对表达的渴望，对写作知识与写作方法的渴求。这就是我们下定决心写这本书的初衷。

丽云老师希望我们的书能成为小学教师作为习作教学时的参考，成为家长辅导孩子的工具，更希望能够成为小朋友写作时开启思路的钥匙。第一次面对学生、老师、家长三个受众来写书，我们真的很迷茫，找不准切入点在哪里。为此我们大陆和台湾地区的 11 位老师通过网络一篇一篇地研讨，常常至深夜。虽远隔万水千山，但大家对教学的执着、对孩子们的热爱温暖了每一个寒夜。

写作即是成长。我们每一位老师都教学在第一线，在认真完成学校的各项工作的同时，利用自己的业余时间在丽云老师的指导下在线讨论、研究、修正。我们的文稿修改了多少次，自己都已记不清了。最令我难忘的是在研讨完六年级的稿件时，再次审视自己写的三、四年级的稿件，却发现每一个板块都存在许多问题，哪儿都不对，于是，所有的稿件都从头再来。我们把自己写的每一份稿件都在实际教学中进行了反复的实操，一次又一次的对比，一次又一次的更改，终于找到了最佳的方案。其中，老师们写的许多篇"下水文"都是在课堂上和孩子们一起创作出来的。

经过 10 个月的研讨与磨合，我们的"结晶"终于问世了，虽历经磨难，但大家从不轻言放弃。我们的坚持与努力不仅仅感动了丽云老师，更感动着我们自己。这本书是我们认真学习和付出心血的见证，也是丽云老师和我们共同创作的

后 记

一份生命的回顾与纪念！

（王海霞）

习作教学一直是绝大多数语文教师的头疼之事。我们常常埋怨学生：所写的作文语句不通，不会用词，不会观察，习作时无从下笔，等等。

这本习作指导的编写过程，让我深刻认识到，学生习作能力差，主要是我们教师的指导不到位，学生的习作能力没有得到系统、循序渐进的有效指导和训练。

经过丽云老师的指导和小伙伴们的一遍遍讨论，我深刻认识到有效的习作教学的指导目标一定要以单元习作为依托，做到准确、恰当、突出重点；指导过程要注重创造性地开发、处理和运用好教材；应引导学生从单元课文中学习写作方法，让学生从一篇篇单元习作实践中循序渐进得到系统的写作能力训练。指导方法要以生为本、以学定教，这样才能提升学生的作文素养。

（崔建光）

现行统编版语文教材各单元皆有习作主题。带领孩子从读到写，从阅读课文中学习写作方法、得到写作妙招，是语文教学的重要工作之一。孩子们通过阅读一篇篇好课文，老师带领孩子掌握一个个写作方法，习写一段段生动优美的文章是这套书的重要方向。

对我而言，一开始书写一篇以写作为导向的教学设计并不难，但难的是如何将三到六年级每个写作要点不论纵横皆能串联衔接而不重复，编写本书的教师们逐层递进地为孩子铺垫写作能力。经由丽云老师的精辟解说与经验指导，让各位教师互相观摩、交流想法，修正自己的教学设计。

身为教师的我相信十年后的我会感谢现在参与编写本书的自己。亲爱的孩子们，我们一起努力，唯有持续写，我们才会感受到时间发挥在写作上的复利效应。

（邱怡雯）

回顾写作历程，唯有"感恩"二字。

首先，感恩丽云老师，她像温暖的阳光，哺育小学语文教师再次成长，引领大家走上习作题材的专业写作之路。其次，感恩遇见这次写作机会，能够陪伴教师将习作教学变沉重为轻松，陪伴学生把写作文变复杂为简单，这些都是我们每一位小学语文教师最高兴的事。同时，作为教师，在专业成长、自我蜕变的过程中获益良多，虽然有时会写稿到凌晨，有时会反复推敲一个标点符号、一个字词、一个句子的用法而几易其稿，多次带着三岁的宝宝与各位共同创作此书的老师线上讨论至深夜。最后，感恩此书即将面向的读者朋友们，你们喜欢本书是我们的努力目标，期盼看到你们手捧这本书欣喜的样子。

总之，感恩我们在创作此书这条道路上的美好相遇！

（朱卫娟）

工作伊始，丽云老师曾勉励我们参与编写的老师"每个人心中都应当有一座高山"，不知何故我深深为这句话打动。是的，没有一个人需要设限，不去尝试你永远不知道自己的潜能有多大。

一次次研讨，一场场交流，一点点改进，一夜夜苦熬。在写作中，从标点到结构，从词句到篇章，我们编写着、梳理着、修改着……也曾灵光一闪、夜半续笔，也曾思虑阻塞、沮丧颓然，也曾思维碰撞、豁然开朗，也曾抓耳挠腮、空无一字。当我遇到各种创作的困难，无奈时又想起这句话，便来了信心，于是又伏案而思……

心有高山，攀援不止。让你我带着信念，携着情思，在这本书中相遇吧！

（魏延波）

我写第一篇稿子是在去年夏天。那时，为了让自己安静下来，我不得不放下手机，提着电脑到咖啡馆，找一个无人的角落坐下。那是一段内心静谧的时光，没有学生课间的欢呼雀跃声，我也不再是站在讲台上滔滔不绝的那个人。此刻的我享受着电脑上跳跃回转的文字，手边的热美式咖啡带给我苦涩后浓醇的滋味，窗外的风随意地吹着树和云朵。一瞬间，仿佛打开了另外一个我——作为一个写作者的我。

感谢丽云老师耐心等待我的成长，也感谢读者选择相信一位年轻老师星星点点的思维亮光。

（张琼）

人生有无数的可能性，只要我们敢想、敢做，就能成功。

2020年的夏天，是我这辈子最美好的夏天，它开启了我教育生涯的写作之路。

这一年回忆起来是珍贵的"无价之年"。在专业写作的路上，我遇到了我的

后 记

恩师——智慧、优雅的丽云老师；在钻研教学的路上，我遇到了慷慨相助的伙伴；在追逐梦想的路上，我遇到了锲而不舍的自己。

从 2020 年走到 2021 年，我们在无数个彻夜不眠的夜里研究教材、教参；在各位编写老师无数场头脑风暴中获得启发；在丽云老师无数次精准、高效的指导下精炼书稿。

开始有多艰辛，过程有多曲折，结局就有多美好。

我很幸运地遇到了丽云老师，而我们更幸运地相遇于这本书中，由此爱上自由驰骋地写作！

（王双越）

丽云老师要求极为严格，常常对我们说："通过这本书，不仅要指导学生会写，还要指导学生写出亮点；不仅要会写一篇，还要放眼整个小学阶段，使学生的习作能力得到螺旋提升。"

她陪伴着我们一篇一篇地找问题、理思路，常常工作到深夜。在这期间，我曾抓耳挠腮找不到思路，想着要不要放弃；也曾灵感闪现一气呵成，感受到想法逐渐清晰的快乐。这真是一段奇妙的旅程，痛并快乐着。

感谢丽云老师一路的悉心指导，感谢伙伴们真诚的鼓励与陪伴！愿读到这本书的您能够感受到书中字字句句背后的温度，在你我思维的碰撞中探寻到指导学生习作最为合适的路径！

（南晓丽）

丽云老师经常教导我们：指导学生写作，老师要首先会写，而且要能写好。

本次写稿的过程，本身就是对我自身写作能力的一种考验。真正写起来，我发现自己也会有学生身上存在的表意不清、语义矛盾、标点符号使用错误等诸多问题。为了"会写、能写好"，我们经常在线上沟通稿件，这一过程并不轻松，但我从不敢说辛苦，因为丽云老师要一遍遍地审核我们每个人的稿件，她的付出是我们这些后辈都自愧不如的。

"人间万事出艰辛，历尽天华成此景。"对我来说这是一次成长，是我职业生涯中一笔最宝贵的财富。

（高庆贤）

2020 年于很多人来说既有坎坷，又有获得，我们都经历过痛苦，才品尝到

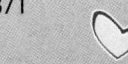

幸福的喜悦。在此之前，我从来没有想过自己也能作为编写者，出现在一本即将出版的书中。是丽云老师"这朵美丽的云"推动了我、唤醒了我，让我在每个深夜静下心来研读教材，把握学生习作的重难点，在每一次交流中碰撞思维，有全新的教学感悟。这个过程就像是登山，中途累到不能呼吸，很想放弃，但是又不甘心错失山顶的风景，咬牙坚持，最后才有了此时的美好。其实写作就是这样，不仅小朋友会觉得有压力，老师也会，但是只有坚持写，才有可能变得很会写。我们一起加油吧！

（郭慧娟）

一朵孤芳自赏的花只是美丽，一片互相依仗着而怒放的锦绣才是灿烂。我们是一个相互陪伴、真诚协作的团队。大家一起讨论、评价、点拨、修改，集思广益，相互扶助。线上交流，记录所得所悟，分享心得；线下读稿，吸纳点滴精华，总结经验；小组互评，追求字斟句酌，反复推敲；疑问难点，彰显群策群力，共谋共进。

一本书，传递着知识的力量，诠释着理论的真谛，更承载着一段弥足珍贵的记忆。放飞梦想，扬帆远航，在这里有我们关怀与友爱的话语，有我们勤奋与真实的足迹，有我们研讨与忙碌的身影。在这本书里，滚动着的是大家如火的热情，流淌着的是团队深邃的思想，碰撞出的是朵朵智慧的火花。我们在学习中反思，在研讨中提升，在实践中成长。

独行快，众行远。在丽云老师的引领下，在编写的道路上，我们愈行愈远，静待彼岸花开……

（武 帅）